岩崎文庫の名品

叡智と美の輝き

東洋文庫［編］

山川出版社

はじめに

東洋文庫は、三菱第三代社長であった岩崎久彌(1865-1955)の支援によって1924年に設立されました。久彌は、古今の貴重な書籍が日本の学術の発展に資することを望み、オックスフォード大学教授マックス・ミューラーの蔵書約1万2千点をはじめ、東洋文庫の出発点となった「モリソン文庫」約2万4千点を購入するなど、学術研究の将来を見据えた文化貢献を行いました。東洋文庫の設立にあたっては土地や資金を援助するのみならず、蔵書の充実に尽力しています。

その一方、当代有数の愛書家であった久彌は、個人的な楽しみとして日本・中国の古典籍を中心に善本の収集を続けました。約３万８千点を数えるその蔵書が、「岩崎文庫」です。国宝・重要文化財に指定された稀覯書を含むこれらの貴重な典籍は、久彌の生前に3回に分けて東洋文庫に寄贈されました。

岩崎文庫の善本収集に寄与した人物として、和田維四郎(1856-1920)の名をあげることができます。和田は、地質学者・鉱物学者であると同時に、書誌学全般に精通していました。近代日本の社会的変化により、国内の古典籍が散逸することを恐れた和田は、久彌の顧問ともいうべき立場で古典籍の収集について助言を行いました。良質な善本を多く含む和田の蔵書「雲邨文庫」の一部は後に岩崎文庫に譲渡されています。和田のアドバイスによって、久彌は幅広い分野の善本を、書誌学や版本学、目録学の規則に沿って蒐集し、その結果、岩崎文庫には、日本における漢字文化の受容や仏典・サンスクリット文化の摂取、国語国文学の発展、印刷・出版の歴史を示す貴重な文献が数多く収蔵されることとなりました。

本書では、岩崎文庫のなかから、日本の書物文化の歴史を彩る名品を厳選し、「国宝と重要文化財」「古写本と古刊本」「近世初期の書物文化―古活字版と絵本」「江戸時代の文学―絵入版本の楽しみ」「浮世絵の名品」の5章に分けてご紹介します。各章には、和漢古典籍の専門研究者による解説を付しました。ご鑑賞の一助となれば幸いです。

それでは、地域と時代を超え、今日へと受け継がれた叡智と美の書楼へご案内しましょう。

十一月吉日

公益財団法人 東洋文庫

理事長 **槇原 稔**

岩崎文庫とは

石塚晴通（いしづかはるみち）
東洋文庫研究員・
北海道大学名誉教授

東洋文庫旧館
設計を担当した櫻井小太郎は東京帝国大学からジョサイア・コンドルの事務所に進み、のちに三菱合資会社に入社して、丸の内ビジネス街の設計にも携わった。1924年に竣工した旧館は、外観は赤レンガを模し、閲覧室・講演室・消毒室のほか、洋書補修のための製本室とは別に和書漢籍など線装本を作業するための表具室を設け、また屋上にはガラス天井にカーテンを引くことができる曝書スペースを置くなど、充実した設備を誇った。

岩崎文庫とは、嘗て三菱合資会社社長であった岩崎久彌男爵（一八九三～一九五五）の愛蔵書を一括して収めるコレクションの一群の謂である。此の岩崎文庫を有する東洋文庫は、東洋学における日本最古・最大の研究図書館である。其の中に在って岩崎文庫は、中国とその周辺に関する欧文学術文献・資料を蒐集したジョージ・アーネスト・モリソン（当時中華民国総統府政治顧問、一八六二～一九二〇）の旧蔵書を収めるモリソン文庫と並び、東洋文庫の中核を為す存在である。久彌はモリソンとともに自身の愛蔵書を秘蔵に終わらせずに、篤学の士の利用に供すべきことを願った。此の久彌の学問に対する深い理解と広い視野、また先見性を受け継ぐ形で、岩崎文庫の普及・公開は今なお積極的に進められて来ている。

此の岩崎文庫は、東洋文庫創設当時から備わっていた訳ではない。此処に『東洋文庫八十年史Ⅲ　資料編』があるから、其れに依る形で岩崎文庫の略史を辿って見たい。岩崎久彌が三菱合資会社社長を退いたのは、東洋文庫創設より遡ること八年、大正五（一九一六）年のことである。同九（一九二〇）年三月には、同社の業務担当社員をも辞して、爾後悠々自適することになった。久彌は此の頃既に愛書家、和書古典に関する稀代の蒐集家・蔵書家として名高く、また学術への深い理解と関心、蔵書を巡る学者との交流に関しても令名が有った。三菱財閥の総帥の座を退いて其の社会的重責から解放されることにより、久彌はこうした斯界の学者との交流を重ねつつ、益々稀書の蒐集に励むこととなった。その結果、大正六（一九一七）年にモリソン文庫を買い取ったのを皮切りとして、前間恭作旧蔵朝鮮古籍等の受贈を受けつつ、久彌の支援で大正十三（一九二四）年に東洋文庫が創設されるに至ったのである。此の発足時の蔵書総数は約七万九〇〇〇冊という。大正十五（一九二六）年には東宮殿下（後の昭和天皇）の行啓を受け、岩崎文庫が備わる以前から東洋文庫の価値は広く

三菱第3代総帥 岩崎久彌
1893〜1955年。三菱合資会社社長当時。

認められていたことが窺える。こうした中にあって、昭和七(一九三二)年の岩崎文庫の設立(第一次寄贈)に依って同文庫が東洋文庫の柱石に躍り出ることになるのである。此れは其れまで認められていた東洋文庫の蔵書群に対し、岩崎文庫がそれを凌駕する量質を兼ね備えていたことを示すものでもある。即ち岩崎文庫が抜群の水準を誇っていたことの表れとも言えよう(此れは現在東洋文庫が所蔵する国宝・重要文化財の多くが岩崎文庫本であることからも明らかである)。当時寄贈された多彩貴重な和漢書文献は約二万三〇〇〇冊に及び、併せて新館の書庫が増築された。この二年後の昭和九(一九三四)年には『岩崎文庫和漢書目録』が刊行された。岩崎文庫の拡充(第二次寄贈)は戦火が広がりつつあった昭和十八(一九四三)年のことで、和漢書・洋書約一万四〇〇〇冊が寄贈された(従って、此れ等の典籍・文書は『岩崎文庫和漢書目録』に掲載されていないので、注意を要する)。これら約四万点の文献資料が岩崎文庫として今に伝わり、単に熱心な研究者の便宜に供する許りか、日本の至宝を守り伝えて其の文化的地位に深く貢献していることについて思いを馳せる時、感歎の念を抱かざるを得ない。

さて、岩崎文庫の特長は奈良朝から明治に至る和漢の稀覯書を、国宝五点・重文五点を含めて多く所蔵することにある(此の外、重要文化財『ドチリーナ・キリシタン』天草版は厳密に言えば岩崎文庫には含まれないが、久彌の支援で購入された典籍として『聖教精華』とともに特筆されるものである)。其の中でも量的には古写本、古刊本、古活字本、名家自筆本、挿絵本、絵画、地図等、幅広い分野に亘る学術的資料が大量に所蔵される点が注目できる。此れらの学術的資料は決して雑多に集められた訳ではなく、和漢書に於ける古写本から印刷本(整版・活字印刷)、更に絵入本の発展的に連なる知識・文化の伝達手段の進展という、一貫したテーマに即して収集されたという点で質的な価値を認めることができ、其の意味で今や世界的水準からも高い評価を得ている。岩崎文庫を含む東洋文庫がイギリスの大英図書館、フランスの国立図書館、ロシアの東洋学研究所、アメリカのハーバード・燕京研究所と並び東洋学の分野に於ける世界五大機関の一つに数えられる所以であり、また東京大学東洋文化研究所、京都大学人文科学研究所とともに東洋学研究における三大研究機関の一角を成す所以でもある。

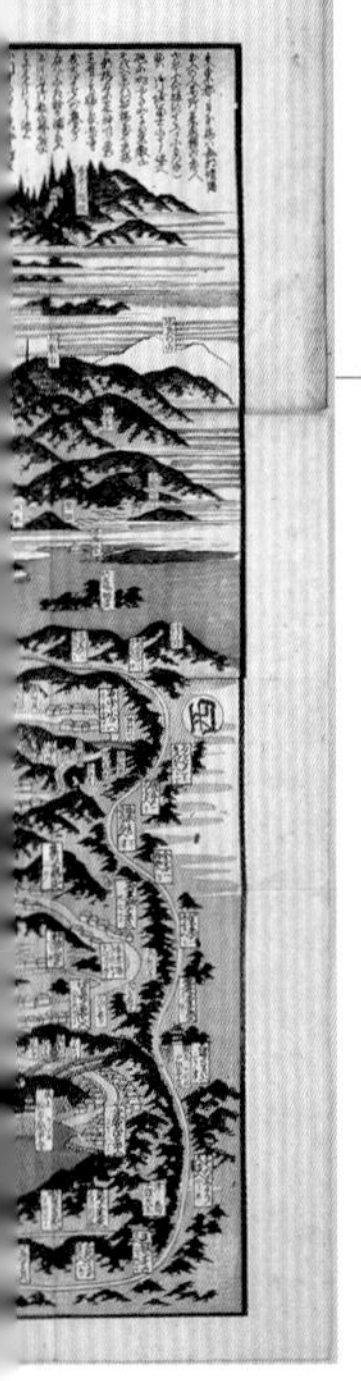

岩崎文庫に収められる稀覯書の一群は久彌が一点一点仕入れたものもあるけれども、一方で名家名蹟の旧蔵書を一括購入したものもある。此れら一括して購入された旧蔵書について、其の旧蔵者を試みに此処に挙げれば、新井白石(一六五七～一七二五)・小野蘭山(一七二九～一八一〇)・木村正辞(一八二七～一九一三)・和田維四郎(一八五六～一九二〇)・有賀長雄(一八六〇～一九二一)等である。何れも当代随一の碩学であり、其の旧蔵にかかる蔵書群は取りも直さず相応の価値を有している。中禅寺慎は近年、『東洋文庫書報』に「東洋文庫所蔵本に捺された蔵書印について」と題する論考を連載するが、此れを通覧してもまた、岩崎文庫に所蔵される典籍・文書の多くが嘗て名だたる名家の所蔵であったことを窺うことができよう。なお、此処に挙げた此れらの碩学のうち、鉱物学者で書誌学者としても名を馳せた和田維四郎は既述の通り、久彌の顧問となり、その蒐集を助けたことも特

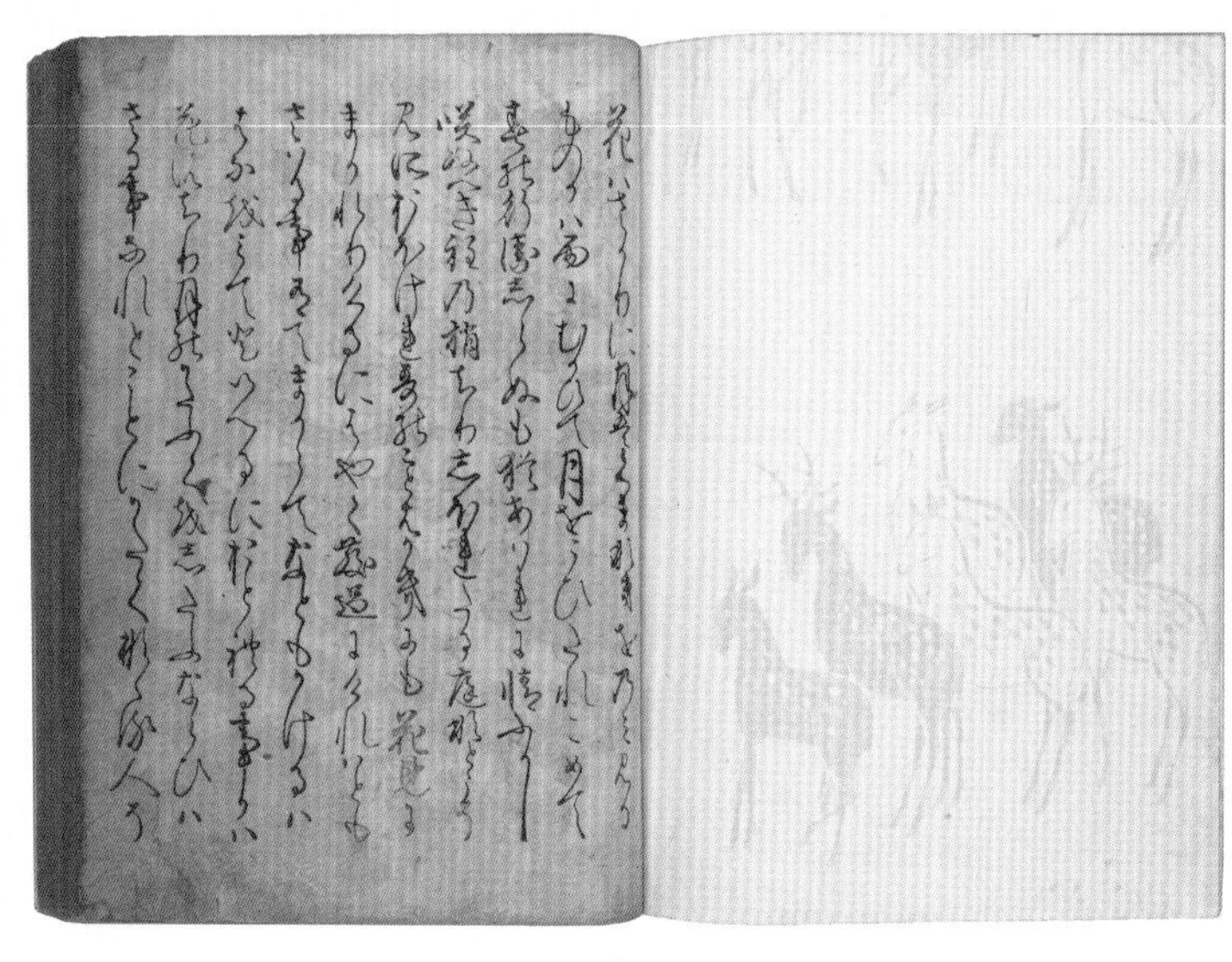

嵯峨本『徒然草』
古活字版、慶長年間頃。26.5×20.0cm。
本文の雁皮紙に雲母摺が施された美しい書籍。

筆される(維四郎の死後、雲邨文庫として残ったその蔵書は久彌に依って岩崎文庫に所収せらるに至った)。其れら質の高い旧蔵書を基盤とするところに、岩崎文庫の大きな価値の一つを認めることができるのである。

ところで、久彌が購入して岩崎文庫に含めた名家名蹟の旧蔵書中に、広橋伯爵家の蔵書がある。広橋家というのは藤原北家日野流の庶流に位置する名家である。其の家業は文学であったが、特に国の年号に関わる事象を職掌として其の観点から最高・最大の蔵書を維持して来たことは特筆せられる。久彌は大正年間に当時の当主広橋真光伯爵(一九〇二〜九七)と交渉し、その蔵書を購入した(但し、石田祐一も指摘するように、『経光卿記』等の一部典籍・文書は広橋伯爵家に留まり、のちに下郷共済会が購入するに至って

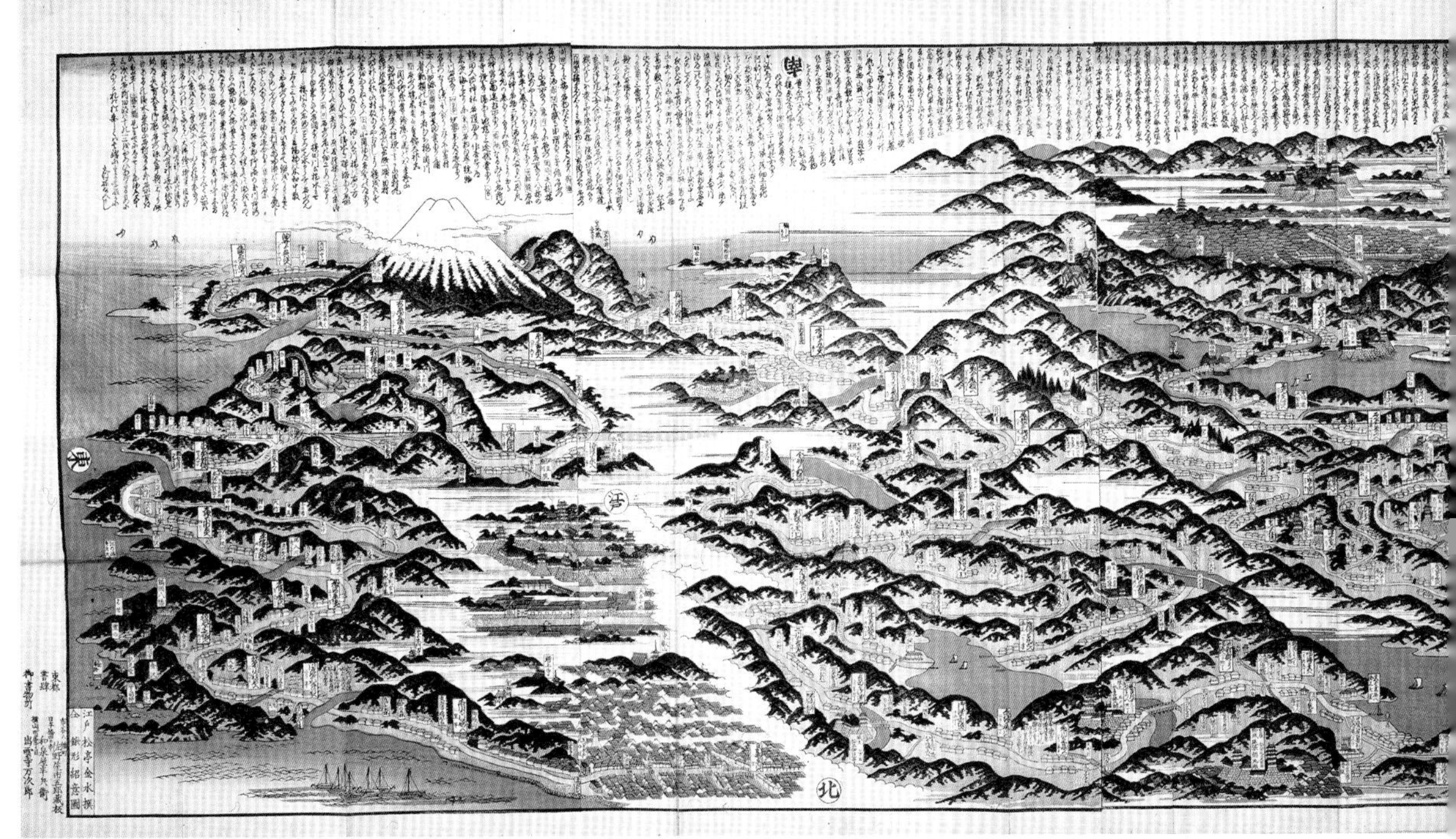

「分間改正東海道細見大繪圖」
松亭金水撰、鍬形紹意図、江戸末期。69.5×139.8cm。

いる)。久彌が購入した広橋伯爵家の蔵書は当初全点が岩崎文庫に収められ、『岩崎文庫和漢書目録』で辿ることができたが、昭和六十(一九八五)年に文庫の事情からその大部分が文化庁に移り、平成十(一九九八)年に国立歴史民俗博物館の所蔵となった。但し、渡辺滋(しげる)に依って指摘が備わるように、国立歴史民俗博物館に広橋伯爵家旧蔵本のすべてが移管された訳ではなく、前掲『岩崎文庫和漢書目録』と比べると国宝『古文尚書(しょうしょ)』を始めとして数十点が今なお岩崎文庫に現蔵されているのである。

以上述べ来(きた)ったように、岩崎文庫は日本に数多ある文庫の中でも其の質量共に抜きん出た存在であり、且つ研究機関として内外の研究者の活用に供し、日本の至宝としてその文化的価値の維持に貢献するものとして今なお屈指のものであるといえるのである。なお、岩崎文庫を含めた東洋文庫の至宝(国宝五点、重要文化財七点)を始めとした貴重古典籍全十六点を限りなく現物に近い状態で再現し、一般にも手軽に閲覧可能なように原寸原色のカラー写真版で公刊したものが『東洋文庫善本叢書』全十二巻(勉誠出版、二〇一四~一五年)である。本書は単に古典籍を影印として出版しただけでなく、極めて高精細な状態で製版・印刷をおこなったものである。其のため、典籍の筆致や書入、訓点迄もが仔細に観察でき、紙背の墨付に至るまで余すことなく全て公開することに成功している。更に此れらの典籍については詳細な解題が専門家に依って附されてもおり、当該典籍の新知見や位置づけを明らかにした上で、更なる詳細画像を附す等して原本を閲覧する以上の知見を読者に与えてくれる。以上、最後に本書を紹介して小稿を擱筆することとしたい。

参考文献

『岩崎文庫和漢書目録』(東洋文庫、一九三四年)
『岩崎文庫貴重書書誌解題Ⅰ~Ⅸ』(東洋文庫、一九九〇~二〇一九年)
『東洋文庫八〇年史Ⅰ　沿革と名品』(東洋文庫、二〇〇七年)
『東洋文庫八〇年史Ⅲ　資料編』(東洋文庫、二〇〇七年)
石田祐一「下郷共済会所蔵の「経光卿記」」(『東京大学史料編纂所報』第八号、東京大学史料編纂所、一九七三年)
石塚晴通「岩崎本貴重書誌解題稿　広橋本の部(一)」(『東洋文庫書報』第二二号、東洋文庫、一九九〇年)
中善寺慎「東洋文庫所蔵本に捺された蔵書印について(一)~(十七)」(『東洋文庫書報』第三五~五一号、東洋文庫、二〇〇四~二〇年)
渡辺滋「国立歴史民俗博物館所蔵の古代史料に関する書誌的検討」(『国立歴史民俗博物館研究報告』第一五三集、国立歴史民俗博物館、二〇〇九年)

勝川春潮「忠臣蔵七段目」柱絵判錦絵、寛政三(1791)年頃。69.5×12.1cm。一力茶屋にて顔世御前からの手紙を大星由良之助(中央)が読み、二階からお軽が手鏡で、縁の下では斧九太夫が盗み見ようとしている。天地人の見得が切られる名シーンであり、数多く描かれている。

第1章 国宝と重要文化財

毛詩 存第六唐蟋蟀詁訓伝

中国最初の詩集 古代人の心を伝える三百篇

［初唐］写　延喜頃訓点　楮紙　新補表紙　一紙二七・二×五七・五糎　巻子一軸

『論語』『大学』『中庸』『孟子』を四書、『易経』『詩経』『書経』『礼記』『春秋』を五経、合わせて四書五経と称しますが、『詩経』（『毛詩』）はその一つで、古代中国の歌謡を集めたもの、現在三〇五の詩篇が残っています（ほかに題名のみ伝わる詩が六篇）。

ところで、なぜこの書を『毛詩』と呼ぶかといえば、これにはテキストの伝承が関わっています。漢代には『詩』に四系統の伝承がありました。魯の申培が伝えた魯詩、斉の轅固が伝えた斉詩、燕の韓嬰が伝えた韓詩（以上を三家詩という）、そして趙の毛公（毛亨・毛萇）が伝えた毛詩です。毛詩は後漢の鄭玄（一二七〜二〇〇）が注釈を施し（「鄭箋」）、これが後代まで残りましたが、三家詩は伝承が絶えてしまいました。つまり、現在我々が目にしているのは『毛詩』だけということになるわけです。『詩経』は宋代以降の名称です。

宝玉よりも貴重な書物

本書の価値と伝来は、中国学の泰斗、狩野直喜（一八六八〜一九四七。東方文化学院京都研究所〈現在の京都大学人文科学研究所〉初代所長）が漢文で記した跋の中で述べています。跋とは書物や書画の巻末に記す批評のことですが、狩野によれば、本書は初め京都の鳴滝山常楽院にあり、大正の初年、東京の和田維四郎の蔵する所となりました。狩野は本書を和田から借り、影印本を作成して学者たちに頒布した後、跋を加えて返却したのでした。そこでは後代の伝本や他書と比較しつつ『毛詩』の字句を考証した上、本書は『毛詩』解釈に裨益するところ大であり、綾錦や珠玉のごとく人の目を喜ばすだけのものとは同列に論ずることはできないと、本書を称誉しています。

また、再度記した跋では、敦煌で発見された『毛詩』古写本（フランス国立図書館所蔵）との比較を試み、敦煌本は本書と同様の本文を伝える所があるが、字体は劣っているとしています。

見識ある人に題跋を書いてもらうのは名誉なことです。後世の我々も、古人が何を思い、何を考えたかをそこから読み取り、研究や鑑賞の

『毛詩』唐風冒頭

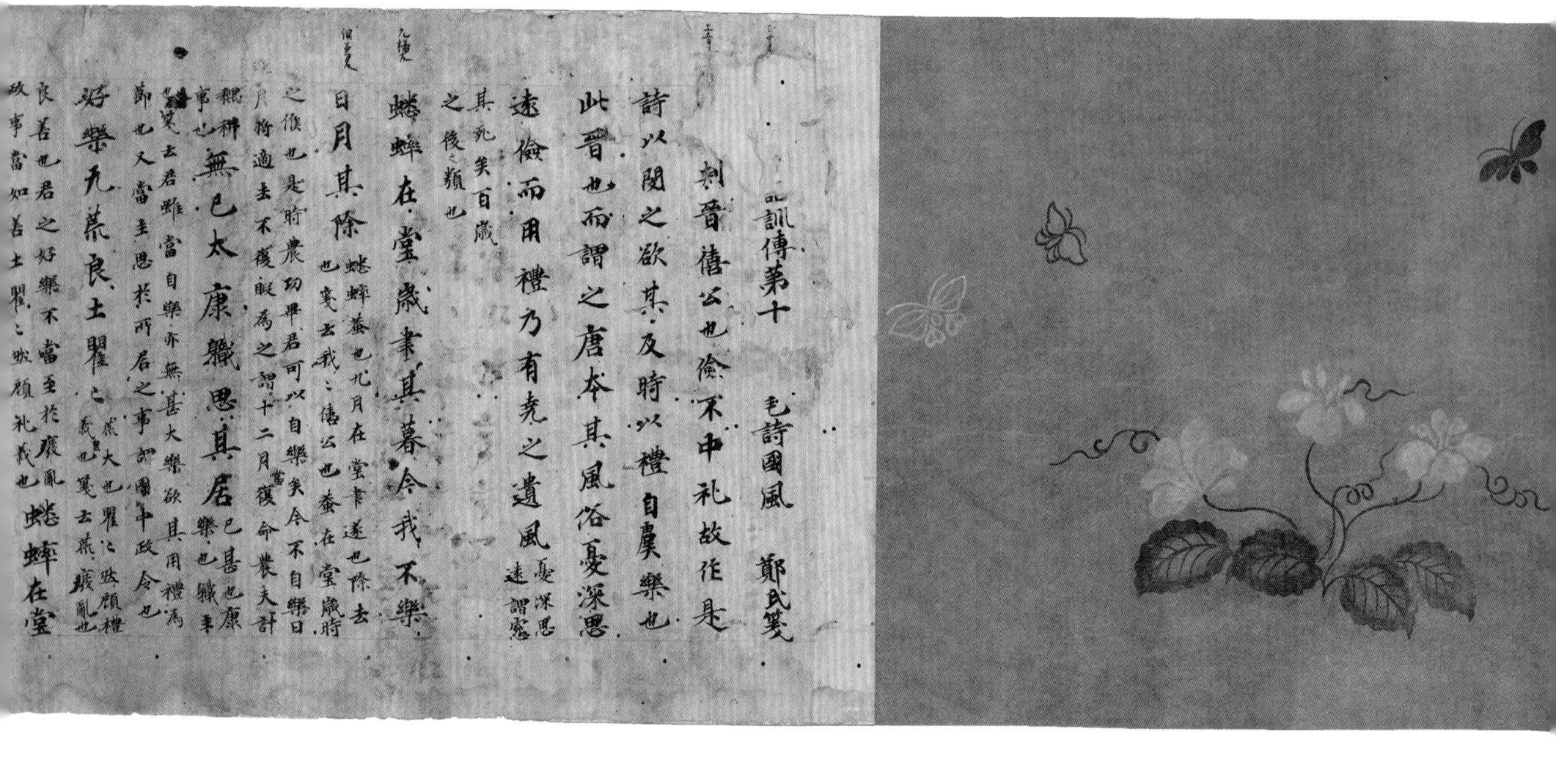

手がかりとすることができます。題跋を読む面白さはここにあります。

『毛詩』本文の構造

『毛詩』は「国風」(各国の民謡)「小雅」「大雅」(宮廷歌謡)「頌」(祭祀の歌)に分かれますが、本書は「国風」のうち「唐風」の一部を伝えています。本文に目を移すと、一見して、詩が散文のように書かれていることに気づかれるでしょう。今であれば

有杕之杜　(杕たる杜有り)
其葉湑湑　(其の葉 湑湑たり)

と書くところですが、昔は詩といえども改行せずに書いていたのです。当然句読点もありません。本書に見える各種の点は日本人が記した訓点です。

最初の二行はその詩の趣意を述べた詩序(作者不明)で、「『杕杜』はその時代を刺った詩である」などと解説されています。「有杕之杜」以下が詩の本編、割注は毛公による注釈「毛伝」です。割注に「箋云(箋に云ふ)」とあれば、それは鄭玄の「箋」の説であることを示します。そして最後に「杕杜二章々九句」とあります。「杕杜」という題名は最後にくるのです。古典はこのようにさまざまな要素から構成されているのです。

『毛詩』冒頭の詩「関雎」の序は、詩の生成過程や詩のもつ力などについて論ずるなど、一種の文学論を含んでおり、『古今和歌集』の序文に影響を与えています。ちなみに東洋文庫からほど近い六義園の「六義」はこの「関雎」の序にある言葉です。『毛詩』を出典とする言葉にはほかにも鹿鳴館の「鹿鳴」、明治維新の「維新」、戦々兢々、切磋琢磨、明哲保身、他山の石、進退維れ谷まるなど数多くあります。我々も知らぬ間に詩を誦しているわけです。

(三村)

『毛詩』本文の構造
(「杕杜」の詩を例に)
写経を思わせる謹厳な字姿にも注目

春秋経伝集解 存巻第十

覇を争う諸侯たち　古代中国の「国際政治」

保延五年清原頼業書写訓点　改装後補渋引無地表紙　楮紙黄染　一紙二七・二×五七・〇糎
巻子一軸　後補軸

『春秋経伝集解』は西晋の杜預(二二二〜二八四)が『春秋左氏伝』(『左伝』)に加えた注釈ですが、『左伝』自体、実は儒教の経書の一つ『春秋』の「伝」(注釈)という体裁をとっています。『春秋』は魯の隠公元年から哀公十四年(前七二二〜前四八一)までの出来事を時系列順に記録した歴史書です。これは「十有六年、春、王の正月、戊申朔、石宋に隕つること五」のような淡々とした筆致で事実を羅列したものに過ぎませんが、漢代になると、『春秋』の「経」つまり本文は孔子の編纂にかかり、史実に対する孔子の評価が簡潔な言葉遣いの中に隠されていると考えられるようになりました。この微言大義、春秋の筆法を解読するための「伝」が『春秋公羊伝』『春秋穀梁伝』『春秋左氏伝』であり、合わせて春秋三伝といいます。前二者は基本的に孔子の意図の解明に的を絞っていますが、『左伝』は史実の内容を詳細に物語っていく書き方がなされています。

「臣に左伝癖有り」

『左伝』はその量およそ二〇万字に及び、文法的にも難解な表現が散見するなかなかの難物です。のみならず、経があっても伝がなかったり、経がないのに伝があったり、時系列順の編年体であるため、連続した事件であっても年が改まるところで分断されたり、かと思えば話が前に戻ったり、同一人物が複数の異なる名前で呼ばれたりという有様で、「隠公左伝」なる語があるのも宜なること。これは「雍也論語」「須磨帰り」と同様に勉強が長続きしないことのたとえです。

しかし歴史上、かかる『左伝』に心奪われた人が何人かいます。『春秋経伝集解』の著者、杜預もその一人です。杜預は詩聖・杜甫の先祖にあたり、小説『三国演義』にも登場しますが、晋軍を率いて呉を討ち三国時代に幕を下ろした将軍です。「破竹」「刃を迎えて解く」はその時の彼の言葉から出たものですが、その彼が晋の武帝に対して「臣に左伝癖有り」と言ったことがあります(『晋書』杜預伝)。さればこそ『左伝』に注釈を施すという大業を成し遂げることもできたのでしょう。

我が国の「左伝癖」といえば、「左伝通読十一遍」を敢行した福沢諭吉が挙げられましょう。また夏目漱石も『文学論』で『左伝』に言及しています。中国文学者の奥野信太郎は森鷗外から『左伝』をよく読むようにと言われ、鷗外自身『左伝』の文句をよく暗誦していたと伝えています。奥野氏も『左伝』だけは精読したと述べていますが、『左伝』だけでも精読したとなれば一大事です。皆さんも現代語訳などで『左伝』の魅力を探ってみてはいかがでしょう。図版は宣公四年の箇所、「食指が動く」の出典です。宣公三年には「鼎の軽重を問う」の故事が記されています。中島敦の『牛人』も『左伝』に拠っています。興味の尽きぬ史話の数々が我々を迎えてくれるでしょう。

清原家中興の祖　清原頼業

本書に訓点を加えた清原頼業(一一二二〜八九)も、もしかしたら「左伝癖」の持ち主だったかもしれません。頼業は一八歳の時(一一三九〈保延五〉年)、清原家所伝の秘説を伝授されてからというもの、数十年にわたり『左伝』の研究を続けたことが、加点(訓点を加えること)・校勘(本

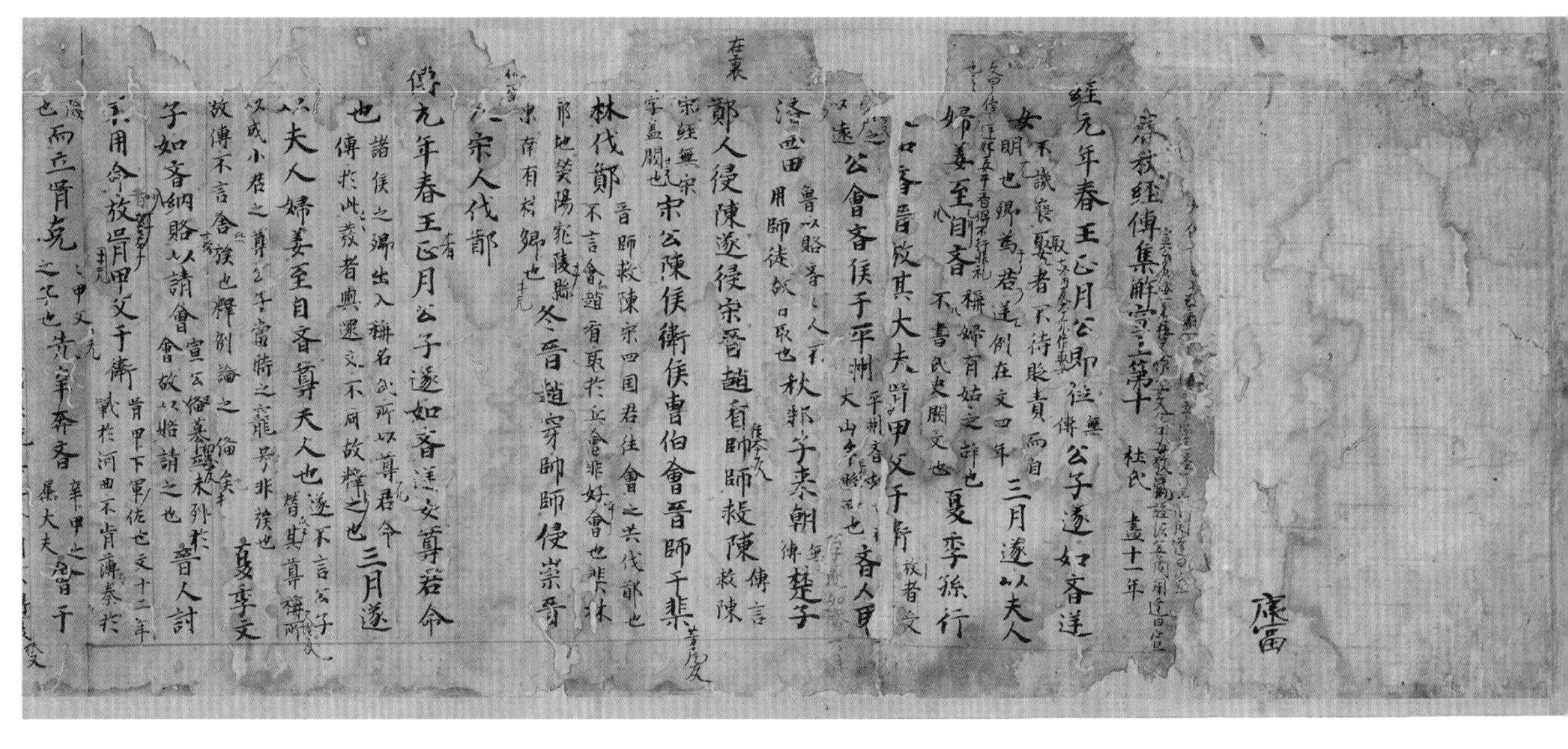

書二一〜二三頁参照）の跡から知られます。本書も何回かにわたって加点されたことがわかっていますが、各年代については議論があり、一部別人の筆も混じっています。

清原家は天武天皇の皇子・舎人親王を祖とし、一条天皇の世（九八六〜一〇一一年）から後は、明経道（大学寮の四学科の一つ。経書研究を専門とする）の知識を蓄積してゆき、中原家とともに、博士家として博士職を世襲するようになります。頼業は藤原頼長・信西・九条兼実らと交流を持ち、その学識を活かして政治・学問の場で活躍しました。のちには京都車折神社の御祭神ともなりますが、本書の夥しい書き込みは「学問の神様」のたゆまぬ努力の跡を如実に物語っています。

（三村）

上:『春秋経伝集解』巻第十冒頭
下:「食指が動く」の出典（宣公四年）
楚の人が鄭の霊公にスッポンを献上した。公子宋は公子帰生と参内した時、自分の人差し指が動いたのを公子帰生に見せて「これまでもこういうことがあると必ず美味い物にありつけたんだ」と言った故事。

史記 存夏本紀巻二 秦本紀巻五

天の意図・人の意志 歴史はどこへ向かうのか

夏本紀 院政末期頃書写 楮交斐紙 一紙二八・五×五一・〇糎 巻子一軸
秦本紀 天養二年書写 薄手楮紙 一紙二八・七×五三・〇糎 巻子一軸

前漢の司馬遷が編んだ『史記』は、神話上の帝王・黄帝の時代から前漢の武帝の世までを覆う、当時における世界通史とも称すべき歴史書で、本紀(帝王の歴史)一二巻、表(年表)八巻、書(制度の記録)一〇巻、世家(諸侯の歴史)三〇巻、列伝(個人・外国の歴史)七〇巻、計一三〇巻より成ります。本紀・列伝という二つの柱の上に歴史を組み立てる紀伝体の体裁は、『漢書』以下、後世の正史のことごとく従う所となりました。

項羽・劉邦の争いをはじめ、血沸き肉躍る物語の数々、そして時に行間から滲み出す司馬遷の悲憤の情、国家・人間の運命を見つめる眼差しは二千年を隔ててもなお読者の心を捉えてやみませんが、意外にも初唐の頃までは『漢書』の方が評価が高く、両書に対する注釈書の数を比べても衆寡敵せずのありさまが見て取れます。岩崎文庫本『史記』に割注として見える注釈は、唐より前に編まれた僅かな注釈書の一つ、南朝・宋の裴駰の『史記集解』です。

『史記』を読む際にはふつう三家注、すなわち裴駰の『史記集解』に唐・司馬貞の『史記索隠』、唐・張守節の『史記正義』を参照しますが、現存する『史記』古写本はすべて『史記集解』本で、三家注を合わせて収載するのは宋代の版本から始まるものです。

残ったのが奇跡 『史記』の古写本

岩崎文庫本のうち、「夏本紀」はおそらく院政末期頃、「秦本紀」はそれより早い一一四五(天養二)年の書写・加点で、中国では南宋の時代ですが、その文献の往時の姿を伝える本が明け方の星の数ほどしか残っていない状況は『史記』においても例外ではなく、岩崎文庫本は『史記』を研究する上でまことに貴重な伝本といえます。

しかし単に『史記』研究に資するのみではありません。全巻にわたって記された訓点は、同じ巻であっても複数時期の訓点が見られるなど、日本で漢文がどのように読まれてきたかを知る手がかりを与えてくれてもいるのです。

岩崎文庫本はもと京都の高山寺に蔵せられ、この二巻がいつ高山寺を離れたかは不明ながら、江戸時代の寛永年間(一六二四〜四四年)にはもはや同寺には蔵せられていなかったことが分かっています。現在、高山寺には「殷本紀」と「周本紀」が残されています。

国文学と『史記』

さて、図版(下)には「秦本紀」巻末を掲げましたが、「秦始皇帝」の文字に気づかれた方もいるでしょう。秦は数行後にあっけなく滅んでしまいますが、天下統一後の秦の歴史は秦始皇本紀に記されているため、ここでは詳述していないのです。とはいえ秦を滅亡に導いた趙高の名はさすがにここにも挙がっています。「かの鹿を馬と言ひけむ人」です。

趙高が己の権勢を確実にするために、鹿を指して馬といって群臣たちの反応を窺い、彼に屈せず飽くまで鹿と言った者を処罰したという故事ですが、「かの鹿を馬と言ひけむ人」は『源氏物語』須磨巻に見える言葉です。弘徽殿大后が

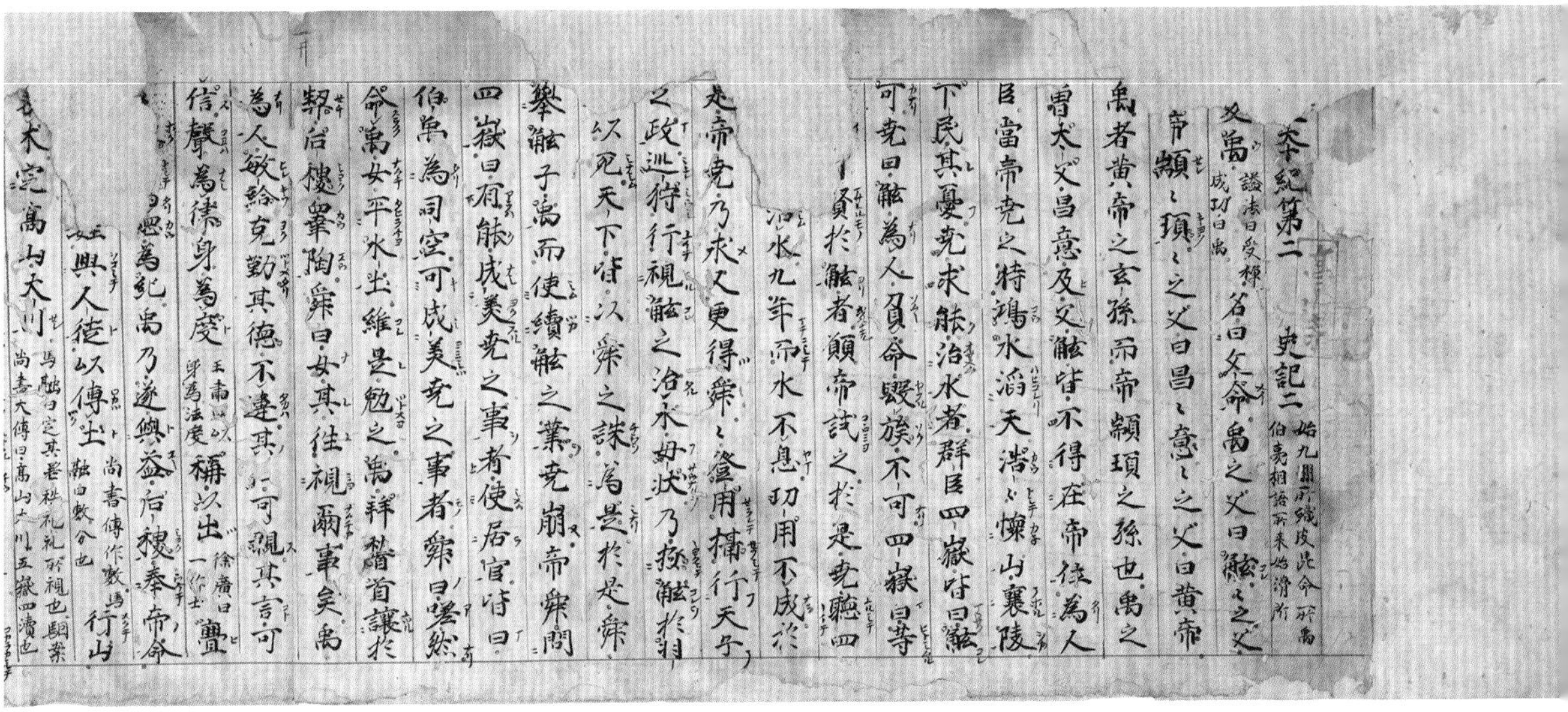

「夏本紀」第二冒頭

「其ノ語(コト)始皇本紀ノ中ニ在リ」

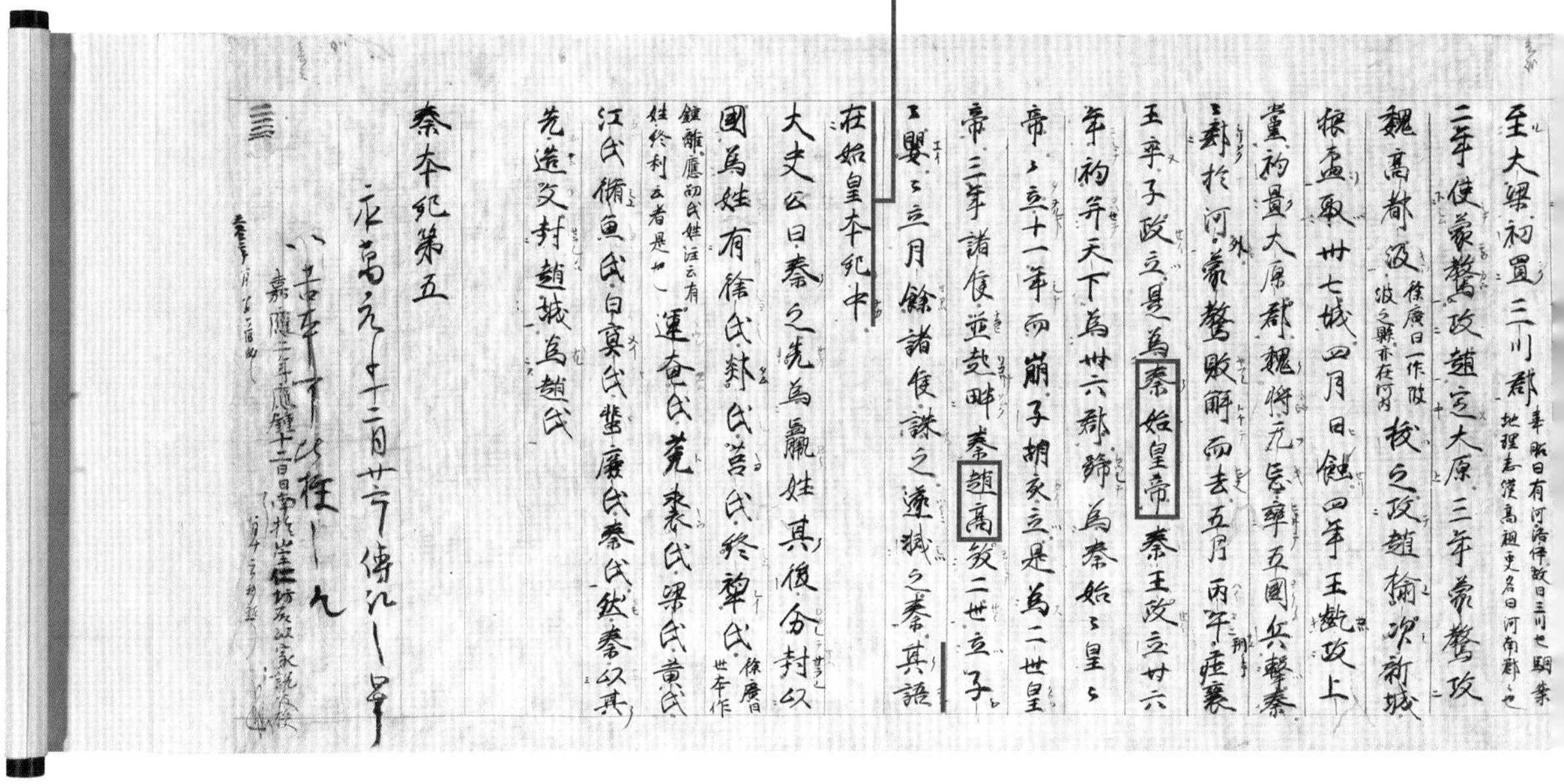

「秦本紀」第五巻末

「趙高におもねるように光源氏に追従する者がいる」と、須磨ずまいの光源氏を誹謗する言葉の中に出てきますが、こんなところにも『史記』が顔を出しています。『源氏物語』ではほかにも賢木巻(さかきのまき)に光源氏が「文王の子、武王の弟」と誦する場面があり、ここでは『史記』「魯周公世家」の文を直接引いています。紫式部は父の藤原為時に漢文を教わり、兄弟の惟規(のぶのり)よりもよくできたといいますが（『紫式部日記』）、彼女の漢文の教養の中には『史記』もしっかりと含まれていたのでした。

古写本は、書物が文字通り人の手から人の手へと受け渡されてきたことをまざまざと感じさせてくれます。その伝承の過程の中に、さまざまな人の姿を——例えば紫式部の姿を——想像してみるのも、古写本に触れる楽しみの一つといえましょう。（三村）

文選集注 存巻第四十八・五十九・六十八・八十八・一百一十三

詩文の殿堂　教養の宝庫

［平安中後期］写　楮紙黄染　一紙二六・四〜二九・一×五四・五〜五八・〇糎　巻子七軸

『文選』は南朝・梁の蕭統(昭明太子。五〇一〜五三一)が、周から梁までの詩文約八〇〇篇を賦・詩などの文体別に集成した詞華集です。唐代になると李善が注釈を施して高宗に献上(李善注)、次いで呂延祚が呂延済・劉良・張銑・呂向・李周翰の注を集めて玄宗に献上し(五臣注)、後世両者をまとめて六臣注『文選』が刊行されました。

ここに紹介する『文選集注』は『文選』本文と李善・鈔・音決・五家(音)・五臣・陸善経の注、並びに編者の「案語」(考察)を収めています。これらのうち李善・五臣を除く注釈は中国では失われてしまっており、注を含めた『文選』の古い形を知る上で貴重な伝本です。

語り継ぎ言い継がれる言葉

ところで、これまで紹介してきた『毛詩』『左伝』『史記』にも注釈がありましたが、経書や歴史書はまだしも、なぜ文学選集の『文選』にまで注釈がつくのか、と思われるかもしれません。これには古典詩文の在り方が関わってきます。

使われている言葉が難しく、音や意味を明らかにする必要があることが一つです。さらに重要なことですが、古典詩文は作者独自の表現だけでなく、それ以前に書かれた作品や文献の言葉を用いることが極めて多く、書かれているとおりの意味を表面的に追えば済むものばかりではありません。先人の言葉を踏まえることで、作者はそれまでの文学史——ここには広く思想史や政治史を含めて良いでしょう——を取り込み、作品の時空に厚みを持たせたのです。

『文選』所収の作品も多かれ少なかれ、そのようにして作られています。そして今度は後世の人々が『文選』を古典として受容していきます。李白や杜甫などの唐代の詩人の作品には、語句や主題など多くの面で『文選』の影響が見られます。日本でも、元号「令和」の出典となった『万葉集』の文は、そもそも『文選』に載る後漢・張衡の「帰田賦」を踏まえて書かれています。「ふみは文集、文選」とは『枕草子』に見える言葉、「文集」は『白氏文集』のことですが、『文選』は文学に携わる者の必読書であり、さまざまな時代・地域で文学を育み続けてきたのです。

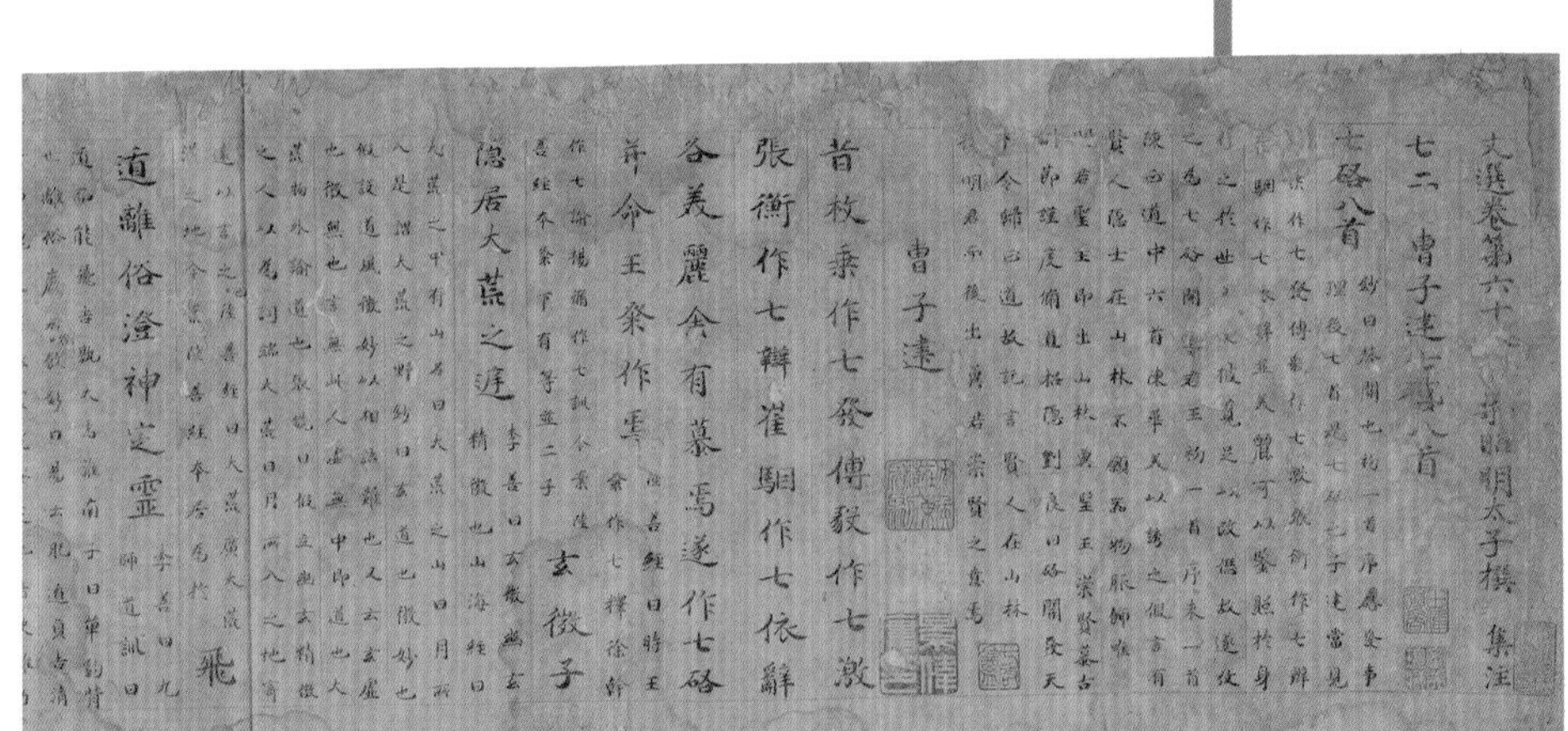

『文選集注』巻第六十八冒頭

『文選集注』の謎

『文選集注』は謎多き書物でもあります。いつ、

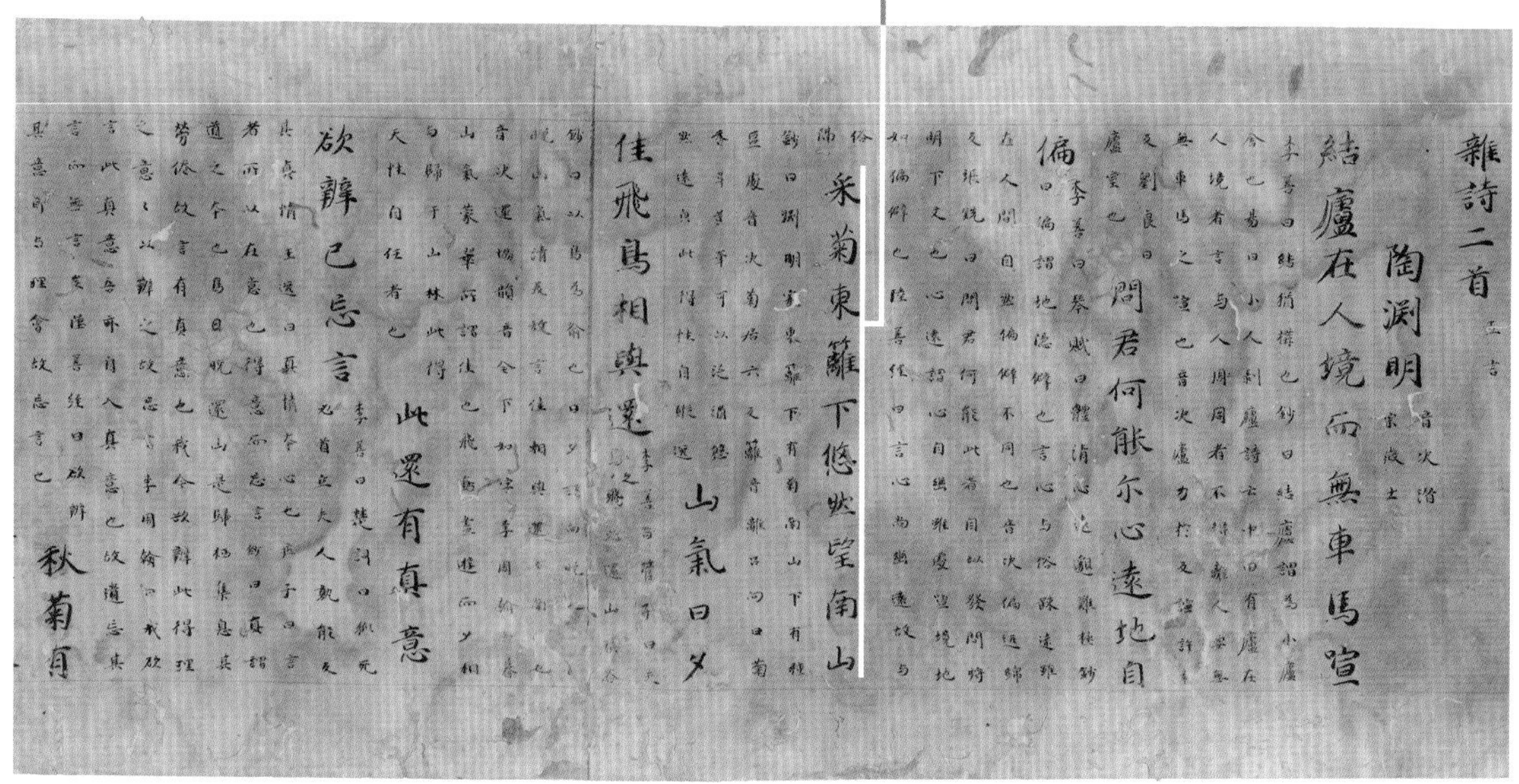
「菊を采る東籬の下、悠然として南山を望む」

「菊を采る東籬の下、悠然として南山を望む」この本では「見」ではなく「望」に作っている。

どこで、誰が、何のために編纂し、書写されたのか、そしてどう読まれてきたのか。訓点が付いていないこともあり、これまでも研究がなされていますが、確証をつかむのは難しいようです。

伝来についても、東洋文庫本はもと金沢文庫にあったものが、一九〇九(明治四二)年頃に持ち出され、中国に渡った後、岩崎家が買いもどしたことはわかっていますが、今見るような装幀が施された時期は不明です。

羅振玉(一八六六～一九四〇)は巻六八に記した題辞で唐写本であると述べています。確かに智永の「真草千字文」のような書風の字が突発的に現れることもあり、中国の写本にも見えそうですが、現在では紙質からして唐写本ではあり得ないとされています。

同巻には欠筆といって、皇帝の諱(本名)を避けて点画を省いた字が見られます。この避諱の慣習は皇帝死後に行われるため、年代測定の指標とされますが、中国写本・版本ではしばしば欠筆しておらず、問題が残ります。余談ですが、平仮名の「せ」は「世」の欠筆された形に基づくという説があります(森岡隆『図説かなの成り立ち事典』教育出版株式会社、二〇〇六年)。

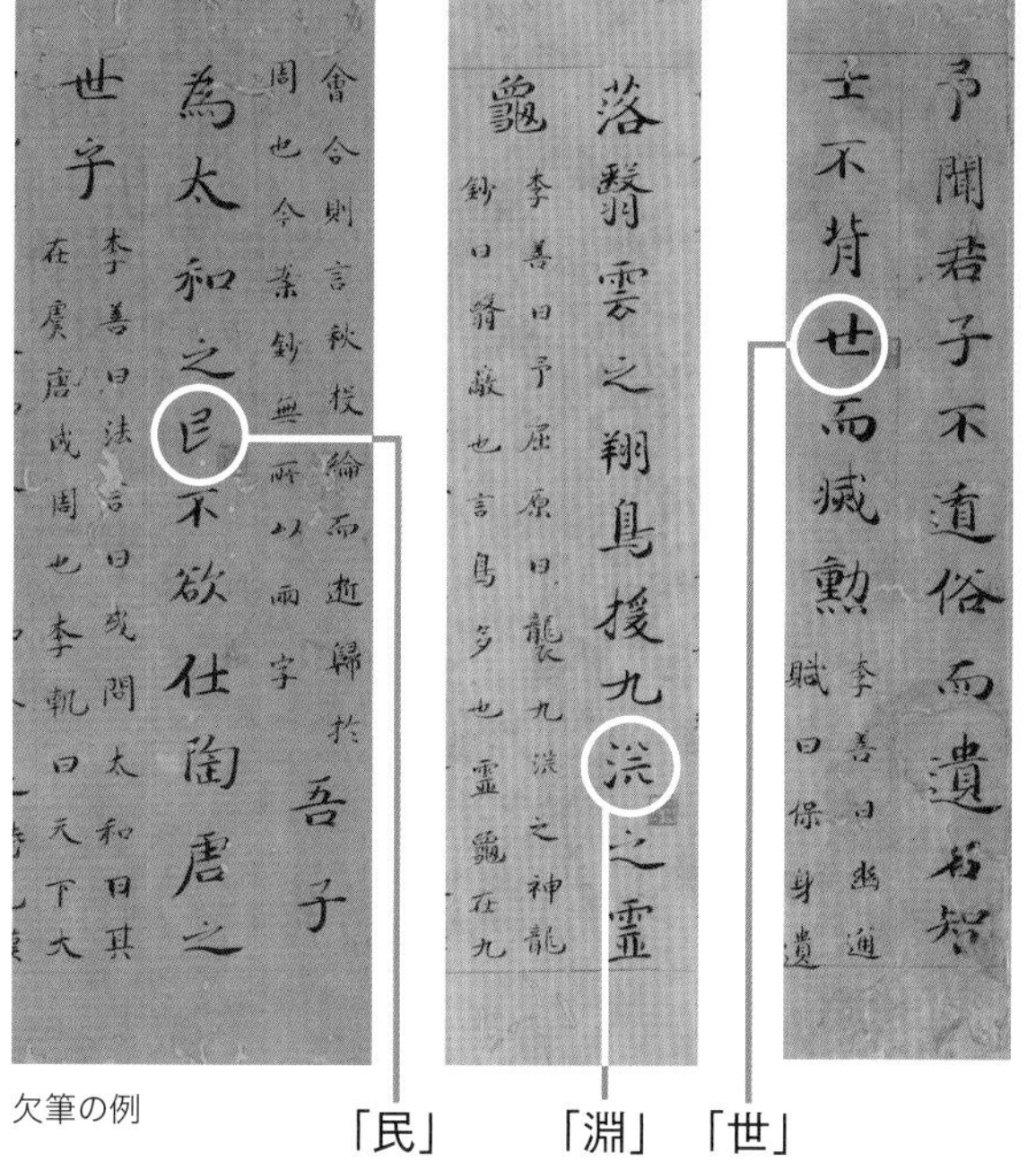
「民」
「淵」
「世」

欠筆の例

疑問は尽きませんが、書物の「形」をもとに想像を膨らますのは楽しいものです。図には陶淵明の詩を掲げました。「菊を採る東籬の下、悠然として南山を見る」、夏目漱石の『草枕』にも引かれ、ご存じの方も多いでしょう。短い詩ですが『文選集注』ではざっと五〇センチほどの幅をとっています。『文選集注』は長さ二〇メートル前後に及ぶ巻もありますが、全一二〇巻が揃った時は、まさに壮観だったことでしょう。　(三村)

古文尚書 存巻第三・五・十二

幻視される古代　その言語と文字

初唐期書写　薄手樹皮紙　縹色唐紙銀二重花卉文新補表紙　一紙二六・八～二六・九糎×四九・五×五〇糎　新補紫檀巻子一軸

『書経』も『詩経』と同様宋代以降の名称、古くは『書』『尚書』と言いました。神話上の帝王、堯・舜・禹の時代から殷・周に至るまでの帝王・賢臣の言葉を記録しています。その言語は漢文の中でも最古の段階に属し、金文（青銅器に鋳込まれた銘文）と通ずる語法を含みます。その難しさは唐の韓愈が「周誥殷盤、佶屈聱牙（『尚書』周書・商書は文字がごつごつしていて難解である）」と評したほどです。

前漢の時代、『尚書』のテキストには二系統がありました。当時の書体、隷書に書き換えた『今文尚書』と、秦の文字統一以前の書体で書かれた『古文尚書』です。後者は孔子旧居を取り壊した際、壁の中から見つかったといわれます。

その後『古文尚書』は亡佚しましたが、東晋の時代、梅賾という人物が『古文尚書』を発見したとして皇帝に献上しました。それは『今文尚書』より篇数が多く、前漢の孔安国（孔子の子孫）が著した注釈（「伝」）が付いていました。唐代、孔穎達らはこのテキストを採用して注釈書『尚書正義』を編纂し、標準版となります。

が、梅賾の献じた『古文尚書』の素性を疑う説が早くからあり、清代に閻若璩が『尚書古文疏証』を著すに及んで、偽作説は決定的となりました。現行の『尚書』は『今文尚書』に遡る篇と梅賾が偽造した篇から成っており、孔安国の伝は今や偽孔伝と呼ばれています。

古文のおもかげ

本書はかくも数奇な運命をたどった『尚書』の初唐頃の写本ですが、妙な字が点在するのがわかるでしょうか。最初の数行を通常の楷書と対照させせながら書いてみましょう。

（古）尚書說命丄第十二。商書。孔氏傳。高宗夢导說。岑百工營求彭埜。导彭傳巖。作說命三篇。說命丄。

（今）尚書說命上第十二。商書。孔氏傳。高宗夢得說。使百工營求諸野。得諸傅巖。作說命三篇。說命上。

「丄」「导」などの字は、文字統一以前の六国で用いられていた古文を、文字の構成要素をそのままに無理やり楷書にしたものです。戦国時代には晋系文字、斉系文字など、漢字は国ごとに独自の発達を遂げていました。「わたし」という一人称代名詞を表すにも、楚系文字では「虗」と書いていました。文字統一により古文は駆逐されましたが、秦系文字を引き継ぐ「吾」は今でも用いられています。

しかし、文字統一、そして挟書律による焚書の荒波をかいくぐって、古文で書かれた文献は生き延び、古文を読む伝統も生き続けました。司馬遷も古文を習っていますが、古い文字が読めないと歴史研究ができないのは今も昔も変わらぬわけです。

偽孔安国「尚書序」によれば、漢代に『古文尚書』が発見されると、古文は構成要素を残す形で隷書に書き換えられたとされます。この作業を「隷定（為隷古定）」といい、唐鈔本『古文

「其」「成」の筆順の観察
「其」の字は上の横画から右の縦画へ筆が移っており、「成」はノ𠃌戈の順で書いている。

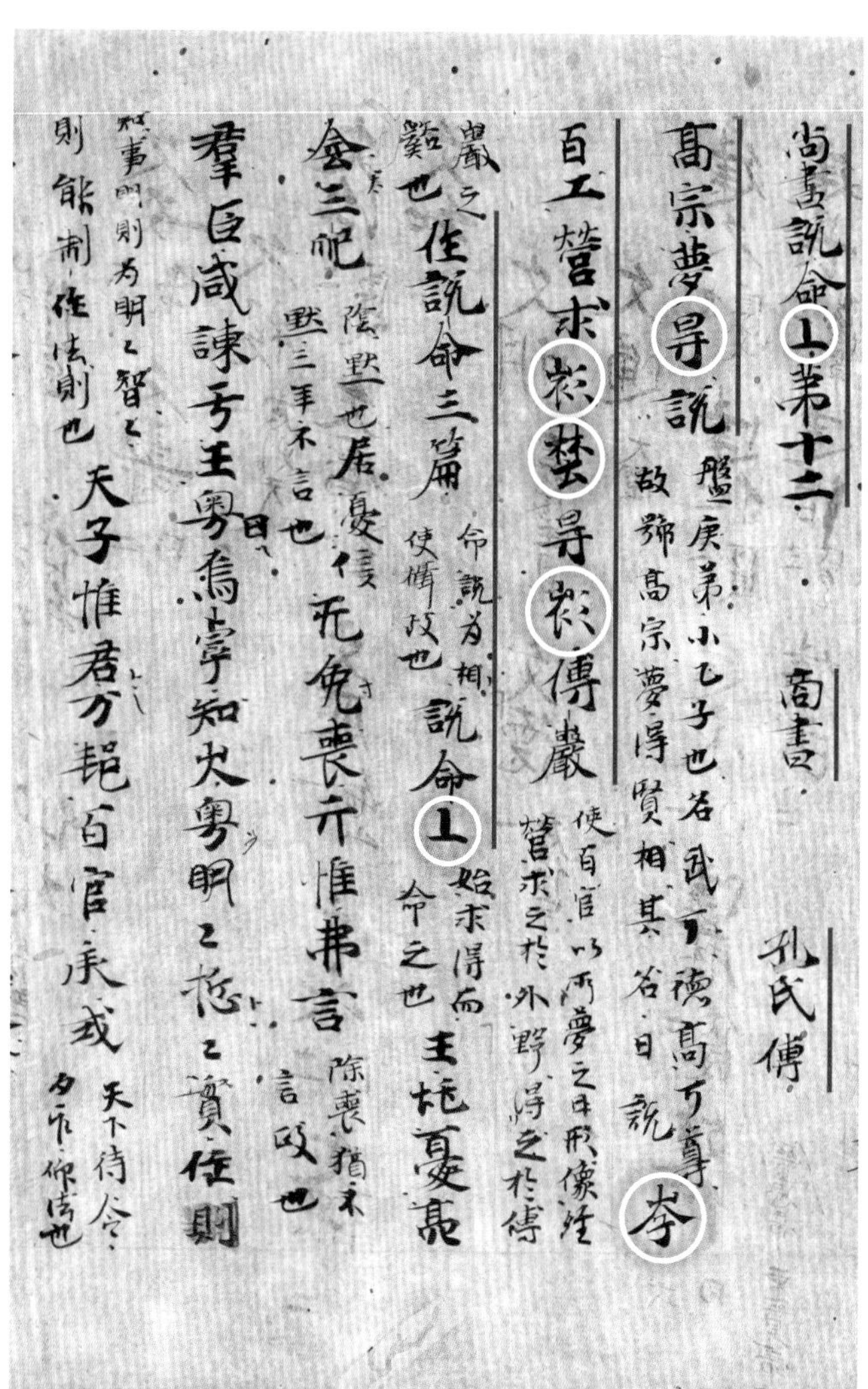

『尚書』説命上

尚書』はそれを具体的に見せてくれているのです。

『尚書』は七四四年(天宝三載)、玄宗の勅命で衛包が今文に書き改め、またしてもテキストの形が変わりました。初唐頃の写本と考えられる本書の価値は、もはやいうまでもないでしょう。

多様な書風、多様な筆致

本書は九条家旧蔵本、平安から鎌倉にかけての訓点が記されています。宮内庁書陵部蔵九条本・東京国立博物館蔵神田本とはもともと一揃いの僚巻でしたが、複数人の書写によることがわかっており、さまざまな書きぶりが楽しめます。

初唐の写経のような謹直な字もあれば、図版のように古意の濃厚な部分もあります。割注には行書・草書が混じり、木簡の書にすら見えることがあります。楷・行・草・隷の四体が地続きであることを実感させられます。

図のように筆順一つとってみてもいろいろな書き方があったことが知られます。筆の流れを追ううちに、時の経つのも忘れそうです。

(三村)

礼記正義 存巻第五

個人と社会の秩序　国家制度のよりどころ

［初唐］写　楮紙　新補紺表紙　一紙二八・〇×五五・五糎　巻子一軸

『礼記正義』は、唐の太宗の命を受けて孔穎達らが編纂した五経の注釈『五経正義』の一つです。儒教の経典は、聖人の教えを記す「経」を中心とし、これに注釈である「伝」や「注」が加わり、さらに「経」と「伝」「注」に対する注釈「疏」が施されるという重層的な構造をなしています。孔穎達らは晋代までの注から最良のものを選び、南北朝以降の疏を編集し唐代の知見を加える形で『五経正義』を編纂しました。例えば『礼記』では鄭玄注が選ばれています。

ここに紹介する『礼記正義』は曲礼上・曲礼下の部分を残していますが、初唐頃の写本と思われ、とすれば孔穎達らの事業からあまり隔たらぬ時期ということになります。本書は疏のみを記す単疏本であり、経書伝承の本来の形と考えられます。つまり本文と注釈は別々の本だったというわけです。本書の紙背には平安時代中期の法相宗の学僧・中算(仲算)が著した『賢聖義略問答』(一〇〇八〈寛弘五〉年書写奥書)が記されています。『礼記正義』を外側にして折られていた形跡があり、書物伝承の在り方を示唆する興味深い伝本です。

本書は狩谷棭斎(一七七五～一八三五)旧蔵本で、和田維四郎の手を経て岩崎久彌の蔵に帰しました。

『詩』(『毛詩』)

「国の大事は、祀と戎とに在り」

儒教における礼は、いわゆる礼儀作法に止まらず、国家制度に至るまでさまざまな局面に現れる規範であり、現代人にとって理解に努力を要する事柄も多々あります。前漢の時代、特段の事情なく三人以上で酒を飲むと罰金を科せられたのですが(『漢書』文帝紀・文穎注)、『儀礼』に郷飲酒礼の規定があるように、集団での宴飲は村落秩序を保つ重要な礼であり、みだりに宴飲するのは礼制の破壊と見なされたためであると言われます。

「祭祀と戦争こそが国家の大事である」とは『左伝』成公一三年に見える言葉ですが、後世においても祭祀の礼は国家の大事であり続けました。北宋の時代、第四代皇帝・仁宗は男子がことごとく夭折し、従兄弟の濮王・趙允譲の子を養子に迎えて皇太子としました。仁宗が崩御し、第五代皇帝・英宗が即位すると、すでに世を去っていた濮王の処遇が問題となりました。濮王は新皇帝の実父ではあるが皇帝ではないため、その祭祀をどうするかを巡って議論が紛糾したのです。これは濮議と呼ばれ、欧陽脩らの派閥と司馬光らの派閥とで国論を二分する騒ぎとなり

③鄭玄の注の引用（全文を引くのではなく、始めと終わりを引いて範囲を指定する形）

④鄭玄の注に対する注釈

②「正義曰」として疏の見解が書かれる。

『左伝』

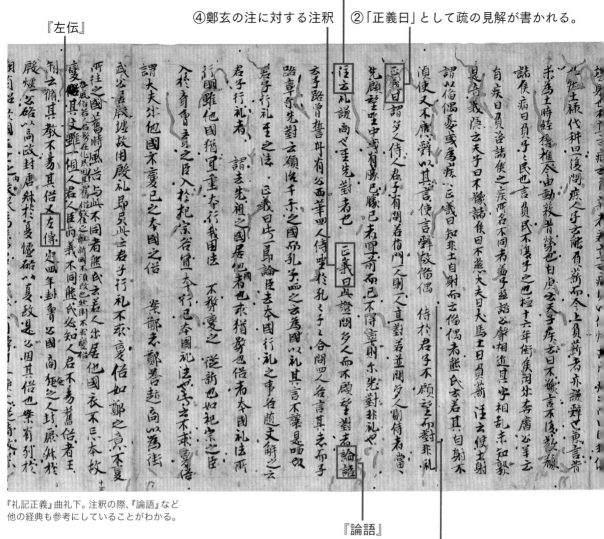

『礼記正義』曲礼下。注釈の際、『論語』など他の経典も参考にしていることがわかる。

『論語』

①『礼記』本文の引用。以下、これに注釈を加えている。

ました。礼がいかに「大事」であったかがわかるでしょう。

「苛政は虎よりも猛し」

実のところ、礼の「経」に相当する文献は『儀礼』であり、「記」は礼の解説書の如きものをいいます。前漢の時代、戴徳が『大戴礼記』を、戴聖が『小戴礼記』を編纂し、後者が特に『礼記』と呼ばれて経書となっているのです。

『儀礼』『礼記』と『周礼』を合わせて三礼と称しますが、内容は多岐にわたり記述も詳細を極めています。『礼記』中庸に見える「礼儀三百、威儀三千」という言葉はそのような状態をよく物語っていますが、四書のうち『大学』『中庸』はもと『礼記』の一部だったのを朱子が取り出したもので、このように哲学的な著作が含まれていることからも、『礼記』が扱う範囲の広さが見て取れます。『論語』を思わせる孔子と門人との対話なども見られ、「苛政は虎よりも猛し」は檀弓下に収める逸話、学徳高い人の死を意味する「易簀」は檀弓上で曾子の死を描いた逸話に基づきます。

なお、『礼記』のうち緇衣篇は、秦の文字統一以前の楚の国の文字で書かれた竹簡が出土しています。『礼記』は漢代の編纂とはいえ、素材は古く、これは多かれ少なかれ他の古典にも言えることです。

（三村）

論語集解 存巻第八

最上至極宇宙第一の書

文永五年中原師秀写　［後補］表紙　一紙二九・七×五〇・六糎　巻子一軸

『論語』は言わずと知れた古典中の古典、孔子一門の言行録ですが、『毛詩』などと同様、本文が整理されたのは漢代のことです。前漢末には『斉論語』『魯論語』『古論語』の三系統に整理できる状況となり、後漢末の鄭玄はそれらを統一し注釈を施しました(鄭注)。

三国時代、魏の何晏(?～二四九)らは孔安国・包咸・周氏・鄭玄・陳群・王粛・周生烈の注を集め、並びに自家の説を加えて『論語集解』を編纂しました。完全な形で伝わる『論語』の注釈書としては現存最古のものです。梁の皇侃の『論語義疏』は中国で散逸し日本にのみ伝わった本として有名です。宋代には何晏の注に対し邢昺が疏を作り『論語正義』を著しました。

漢から唐までの注釈を古注というのに対し、南宋の朱子が著した『論語集注』の説は新注と呼ばれ、朱子学の基本文献の一つとなっています。日本では古注・新注ともに受容されましたが、江戸時代には『論語』を「最上至極宇宙第一の書」と道破した伊藤仁斎の『論語古義』や荻生徂徠の『論語徴』など、独自の見解を縦横に展開した著作も生まれました。

中原家の学問

ここで取り上げるのは、何晏の『論語集解』を一二六八(文永五)年に中原師秀が筆写したもので、書写年月を明記した『論語集解』としては最も古い伝本です。もとは京都の醍醐寺に所蔵、東洋文庫には巻八が、醍醐寺には巻七が伝わり、ともに重要文化財の指定を受けています。

中原氏は十世紀後半、中原氏に改姓した十市有象に始まり、清原氏と並んで明経道の博士家として家職を世襲しました。また明法道を受け継ぐ家系もあります。漢文の知識を活かして政治に参画し、『建武式目』制定にあたっては是円(中原章賢)・真恵兄弟が足利尊氏の諮問に答えています。また室町時代の中原康富の日記『康富記』は日本史の重要な資料です。中世の学者の営みは今日広く知られているとは言い難いものの、『論語集解』をよすがとして先人の文業を偲びたいものです。

博士家ではテキストとともにその家の解釈及び訓読法が代々伝えられ、各家で別個に受け継いでいくのが基本ですが、時代が下ると他家の説が混ざってくる場合もあります。博士家の伝承の実態は、この文永本『論語集解』などの伝本を分析・比較することで浮かび上がってきます。

博士家の訓読については次の正和本『論語集解』の解説で述べますが、文永本を見ると「終日」「終夜」に「ヒネモス□」「ヨモスカラ」と仮名が振られています(□は虫損)。古文でお馴染みのこのような単語も訓読で用いていたのです。「ヒネモス」の「ス」は「爪」に似た字形ですが、これは古い片仮名の形です。平仮名に変体仮名があるように、片仮名にもかつては今と異なる字形が存在していたのです。

校勘——古典研究の基礎作業

左頁下図に掲げたのは文永本の巻末、『論語』季氏第十六の末尾付近です。この部分を例に本文の異同について少し説明しましょう。「曰不学詩」の「曰」の横に「オ无」とあるのですが、これは「摺本」すなわち印刷本である宋版には「曰」字が無いという意味です(「オ」は「摺」の部首を取った略字、「无」＝「無」)。調べると確かに「曰」がない本があります。また、「鯉退而学詩也」の「也」が無い、「聞斯二矣」の「矣」が「者」になっているなどの場合もあります。テキ

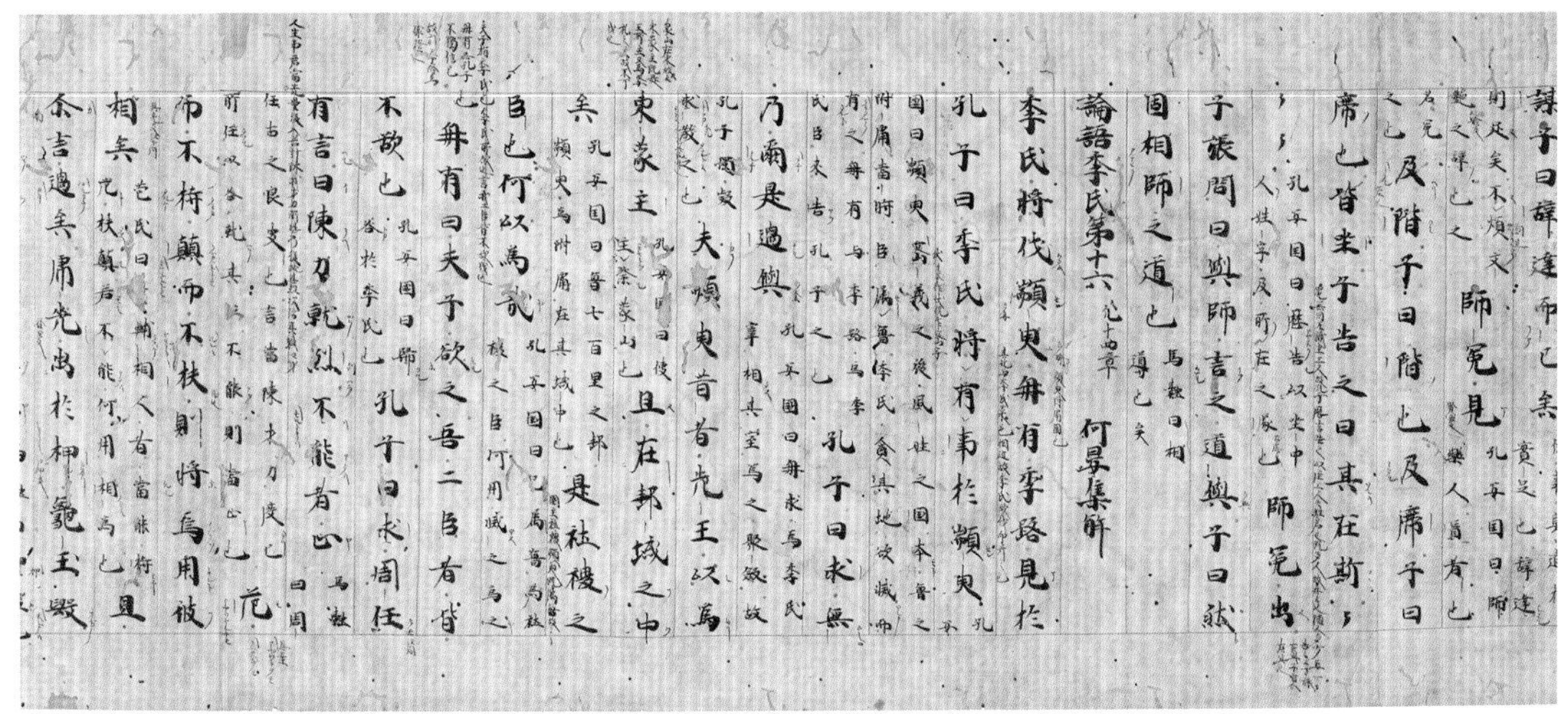
文永本『論語集解』衛霊公第十五末尾〜季氏第十六冒頭

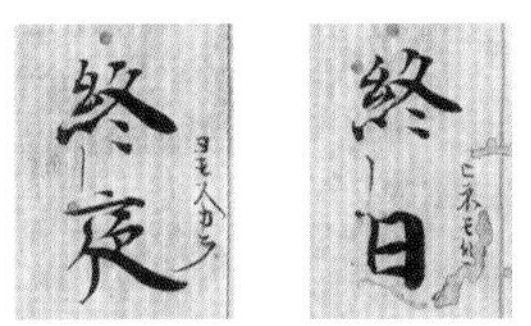

「終日」「終夜」の訓読

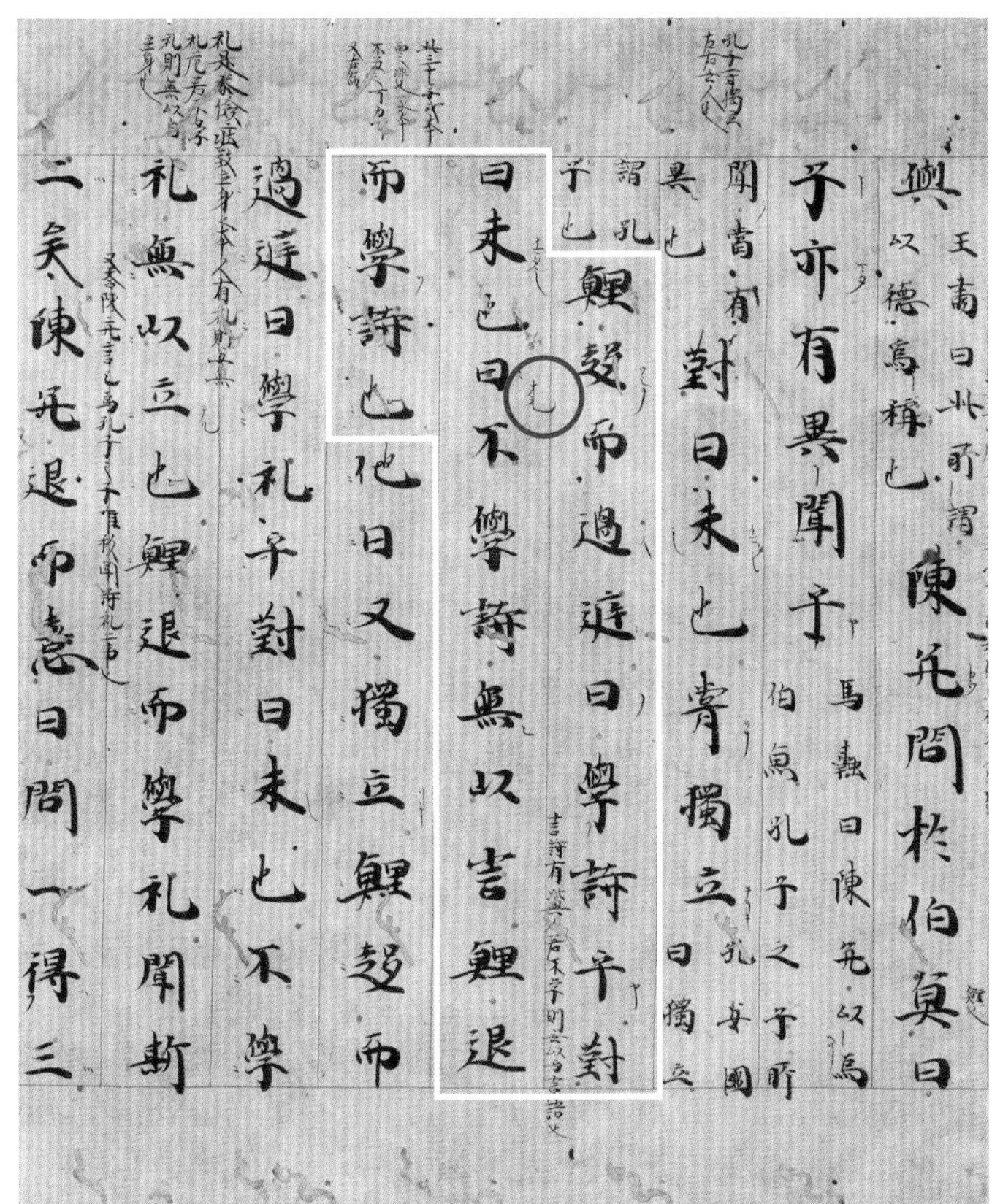
校勘の例（季氏第十六）

ストにより異なる本文を異文といい、異文を比較し、なるべく原典に近くなるよう正すことを校勘といいます。

異文にも程度があり、文学作品ですと話の筋が変わってしまう程のものもあります。今回は数文字の異同でしたが、「也」「矣」の有無などは文法学的には大いに問題です。しかしひとまず古典本文には揺れがあることを知っていただければ結構です。

なお、この部分は孔子が息子・鯉が庭を横切った時、『詩』や礼を学ぶよう諭した章で、家庭教育を意味する「庭訓」の語はこれに基づきます。

（三村）

論語集解

日本人は『論語』をどう読んできたか

正和四年写　一紙二八・〇×五〇・〇糎　原装巻子改装折一〇帖

本書は全巻完備した『論語集解』としては最古の写本です。清原教隆(一一九九～一二六五)の書写加点本をもととし、一三一五(正和四)年に書写、一三三三(正慶二)年に加点・書き込みが行われました。室町後期の書き込みも見られます。

徹頭徹尾謹厳な楷書で記され、はねや右払いなどは時に顔真卿の筆法を彷彿とさせます。

校勘・読解のために宋版や皇侃の『論語義疏』、唐・陸徳明の『経典釈文』(経書の文字の発音・意味と異文を記す)といった文献を参照していることが書き込みからわかるなど、鎌倉時代の清原家の学問を伝えるまたとない書物です。

近代以前の来歴は不明ですが、和田維四郎が村口書房主人・村口半次郎の斡旋で銀座榛原氏(日本橋の紙商・中村平三郎〈三代目榛原直次郎、一八四六～一九一〇〉か)から購入、のち東洋文庫に納められたとされます。当初は巻子本でしたが、折本十帖に改装されています。

ヲコト点の世界

本書の訓点を観察してみましょう。一二点などは現在でも使いますが、「〉」はどうでしょうか。これはレ点の古い形です。そして随所に見られる赤点や棒線、実はこれらも訓点です。

訓読のために漢字の四隅などに振られた符号をヲコト点といい、助詞・助動詞・送り仮名などを符号化して記していました。

本章で紹介する古写本は、『文選集注』『礼記正義』以外、すべて訓点があります。『毛詩』と唐鈔本『古文尚書』は延喜年間(九〇一～九二三年)前後の加点と考えられます。延喜といえば、菅原道真の逝去が延喜三年、紀貫之らが『古今和歌集』を撰したのが延喜五年(異説あり)です。現代人には馴染みのないヲコト点ですが、数百年の歴史を持っているのです。

訓点は墨や朱墨のほか、白墨(胡粉)や角筆などによる場合もあります。角筆は棒状の筆記具で、これで物を書くとインク切れのペンを使った時のように紙に凹みが残ります。このように

正和本『論語集解』学而第一冒頭

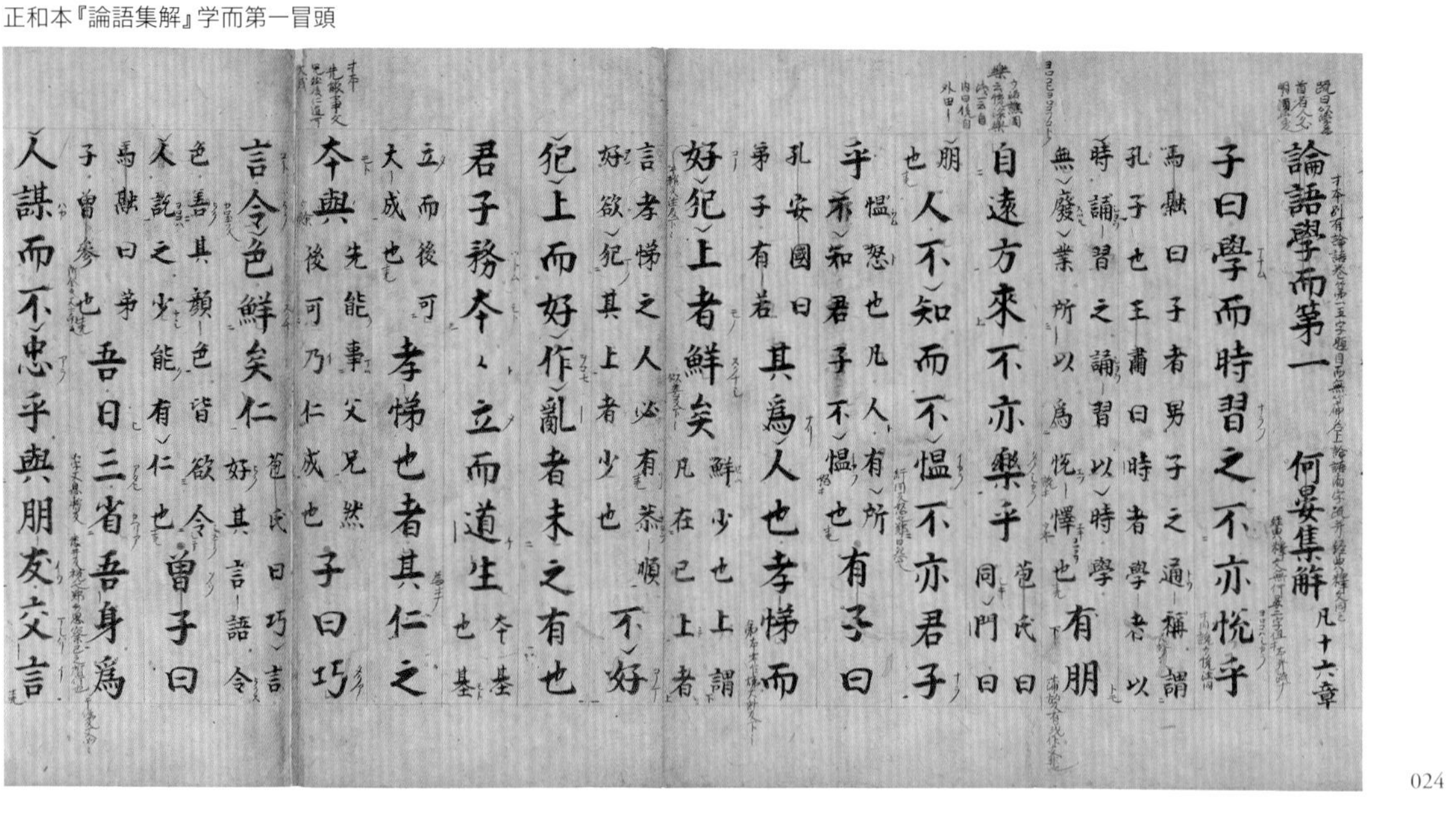

して訓点や仮名を記すことがありました。『毛詩』と唐鈔本『古文尚書』では角筆点が確認されています。

本書は点を打つだけでなく、固有名詞に赤線を引いています（朱引（しゅびき）。左の図「孔子謂季氏」参照）。漢字右側の傍線は音読みせよという指示、左側なら訓読みの指示、さらには中国語で読んだ時の声調を表す声点（しょうてん）が漢字四隅に振られることもあります。至れり尽くせりですね。

ヲコト点は伝承者ごとに方式が異なり、また仏教界には仏教界の流儀がありました（ちなみに訓点資料の圧倒的多数は仏典です）。訓読には歴史的な変遷があり、同じ古典でも解釈が異なれば違う訓読になります。我々は学校で習う訓読を当然のものとして受け止めがちですが、決して金科玉条の如く揺るがぬものではないのです。

「ノタウハク」

「謂」の訓読

子の「のたうばく」

『論語』といえば「子曰く」ですが、かつては「子ののたまはく」と読んでいました。これを「火（し）の玉食う」と聞き間違える洒落を落語「明烏」などで聞いたことがありますが、古い訓読と下町言葉が利いています。さらに遡ると「子ののたうばく」という訓読もありました。

建武本『論語集解』（大東急記念文庫蔵）では「曰」に「タフバク／ノタフハク／ノタウマク」と仮名が振られています。本書でも「謂」に「ノタウハク」とあり、「孔子 季氏を謂（のたう）ばく」と読んだのでしょう。博士家の読み癖です。

古い訓読は仮名文献には見られない語彙・語法を知らせてくれます。副助詞の「い」など学校では習いませんが、訓読では用いられ、今なお「あるいは」の「い」に潜んでいます。明治時代、歴史的仮名遣い制定の際には、訓点資料が確証となり仮名遣いが定まった語もありました（築島裕『歴史的仮名遣い　その成立と特徴』吉川弘文館、二〇一四年）。

菅原道眞は『論語』読了ののち孔子を讃えて「此の間鑽仰（かんさんぎょう）の事、遥かに望む魯の尼丘（じきゅう）」と詠っています。さて、道真はいったいどのように『論語』を読んでいたのでしょうか。（三村）

正和本『論語集解』ヲコト点図

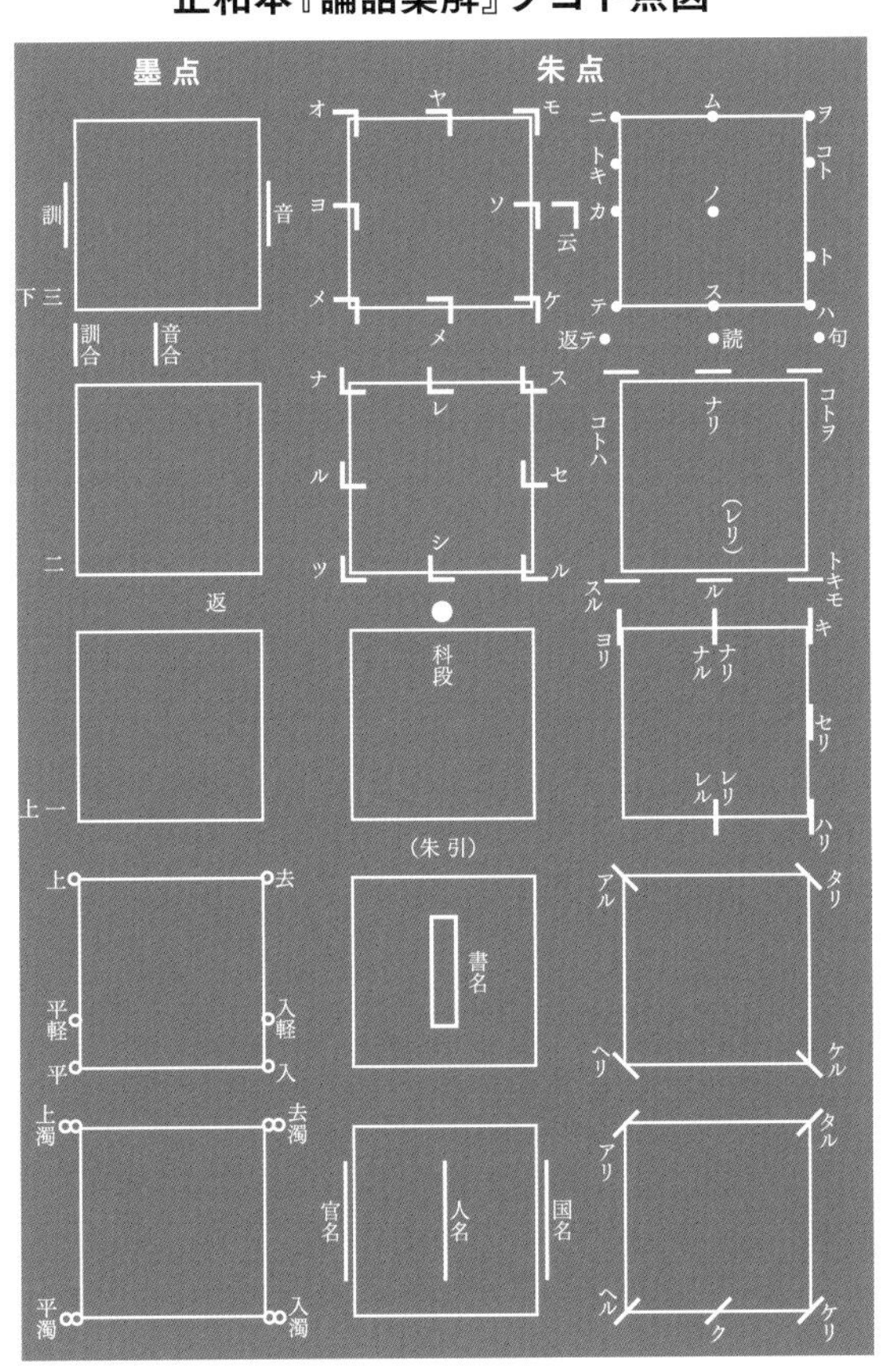

古文尚書 存巻第六

日本語で読む聖王の言葉

旧題漢孔安国伝　元徳二年中原康隆写　［新補］表紙　一紙約三〇・三×五〇・〇糎　巻子一軸

本書は一三三〇(元徳二)年、中原康隆の書写により、全巻に訓点が振られています。康隆、重貞、重隆、康富と四代にわたって継承され、研究・講義のテキストとして使用されました。

文中に古文が現れると、そのたびに一般的な楷書を注記しているのが本書の特徴です。例えば「正」の下に「八」を書いたような字の横に「長」とあり、これが古文の「長」であることを明示しています。

東洋文庫が蔵するのは『古文尚書』のうち泰誓(上・中・下)・牧誓・武成にあたる部分です。牧誓以外は偽古文ですが、いずれも周の武王が殷の紂王を討った顚末を描いています。

牧野の戦い

時は殷末。『史記』殷本紀の語る所によれば、紂王は酒池肉林、ただ歓楽をのみ事とし、民や諸侯が不満を抱くと、炮烙の刑という、筆にするのも憚られる残酷刑に処するなど、無道の限りを尽くしていました。叔父の比干が諫めると「聖人の心臓には穴が七つ空いているそうであるな」と言って、その胸を切り裂かせ殺してしまったこともありました。

ここに立ち上がったのが西の大諸侯、周の武王でした。その父・文王は声望すこぶる高かったものの、紂王に対して弓を引こうとはしませんでしたが、武王はもはや殷の大罪は捨て置かれぬと、諸侯を率いて攻め上りました。牧野の戦いです。

紂王は軍隊を動員して迎え撃たせますが、人心はすでに殷から離れていました。兵器を逆さまにして戦い、武王に道を開いたために諸侯軍の進撃は止まらず、紂王はもはやこれまでと、珠玉を身にまとい身を火中に投じて死にました。五〇〇年以上の歴史を誇る殷はこうして滅亡したのでした。殷周革命は紀元前十一世紀後半とされます。

以上の歴史を司馬遷は『尚書』を下敷きにし

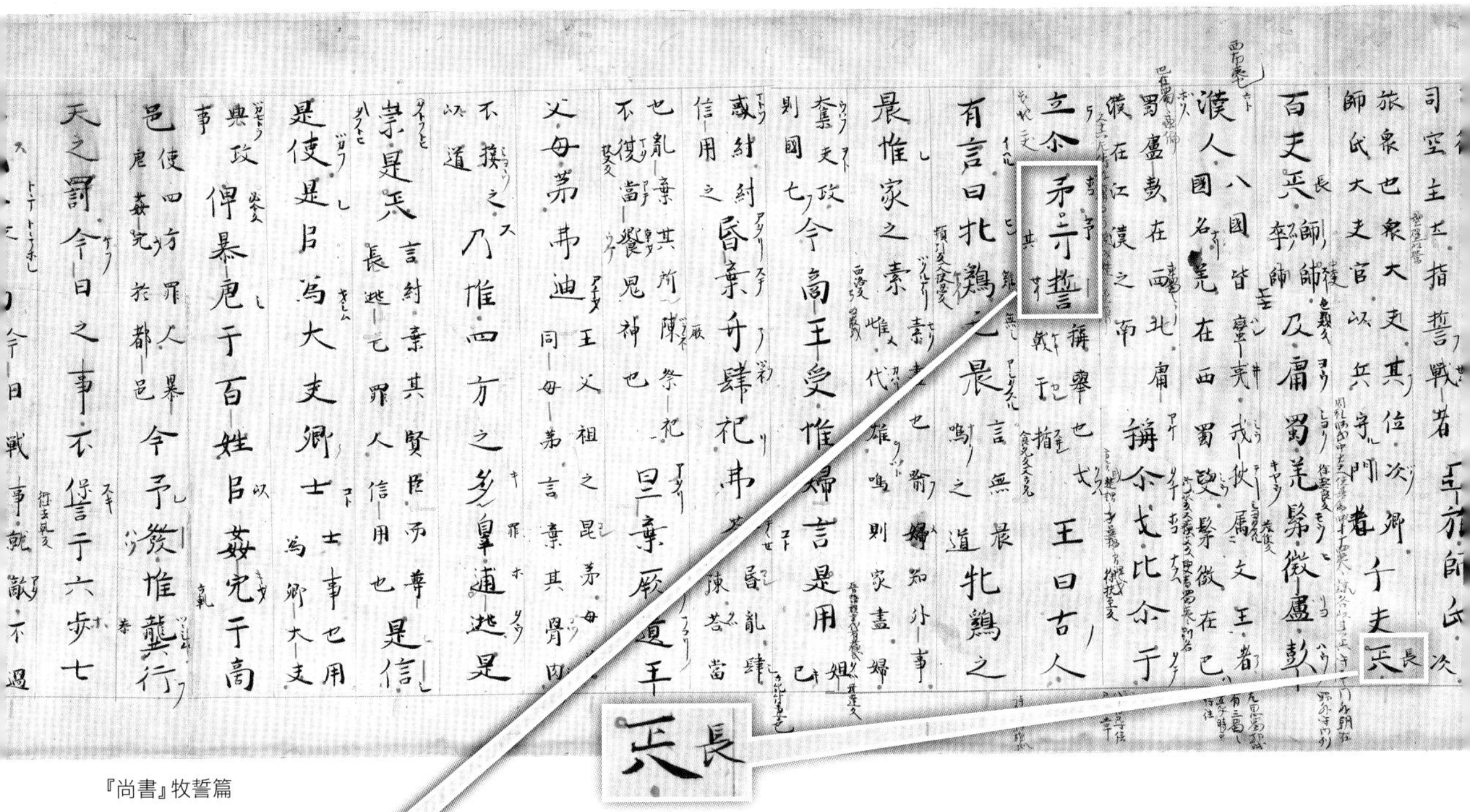

『尚書』牧誓篇

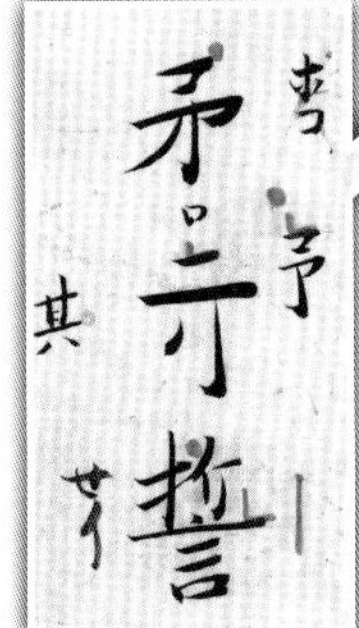
「予亓（其）誓」
「予」は「亓」の横に書き足されている。

て書いているのですが、これが勝者側の見方であることはいうまでもありません。甲骨文・金文といった出土資料によると、帝辛すなわち紂王は対異民族戦争に勝利したり、祭祀の徹底を行ったりしていたようですが、殷代末期の詳しい状況はなお明らかではありません。

しかし、上図の牧誓篇は、同時代史料ではないとはいえ、「爾の戈を称げ、爾の干を比べ、爾の矛を立てよ」という言葉を読むと、今や天命われらに在りと確信する武王の偉容がよみがえってくるようです。

誓いの言葉

中原家の人々は『尚書』をどのように読んでいたのでしょうか。比較的簡単な例として図の中から「予亓誓」の三文字を取り上げます。「亓」は「其」の古文ですので、以下「予其誓」と表記します。

まず「予」「其」は各字の上部中央にL字形の符号が付いています。本書では「レ」を表します。「誓」は上部中央に点、右側中央にL字形の符号があり、右側に傍線があります。順に「ム」「セ」そして音読み指示を表します。以上の手がかりをもとに訓読を考えると、「予れ其れ誓せむ」と読んでいたのであろうということがわかります。

「レ」を表す符号の使い方は面白いもので、「われ」の「れ」だろうと「それ」の「れ」だろうと、「れ」は「れ」なので同じ符号で処理しています。また「誓」を音読みしているのも目を引きます。中世の訓読はなるべく和語を使おうとする傾向がありますが、逆に今では訓読みするところを音読みしていることがあります。なかなか一筋縄ではゆきません。

音読みと一口にいっても漢音や呉音があり、当時どのように読んでいたのか検討を要する場合もあります。読み方が自明であるとして訓点を打っていない箇所は、こちらで補って読まねばなりません。こうなると、もはや専門家の領域です。ある規則を知れば演繹的にすべて処理できるというようにはなっておらず、ここが難しいところです。古典を読むのに焦りは禁物ということでしょう。

（三村）

楽善録

善の価値を知らしめる説話集　現存唯一の古版本

紹定二年跋新安汪統会稽郡斎刊　有補鈔　改装銀煤竹色卍繋地牡丹唐草文様表紙
二五・五×一七・三糎　原装三冊改装五冊

『楽善録』の著者、李昌齢(生没年不詳)は南宋の孝宗(一一六二〜八九)の時代に活動した人物で、何栄孫「楽善録序」によれば、「南中勧戒録」を増補して『楽善録』一〇巻にまとめたといいます。「楽善」とは善を楽しむの意、本書には古今の典籍から引かれた勧善懲悪・因果応報の説話が収められています。このような文献を善書といい、儒・仏・道の思想を融合し、人に善行を勧める内容となっています。宋代以降に民間に流通し、明末清初に最も流行しました。

岩崎文庫本は汪統が一二二九(紹定二)年に趙汝謐の跋を得た上で重刊したもの、一〇巻本『楽善録』は天下の孤本、この岩崎文庫本しか残っていません。

本書の旧蔵者は臨済宗の高僧にして東福寺の開山、聖一国師円爾弁円(一二〇二〜八〇)です。円爾は入宋の後、刊行間もない本書とともにあまたの書物を携えて帰国しました。その後、明治から昭和初年には米沢市の郷土史家である伊佐早謙(一八五八〜一九三〇)のもとにあり、岩崎久彌の手を経て、東洋文庫に寄贈されました。

左頁図の左上の「忄忄」という書き込みは「懺悔」の略字で、この種の省略法を抄物書きといいます。ほかにも「不盗」「不邪婬」などの書き込みがあり、所蔵者が仏徒の眼で本書を読んでいたことがわかります。

版刻の観察

宋版──中国印刷術の精華

唐末から宋代にかけ急速に発達した中国印刷術、中でも宋代の版本は、字体が秀麗なだけでなく、本文校訂が行き届いていることから珍重され、文字どおり泣く子も黙る書物です。またこの時期は書籍史上の一大転機であり、それまで巻子本(巻物)であったものが版本の形に改められ、その代わり、もとあった鈔本(写本)が消え去っていったことは、古典研究上見逃しえない大事件です。宋版のおかげで古典が整理された反面、古い形がわからなくなってしまったのであり、さればこそ宋版も唐以前の鈔本も両つながら貴いわけです。

本書は版木を用いた木版印刷です。手書きと見紛う匠の技は見事と言うほかありませんが、仔細に観察するとやはり彫っていることがわかります。上図の「判吏」二字は、縦画から曲線に移るところに僅かな出っ張りがあります。縦画をまとめて彫ってしまい、曲線は曲線で後から彫った、その痕跡かもしれません。

善因善果、悪因悪果

掲出した逸話は『後漢書』楊震伝から取られています。楊震の引き立てで出世した王密がお

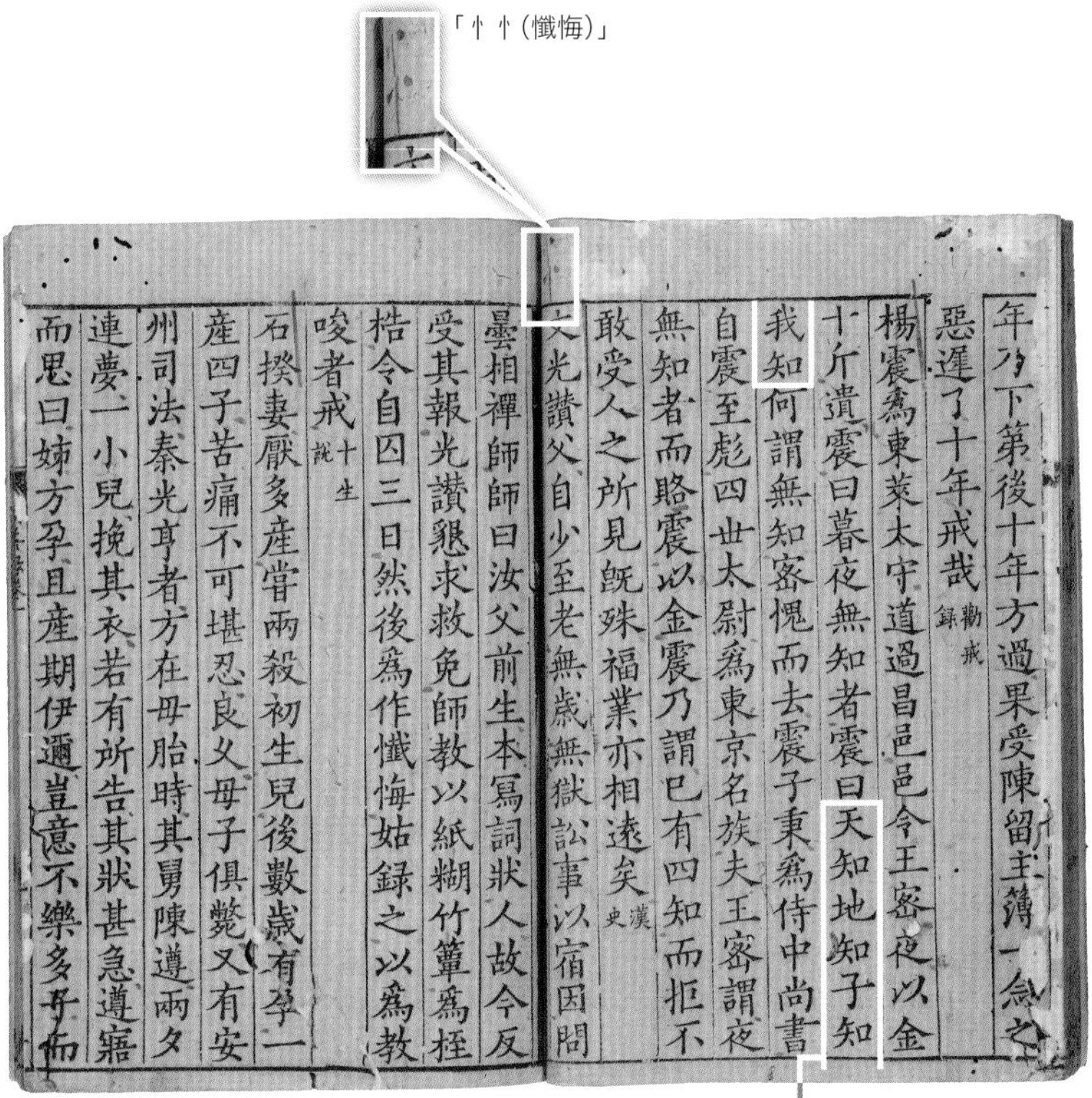

「忄忄(懺悔)」

楊震の「四知」

楊震の逸話ほか

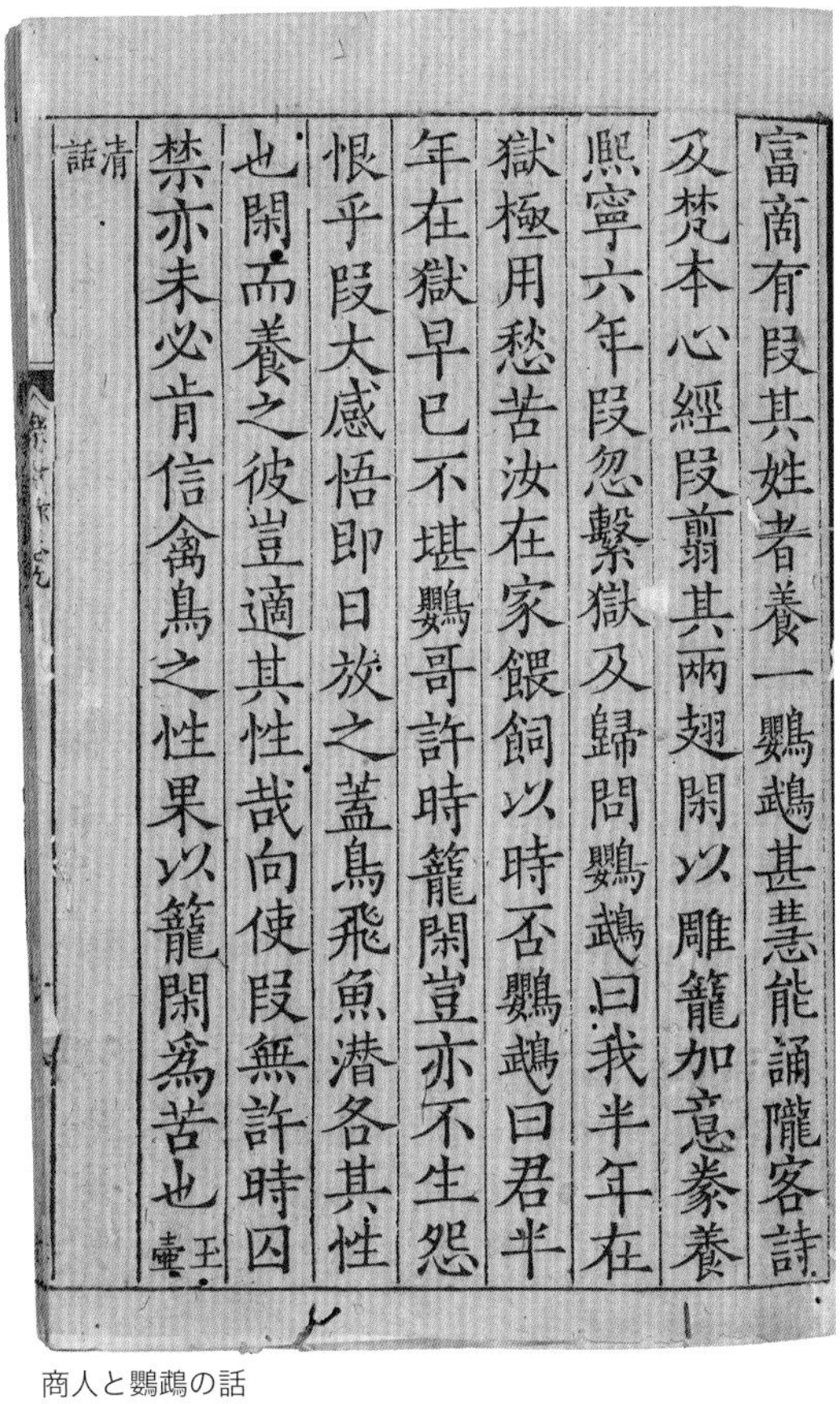

商人と鸚鵡の話

礼にと、夜中ひそかに金を持ってきたのに対し、楊震は「天知る、神知る、我知る、子知る」(『楽善録』では「天知、地知、子知、我知」)と言って拒絶した故事、「四知」の典拠ですが、『後漢書』では楊震の清廉な人格を伝えるに過ぎません。一方『楽善録』では、楊氏が四代にわたって太尉に任ぜられ、名族となったことを「人の見る所既に殊なり、福業も亦た相遠し」と評し、善因善果の話に仕立てています。

また、宋代の説話集『玉壺清話』に基づくこんな話があります。段二郎という富商は鸚鵡を可愛がっていましたが、故あってしばらく牢屋に入れられてしまいました。出獄後、「家の者はきちんと餌をくれたか」と鸚鵡に聞くと、「貴方は半年獄中にいたが、私はどれだけの間籠の中にいることか、辛くないわけがないでしょう」と答えます。段ははっとして鸚鵡を放してやりました。鸚鵡は飛び去るに忍びない様子でしたが、後に伝えるところでは、幹線道路の傍に巣を作り、呉の商人が通るたびに「旅のお方、段二郎は元気にしてますか。もし会ったら、鸚鵡は段二郎をとても懐かしがっていると伝えてください」と言ったとのことです。しみじみとした話ですが、『楽善録』では段が鸚鵡を放したところで話が終わり、段は獄中にいたからこそ鳥の苦しみがわかったのだ、と訓戒を記しています。原話を知っているとやや複雑な気分になりますが、訓話の出来上がる過程が見え、興味深いものです。

（三村）

岩崎文庫の国宝と重要文化財

石塚晴通

岩崎文庫には現在国宝五点・重要文化財五点の国指定文化財が収蔵される。此れ等計一〇点のすべてが『東洋文庫善本叢書』で原寸原色の高精細カラー写真版として公刊されている。此れ等岩崎文庫の至宝には多少の出入りがあるので、先ずは岩崎文庫が嘗て有していた文化財指定品等も含め、其の略史を解説して見たい。

岩崎久彌に依る岩崎文庫の寄贈は、昭和七(一九三二)年・十一(一九三六)年・十八(一九四三)年の三次に亘る。此の寄贈より一年早く、昭和六(一九三一)年十二月十四日に国宝(旧国宝)指定を受けたのが、『礼記正義』(巻五残巻、現重要文化財)である。第一次寄贈によって同書は東洋文庫初の文化財指定を受けた典籍となった。昭和十五(一九四〇)年六月五日には『論語集解』(巻第八残巻、文永五〈一二六八〉年写)・同(完本、正和四〈一三一五〉年写)・『古文尚書』(巻第六)・『扶桑略記』(巻第四)が一斉に旧国宝指定を受けた(四点ともに現重要文化財)が、此れ等は第二次寄贈乃至第三次寄贈によって同文庫に含まれた典籍であった。

昭和二十五(一九五〇)年八月二十九日に施行された文化財保護法以降、文化財は重要文化財と国宝(新国宝)に分けて指定された。此れ等新国宝の初の指定は昭和二十六(一九五一)年六月九日付で実施され、岩崎文庫の至宝のうち第一次寄贈に含まれる『古文尚書』(巻第三・第五・第十二)と『日本書紀』(巻第二十二・第二十四、平安中期写)もその指定の一端に与った。此の法律下で東洋文庫の所蔵品は次々と文化財指定を受け、翌昭和二十七(一九五二)年三月二十九日には『毛詩』(巻第六残巻)と『春秋経伝集解』(巻第十)が、同年十一月二十二日には『史記』(夏本紀・秦本紀)および『高信編明恵上人歌集』(高信自筆)が国宝指定を受けている(なお、同年七月十九日には、岩崎文庫本と同じく東洋文庫に所蔵される『ジョン・セーリスの航海日誌』および『ドチリーナ・キリシタン天草版』が重要文化財指定を受け、昭和二十七年に東洋文庫所蔵の典籍が立て続けに指定を受けたことが窺われる)。以後は断続的に四点の典籍について指定を受け、昭和三十(一九五五)年二月二日には『文選集注』(巻第四十八残巻・第五十九・第六十八・第八十八残巻・第百十三)が国宝に、昭和三十三(一九五八)年二月八日に『楽善録』が、そして昭和四十五(一九七〇)年五月二十五日に『律』(巻第三、衛禁・職制律)および『令義解』(巻第一、官位令)が重要文化財に指定されている。此処に至って岩崎文庫は七点の国宝、八点の重要文化財を擁し、ある意味で文庫の最盛期ともいえる状況に至ったのである。

しかし、昭和六十(一九八五)年、文庫の事情に依って岩崎文庫の内広橋本と称される広橋伯爵家旧蔵の典籍・文書の多くが流出し、此の時

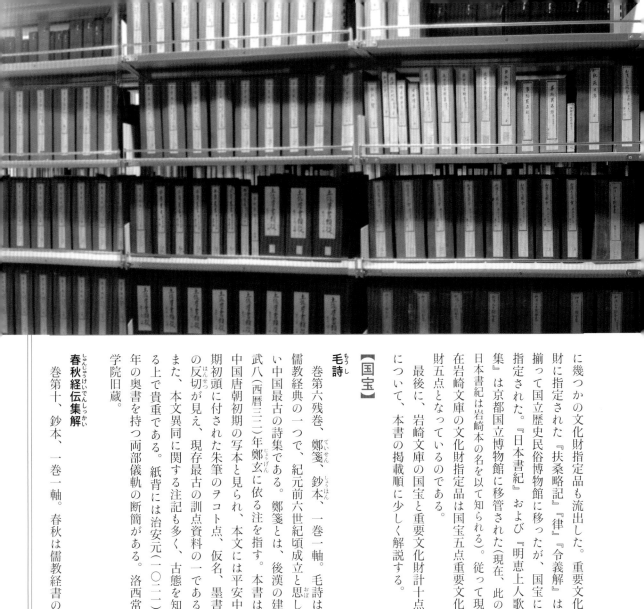

に幾つかの文化財指定品も流出した。重要文化財に指定された『扶桑略記』『律』『令義解』は揃って国立歴史民俗博物館に移ったが、国宝に指定された『日本書紀』および『明恵上人歌集』は京都国立博物館に移管された（現在、此の日本書紀は岩崎本の名を以て知られる）。従って現在岩崎文庫の文化財指定品は国宝五点重要文化財五点となっているのである。

最後に、岩崎文庫の国宝と重要文化財計十点について、本書の掲載順に少しく解説する。

【国宝】

毛詩（もうし）

巻第六残巻、鄭箋（ていせん）、鈔本（しょうほん）、一巻一軸。毛詩は儒教経典の一つで、紀元前六世紀頃成立と思（おぼ）しい中国最古の詩集である。鄭箋とは、後漢の建武八（西暦三二）年鄭玄（じょうげん）に依る注を指す。本書は中国唐朝初期の写本と見られ、本文には平安中期初頭に付された朱筆のヲコト点、仮名、墨書の反切（はんせつ）が見え、現存最古の訓点資料の一である。また、本文異同に関する注記も多く、古態を知る上で貴重である。紙背には治安元（一〇二一）年の奥書を持つ両部儀軌の断簡がある。洛西常学院旧蔵。

春秋経伝集解（しゅんじゅうけいでんしっかい）

巻第十、鈔本、一巻一軸。春秋は儒教経書の

日本書紀巻第廿四
天豊財重日足姫天皇
天豊財重日足姫天皇
太珠敷天皇曽孫押坂彦
子孫茅渟王女也
皇順考古道而為政也
天皇二年立為皇后十三年十月息長　日廣額
足日廣額天皇崩
元年春正月丁巳朔辛未皇后即天
皇位以蘇我臣蝦夷為大臣如故大臣
之入鹿自執國政威勝於父由是盗
賊恐懾路不拾遺乙酉百濟使人大仁
阿曇連比羅夫從筑紫國乗驛馬来
言百濟國聞天皇崩奉遣弔使臣隨弔
使共到筑紫而臣望仕於葬故先獨
来也然其國者今大乱矣二月丁亥朔
戊子遣阿曇山背連比羅夫草壁吉
士磐金倭漢書直縣遣百濟弔使所
問彼消息弔使報言百濟國主謂臣
言塞上恒作悪之請付還使天朝不許
百濟弔使傔人等言去年十一月大佐
平智積卒又百濟使人擲崑崙使於海裏今年
正月國主母薨又弟王子兒翹岐及其
母妹女子四人内佐平岐味有高名之人
卌餘被放於嶋壬辰高麗使人泊難波
津丁未遣諸大夫於難波郡検高麗國
所貢金銀等并其獻物使人貢獻既訖
而諮云去年六月弟王子薨秋九月大臣
伊梨柯須弥殺大王并殺伊梨渠世斯
等百八十餘人仍以弟王子兒為王以己
同姓都須流金流為大臣戊申饗高麗
百濟於難波郡詔大臣曰以津守連大
海可使於高麗以國勝吉士水鶏可使

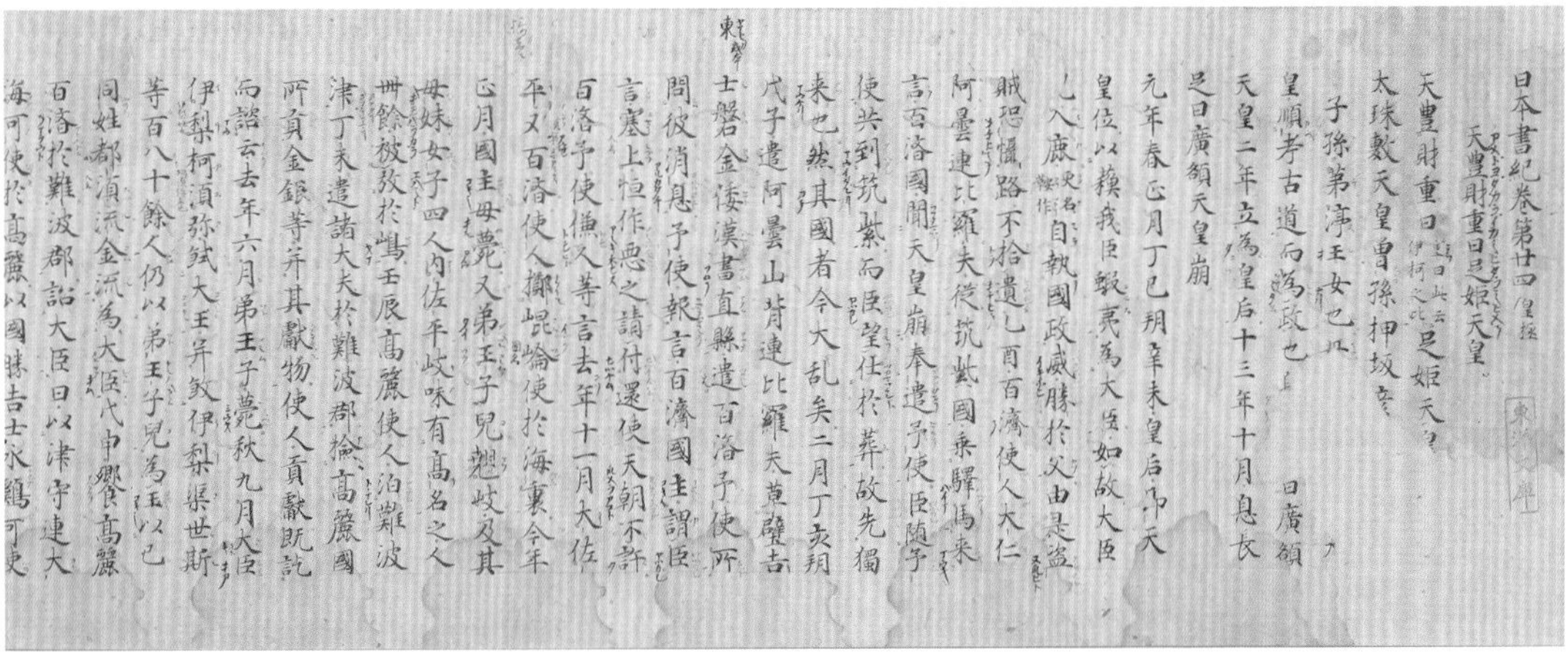

国宝『日本書紀』巻第二十四 皇極天皇紀（京都国立博物館蔵）
平安時代中期（10～11世紀頃）の書写と推定され、奈良国立博物館蔵の『日本書紀』巻第十残巻に次ぐ古写本。

一つで、魯国の史官の記録を孔子が整理編纂したものと伝わる。此の春秋の経典に三種の注釈があり、其のうち孔子の弟子左丘明の作と言われる左子伝に、晋の杜預が注を付けたものを集解という。唐代には春秋学の国定教科書となり、奈良時代より本邦においても広く読まれた。本書は平安朝院政期、明経博士清原頼業が其の学を受け、舶来の中国青檀紙を用いて自ら加点した原本で、古訓、反切、傍注、朱筆のヲコト点、声点および朱の校合が加えられている。本文、訓点ともに平安朝院政期、明経道博士家の学問の在り様を伝え、その基本となる明経点の祖となった原資料である。また、紙背の注は頼業が十八歳で庭訓を受けた際の訓点である(但し、古訓・裏書の中には後世の筆と思われるものもある)。清原家に所蔵されたのち、応安二(一三六九)年には菅原在貫に、十五世紀前半には中原康富の所蔵となった。

史記

「夏本紀」第二・「秦本紀」第五、鈔本、二巻二軸。『史記』は漢の司馬遷が著述した太古から前漢武帝まで、約二千数百年間を扱った紀伝体の歴史書で、魏晋期に「史記」の名称が定まった。日本では平安期に紀伝道の必修科目として最重視され、中国古代の歴史的知識の源泉、文章作成の手本としても利用された。本書は南朝宋(四二〇〜四七九)の時代に裴駰が注を付けた集解本を天養二(一一四五)年に鈔写したものである。二巻は別筆ながら同時期の書写と見られ、本文には墨書の古訓、朱のヲコト点があり、特に秦本紀には三種の仮名が見られる。巻首には高山寺の朱印があり、もと高山寺の旧蔵であったことが知られる。

文選集注

巻第四十八残巻・第五十九・第六十八・第八十八残巻・第百十三、鈔本、七巻七軸。文選は梁の昭明太子が編纂した詩文叢集で、六朝文学の精髄として隋唐期に盛行した。其の日本伝来は古く七世紀頃であり、平安期には『白氏文集』と並び広く読まれた。本書は日本で撰述されたもので、平安中期の書写と見られる。中国では既に失われた「陸善経注」「音決」「鈔」等を含む『文選』の諸注を集成し、更に編者の所見を記しており、集注本の古態や、佚書のテキストを垣間見ることができる。広橋伯爵家旧蔵。

古文尚書

巻第三・第五・第十二、鈔本、一巻一軸。尚書は中国最古の史書で儒教経典の一つ。古く西周初年(紀元前十一世紀)に成立し、のちに戦国時代(紀元前三世紀)に至る頃まで加筆された。今は五八篇のみが残り、うち二八篇は東晋の梅賾が注釈した古文尚書と言われるが、現在は偽書と考えられる。本書は尚書として日本最古の伝本で、本文には朱書の訓点や書入が付され、漢籍訓点資料としても最古級(平安中期極初期訓点)であるばかりか、現行尚書の誤りを正すことが出来、中国経典の疑案を解く貴重な古典といえる。紙背には元秘抄が記されるが、此れは和漢の年号宣字に関する数々の記録を集めたもので、十四世紀末頃の書写と見られる。もと九条家旧蔵で、現在は御物四巻(巻第三・四・八・十・十三)および東京国立博物館所蔵巻六残巻と僚巻。

【重要文化財】

礼記正義

巻第五残巻、鈔本、一巻一軸。礼記は前漢の戴聖が編纂したもので、制度・喪礼其の他、礼楽についての解説・理論を述べ、戦国末から漢初に至る学者の説を集めた。本書は唐時代に孔穎達が諸注をもとに敷衍解釈したもので、全六十三巻。岩崎文庫本は所謂単疏本で、所々に別筆で校合が加えられる。文字は古体が多く、書風から見ても初唐写本である。紙背には聖賢略問答巻第一が記され、天延三(九七五)年に興福寺の碩学中算により著されたものを、寛弘五(一〇〇八)年に如慶が書写したことが奥書より知られる。

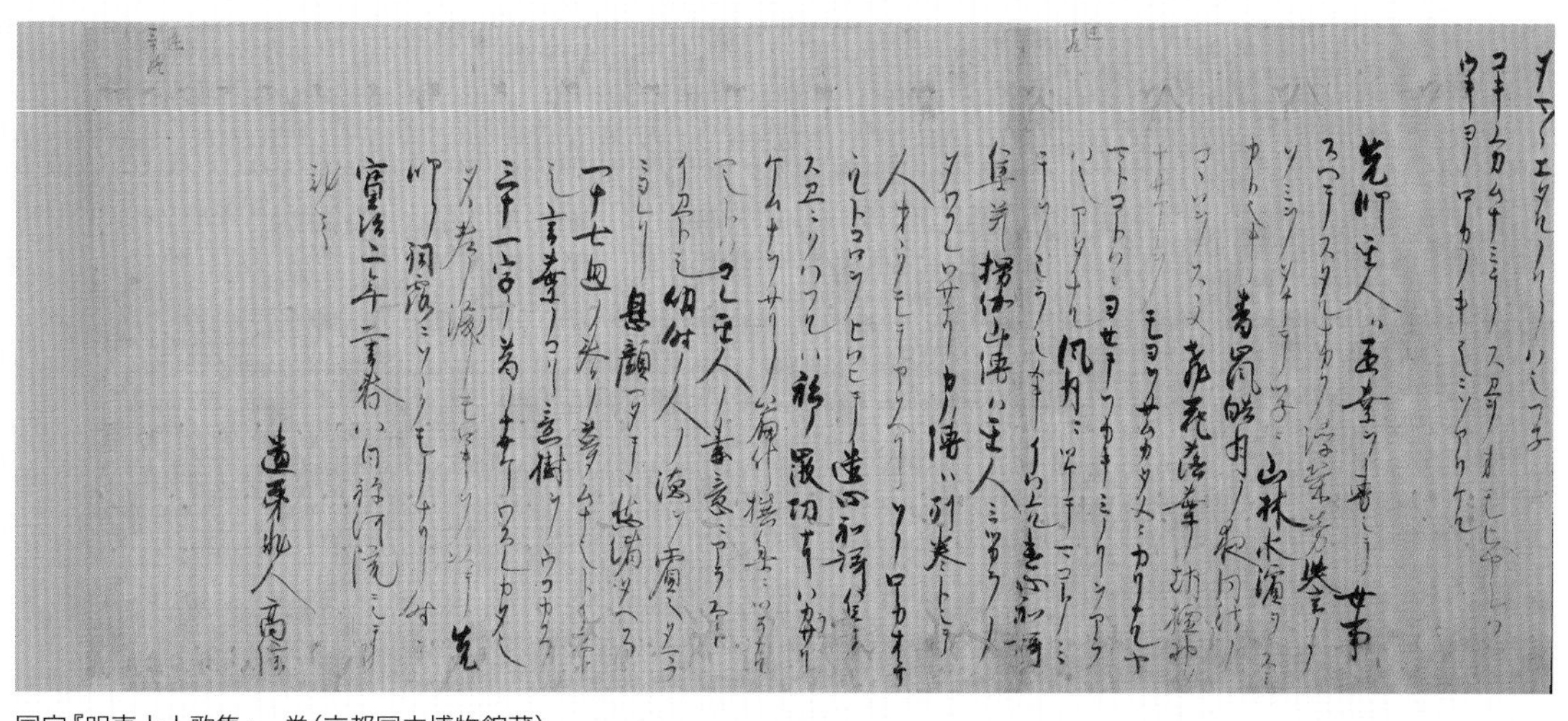

国宝『明恵上人歌集』一巻（京都国立博物館蔵）
華厳宗を確立した高弁（明恵、1173～1232）の歌集。明恵の十七回忌にあたって弟子の高信が編纂したもの。鎌倉時代の編纂と推定され、現存する明恵唯一の和歌集である。

論語集解（文永五年〈一二六八〉写）

巻第八残巻、鈔本、一巻一軸。論語は儒教経書の一で、孔子と其の門弟との問答及び高弟の教訓的説話を編纂したもので、全二〇巻。魏の何晏が先行諸注を集めたものを集解という。本書は本邦論語最古紀年の訓点資料であり、書写者で明経道の博士中原師秀の奥書・花押がある。醍醐三宝院所蔵の巻第七と僚巻。

論語集解（正和四年〈一三一五〉写）

二〇編、鈔本、一〇帖。日本に現存する最古の論語の完本（訓点資料の完本としても最古）である。鎌倉幕府に仕えた清原教隆が仁治三（一二四二）年に書写したものを転写している。皇侃の『論語義疏』を引き、陸徳明の経典釈文の文を補い、異本校合は紙背にも及ぶ。唐代以来の論語注釈の名残を窺うことが出来、清原家の加点を伝える書である。

古文尚書

巻第六、鈔本、零巻、一軸。中原康隆が元徳二（一三三〇）年に加点校合を施した上で書写したもので、曾孫康富に至る四代に亘って相伝したものである。文中の傍注、欄外の注記は、中原・清原両家の本を校合しており、日本の経学の発達変遷を知ることが出来る重要資料であるとともに、この写本全体を通じて加えられているヲコト点、仮名、漢字の音訓は、鎌倉時代末期の国語研究の好資料である。

楽善録

十巻五冊（原装三冊）。本書は南宋・四川眉山の人李昌齢が編纂した所謂「善書」の一で、古今の典籍や伝聞から勧善懲悪・因果応報を説いた逸話を収録する。本書は成書後まもなく刊行され、紹定二（一二二九）年に刊行された南宋版である。続古逸叢書の原本で、影印時に削除されてしまった書入れ等、本来の姿を知ることが出来る。恵日山東福寺の開山聖一国師円爾弁円（一二〇二～八〇）の旧蔵にかかるもので、仁治二（一二四一）年に宋より帰国した際に携えて来た典籍の一である。巻首には十六世紀中頃の東福寺首座竹圃聖珪の墨筆識語があり、東福寺に長く伝来したことが知られる。

参考文献

『岩崎文庫和漢書目録』（東洋文庫、一九三四年）
『岩崎文庫貴重書書誌解題Ⅰ』（東洋文庫、一九九〇年）
『東洋文庫八十年史Ⅰ　沿革と名品』（東洋文庫、二〇〇七年）
渡辺滋「国立歴史民俗博物館所蔵の古代史料に関する書誌的検討」（『国立歴史民俗博物館研究報告』第一五三集、国立歴史民俗博物館、二〇〇九年）

岩崎文庫の背景
―岩崎家に見る“右文の家風”

斯波 義信
東洋文庫文庫長

開設百年を目前にして、東洋文庫の蔵書は約百万冊を超えました。その礎石をなす白眉の書こそは「モリソン文庫」であり、「岩崎文庫」に尽きると言えましょう。特に岩崎文庫は、愛書家であり書誌学の奥義にも通じていた久彌が集めた善本の集成であり、本来「岩崎久彌収集：岩崎文庫」と命名されて然るべきとも思われますが、謙譲な人格者であった久彌は、収書に莫大な資金を投じながらも、自分の名を冠して世に喧伝することを極力遠慮し、時に書庫を訪れて旧愛蔵書に親しむのを常としたと伝えられています。この遺徳を尊重し、文庫ではあえて「岩崎文庫」と呼び慣わしつつ今日に到っています。ここでは、岩崎文庫成立の由緒に関わる背景について考え、管見の及ぶ限りではありますが、先学が必ずしも言及してこなかった余聞の二、三を取り上げたく思います。

岩崎家創業四代、彌太郎、彌之助、久彌、小彌太の生きた時代は、まだ漢学が一般教養の基礎としてしっかりと存在し、洋学を加えて新しい学術が興隆した時代でした。久彌の収書は一富豪が蔵書閣を構築しようとする趣味にとどまるものではなく、洋の東西にわたり訪書して稀書の散逸を防ぎながら、学問の発達を育成するという経綸を備えていました。これは創業四代の当主に一貫していた“右文の家風”の伝統に沿うものです。判りやすく言えば、収書から一歩奥へ踏み込んで「近代的書誌学」の基礎づくりにも貢献する事業でした。この“右文の風”を触発した人格として、薩摩の国漢学者、重野安繹(雅号：成齋、1827〜1910)の名を上げなければなりません。

重野安繹(以下、成齋)は1848年、昌平黌(昌平坂学問所)で渉外学を講じた安積艮齋に入門し、詩文掛として「天下の奇才」の令名を博す一方、薩英戦争直後63年に講和談判委員として横浜に赴き、藩黌造士館にあっては助教として藩主のために『皇朝世鑑』を編纂しており、漢学者、史学者として名を著すかたわら、統帥力を備えた政治家肌の風格を帯びていました。69年、彌太郎、彌之助、豊川良平の三名は大坂で成齋の成達書院に入門しています。

成齋は、漢学者として朱子学、経世の学を基軸としながらも、昌平黌で塩谷宕陰、佐久間象山の示唆を受けて古学、実学にも力を入れました。また、「学問は遂に考証に帰す」とも唱え、和・漢・洋三学の長所を折衷し融合した学術を樹立すべきとの信念を抱いていたことも知られています。晩年に「説文會」を主宰したことは、その考証学への関心を示すものと言えましょう。

「説文會」は、主に中国文字学の古典『説文』を学ぶ学問同好者の研究会です。荻生徂徠の学統を汲む狩谷棭齋(1775〜1835)が天保年間(1830〜43)に始めました。棭齋は池之端の古書肆青裳堂に生まれ、津軽藩の蔵元である津軽屋を継いだ富裕な商人で、『本朝度量権衡攷』『和名類聚抄箋註』等の書や『経籍訪古志』に記録される古書鑑賞会の主催で名高い人物です。会には市井の裕福な学者、篆刻家、書家が集い、会主は当代一流の漢学者、書誌学者がつとめ、成齋が会主のころの会員には、黒板勝美、市村瓚次郎、中山久四郎、新村出、鳥居龍蔵といった名だたる学者がおりました。

成齋は明治に入ると、内閣修史局史官、修史館一等編修官をつとめて『大日本編年史』の編纂にあたり、後には東京帝国大学で臨時編年史編纂掛委員長、文科大学教授を兼任し、翌年ルードウィヒ・リース(当時東京帝国大学文科大学史学教師)とともに史学會を創設します。こののち、1895年に文科大学内に史料編纂掛が再興され、正倉院をはじめ東寺、金剛峯寺、醍醐寺、高山寺などの秘庫が開かれ、また公家の日記が採訪されて、古文書が調査・刊行されるようになります。そうした古文書の一部は書肆を通じて蔵書家の収集に帰することとなったのです。一方、92年に委員長を辞した成齋は、『国史綜覧稿』を編むべく、自宅に書斎「野史亭」を備えました。彌之助はこれを支援して、駿河台、次いで高輪の本邸内に書庫を建て、1903年に自らの号を冠して「静嘉堂」と命名し、監書と収書を成齋に委嘱しています。

書誌学を史学の面から捉え直すならば、史料学・古文書学の成立発展と並行する関係にあることが判ります。岩崎文庫が目指していたところは、大局的には「近代的書誌学を構築するための蔵書閣」であったと言うことができるのです。

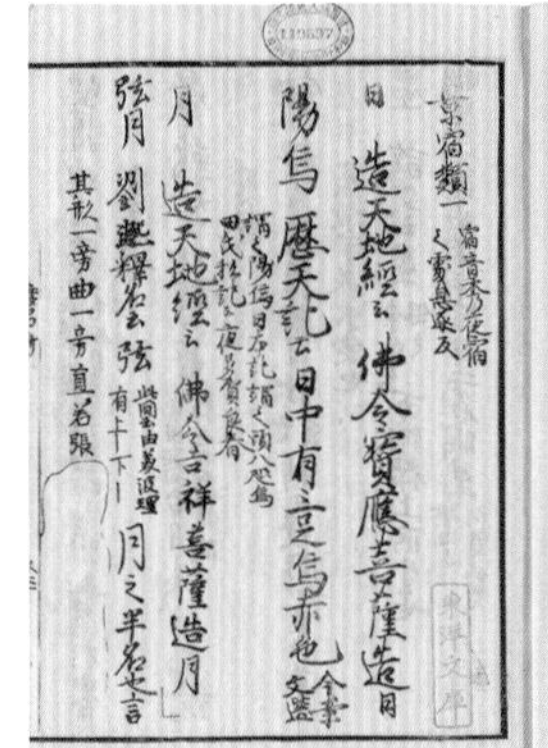

景宿類一

日 造天地經云 佛令寶應声菩薩造日

陽烏 歴天記云 日中有三足烏赤色

月 造天地經云 佛令吉祥菩薩造月

弦月 劉熙釋名云 弦

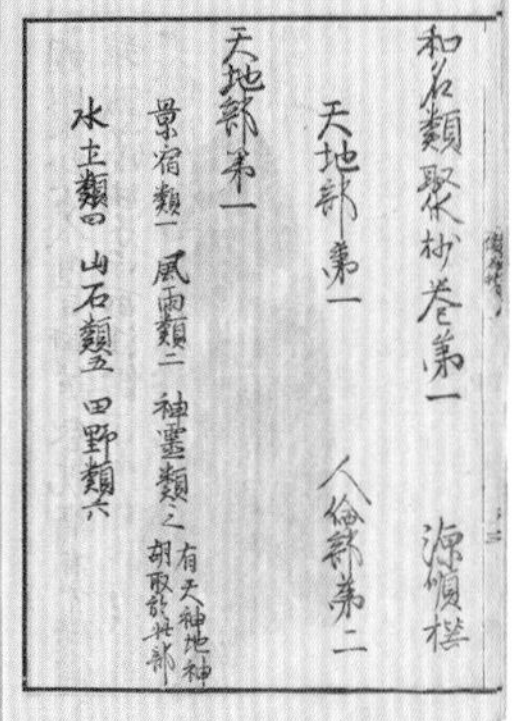

和名類聚抄巻第一　源順撰

天地部第一　人倫部第二

天地部第一

景宿類一 風雨類二 神霊類三

水土類四 山石類五 田野類六

岩崎文庫の『和名類聚抄』(享和元年、名古屋永楽屋東四郎刊)

第2章 古写本と古刊本

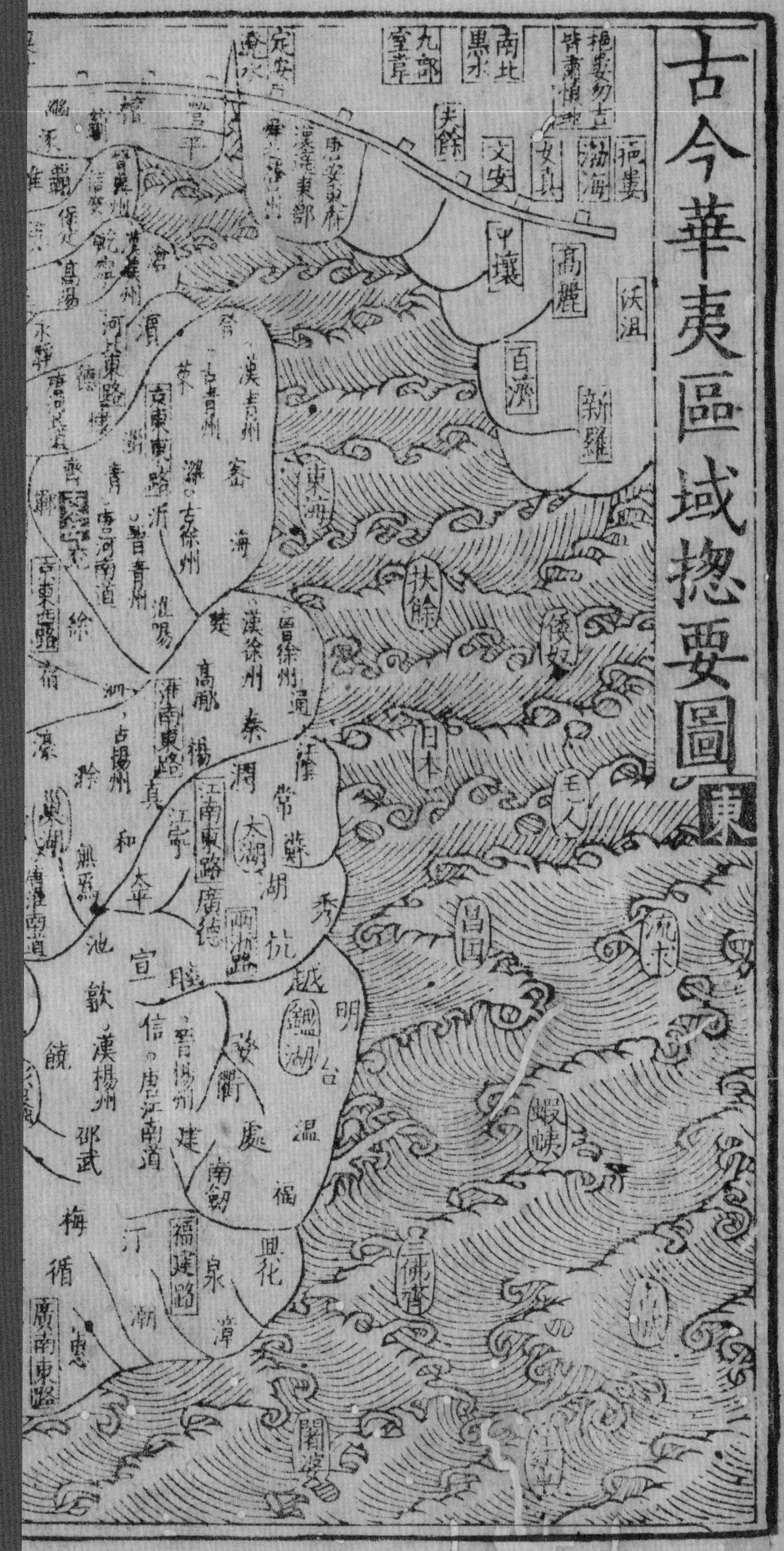

梵語千字文

仏典漢訳の全盛期を支えた現存最古の梵漢対照辞典

唐末鈔本　新補金花卉文青藍錦表紙　楮紙　二〇・〇×一〇四六・八糎　巻子一軸

『梵語千字文』は、中国唐の則天武后の時代に仏典の漢訳に従事した義浄(六三五～七一三)が著した梵漢対照辞典です。

『千字文』には、南北朝時代、梁の文官周興嗣(四七〇～五二一)が漢字の手習い用に作ったものがあります。周興嗣は、同じ漢字を使わずに、漢字四字からなる句を二五〇句作って計一〇〇〇字としました。これに対し、義浄は、漢字四字で一句としながらも、二〇句ごとに五言四句の詩を置いて、一セット一〇〇字とし、さらにこれを一〇セット作って計一〇〇〇字としました。本文は「天地日月」で始まり、漢字の右側には対応する梵語が横書きで添えられています。漢字を学ぶ者のために『千字文』が作られたのにならい、梵語を学ぶ者のために『梵語千字文』は作られました。

仏典の中国伝来と漢訳

インドで誕生した仏教は、紀元一世紀前後に中国へ伝わりました。中国人は西域出身の僧侶の手を借りて、次々と仏典を漢文に翻訳していきました。最初期の翻訳者としては、二世紀後半の安世高や支婁迦讖がいます。五世紀には中央アジア亀茲国出身の鳩摩羅什によって大量の大乗経典が翻訳されました。七世紀に入ると、唐の玄奘(六〇二～六六四)がシルクロードを経てインドに入り、六五七部に及ぶ仏典を中国にもたらし、帰国後、七五部一三三五巻もの経典を翻訳しました。玄奘は訳語の統一と、原文に忠実な翻訳に努め、中国の仏典翻訳史上に一時代を画しました。それ故に玄奘以前の訳を「旧訳」、以降の訳を「新訳」と呼んで区別します。玄奘の時代は、仏典漢訳の最盛期といってよいでしょう。

義浄は玄奘に憧れ、かつ戒律が現地でどのように実践されているかを自分の目で確かめたいとの思いから、三七歳のとき広東から海路インドに旅立ちました。二五年の間に三〇余国を巡って、四〇〇部の仏典を洛陽に持ち帰り、『華厳経』をはじめ五六部二三〇巻の経典を翻訳しました。その一方で、インド求法の旅の見聞をまとめて『南海寄帰内法伝』を著すなど、東アジアの仏教界に重要な足跡を残しています。

中国にもたらされた仏典は、主に悉曇文字(梵字)で表記されたサンスクリット(梵語)で書かれていました。当時、仏典が大量に中国にもたらされるなか、迅速に翻訳を進めるため、梵語・梵字に精通した僧侶はなくてはならない存在でした。義浄は『梵語千字文』の序文の中で「「悉曇章」(本書四六～四七頁を参照)と合わせて梵語で書かれた書物を読めば、わずか数年で翻訳の任に堪えられるようになる」と述べております。つまり『梵語千字文』は仏典の翻訳者を養成するために作られたのです。そして、このような梵語辞典の存在が、唐代における仏典の漢訳事業の全盛期を支えていたのです。

最新の科学技術によって伝承が明らかに！

二〇一三年、龍谷大学古典籍デジタルアーカイブ研究センターがおこなった精密顕微鏡によ

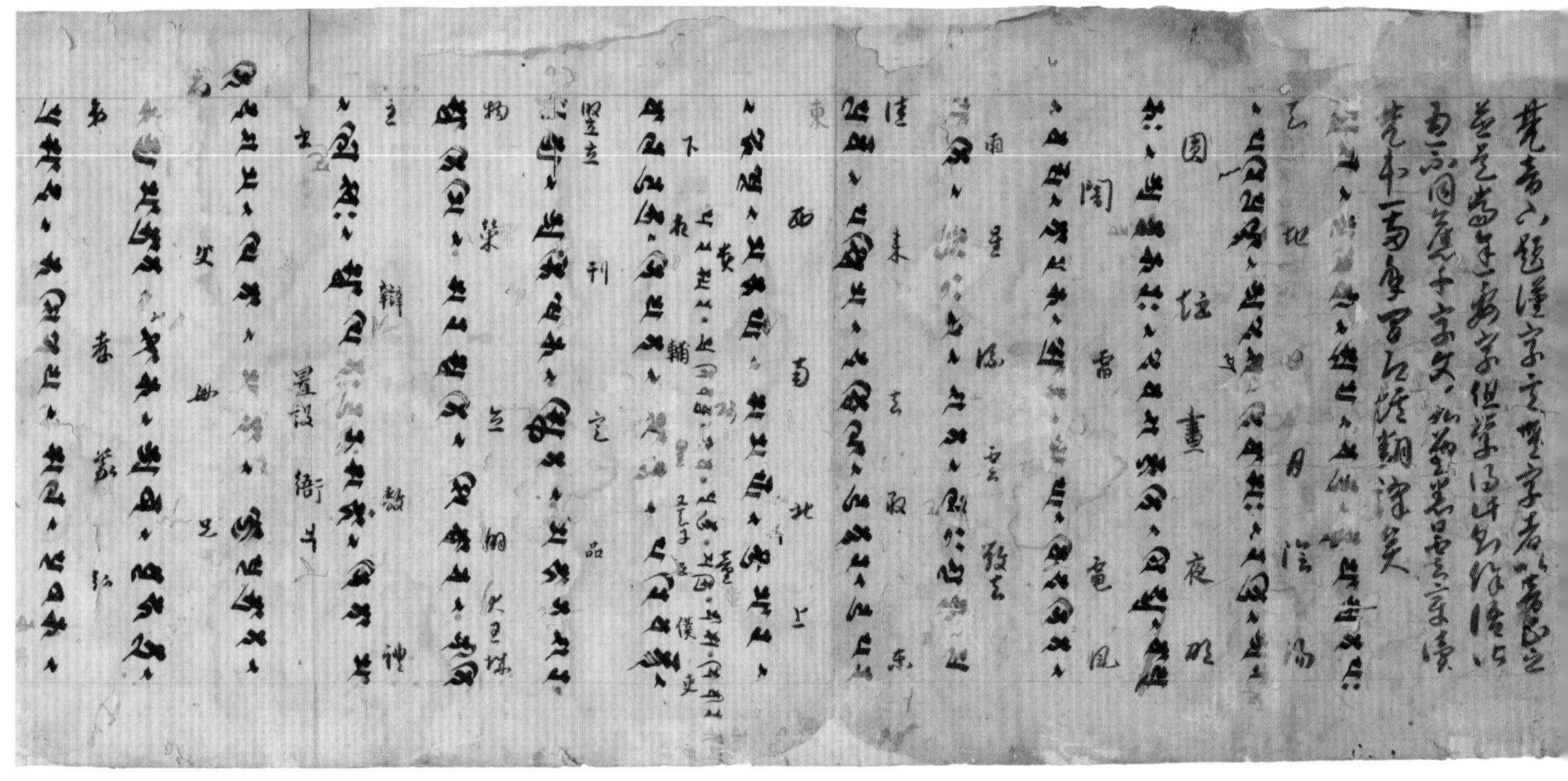

『梵語千字文』の巻首。右端の六行が義浄の序文。

『梵語千字文』の本文の見方

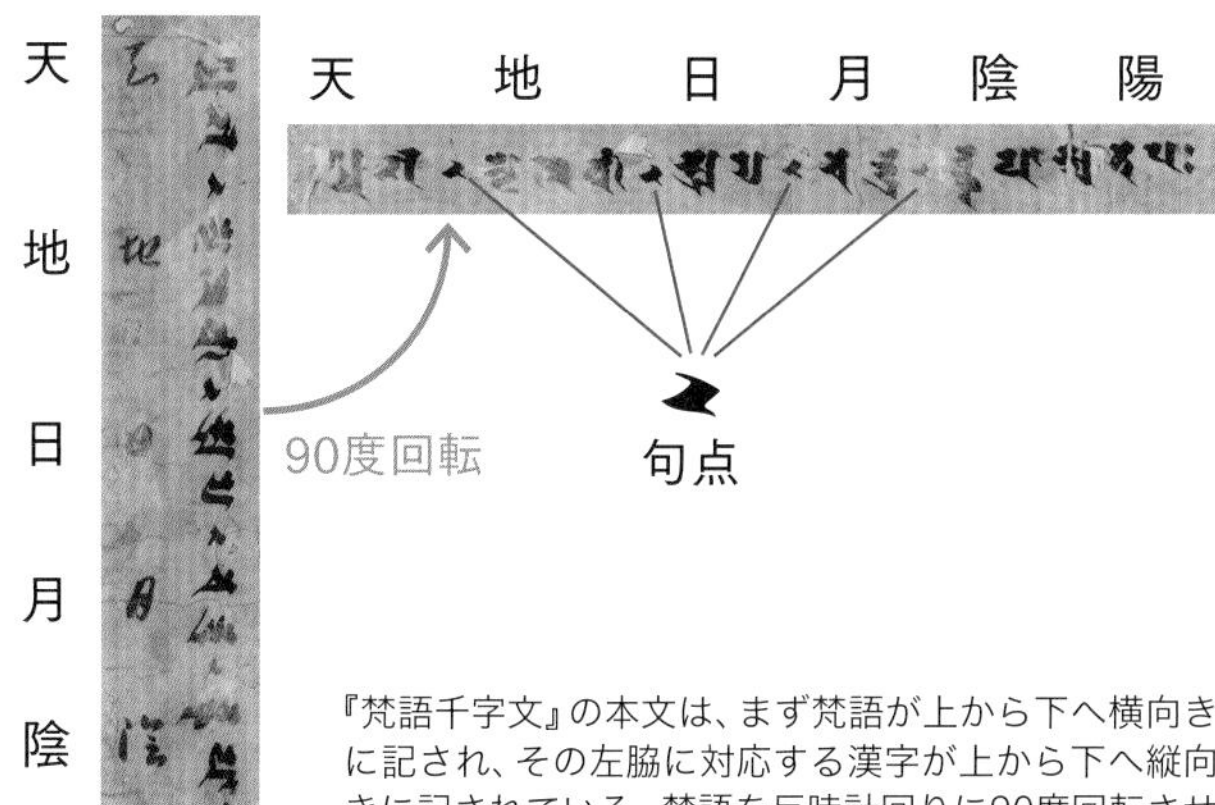

『梵語千字文』の本文は、まず梵語が上から下へ横向きに記され、その左脇に対応する漢字が上から下へ縦向きに記されている。梵語を反時計回りに90度回転させると、梵語本来の向きになる。この行は「天」「地」「日」「月」「陰陽」の梵語を説明した部分で、各梵語の間の「ゝ」は句点を表す。

No. 2133

梵語千字文并序

三藏法師義淨撰

爲欲向西國人。作學語樣。仍各註中。梵音下題漢字。其無字者。以音正之。並是當途要字。但學得此則餘語皆通。不同舊千字文。若兼悉曇章讀梵本。一兩年間卽堪翻譯矣

天 地 日 月 陰 陽

圓 矩 晝 夜

明 闇 雷 電

風 雨 星 流 雲 散去

『大正新脩大蔵経』（初版・線装本）第54巻の『梵語千字文』巻首。梵字は、『弘法大師全集』（吉川弘文館、1910年1月～11年1月）の刊行時に製作された和田智満（随心院第32世）の筆になる四号活字を五号の大きさに撮影して流用し、これにない梵字は新たに活字を鋳造したという。

る調査分析の結果、九世紀頃の中国の楮紙（楮を原料とした紙）に書写されていることが科学的に証明され、『梵語千字文』の現存最古の写本であることが判明しました。また平安前期の天台宗の僧安然『八家秘録』等によれば、遣唐使の一員として中国に渡った慈覚大師円仁（八三五年入唐）や宗叡（八六二年入唐）が持ち帰った書物の中に『梵語千字文』とおぼしき書名を見出すことができます。よって遣唐使として唐に渡った学問僧によって日本に伝えられたものである可能性があります。

大正時代には、大蔵大臣・内閣総理大臣を歴任した高橋是清（一八五四～一九三六）が所蔵していましたが、その後オークションにかけられ、東洋文庫に収蔵されるに至りました。梵語の表記が後世のものよりはるかに正確であるうえ、平安中期の片仮名や乎古止点が加えられ、国語学の資料としても非常に貴重なものです。大正から昭和初期にかけて刊行された仏典の一大叢書『大正新脩大蔵経』の第五四巻（全一〇〇巻）に、東洋文庫所蔵の『梵語千字文』が収録されています。

（會谷）

百万塔陀羅尼

年紀の明らかな世界最古の印刷物

自天平宝字八年至宝亀元年　巻子一巻　五・七×四二糎　木塔一基　高二一・五×底径九・七糎

奈良時代後半、聖武天皇の皇女である称徳天皇の発願により、木製三重の供養塔百万基と塔内に収める陀羅尼が五年半ほどかけて製作され、興福・薬師・東大・西大・法隆の各寺をはじめとする大和国および周辺の十大寺に奉納されました。『続日本紀』宝亀元(七七〇)年四月二十六日条には、百万塔が諸寺に納められたことが記されています。

百万塔と自心印陀羅尼
法隆寺以外に、明治時代に法隆寺から寄付の返礼に諸家へ頒布されたものが博物館や個人蔵となっている。

称徳天皇と仏教

称徳天皇は二度皇位についています。孝謙天皇(在位七四九～七五八)として最初に即位した際には、父聖武天皇発願の東大寺大仏の開眼供養会を行いましたが、在位中の政治は母光明皇太后と藤原仲麻呂(恵美押勝)が進めていました。その後、仲麻呂と親しい大炊王(淳仁天皇)に譲位し上皇となりますが、母が崩じた後、看病僧の道鏡を寵愛したために仲麻呂と不和となり、七六四(天平宝字八)年、仲麻呂は道鏡を除くため反乱(恵美押勝の乱)を起こしました。上皇は乱の平定を祈願して西大寺を造営し、平定の後は道鏡を大臣禅師に任じ、自らもすでに出家の身でありながら重祚して称徳天皇(在位七六四～七七〇)となります。以後、天皇は道鏡を重用し、国家安寧を祈願して三重小塔百万基(百万塔)を造るなど仏教興隆に尽くしました。道鏡はさらに太政大臣禅師、法王となって政治を専断し、やがて宇佐八幡神の託宣と称して天皇にもなろうとしましたが、その企ては和気清麻呂によって阻まれ、天皇も七七〇(宝亀元)年八月に崩御しました。

百万塔と陀羅尼の製作

轆轤を挽いて作製された高さ約二一センチの三重小塔は、陀羅尼を納める本体(塔身)と上部にはめ込む蓋部分(相輪)に分かれていて、現在は、十大寺のうち法隆寺にのみ塔身四万五七五五基、相輪二万六〇五四基が伝来します。また、平城宮発掘地から、未完成のまま遺棄された物が出土しており、宮内に百万塔工房があったと考えられています。塔身は檜材、相輪は榊や桜などの広葉樹で、もともとは防虫目的で全体に厚く白い胡粉が塗られていました。塔身の底面や相輪には、製作年月日や工人名、工房組織名などが墨書されているものも多数あります。

塔に収められた陀羅尼は印刷物です。陀羅尼とは、梵語(サンスクリット語)ダーラニーdhāraṇī の音訳で、すべてのことを心に記憶して忘れない力、または修行者を守護する力のある章句などを意味します。仏の教えの精髄として神秘的な力を持つと信じられ、長文の梵語を漢文に翻

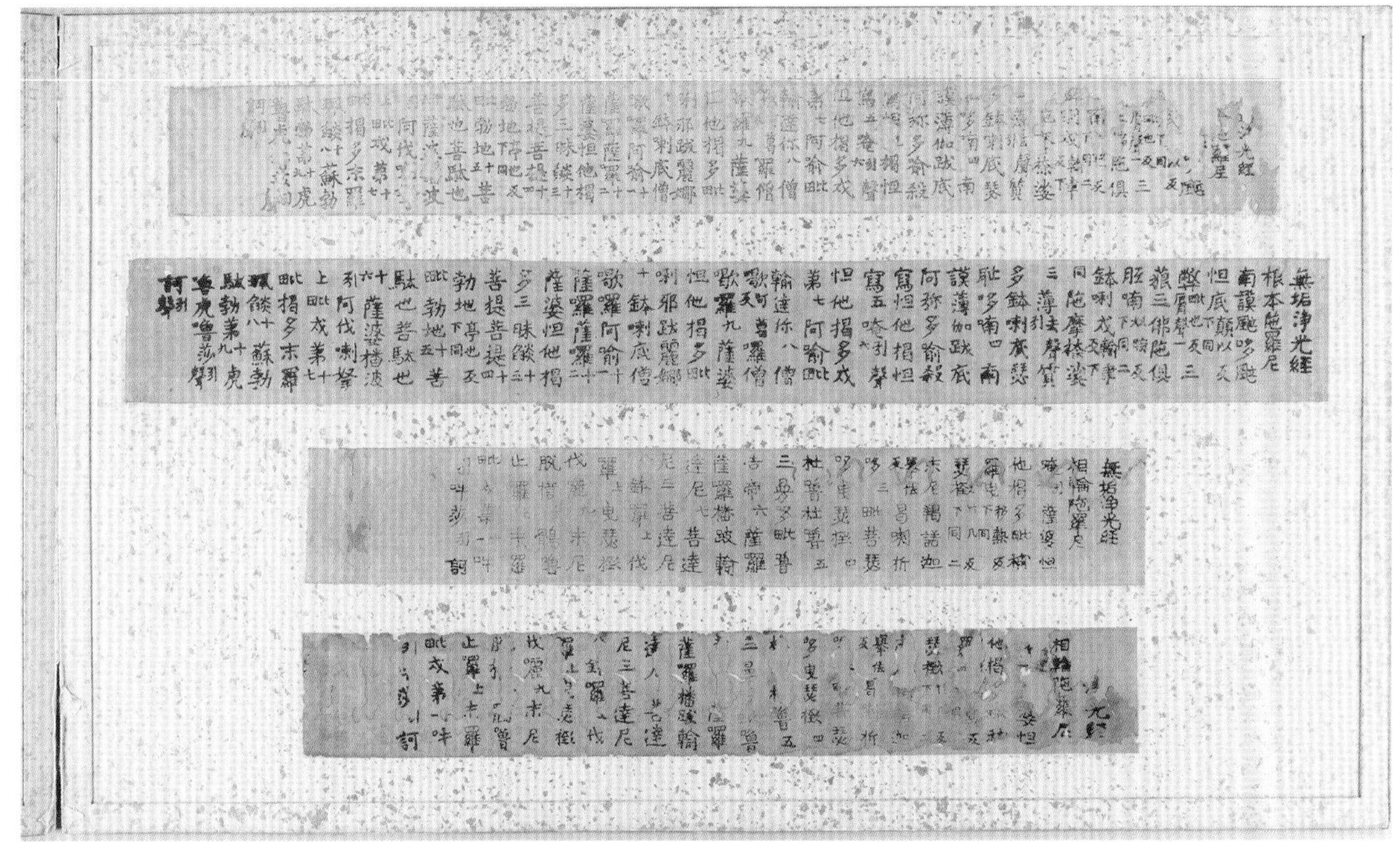

百万塔陀羅尼のうち根本陀羅尼（二種）と相輪陀羅尼（二種）
台紙に貼られた七種類の版のうちの四つ。陀羅尼の種類により20〜50cm程度と長さが異なる。百万塔陀羅尼は作製時期が明確な世界最古の印刷物であるため、欧米の主要な大図書館でも所蔵しているところは少なくないが、韓国の仏国寺で発見された木版刷の陀羅尼経は、則天文字が使用されていることから、百万塔陀羅尼よりも古い8世紀前半の製作と推定される。

訳せずに原語のまま音読し、梵字や漢字をあてて表記されます。

陀羅尼も法隆寺に三九六二巻と断片二〇〇〇余巻が伝わり、塔とともに優品一〇〇巻が重要文化財に指定されています。唐の僧、釈弥陀山が訳した『無垢浄光大陀羅尼経』に説く六つの陀羅尼のうち、根本、相輪、自心印、六度の四つが印刷されました。作製した年紀が明らかな印刷物としては世界最古といわれ、虫害防止を兼ねて黄蘗で染められ、にじみ防止加工がされた麻紙や楮紙に複数の版を並べて摺ってから、紙を切断しました。版の材料は木版説と銅版説がありますが、現在は木版説が有力です。巻首に経典名「無垢浄光経」と陀羅尼名があり、続いて陀羅尼の本文が一行五字詰で記されています。文字は稚拙にも見えますが、天平時代末の代表的な写経生（経典を書写する者）の書風とされています。印刷、裁断された陀羅尼は、紙に包んで小塔に納入されました。奈良時代に何万、何十万という部数を印刷したことは、大いに評価されるものです。

東洋文庫の百万塔陀羅尼

百万塔には、製作年月日、工房名、工人名などが墨書で記入されているものも多いのですが、残念ながら東洋文庫所蔵のものは判読できません。

法隆寺伝来の百万塔陀羅尼には、四種類の陀羅尼に合計八種類の版が確認されていて、東洋文庫はそのうち七種類、合計九つの陀羅尼を所蔵しています。それらのうち岩崎文庫の蒐集に大きく関与した和田維四郎個人のコレクション「雲邨文庫」から入ったものは、特大の台紙に七種類で八種類すべての版を並べて貼り付けてあります。法隆寺以外で八種類すべての版を揃えているのは、大英図書館に渡った安田善次郎蒐集による旧安田文庫のものだけですので、貴重なコレクションといえるでしょう。（川合）

十誦律　存第四誦巻第廿二

奈良仏教の精華　天平写経の代表作

天平十二年写　原装香色表紙　黄麻紙　一紙二六・五×四六・五糎　巻子一軸

藤原不比等(六五九〜七二〇)の三女で、聖武天皇(在位七二四〜七四九)の后であった光明皇后(七〇一〜七六〇)の発願によって、七四〇(天平十二)年に書写された「五月一日経」のうちの一軸です。全部で六〇巻ある『十誦律』という仏典の第二二巻にあたります。

仏典の成立と一切経

仏教の開祖ブッダは、紀元前五世紀頃、シャカ族の王子として生まれ、二九歳で出家し、ブッダガヤーの菩提樹の下で悟りを開き、教化の旅を続け、八〇歳で入滅しました。摩訶迦葉をはじめとする弟子たちは王舎城の郊外で仏典結集(聖典編纂会議)を行い、ブッダの教え・言行を忠実に守り伝えました。以後約一〇〇年間の仏教を原始仏教(初期仏教)と呼びます。仏教教団はやがて伝統的な戒律を遵守しようとする保守的な上座部と、革新的な大衆部の二派に分かれ、さらに「小乗二十部」と数えられるほどに分派しました。

西暦紀元前後になると、大衆部の系統から仏教の革新運動が起こりました。その特色は空や慈悲の思想を唱え、あらゆる人々を平等に救済することこそブッダの真の教えであるとした点にあります。彼らは理想に達するための大きな乗り物の意で、自らを「大乗」と呼び、上座部の仏教を自己の悟りだけ考えるものと批判し、「小乗」(小さな乗り物)とさげすみました。有名な『大般若経』『阿弥陀経』『華厳経』『涅槃経』等は、みな大乗仏教の経典です。

紀元前一世紀前後、中国に仏典が伝わると、中国人は次々と仏典を漢訳しました。漢訳仏典の増加に伴い、仏典の散逸、翻訳者・翻訳年代の喪失、経典の偽造などの問題が生じ、仏典を収集して体系的に整理する必要が高まりました。そこで中国人は仏典の目録を作成し、寺院は目録に従って仏典を収集・整理し、一切経(すべての経典の意。大蔵経ともいう)として収蔵するようになりました。唐代には一切経に収録される経典の標準が定まり、経(ブッダの教え)、律(戒律)、論(インドの諸師に経・律の解説書)とインド人・中国人の著述に分類され、総数は一〇七六部五〇四八巻と定められました。ここに取り上げた『十誦律』は、西域クチャ出身の鳩摩羅什(三四

『十誦律』(五月一日経)の巻首

十誦律第四誦巻第二　廿二
七法布薩法第二
佛在王舍城是時世尊未聽諸比丘布薩未
聽布薩羯磨未聽説波羅提木叉未聽會坐
爾時異道梵志問諸比丘汝有布薩布薩羯
磨説波羅提木叉會坐不答言不作異道梵
志譏嫌責數言餘沙門婆羅門尚有布
薩布薩羯磨説波羅提木叉會坐汝諸沙門
釋子自稱善好有德而不作布薩布薩羯磨
説波羅提木叉會坐有諸比丘少欲知足行
頭陀聞是事心慚愧以是事具白佛佛以是
因縁集僧集僧已佛語諸比丘從今聽作布
薩布薩羯磨説波羅提木叉會坐如我所説
半月半月應説波羅提木叉
佛在王舍城爾時長老大劫賓那在王舍城
阿練若處中住十五日布薩時獨處坐禪作
是念我當往布薩不往耶當往布薩羯磨不
往耶當往説波羅提木叉不往耶當往會坐
不往耶清淨成就第一清淨佛知大劫賓那
所念佛即如其像入三昧如三昧心忽然不
現於大劫賓那窟前住從定起語大劫賓那
言汝作是念我當往布薩布薩羯磨説波羅
提木叉會坐不往耶清淨成就第一清淨汝
婆羅門大劫賓那汝去布薩布薩羯磨説波

四～四一三)の翻訳で、小乗二十部の一つ「説一切有部」の戒律を記したもので、一切経の小乗律のところに収められています。

写経の流行

中国では、唐末五代に印刷技術が発明されるまで、一切経は手書きで伝えられ、五世紀後半には国営の写経所が作られました。唐の則天武后(在位六九〇～七〇五)は仏教を篤信し、仏典の翻訳、寺院・大仏の造営を行うとともに、写経に力を注ぎました。唐代の写経は、遣隋使・遣唐使などによって日本にもたらされ、写経の原本として盛んに書写されました。

光明皇后は、則天武后の影響を受け、国分寺や東大寺の建立を聖武天皇に勧めるなど仏教興隆に努めたほか、側仕えの皇后宮職に官営の写経所を経営させて、組織的かつ大規模な写経事業を推し進めました。その一つが、この「五月一日経」です。

「五月一日経」は、光明皇后が父藤原不比等と母県犬養三千代の供養のために発願して書写させた一切経で、奥書に「天平十二年五月一日」の願文があります。おりしも、七三六年九月より、玄昉(?～七四六)が唐から請来した仏典五〇〇〇余巻を底本とした写経が進められており、後にこの「天平十二年五月一日」の願文が書き加えられるようになったことから、「五月一日経」と呼ばれています。写経事業は諸大寺や学僧の蔵書も書写の対象に加えてより膨大なものとなり、七五六(天平勝宝八)年には総巻数約七〇〇〇巻に及んだと推定されています。このうち現存するのは正倉院聖語蔵に伝わる七五〇巻のみで、そのほか二〇〇〇余巻が各所に伝わっています。

正倉院聖語蔵の写経群は、天平写経の代表作として名高く、大正末から昭和初期にかけて出版された『大正新脩大蔵経』は、これら日本伝来の写経と校合したことをうたい文句に編纂された一切経で、刊行当時から国内外の仏教界の注目を浴びました。『大正新脩大蔵経』に収録される『十誦律』は聖語蔵が対校本に使われていますが、東洋文庫の所蔵する第二十二巻は欠本となっております。

（會谷）

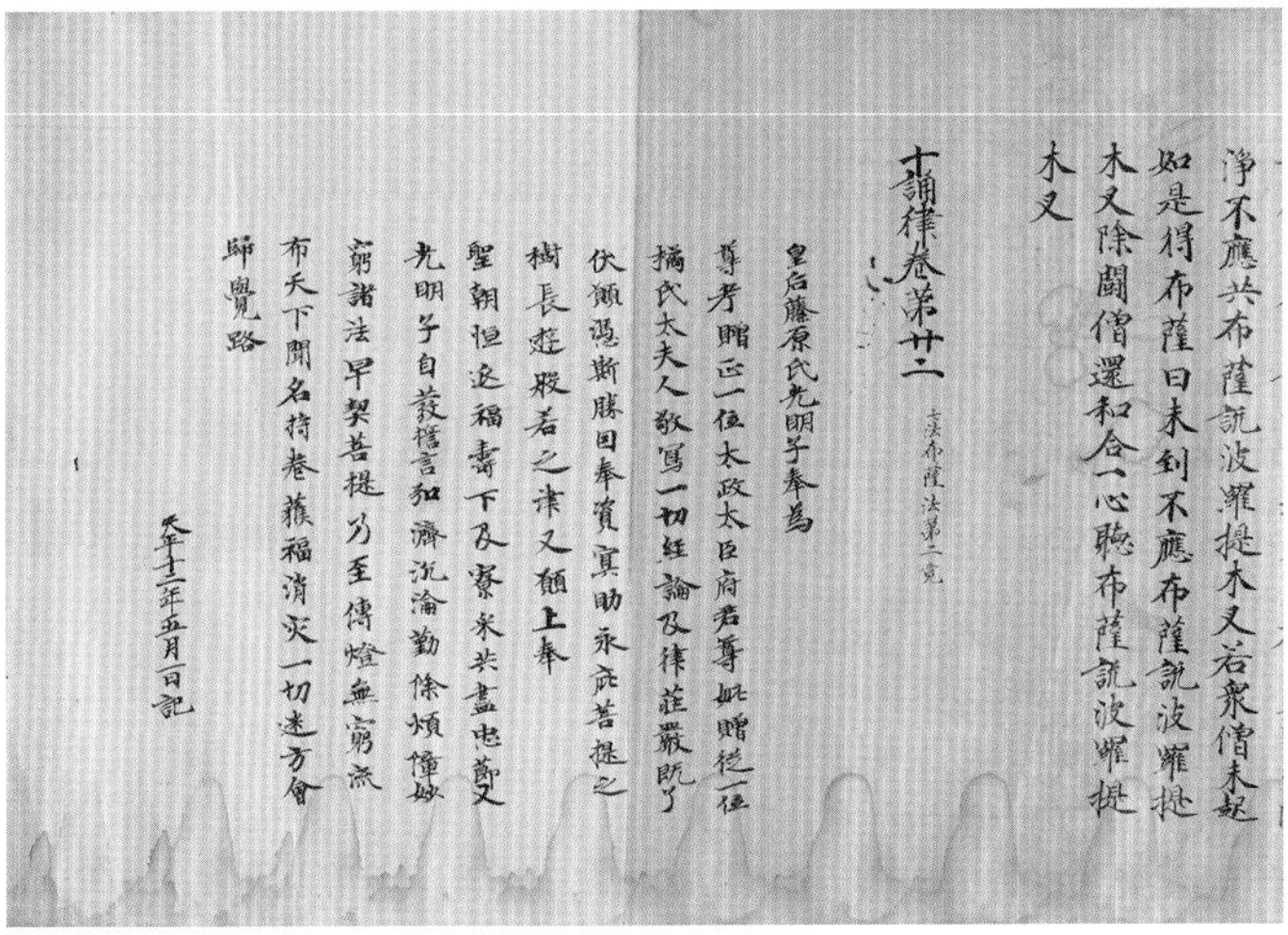

奥書に見える「天平十二年五月一日」の願文

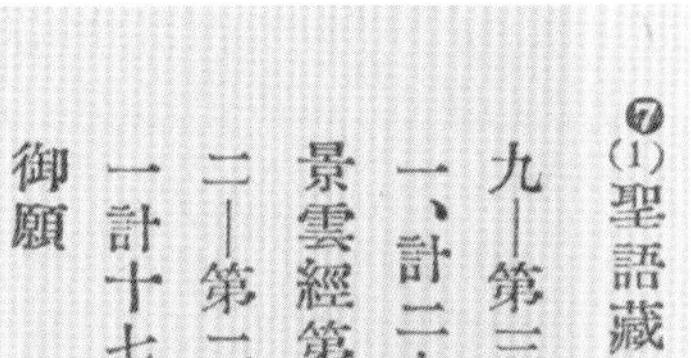

⑦(1) 聖語藏願經第七九號・巻第十一―第二十、第二十九―第三十七、第三十九、第四十、第五十一、第六十一、計二十三巻、天平十二年寫　光明皇后御願、同景雲經第四七號・巻第九、第十二―第二十、第二十二―第二十四、第二十六、第二十八、第三十、第四十一計十七巻、合計四十巻神護景雲年寫　孝謙天皇御願

『大正新脩大蔵経』所収『十誦律』の対校本について記した箇所。「聖語蔵願経第七九号・巻第十一―第二十、第二十九―第三十七、第三十九、第四十、第五十一、第六十一、計二十三巻、天平十二年写　光明皇后御願」とあり、第二十二巻を欠いている。『大正新脩大蔵経勘同目録』390頁より。

大般若波羅蜜多経

玄奘三蔵がもたらした除災招福の経典

奈良時代中期書写　黄麻紙　一紙二六・八×五七・〇糎　巻子一軸
貞観十三年書写　楮斐交漉紙　一紙二六・五×五四・〇糎　巻子一軸

『大般若波羅蜜多経』は、一般的に『大般若経』と略称されます。大乗仏教の初期の経典で、紀元一世紀頃から個々に成立した般若経典のうち『仁王経』『般若心経』以外を集大成した一大叢書です。

『大般若経』の将来

『大般若経』は唐の玄奘三蔵がインドから持ち帰り、六六〇(顕慶五)年から約四年をかけて漢訳したものが日本に伝わりました。七〇三(大宝三)年、文武天皇のときに大官大寺・薬師寺・元興寺・弘福寺の四大寺にて『大般若経』を読誦したとみえるのが最初で、あわせて百人の得度(国家が許可して出家すること)を行ったことが『続日本紀』にみられます。

『大般若経』は六〇〇巻という仏典中最大の数量があるため、わが国では「転読」がなされました。つまり六〇〇巻全巻を省略せず読誦する「真読」は多数の僧侶が必要であるため全巻は読まずに、巻首の経題や経の初中終の数行のみ読んでいく略読をしたのです。『大般若経』を転読する法会は大般若会と呼ばれ、奈良時代以降、国家鎮護のために勅命により東大寺、大安寺、薬師寺、元興寺、興福寺などをはじめ、顕密諸宗の寺々で宗派の別なく盛んに行われました。宮中でも現世安穏・菩提追修を祈願したり、天変地異などの災異を除却し国家安寧を祈願するために何百人という僧に読誦させたほか、神社でも年中行事の一つとして、毎年期日を決めて読誦されました。今日でも各寺々では転読による大般若会を修しています。

写経発願の意図を記す願文

『大般若経』は、八世紀から江戸時代まで書写されたものが多数残っており、岩崎文庫にもいくつかの巻子がありますが、中でも奈良時代と平安時代初期に書写された各一巻は特に注目すべきものです。

奈良時代中期に書写された『大般若経』巻第二百三十は、奥書などはありませんが「薬師寺印」や「薬師寺金堂」などの印が押されており、これらの旧蔵印から薬師寺伝来品であることが明白です。装訂も書写された当時のままで、奈良中期の写経の様子がよくわかります。

一方、貞観十三(八七一)年三月三日の書写奥書がある『大般若経』巻第百四十には、経典末尾に願文があり、「前上野国大目従六位下安倍朝臣小水麻呂」と書かれており、安倍小水麻呂願経と呼ばれているもののうちの一巻です。この願文は他の小水麻呂経と同文なのですが、「小水麻呂」と署名されているのは誤記の可能性が高いでしょう。

『大般若経』ですので小水麻呂の依頼で書写された当初は六〇〇巻あったはずですが、現存しているのは二〇〇巻にも満たず、一五〇巻以上が埼玉県の慈光寺にあり重要文化財に指定されています。古い巻子や文書などはしばしば破損や虫食いがあるため、後世に裏打ち(裏から紙などを貼って補強すること)などの補修がほどこされていますが、慈光寺所蔵のものもすべて全面裏打ちがされており、しかも欠損が多く、巻頭から巻末まで完全な形で残っているのは一巻のみとのことです。

岩崎文庫にある巻第百四十は、表紙が交換されているようですが、経そのものは巻の冒頭から末尾まで残っており、料紙の上下に虫食いがかなりあるものの裏打ちもされていないため、九

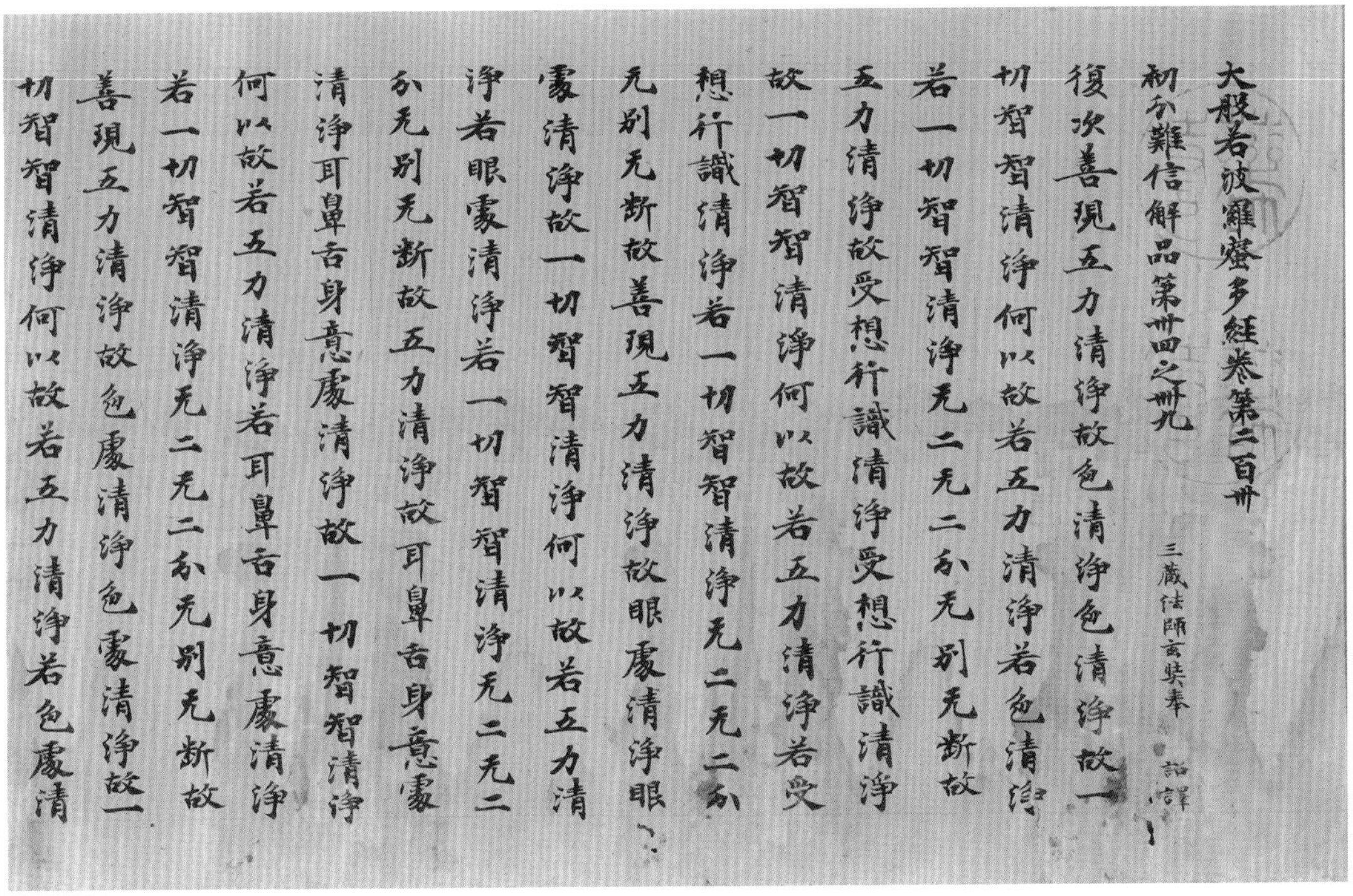

『大般若経』巻第二百三十。
薬師寺伝来の一巻。虫損防止の黄蘗で染めた麻紙が使われている。第一紙の右上上部に「薬師寺印」、また第一紙の裏側には「薬師寺金堂」とある。

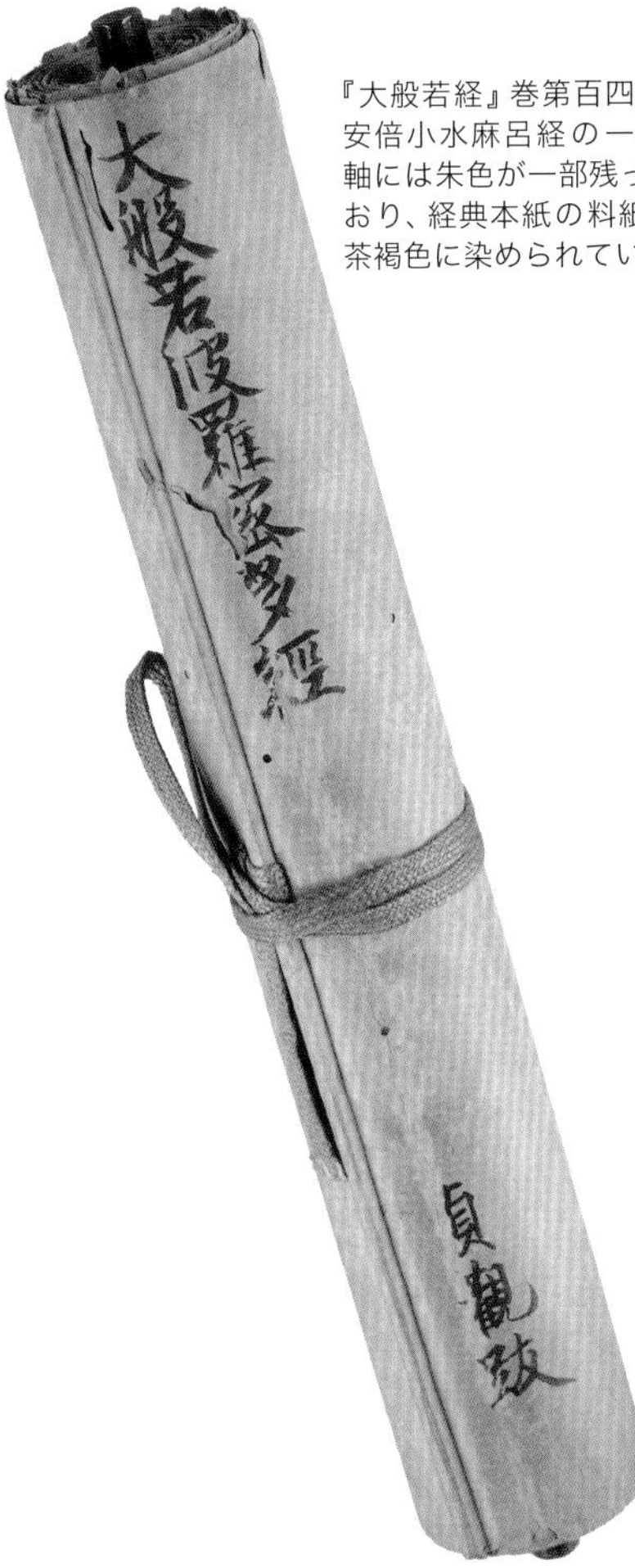

『大般若経』巻第百四十。
安倍小水麻呂経の一巻。軸には朱色が一部残っており、経典本紙の料紙は茶褐色に染められている。

世紀当時の姿を伝える大変珍しいものです。

東大寺の『正倉院文書』に残る帳簿類によると、『大般若経』を書写するためには、一万三〇〇〇枚から一万三七〇〇枚ほどの料紙を必要としました。九世紀、しかも当時にあっては中央から遠く離れた関東における『大般若経』の書写は珍しく、北関東の地方豪族がこれほどの事業を行ったことは特筆すべきです。願文には、仏教を信仰するすべての人々が悟りの境地に達すること、小水麻呂自身の現世と来世の願いの成就が祈願されています。書写の数年前には富士山の大噴火(八六四〜八六六年)、東北地方における貞観大地震(八六九年)などの大災害が発生しており、それらも書写の契機となったのかもしれません。

(川合)

阿毘達磨倶舎論 存巻第十三・十四

世界の終わりに花開いた装飾経

院政期写　紺色金銀泥宝相華文表紙　紺紙楮紙　巻一三　二六・七×五四・〇糎　巻一四　二六・五×五二・四糎　巻子二軸

中尊寺経『阿毘達磨倶舎論』の表紙

奥州藤原氏の初代で、平泉文化の礎を築いた藤原清衡(一〇五六〜一一二八)の発願によって作られたもので、「中尊寺経」と呼ばれています。紺色に染めた料紙に、「金泥」「銀泥」(金粉や銀粉を膠で溶いて作った顔料)で仏画や経文が書写されていて、見た目にも非常にきらびやかな写経です。しかし、じつは世界の終わりにおびえる人々が救いを求めて作ったものでした。

世界の終わりと往生浄土への願望

釈迦の入滅後、「正法」(仏法が正しく行われ、修行して悟りを開ける時代)・「像法」(修行しても悟りが開けない時代)の世が一千年ずつ続いた後、仏の教えが廃れた「末法」の時代が一万年続くと、仏教徒の間で信じられていました。

これを末法思想といい、日本には八〇五年に唐から帰国した最澄(七六七〜八二二)によって伝えられました。はじめは修行者を戒めるための教えでしたが、平安中期頃より、貴族社会の退廃、秩序の崩壊が顕著となり、僧侶だけでなく、貴族の間でも信じられるようになりました。当時の人々は一〇五二(永承七)年に末法の世に入ると考えていましたが、実際、終末を想起させるような社会現象や自然災害が相次いだことで、無常観・厭世観が強まるとともに、仏教信仰は一層の高まりを見せ、法然・親鸞・一遍・栄西・道元・日蓮による鎌倉新仏教誕生の契機となりました。

末法思想の流行により、人々は浄土信仰や『法華経』信仰に救いを求めました。浄土信仰は、阿弥陀如来を信仰して死後に極楽浄土に生まれることを願うもので、平安時代、貴族社会に浸透し、関白藤原頼通(九九二〜一〇七四)による宇治平等院鳳凰堂の建立をはじめ、阿弥陀仏を本尊とする阿弥陀堂が盛んに建立されました。藤原清衡が建立した中尊寺金色堂も阿弥陀堂の代表建築の一つです。

一方、『法華経』は、聖徳太子の『法華経義疏』にはじまり、最澄がこれを主要経典として天台宗を開くなど、日本でも早くから信仰されていました。女人往生が説かれているために、平安時代、貴族の女性の間でも流行するようになり、『法華経』信仰は次第に庶民にまで広まっていきました。『法華経』は読むだけで功徳があると考えられていましたが、「法師品」という章には写経の功徳の大きさが説かれています。末法

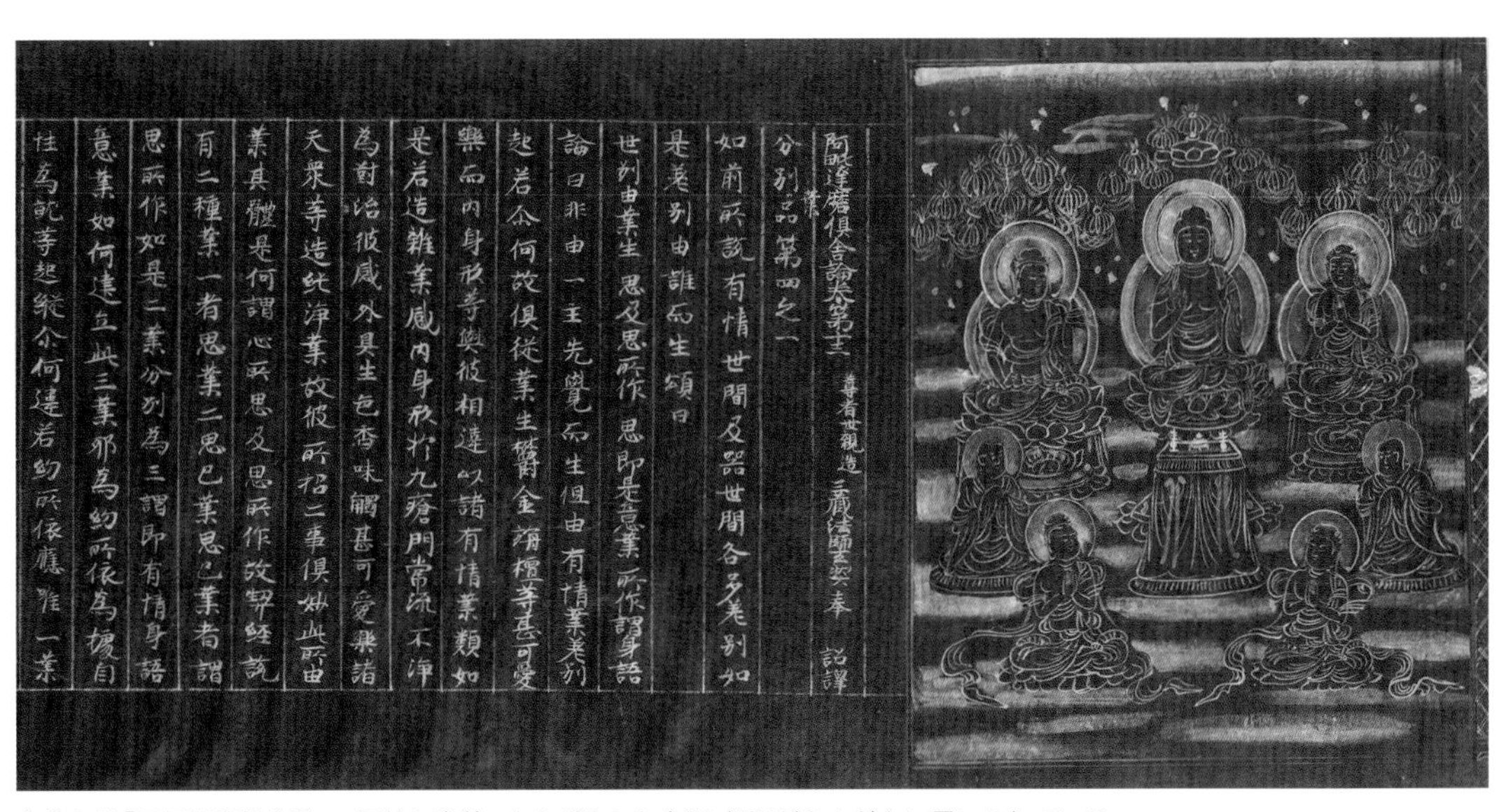

中尊寺経『阿毘達磨倶舎論』の扉絵と巻首。きらびやかな金泥・銀泥がふんだんに用いられている。

の世の中にあって仏の加護を願う人々に写経は広まり、貴族の間では一巻一巻に贅をこらした経巻が作られるようになりました。これを「装飾経」と言います。藤原清衡の発願による中尊寺経は、中尊寺建立供養のために奉納された装飾経の傑作です。

装飾経の世界

清衡の中尊寺経は、「紺紙金銀字交書一切経」として知られ、関白豊臣秀次(一五六八〜九五)によって高野山興山寺に施入され、現在、高野山金剛峯寺に四二九六巻が伝わっています。表紙は紺紙に金銀泥を用いて宝相華文(唐草文様)が描かれ、見返しにはやはり金銀泥で釈迦説法図が描かれています。見返し絵は巻によって構図が異なり、平安後期の絵画遺品としても注目されています。本文は紺紙に銀泥で界線を引き、金銀泥で一行ずつ交互に経文を書写してあります。「金銀字交書」と呼ばれるゆえんです。東洋文庫所蔵の『阿毘達磨倶舎論』は、これらの特徴を有することから、清衡の中尊寺経であると考えられます。

「中尊寺経」と同時期に作られた装飾経に「神護寺経」があり、東洋文庫は一〇軸所蔵しています。これは、鳥羽天皇(在位一一〇七〜二三)が上皇として院政を行った時期に作らせた一切経で、遺志を継いだ後白河法皇によって神護寺に納められたといいます。表紙は金銀泥の宝相華文を描き、見返しには霊鷲山を背景に釈迦が説法を行う場面が描かれています。題名の下には「神護寺」の朱印が捺され、本文は銀泥で界線を引き、文字はすべて金泥で書されていることから、「紺紙金字一切経」の名で知られ、当時の貴族の美意識とともに、仏教に対する信仰の深さが伝わってきます。現在、神護寺に伝わる二三一七巻は、国指定の重要文化財となっています。

(會谷)

神護寺経『摩訶般若波羅蜜大明咒經』の扉絵と巻首。見返しには霊鷲山を背景に釈迦が説法を行う場面が描かれている。

悉曇章

インドの叡智がもたらした母国語への目覚め

平安後期写　後補表紙　二七・八×四〇・〇糎　巻子一軸

「悉曇」は、古代インドのグプタ朝で使われたグプタ文字から、六世紀頃に派生したシッダ・マートリカー文字のことです。「章」は、ラテン文字のアルファベットや日本語の五十音図のように、一つの言語に用いられる表音文字（字母）のすべてを一定の順序に配列した表（字母表）のことです。

『悉曇章』の構成

「悉曇」は、「梵（siddhaṃ）」の音写で、字母表の冒頭にこの語を書いて、その字母表の成就を祝福したことに由来し、東洋文庫所蔵の『悉曇章』本文冒頭に書かれている一文（namaḥ sarvajñāya siddhaṃ）がこれにあたります。二・三行目には「摩多」と呼ばれる母音一六種（通摩多一二種と別摩多四種からなる）、四〜七行目には「体文」と呼ばれる子音三四種が提示されています。

東洋文庫本は一行が一二字からなっています。これは、特殊な母音である別摩多四種を除く通摩多一二種を縦に配し、これを三四種ある体文一つずつに組み合わせて字母表を構成するために、八〜四一行目の三四行にかけて四〇八字の字形が示されています。この基本となる四〇八字の組み合わせの他に、体文の上や下に別の体文を組み合わせるなどして、さらに複雑な音声や字形が表現できるようになっています。そのため、「悉曇章」は文字の発音を学ぶためだけでなく、その書き表し方を学ぶためにも使われてきました。

中国への伝来と影響

悉曇文字は、仏典とともに中国に伝わり、中国人は仏典を漢訳する必要からこれを学びました。南北朝時代に盛んに研究され、唐代には語学としても研究された一方、唐代中期以後、密教が盛んになると、音声の神秘性を重視して、真言・陀羅尼が梵語のままに唱えられるようになりました。

悉曇文字の研究は、中国文化に大きな影響を与えています。中国では詩賦を作る時に韻を踏

『悉曇章』の巻首。1行目に字母表の成就を祝福する言葉namaḥ sarvajñāya siddhaṃが梵字で書かれている。2〜3行目には「摩多（母音）」、4〜7行目には「体文（子音）」が記されている。

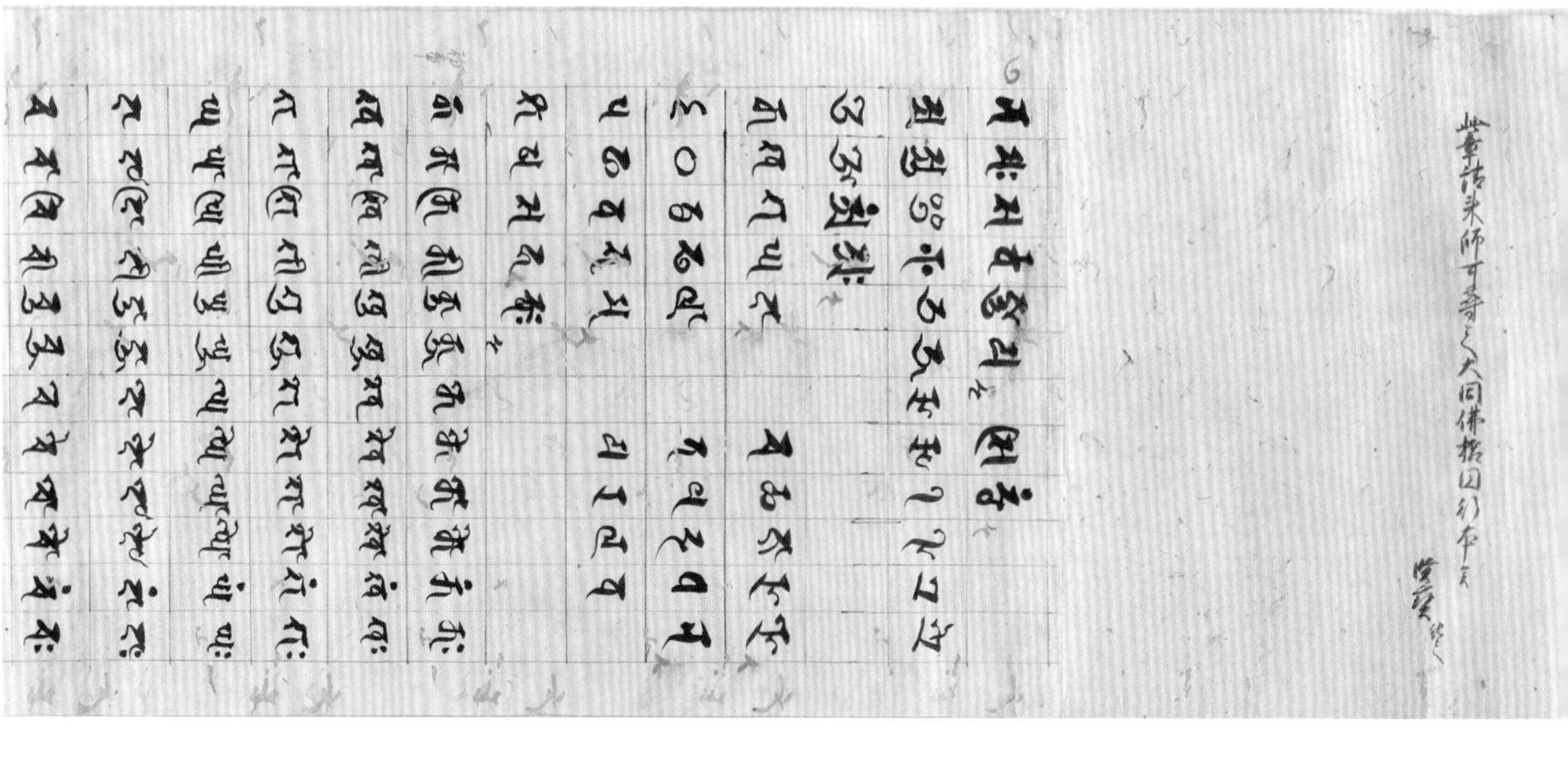

む必要から、漢字をその韻(例「東(tou)」から語頭の子音「t」を除いた「ou」の部分)によって分類・配列した字書、いわゆる「韻書」が盛んに編纂されました。その嚆矢は梁の時代に書かれた沈約の『四声譜』という書物であったといわれています。以後、隋唐代に音韻が整理され、宋代には韻書の集大成として『大宋重修広韻』が作られ、二〇六韻に分けられました。また、唐末頃より、語頭の子音が同じ字を縦に、韻が同じ字を横に配列し、音韻を体系的に図式化した「韻図」が作られるようになりました。中国における韻書や韻図の作成は、悉曇文字の研究を通して母国語である中国語の発音に対して自覚的に分析するようになったことの表れであると考えられています。

『悉曇章』の末尾にある南北朝時代の東寺の僧侶賢宝の奥書。この『悉曇章』の内容が奈良時代の仏哲、平安前期の円行の伝えたテキストと同じであると記している。

日本への伝来と悉曇学の誕生

ベトナム人の仏哲(生没年不詳)は、インドで菩提僊那に密教を学んだ後、師とともに唐に赴き、さらに七三六(天平八)年に日本に渡り、東大寺大仏の開眼供養の際に舞楽を奏したほか、大安寺で梵語を教えました。

平安初期、真言・陀羅尼を梵語のまま唱える中国密教の教えが日本に伝来され、経典中の梵語の音訳語や陀羅尼を理解するため研究され、悉曇学と呼ばれる学問が誕生しました。当時、唐に赴いて密教を請来した八人の僧、最澄、空海、常暁、円行、円仁、恵運、円珍、宗叡を「入唐八家」と呼びます。このうち、空海(七七四〜八三五)は真言宗を開き、天台宗の円仁(七九四〜八六四)は天台・禅・念仏のほか真言・悉曇を伝えました。そして、平安前期の天台僧安然(生没年不詳)が当時の悉曇学の集大成として、『悉曇蔵』という書物を作りました。院政時代には、天台僧明覚(一〇五六〜?)が悉曇の発音・字義を研究して多くの著作を残し、後世に大きな影響を与えました。

「悉曇章」が日本に与えた影響の一つに五十音図があります。五十音図は、縦にあ(-a)・い(-i)・う(-u)・え(-e)・お(-o)の母音五字を配し、横に子音か(k-)・さ(s-)・た(t-)・な(n-)・は(h-)・ま(m-)・や(y-)・ら(r-)・わ(w-)」を配しています。これは、「悉曇章」で摩多を縦に、体文を横に配しているのとよく似ています。そのため、一説に五十音図は平安初期に僧侶によって「悉曇章」を参考に作られたものといわれています。

東洋文庫所蔵の『悉曇章』には、南北朝時代に杲宝・頼宝とともに「東寺三宝」と呼ばれた賢宝(一三三三〜九八)の奥書があります。そのなかで、この『悉曇章』は、奈良時代に日本で梵語を教えた仏哲、および平安前期の入唐八家の一人円行(七九九〜八五二)の伝えたテキストと内容が同じであると記しており、伝来の確かな悉曇文字の字母表といえるのです。

(會谷)

字鏡　存巻下

漢漢辞典から漢和辞典へ

［鎌倉後期］写　改装香色地打曇金銀泥草花下絵表紙　五針袋綴　斐紙　三二・五×二七・五糎　特大二冊

日本における漢字辞典

日本で最古の辞書は、平安時代前期（八二七〜八三五年頃）に成立した弘法大師空海による漢字辞典『篆隷万象名義』です。古来、日本では公式の文書には漢文が用いられていたため、まず必要とされた辞典は漢字の辞典で、その編纂には中国の辞典が参考にされていました。『篆隷万象名義』は梁の顧野王が編纂した『玉篇』（五四三年成立）に準拠し、各漢字に反切（二つの漢字の声母〈子音〉と韻母〈母音〉を合わせ一つの漢字の音を表す中国の伝統的な表音法）による字音と意味を漢文で付したもので、いわゆる漢漢辞典です。

平安時代中期、昌泰年間（八九八〜九〇一年）に昌住により編纂された『新撰字鏡』では、漢文表記の音義に加え、和訓や字義が万葉仮名を用いた日本語で表記されました。ここに初めて漢和辞典が誕生したのです。『字鏡』もこの形式に倣ったもので、成立時期や編纂者は不明ですが、著録内容から、『新撰字鏡』を参考にして編纂されたものと推定されています。

『字鏡』と伝本

『字鏡』はこれまでの辞典より親字の数が多く、反切による字音、異体字、片仮名表記による和訓、また漢文や万葉仮名により書かれた字義など注が豊富で、また時に声点が付けられているため、当時の音を知ることもできます。また『字鏡集』（一二四五年以前成立）『倭玉篇』（室町期頃成立）など中世の漢和辞典類の源となるものとして注目されています。ただし、成立時の原本は現存せず、また書写によって残された伝本にはいずれも欠落があるため、本来の姿は明らかではありません。

成立時期、編纂状況、内容構成に関しては、多くの研究があり、それらによれば成立は鎌倉初期で、全三巻であったとされています。この検証には東洋文庫所蔵『字鏡』が大きな役割を果たしています。東洋文庫本は、装訂、紙質、筆蹟などから鎌倉中期頃に書写されたものと考えられ、伝本の中でも書写された時期が早く、『字鏡』研究の定本となっています。

東洋文庫本から見えてくる成立時の姿

東洋文庫本は元来粘葉装（二つ折りした紙の折目の外側に糊付けした装訂。一枚ずつ開くと蝶が羽を開いたようになることから胡蝶装とも）の一冊本

遊紙裏に「字鏡」と書題が打付書されている。

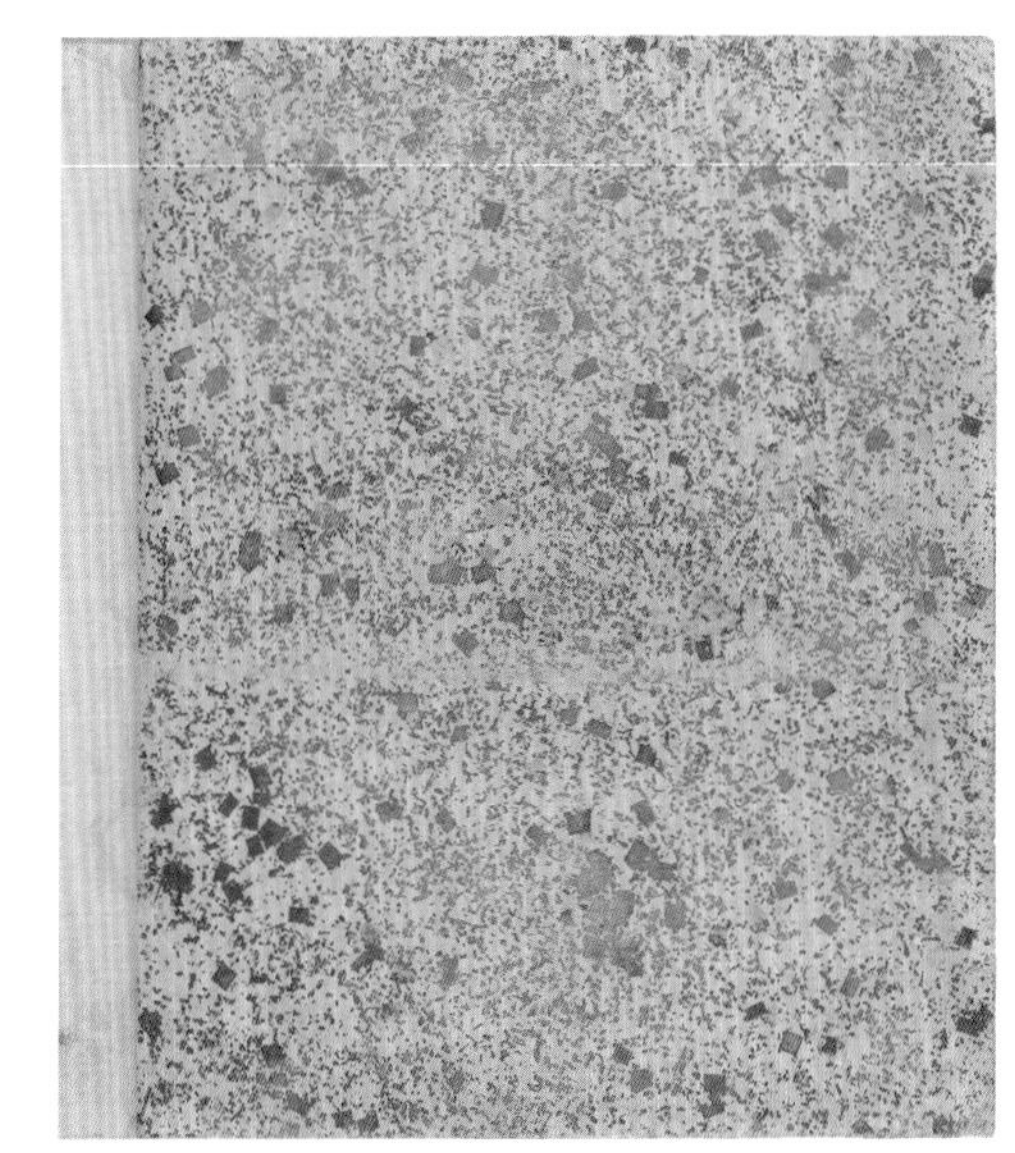

金泥で雲形模様、花鳥の絵を配した表紙は近世以後に付けられたと考えられる。

でしたが、室町期頃に線装二冊本に改められています。

本文は厚手の斐紙に両面に書写され、紙面を押界(へらなどで罫線を空押ししたもの)により縦六行横四段に区切り、その一マスに一字ずつ、親字を大書し、その下部に小字により注が書かれています。

第一冊は七八丁からなりますが、第九丁の綴代に紙の丁数を示す「四十六」とあることから、そこから逆算して現存第一丁の前には三七丁あったとして、本来一一五丁であったことがわかります。第二冊は一〇七丁からなり、末に「第七十　雑」と雑篇がありますが、巻尾にもまた数丁程度欠落があるようです。

収録された六二の部首には日、月、火、水、口、言、土、石など重要な部首が入っておらず、それらを勘案すればあと二巻分はあったと思われ、東洋文庫本は全三巻のうち最後の一巻分に相当すると推定されます。

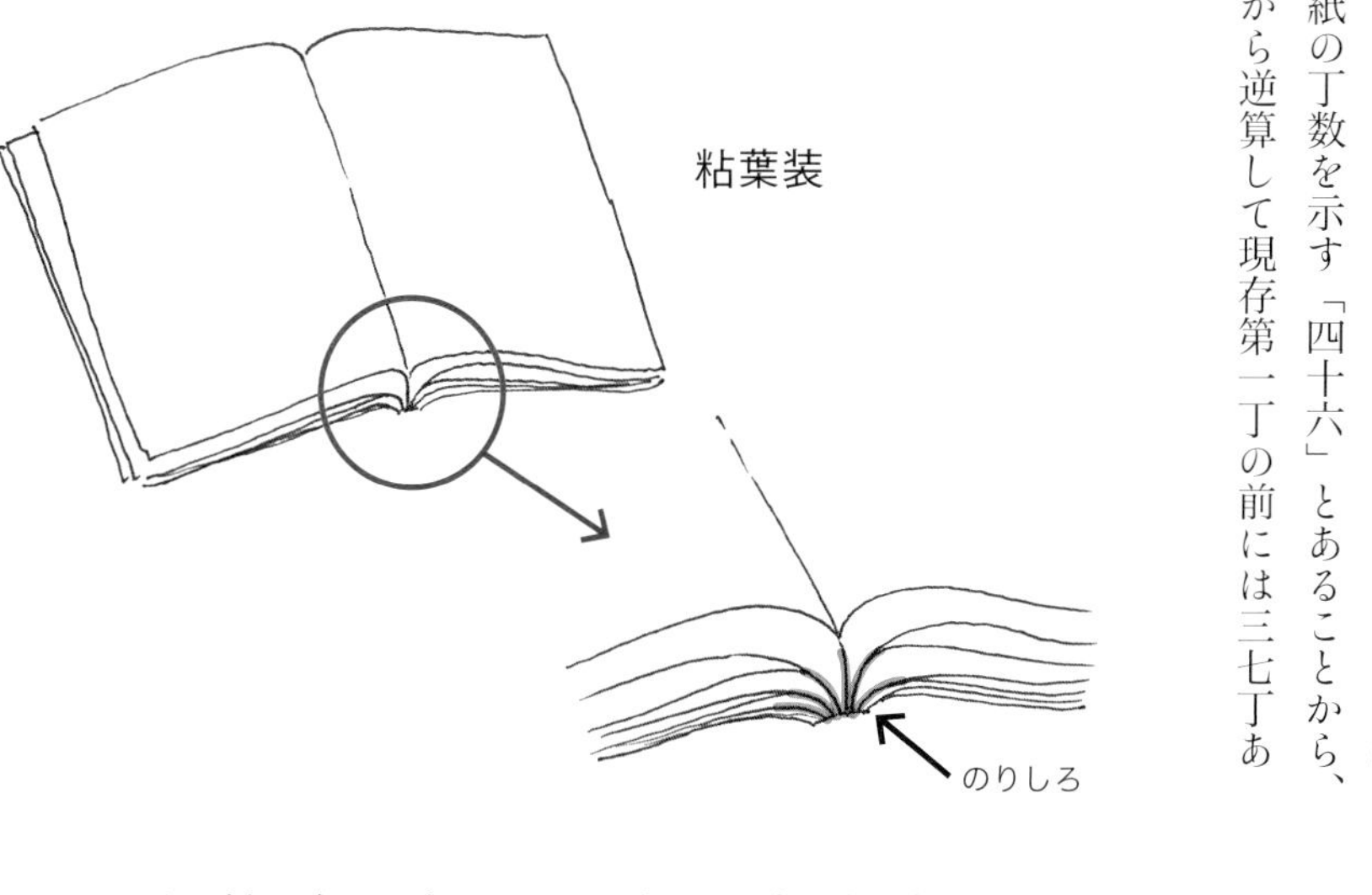

世尊寺本字鏡

表紙に続く遊紙には「世尊寺伊房卿字尽(印記「茂入／之印」)裏「茂内(入?)／道順」」と書かれた極札が貼られています。これは近世の古筆鑑定家朝倉茂入が本冊を世尊寺伊房すなわち平安中後期の公家藤原伊房(一〇三六〜九六)筆と鑑定したことを示すものです。伊房は能書家として知られ、世尊寺流を継いだことにより「世尊寺」と冠されています。しかし、伊房が書写したという根拠は不明で、岩崎文庫創設の立役者の一人和田維四郎(雲邨)はそれを否定し、鎌倉初期の書写としています。

東洋文庫本は伊房の真筆ではないまでも、伊房本により書写したものか、伊房と何らかの関係があった可能性も否めず、「世尊寺本字鏡」とも呼ばれています。

(清水)

歴代地理指掌図

地図上に初めて登場した日本

南宋成都兪家刊　後補藍色布表紙　四針袋綴　竹紙
後補三一・三原装　二七・五×二一・〇糎　一冊

中国現存最古の地図

『歴史地理指掌図』は、古代五帝の帝嚳の時代から宋代まで、歴代の地理沿革を図と解説で記した現存最古の歴史地図集です。初めに「古今華夷区域摠要図」と題された総図があり、続いて歴代の地図や分野別の図が全四四図あり、末に「摠論」が付されています。

撰者は書中に明記されていませんが、南宋の蔵書家陳振孫（一一七九～一二六二）や知識人費袞により、北宋の税安礼とされています。陳振孫らが目にした『歴代地理指掌図』には撰者について記述がある序文があったようですが、現在伝わる『歴代地理指掌図』にはその序に代わり、宋代の詩人で文章家の蘇軾の序文が付されています。しかし実際には蘇軾が書いたものではなく、再刊に際し版元がその名に仮託して偽作したものです。著名人の序文により付加価値をつけようとしたのでしょう。

宋代中国から見た日本

総図「古今華夷区域摠要図」には中国に隣接する地域も記載され、陸地部分の東側の海洋部分には、「倭奴」「日本」「毛人」「流求」「蝦夷」と日本に関する地名の記載が見られます。文字のみの記述ですが、これが世界地図上に初めて登場した日本です。「倭奴」と「日本」、「毛人」と「蝦夷」など同義の語が重複していたり、また蝦夷が琉球より南に書かれたりしていますが、それは当時の中国がとらえていた日本に対する地理的感覚のあらわれかもしれません。

「古今華夷区域摠要図」は題に「華夷」とあるように、「華」

総図 古今華夷区域摠要図

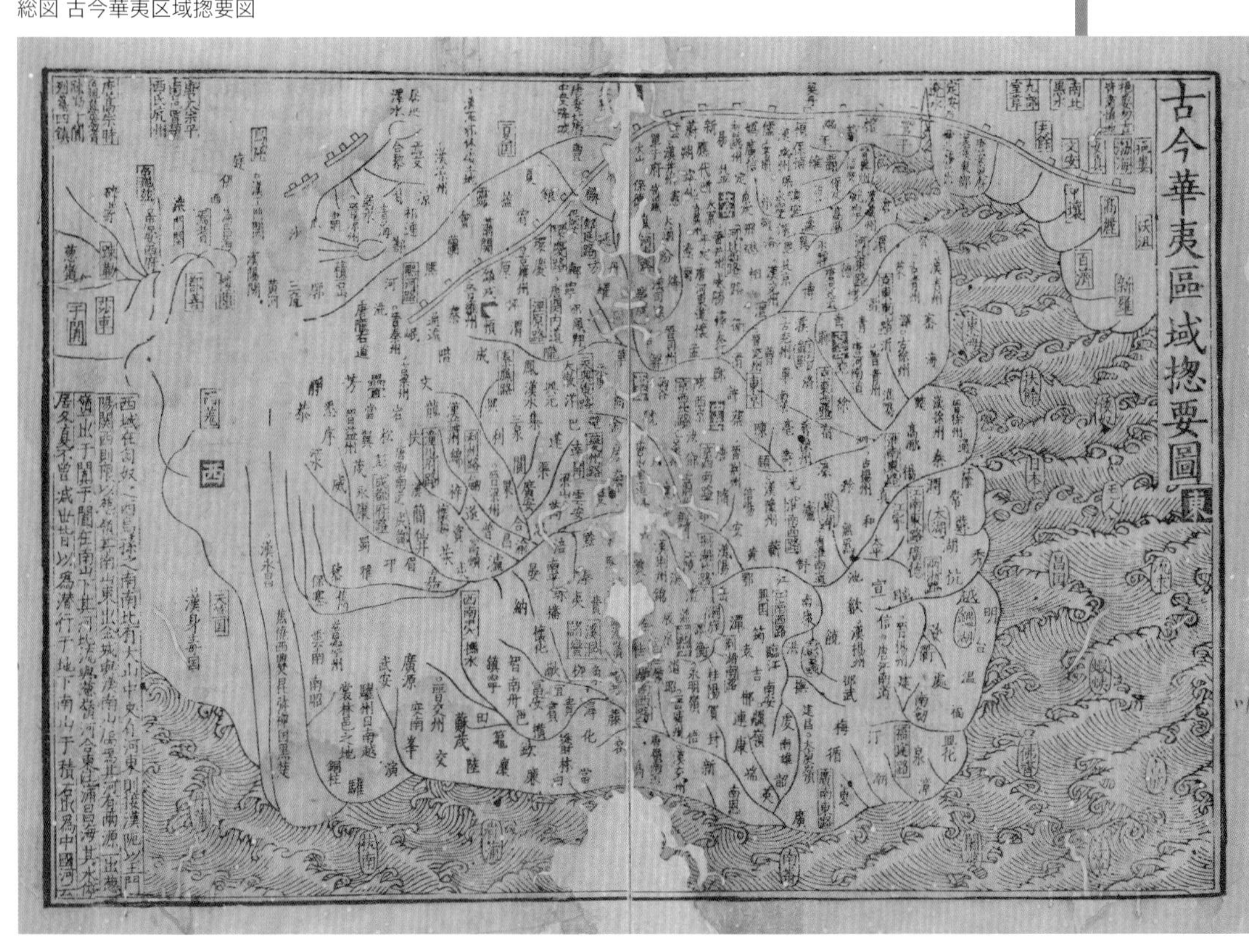

つまり中国と「夷」と呼ばれた中国以外の野蛮な国とを区別することを目的に作成され、図の解説によれば日本は「東夷」に分類されています。

善本の伝承

東洋文庫所蔵本は、末に「西川成都府市西兪家印」と刊記があり、かつての蜀の都・成都(現在の四川)で刊行されたものです。第四四図の宋代の地図「聖朝升改廃置州郡図」に南宋の初代皇帝高宗の紹興年間(一一三一〜六二年)初め頃の地名があり、また「揔論」に北宋の最後の皇帝で高宗の長兄欽宗の諱である「桓」の字に欠筆(末筆を欠いている)があることから、刊行時期は紹興前期であったと考えられています。なお、第四四図は、初版時にはなく、のちの増補であったとみられています。

蜀は唐末より中国における文化の中心として出版も盛んで、この地で刊行されたものは蜀刊本と呼ばれ尊重されています。初版後、何度か出版されたようですが、現在伝わる宋刊本は世界の中でも東洋文庫本のみです。明代にも出版されますが、宋代の地図の題名に付された「聖朝」を「宋朝」にし、「桓」も欠筆していないなど宋版から変更されている文字が少なくなく、この孤本により成立時の姿を知ることができます。

東洋文庫本には「清見寺常住」「江風山／月荘」「福堂」「雲邨文庫」と四つの蔵書印があります。清見寺は静岡市清水区にある奈良時代創建の臨済宗妙心寺派の寺院で、幼少時の徳川家康はここで住職の雪斎より教育を受けています。雪斎は印刷事業も手掛けており、後に家康が活版事業(本書九六〜九九頁参照)を盛んに行ったことは、雪斎の教育の影響も少なからずあったかもしれません。

「江風山／月荘」「福堂」は明治期の書籍商、奎章閣山城屋稲田福堂の蔵書印です。清見寺から福堂に伝わった経緯は明らかではありませんが、福堂は本書のほかにも清見寺旧蔵宋版を所蔵していました。それら福堂の蔵書は売却され、多くは「雲邨文庫」の印主である和田維四郎にわたったことから、岩崎文庫には多くの福堂旧蔵書が収められています。

(清水)

入紙

版口

東洋文庫本は中国で善本を保護するためにとられる修補方法「金鑲玉」で修補されている。「金鑲玉」とは版口(本文用紙の折られて袋になる部分)を保護するため、原本より大きな入紙(修補のための袋綴された本紙に入れる紙)をして、本紙からはみ出た入紙を本紙に付け合わせるように裏側で折り畳み、その後に天地を裁断するという方法であり、日本に伝来する以前に修補されたと考えられる。

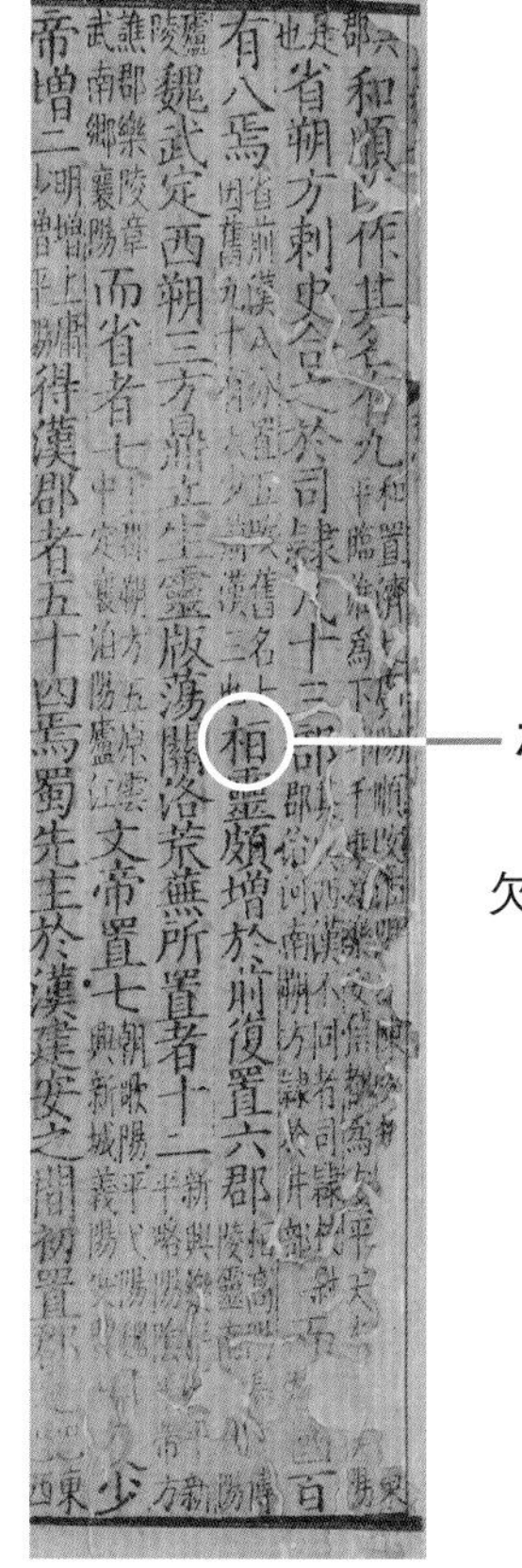

「揔論」第三丁ウラ部分

四分律刪補随機羯磨　存巻上

外敵の退散を願い出版された仏典の一大叢書

高宗三一年刊　改装朱色表紙　三一・〇×一三・二糎　折一帖

本書は、高麗大蔵経再彫本の一つ、『四分律刪補随機羯磨』です。

「羯磨」とは、僧伽と呼ばれる出家者集団の運営に必要な儀式・作法のことで、南山律宗の開祖道宣(五九六～六六七)が『四分律』(小乗二十部の一派曇無徳部が伝えた戒律。後秦の仏陀耶舎訳)をはじめとする諸律を用いて、これを解説したものです。

全二巻中、東洋文庫が所蔵するのは上巻のみで、全三九丁中、巻首の第一丁から第十五丁までを欠いていますが、幸い、巻末に甲辰歳(一二四四)年に高麗の大蔵都監で刊刻したことを示す刊記が残っています。刊記の後には、一四五二(宝徳四)年に前駿州太守源朝臣義堅(未詳)が修復したとの記録も見られます。

中国における大蔵経の出版

大蔵経は、仏教の宗派に関係なく、ありとあらゆる仏教の聖典を一同に集めた、非常に大規模な叢書です。その中には、釈迦の教えを伝える「経」、戒律を記した「律」、インドの諸師が記した経と律の解説書である「論」をはじめ、インド・中国の僧侶が著した注釈書・伝記・目録などが収録されています。どの経典をどの順番で収録するかは、唐の玄宗(在位七一二～七五六)の時代に、律宗の僧智昇によって一〇七六部五〇四八巻に定められました。

最初は写本で伝えられましたが、唐末五代に印刷技術が発明されると、大蔵経も印刷されるようになりました。巻物にして五〇〇〇軸を超える刊行物であったため、大蔵経刊行事業は非常に大規模なものとなり、それゆえにしばしば国家の主導によって専門の印刷所を設置して刊行が行われました。

最初の印刷大蔵経は、九七二(開宝五)年、北宋の太祖(在位九六〇～九七六)の命によって四川で版木の作成が開始され、九七七(太平興国二)年に完成したもので、「開宝蔵」と呼ばれています。版木の総数は一三万枚にのぼりました。太宗(在位九七六～九九七)は印刷所として首都開封の太平興国寺内に印経院を設置して、九八三年より印刷を開始しました。開宝蔵は中国国内だけでなく、高麗・西夏など周辺諸国にも下賜され、入宋した奝然(九三八～一〇一六)によって日本にももたらされました。

高麗時代の仏教と二度にわたる大蔵経の出版

仏典の漢訳により、大乗仏教は東アジアを中心とした漢字文化圏へと広まりました。四世紀後半には朝鮮半島に伝わり、五三八年には百済を経て日本へと伝えられたと考えられています。

九三六年に朝鮮半島を統一した高麗(九一八年建国)は、仏教には国家を守護・安定させ、外的から守る利益があると考え、これを尊崇し、全国各地に壮麗な寺院を作り、寺田その他の財宝を寄進しました。大覚国師義天(一〇五五～一一〇一)をはじめ多くの名僧を輩出し、僧侶の数は十数万にのぼり、朝鮮半島史上、仏教の最盛期を築きました。

仏典の出版も非常に盛んでしたが、特筆すべきは二度にわたる大蔵経の出版です。

高麗は、一〇世紀末以降、契丹の侵攻を受け、一〇一一(顕宗二)年、顕宗は契丹軍の撤退と国威発揚を願って大蔵経の印刷を開始しました。現在、高麗大蔵経の「初彫本」と呼ばれるもので、開宝蔵をもとに出版されました。初彫本の版木は、一三世紀前半の蒙古軍の侵略で焼失し、

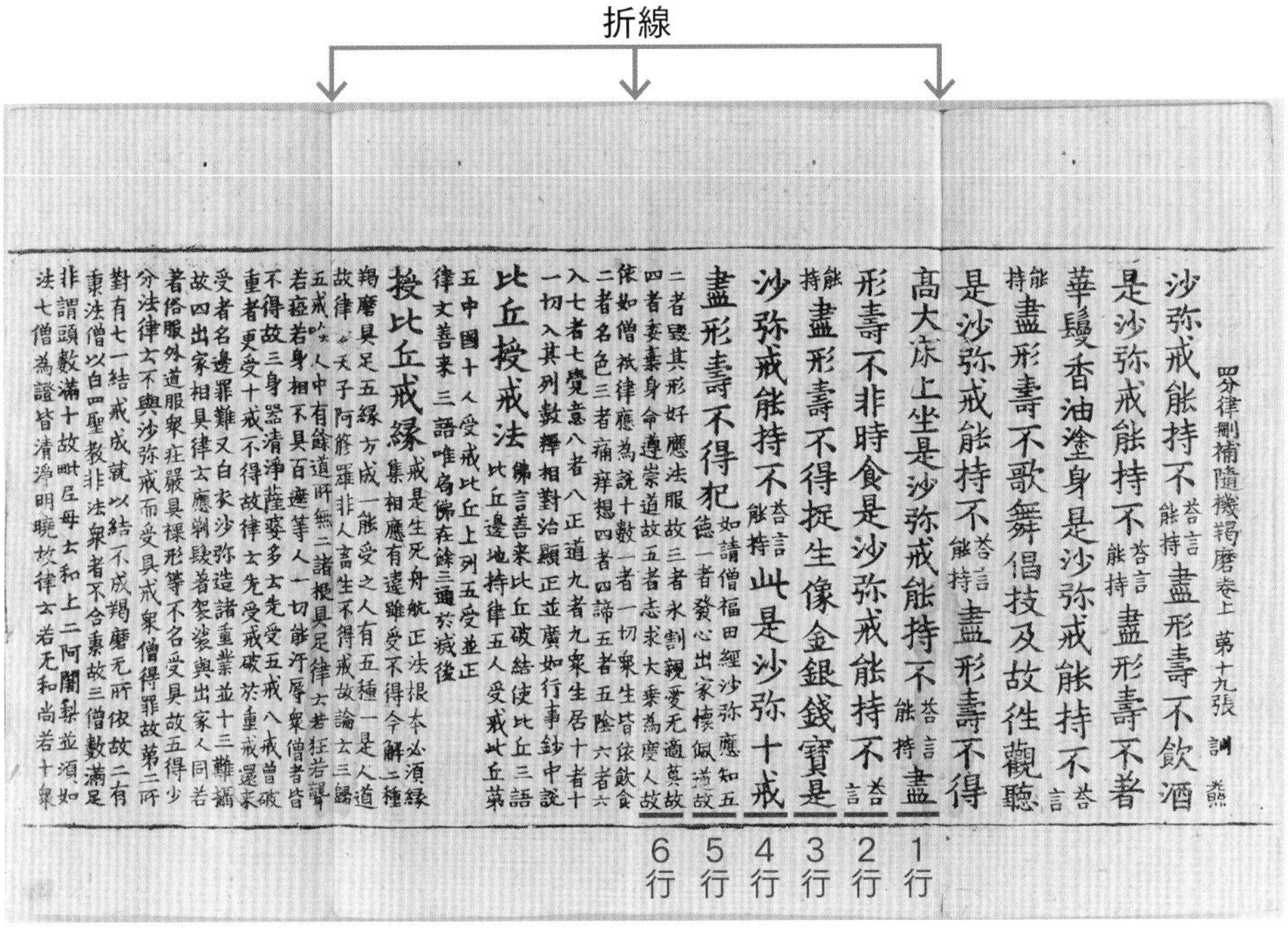

印刷された現物も韓国・日本に約二六〇〇巻が伝わるのみです。

一二三六（高宗二三）年、高宗が蒙古軍の退散と国家の安寧を願って、江華島（漢江の河口にある島）に大蔵都監を設置して印刷を開始したのが、高麗大蔵経の「再彫本」です。再彫本は初彫本をもとに、開宝蔵や契丹の大蔵経などを使って校合が行われ、校訂のいき届いた善本として高く評価され、大正末昭和初に刊行された『大正新脩大蔵経』の主たる底本として採用されました。八一二五八枚にのぼる版木は、韓国慶尚道の海印寺に現存しています。東洋文庫所蔵の『四分律刪補随機羯磨』は、この再彫本の一つです。

（會谷）

高麗大蔵経の再彫本は本来巻子装であるが、東洋文庫所蔵本は一紙を四枚に折りたたんで折帖に改装されている。六行ごとに折り返されているため、ひと折りの幅が均等でない。

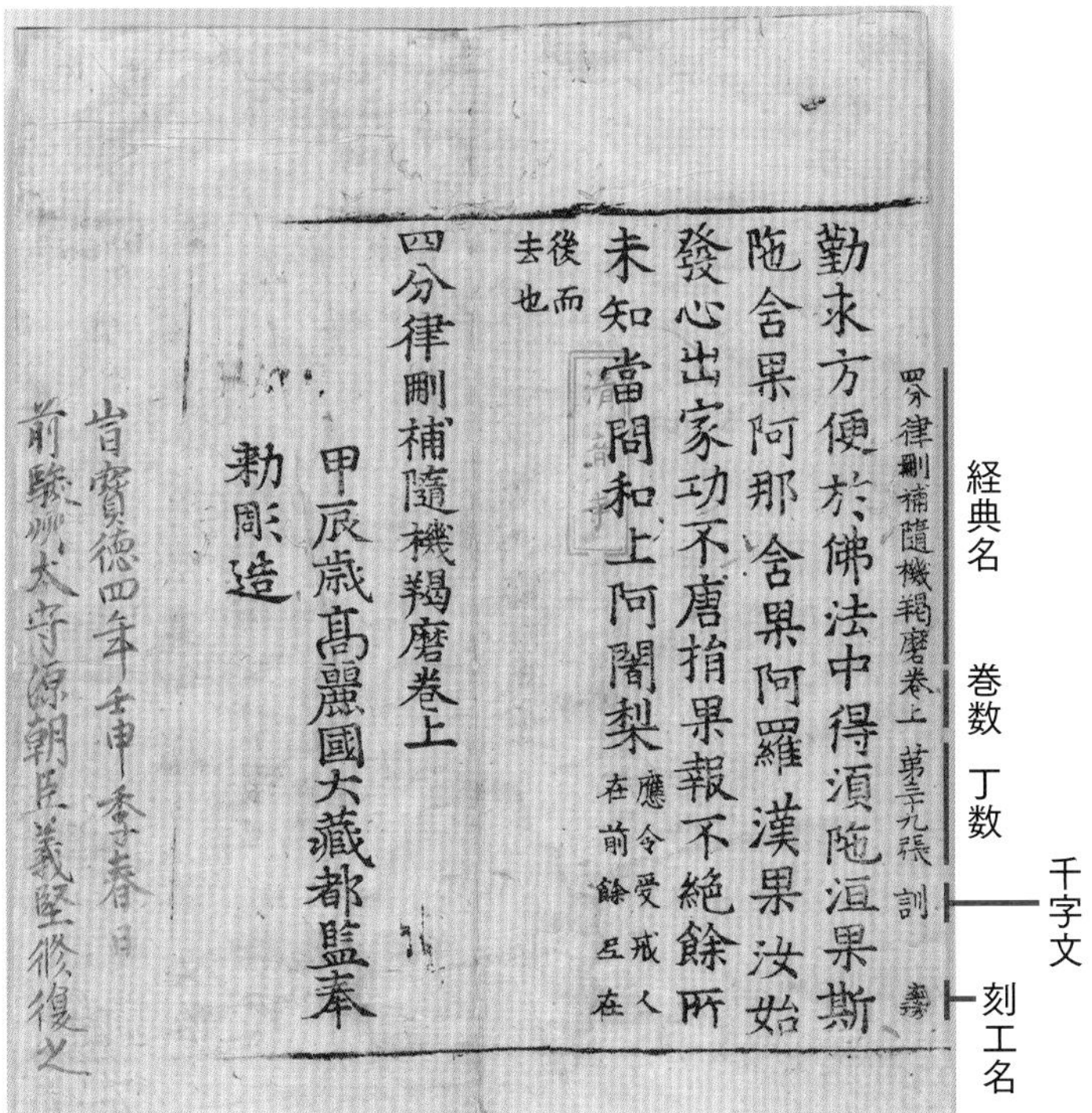

再彫本の巻末に見られる高麗国大蔵都監の刊記。各紙の右端には経典名・巻数・丁数と、千字文（大蔵経の並び順を示す）、刻工名が刷られている。刻工は版木を彫った職人のことで、第三九紙には「李琇」とある。

仮名版暦

現存最古の印刷された仮名暦

元弘元年刊　三二・五×二三・八糎　三三・七×二七・〇糎　二舗

仮名暦は、漢字で書いた具注暦を普及させる必要性から発生しましたが、のち暦の主流を占め、印刷した版暦となって流布しました。通常は平仮名を中心に一部漢字を用いていますが、まれに片仮名のものもあります。

日本の暦の歴史

奈良時代から使用されていた暦は具注暦で、日の吉凶、禍福、禁忌などの事項が詳しく書かれたものです。現存する最古の紙の具注暦は七四六(天平十八)年のもので正倉院にあります。具注暦は陰陽寮が書写して前年十一月一日に奏進し、中央から地方の国衙まで毎年頒布されました。十世紀半ばの『延喜式』段階では、毎年一六六巻用意されています。のちには行間に二、三行隙間があるものも作成され、公卿は日記を書くのに利用するようになりました。

仮名文字の普及にともない、平安時代末期頃から平仮名で手書きした仮名暦が発生し私的に作成されるようになります。一番古い仮名暦は一二二六(嘉禄二)年写の公家日記の裏文書として残っています。仮名暦は具注暦の要点を仮名書きにして、一般の人々にも使いやすくしたものです。最初に暦序があり、毎月はじめに一行を設けて月の大小その他の記事を入れ、次に各日の欄を上中下の三段に分け、上段には日付・干支・十二直、中段には「正月せつ」「正月中」といった二十四節気その他、下段には日の吉凶(暦注)を記しました。具注暦と比べて簡略なため、厳選された暦注から何が必要とされていたかがわかります。

仮名暦の作成により暦に対する需要が拡大し、鎌倉時代末頃には暦の印刷が始まりました。書写された暦に対し、印刷された暦を版暦、あるいは摺暦といいます。版暦は通常、板木に彫った整版で印刷されました。現存する版暦最古のものは一三一七(正和＝文保元)年の具注暦ですが、その後、具注暦の版暦は見当たらず、仮名版暦の現存する最古のものは、一三三二(元弘二)年の暦で岩崎文庫にあります。さらに印刷術の発達に伴って各地で仮名暦が版行されるようになり、一般庶民に暦がいき渡ることとなります。一方、具注暦の配布も細々と明治初年まで続きました。

法隆寺より伝来の仮名版暦

岩崎文庫にある現存最古の仮名版暦は、一三三二(元弘二)年十月二十三日から十二月十八日までが残っています。紙を継いでから墨と朱で二度摺りした折目の無い巻暦で、一年分は一三枚あったようです。全体に補強のための裏打紙がありますが、裏側の墨書は透けていて、この版暦が反故紙として文書に再利用されたことがわかります。

この二枚の版暦は、一八三六(天保七)年九月に穂井田忠友に同行して法隆寺を訪れた梅川重高が発見、入手したことが仲間の日記に残っています。梅川の師であった穂井田は、東大寺の正倉院修理の際に宝物・文書の調査を許された人物で、この時期、法隆寺の調査もしていたよ

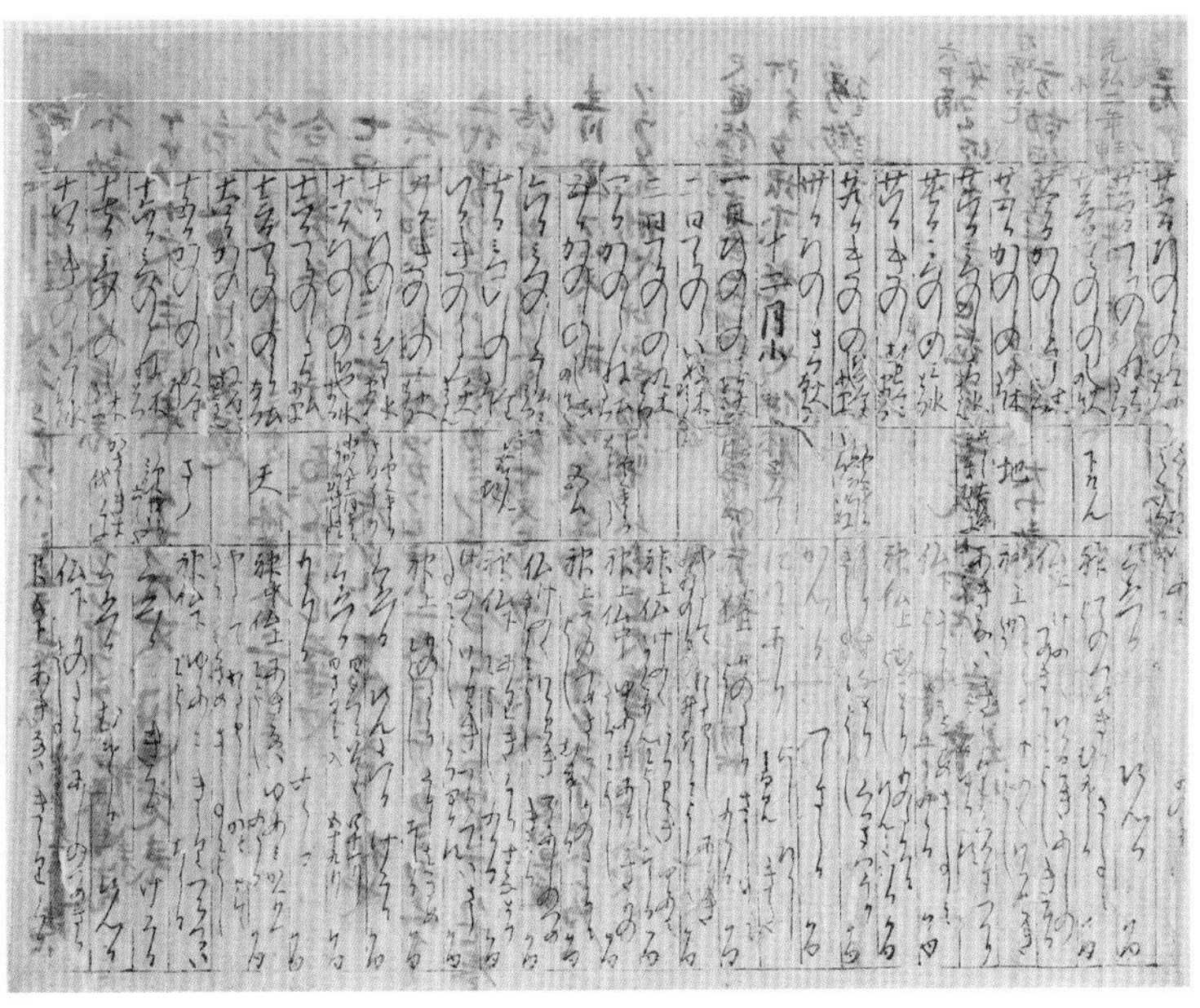

右端の別筆朱書は、はみ出した裏打紙に書かれていて、「梅川文庫」の蔵印も見える。

うです。穂井田は『古暦抄写』にこの二枚を写し取っていますので、当時入手できたのも二枚のみだったのでしょう。その後、元弘二年暦と判明し、後に二枚は別々の所蔵となります。

後半一枚は、吉田家の社人で穂井田とは歌人香川景樹の同門であった鈴鹿連胤という人物に渡りました。その後孫三七の時に和田維四郎の求めに応じて譲り、「雲邨文庫」のコレクションに加わっています。そして和田の没後、岩崎文庫へ入りました。

前半一枚は、梅川から懐徳堂の並河華翁という人物の手に渡り、さらにその娘婿の羽倉敬尚の元に渡りました。羽倉は、元弘二年暦の連続する部分が岩崎文庫にあり、梅川や穂井田が持ち出したものであったと知って、寄贈しました。

そのため一二〇年余を経て、この二枚の摺暦は再び一緒になり東洋文庫に所蔵されています。

（川合）

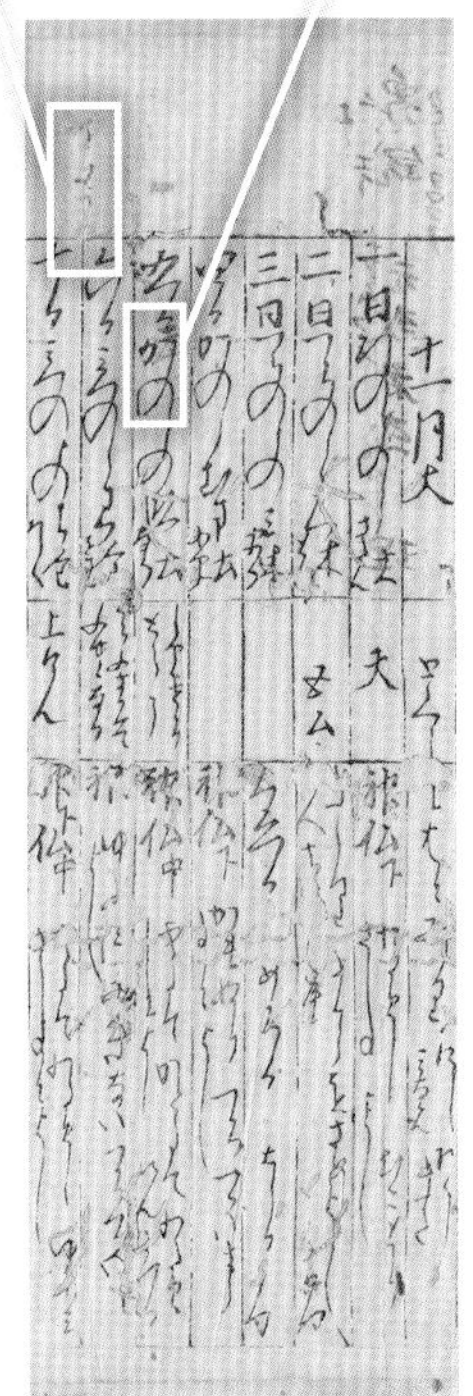

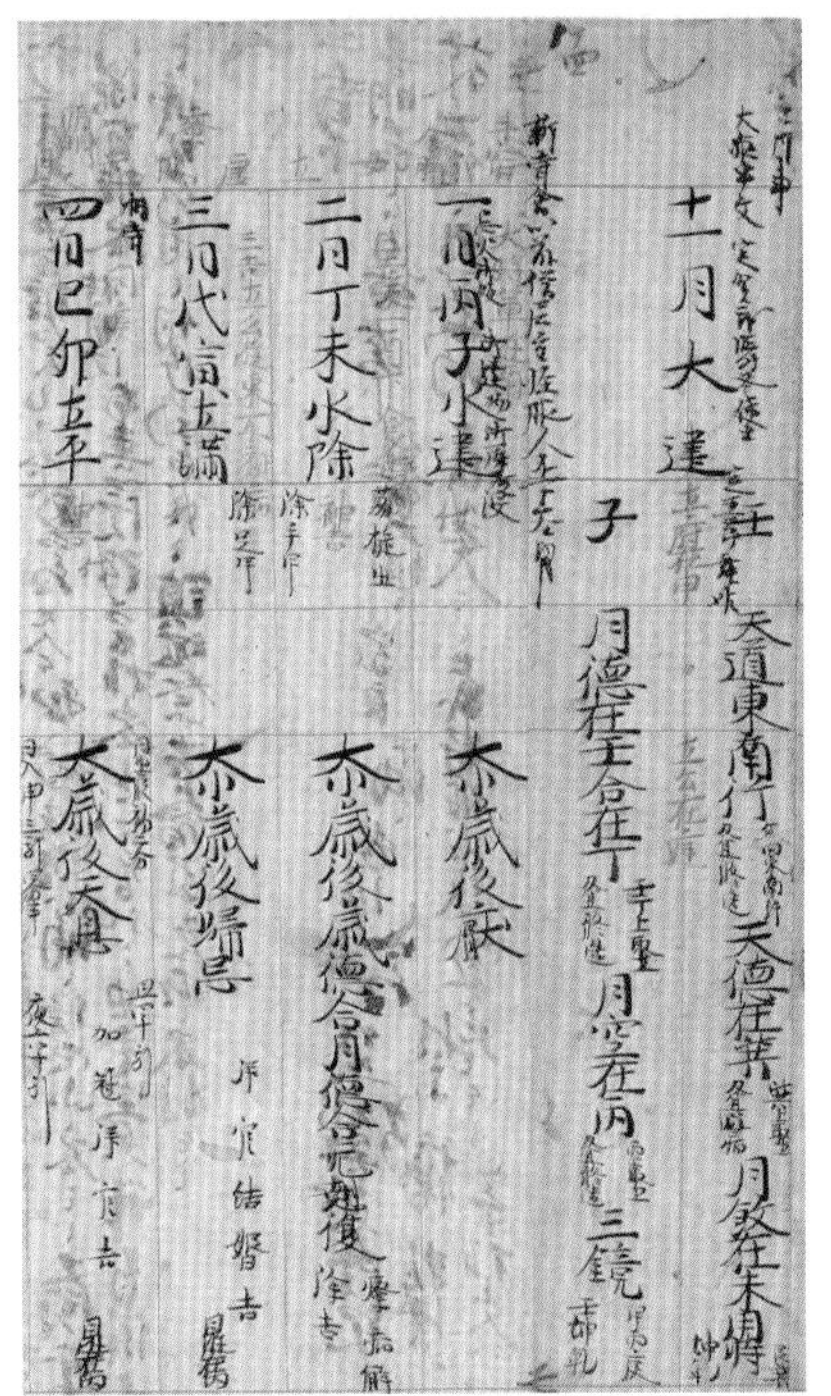

(右)『経光卿暦記』安貞元年十一月条(部分)
具注暦には吉凶に関する暦注や上欄外朱書の宿曜等のほか、年中行事や日出日入など、さまざまな事項が記載されていた。この日記は広橋家伝来で、具注暦の隙間や裏書に記事が書かれている。(国立歴史民俗博物館蔵)
(左)元弘二年暦の部分拡大。仮名暦は具注暦に比べて記載事項が省略されている。五日条上段「天一ひつじさる」の天一、六日条上欄外「めちもん(滅門)」など朱刷も見られる。

成唯識論（じょうゆいしきろん）

三蔵法師の教えに大明神のご加護を！

鎌倉初期刊春日版　改装白地褐色砂子散表紙　楮斐交漉紙
紙高二五・四字高一九・四糎　巻子一〇軸

本書は、刊年を示す記載はないものの、その墨色は鮮やかに黒く、かつ清爽な印面を持つことから、鎌倉初期に刊行された「春日版」と考えられています。春日版とは、奈良の興福寺で平安末期から江戸時代にかけて刊行された出版物です。興福寺は藤原氏の氏寺、春日社はその氏神であり、春日大明神は法相宗を擁護する神様です。興福寺の出版物の刊記にしばしば「春日神恩」「春日霊威光」といった言葉が見えることから、明治以降、「春日版」と呼ばれています。

三蔵法師玄奘と弟子の合作

四～五世紀頃、インドの唯識三大論師の一人世親は、『唯識三十頌』を著して、難解な唯識の教理をわずか三〇の偈頌(韻文)に込めました。ところが、自ら説明することなく没したため、その解釈をめぐって論争が起こり、一〇名の唯識学者の注釈が伝わっていました。

『西遊記』で有名な三蔵法師玄奘(六〇二～六六四)は、インド求法の旅で入手して長安に持ち帰った大量の経典を漢訳しました。当時の仏典漢訳事業は、寺院内に「訳場」という翻訳組織を作り、訳主・証義・証文・書写・筆受・綴文・参訳・刊定・潤文からなる役割分担を設けて行われておりました。ところが、『成唯識論』の漢訳は、玄奘とその弟子の二人のみで行われたものです。

玄奘は当初一〇人の唯識学者の説を広く採用するつもりでしたが、高弟の基法師(六三二～六八二。慈恩大師)の意見を採用して、一〇名のうち護法(五三〇～五六一)の解釈を正統とする立場で漢訳しました。玄奘とともに翻訳にあたった弟子とは、この基法師です。当時の慣例と異なり、二人きりで漢訳が行われたのは、諸説の取捨選択を行い、首尾一貫させる必要があったためであると考えられます。

成唯識論巻第一　護法等菩薩造　三藏法師玄奘奉　詔譯
稽首唯識性　滿分清淨者　我今釋彼說　利樂諸有情
今造此論為於二空有迷謬者生正解故生
解為斷二重障故由我法執二障具生若證
二空彼障隨斷斷障為得二勝果故由斷續
生煩惱障故證真解脫由斷礙解所知障故
得大菩提又為開示謬執我法迷唯識者令
達二空於唯識理如實知故復有迷謬唯識
理者或執外境如識非無或執內識如境非
有或執諸識用別體同或執離心無別心所
為遮此等種種異執令於唯識深妙理中得
如實解故作此論若唯有識云何世間及諸
聖教說有我法頌曰
由假說我法　有種種相轉　彼依識所變　此能變唯三
謂異熟思量　及了別境識

春日版『成唯識論』の巻首。「唯識」とは、あらゆる存在は心の本体である「識」によって表出されたものであり、「識」以外には何者も実在しないという思想。ヨーガの実践によって自己の心のあり方を変革することを説く。

基法師は、玄奘が漢訳した仏典の注釈書を中心に四三種の著作を残し、「百本の疏主」と称されました。中でも『成唯識論』に注釈して『成唯識論述記』を著し、『大乗法苑義林章』を著して唯識教学を組織体系づけました。これらの著作によって基法師は法相宗（唯識宗・慈恩宗とも呼ぶ）の初祖となり、唐の高宗（在位六四九～六八三）の信任を得て、法相宗は一時隆盛を極めました。

日本における法相宗の隆盛と春日版の出版

法相宗は、六五三（白雉四）年、道昭（六二九～七〇〇）が中国に留学して玄奘に学び、帰国後、日本に広めて以降、留学して学ぶ者が相次ぎ、三論・倶舎・成実・華厳・律の各宗とともに南都六宗の一つとして栄えました。とくに七一七（養老元）年に入唐した玄昉（?～七四六）は、日本に五〇〇〇余巻の経典を将来したことで知られていますが、法相宗第三祖智周（六六八～七二三）に学んで帰国した後、興福寺に住して法相宗の興隆に大きく貢献しました。法相宗は、中国では第三祖以降衰勢に向かったのに対し、日本では八～九世紀に興福寺を中心に隆盛を極め、多くの学僧を輩出しました。

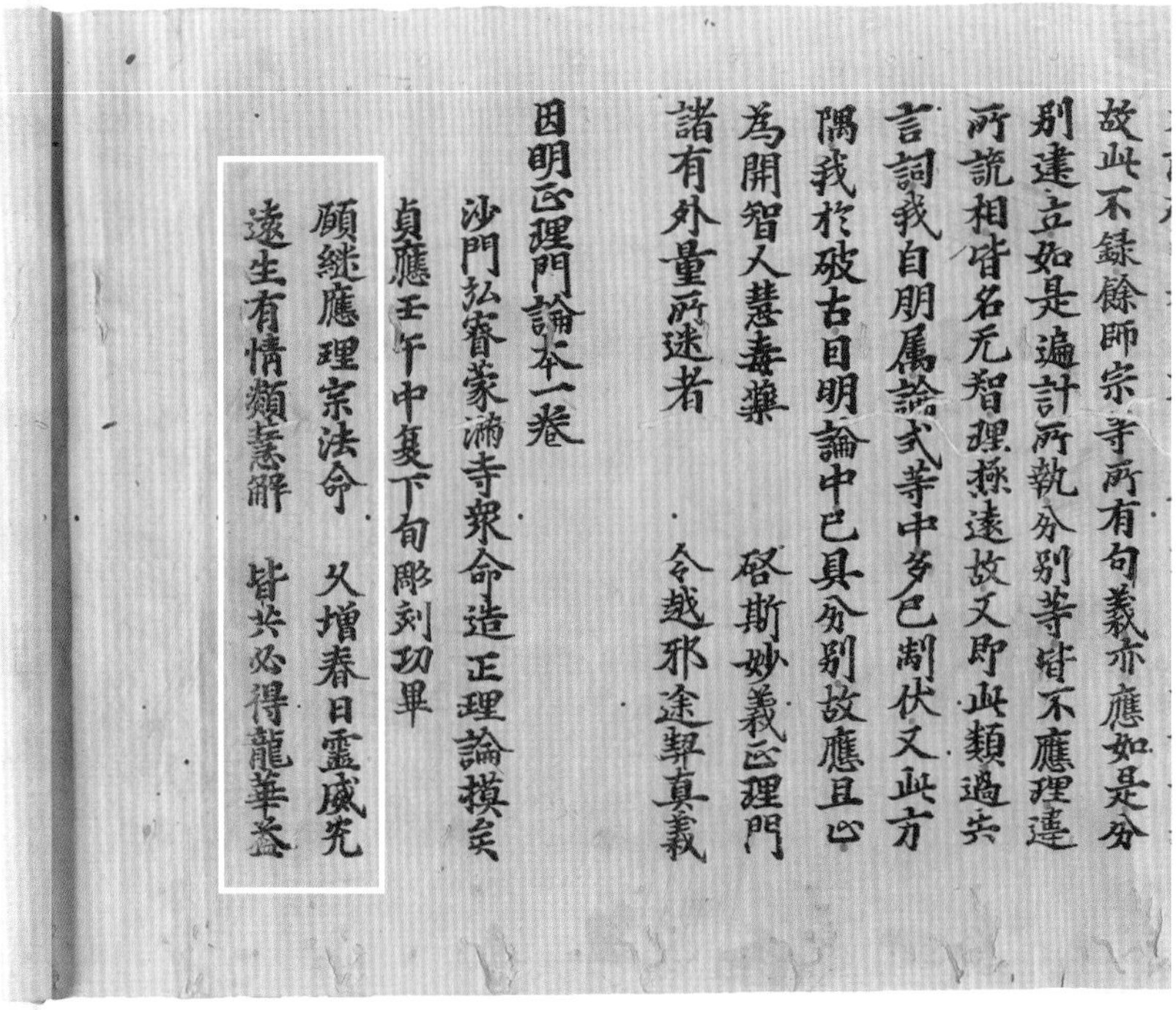
故此不録餘師宗等所有句義亦應如是分
別建立如是遍計所執分別等皆不應理違
所説相皆名无智理極遠故又即此類過失
言詞我自朋属論式等中多已制伏又此方
隅我於破古目明論中已具分別故應且止
為開智人慧毒藥　啓斯妙義正理門
諸有外量所迷者　令越邪途契真義
因明正理門論本一巻
沙門弘睿蒙衆寺衆命造正理論摸矣
貞應壬午中夏下旬彫刻功畢
願継應理宗法命　久増春日靈威光
遠生有情類慧解　皆共必得龍華益

春日版『成唯識論』には春日社に関する記述はない。一方、この写真は東洋文庫所蔵『因明正理門論本』の巻末で、「願継応理宗法命　久増春日霊威光　遠生有情類慧解　皆共必得竜華益」の語が見える。

興福寺は法相宗の寺院として、平安時代、『成唯識論』やその注釈書など法相宗関係の仏典を中心に出版していましたが、当時の版木は一一八〇（治承四）年の平氏による南都焼き討ちで焼失しました。鎌倉時代には失われた版木の再刻を行う一方、「五部大乗経」（本書六五頁を参照）をはじめ、法相宗以外の経典・注釈書も刊行するようになり、その摺経（印刷された経典）は南都の諸寺をはじめ各地に広まりました。現在も鎌倉以降の版木二七七八枚が興福寺に伝わっています。

現存最古の春日版は、一〇八八（寛治二）年の刊記（出版年・出版者などを記した部分）を持つ『成唯識論』です。一九九〇年に東洋文庫の日本研究班によって、一〇八八年刊本をはじめ、出版年のわかる春日版との比較が行われましたが、東洋文庫所蔵本と同じものはいまだ見つかっていません。東洋文庫はもう一部金箔・銀箔で装飾された春日版『成唯識論』（鎌倉期刊。一四八四（文明一六）年の奥書あり）を所蔵していますが、やはり版が異なります。江戸時代より前の出版物には、本書のように刊記のない出版物が多く、出版時期の鑑定は研究者の知識と経験にかかっています。

（會谷）

緇林宝訓

日本印刷文化の揺籃期

［鎌倉末］刊［南北朝］修　改装焦茶色表紙
二三・九×一九・五糎　一冊

本書冒頭の「日本国王之印」は、明の永楽帝（在位一四〇二～二四）が室町幕府第三代将軍足利義満（一三五八～一四〇八）に「勘合」（入貢船の渡航証明書）とともに与えたと伝えられる印鑑で捺されたものです。もとは金印でしたが戦乱で失われて木造印が作られ、巻尾の「太宰大弐」印とともに、戦国武将大内義隆（一五〇七～五一）の蔵書印として用いられました。

「緇」は、黒染めの衣の意で、「緇林」で多くの僧侶、また僧侶の集まる寺院を指します。本書は禅僧たちの「宝訓」、すなわち禅の修行に役立つ訓戒を集めたもので、宋代の禅僧沢賢の著作と考えられています。中国には現存せず、ここに紹介する五山版と、一六四一（寛永一六）年刊本が伝わるのみです

禅宗の勃興と日本への伝来

禅宗は六世紀にインド僧の達磨によって中国に伝えられました。経典によらず、坐禅と問答によって悟りを開く教えは中国人の心を捉え、独自の発展を遂げることになります。七世紀末から八世紀の初めにかけて、禅宗は漸悟（長い修行を経て段階的に悟ること）を尊ぶ神秀の北宗禅と、頓悟（一気に悟ること）を尊ぶ慧能（六三八～七一三）の南宗禅に分かれました。当初は北宗が禅の正統として栄えましたが、後に法系が途絶え、南宗が主流となります。さらに、その系統から臨済・潙仰・曹洞・雲門・法眼の五家が生まれ、宋代に臨済宗から楊岐、黄龍の二派が生まれました。これを「五家七宗」といいます。

日本には平安時代以前に何度か禅宗伝来の機会はあったものの広まることはありませんでした。鎌倉時代に入ると、栄西（一一四一～一二一五）が二度にわたって宋に留学して臨済宗黄龍派

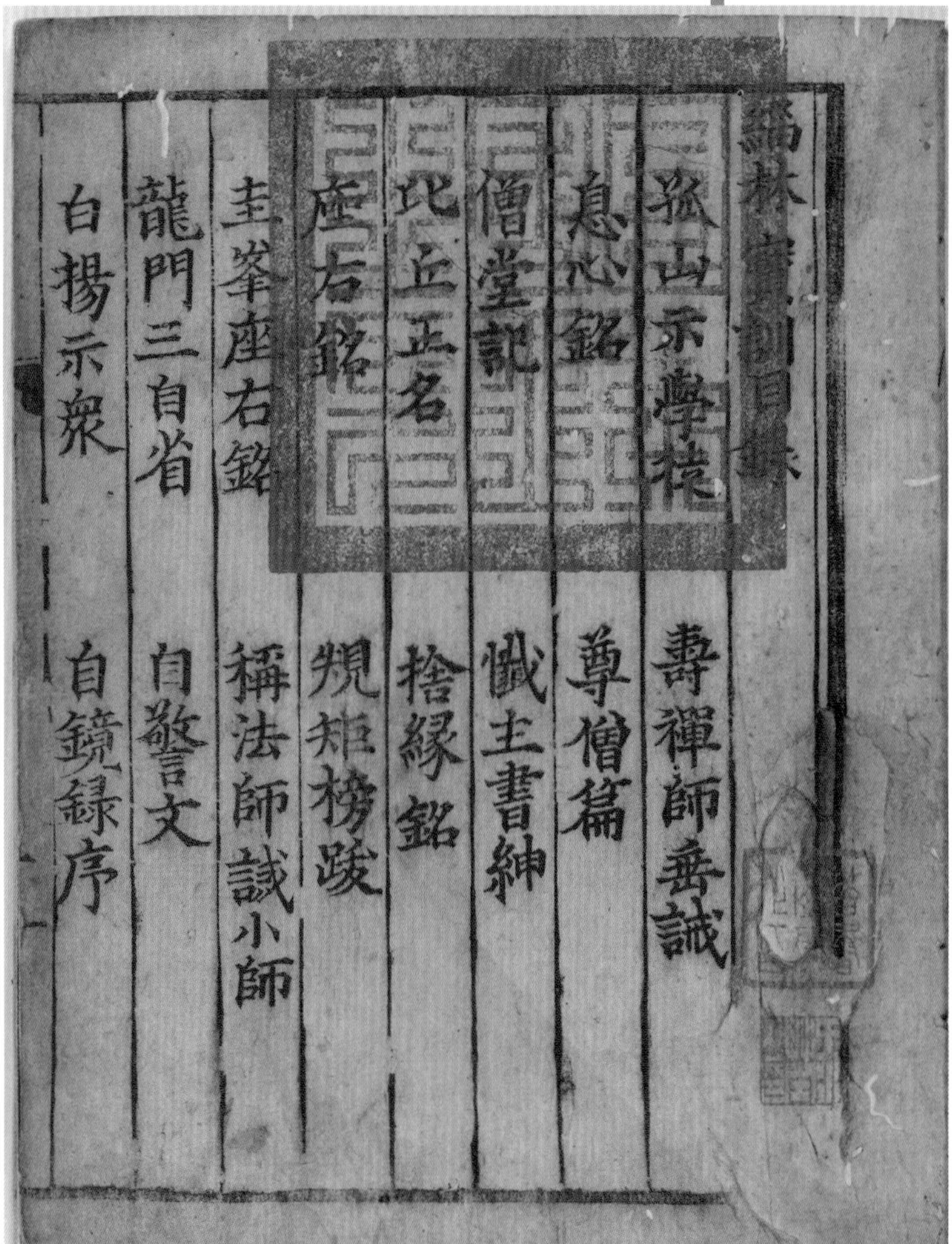

五山版『緇林宝訓』の巻首。明の永楽帝が足利義満に与えた「日本国王之印」が捺されている。当初の金印ではなく、戦国大名大内義隆が蔵書印に用いた木造印である。

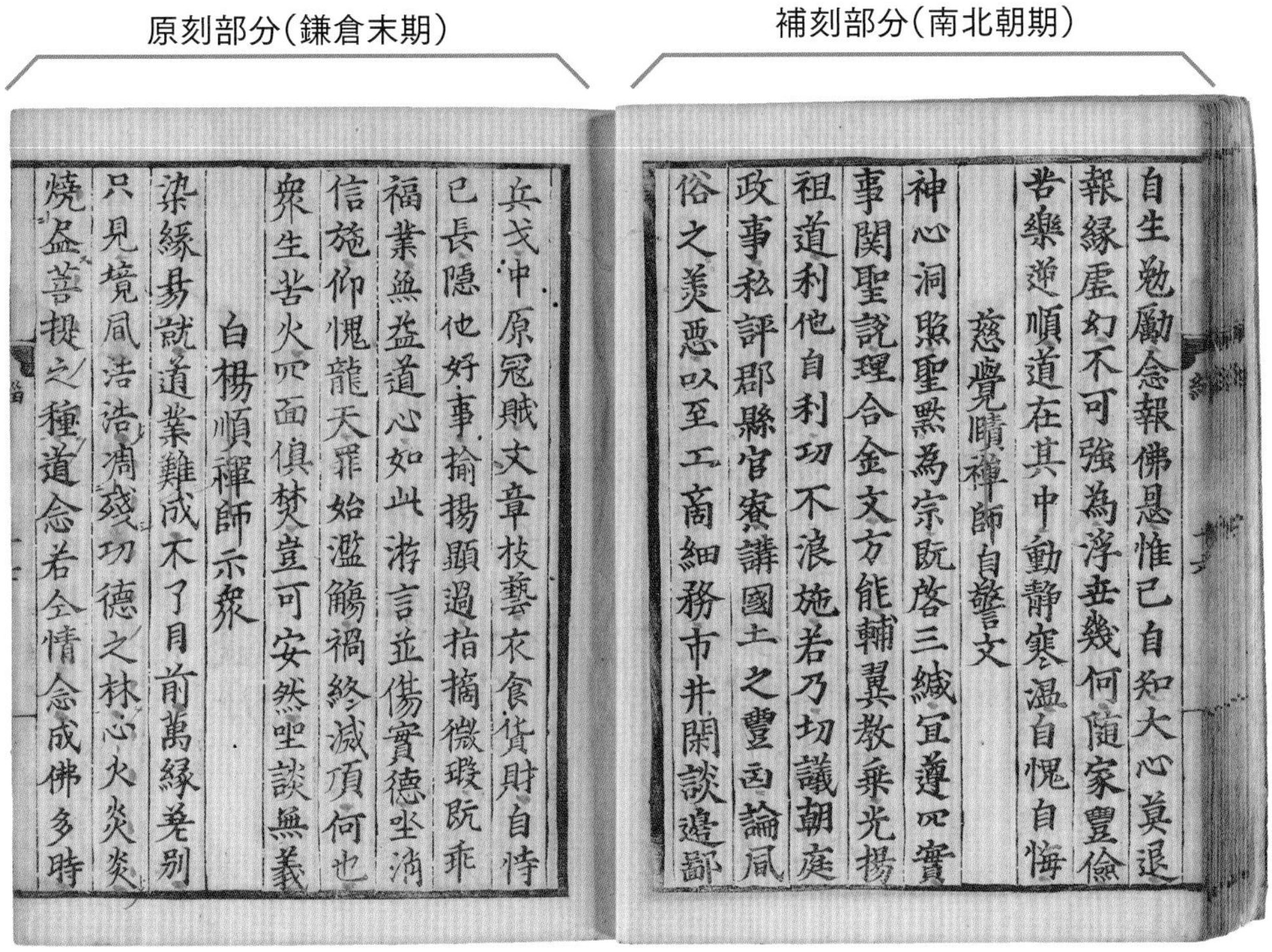

原刻部分(鎌倉末期)

補刻部分(南北朝期)

本文一六丁ウラ(右)と一七丁オモテ(左)。一七丁オモテが鎌倉末期の原刻部分、一六丁ウラが南北朝期の補刻部分である。

の禅を日本に伝え、京都に建仁寺、鎌倉に寿福寺を開きました。次いで道元(一二〇〇～五三)が入宋して曹洞宗を伝え、建仁寺に住した後、京都に興聖寺、越前に永平寺を開きました。鎌倉・室町時代を通じて、日中の禅僧の盛んな往来・交流によって、「二十四流」「四十六伝」とも呼ばれる宋朝の禅が日本に伝えられました。これに加えて、日中間の貿易によって数多くの禅籍が日本にもたらされ、日本国内でのさらなる普及を目指して、五山版の刊行が始まります。

五山版の流行

　五山版は、鎌倉末期から室町末期にかけて、京都・鎌倉の五山を中心に禅僧関係者によって木版印刷された出版物の総称です。中国からもたらされた宋版・元版・明版の覆刻が多く、かつ元末の混乱を避けて来日した兪良甫等中国人の名工による出版もありました。そのため、中国の印刷技法の影響が色濃く、その後の日本の印刷文化に大きな影響を与えました。出版点数は、同一タイトルの再版を含めると約四一〇件にのぼります。鎌倉時代には約四〇点が出版され、そのほとんどが禅籍でしたが、南北朝時代には漢籍も出版されるようになりました。臨川寺・東福寺(普門院)・建仁寺・南禅寺などでの出版が著名です。南北朝合一後、最盛期を迎えますが、次第に出版数が減少していき、京都を中心に起こった応仁の乱(一四六七～七七)によって衰微の道をたどり、次第に出版地が地方に移っていきました。

　五山版は、室町末期まで伝来の版木を使って印刷が続けられました。伝統的な木版印刷では、版木に墨を塗って、その上に紙をあて、馬連(紙と竹の皮で作った印刷用具)を使って、力一杯こすって刷り込みます。そのため繰り返し刷るうちに版木が摩滅し、文字に欠けが生じ、しまいには読めなくなってしまいます。需要のある刊行物であればあるほど、版木の傷みは進むため、傷んだ版木を新たに彫り直す「補刻」がしばしば行われました。長期にわたる五山版の出版でもしばしば補刻が行われ、中にはもとの版木で刷られた部分の方が少ないものもあります。東洋文庫所蔵の『緇林宝訓』もその一例で、第一七～三二丁のみが鎌倉末期の版木で刷られた部分で、それ以外は南北朝頃に補刻された版木で刷られたものと考えられています。

(會谷)

雪竇明覚大師語録

以心伝心で感得せよ！ 禅文学の発信源

正応二年東福寺刊後修　改装栗皮表紙　二〇・五×一五・四糎　二冊

本書は、中国禅の一派、雲門宗の雪竇重顕(九八〇～一〇五二)の語録です。なかでも下巻の「雪竇頌古」は臨済宗楊岐派の圜悟克勤(一〇六三～一一三五)によって評釈が付され、臨済宗第一の書と呼ばれる『碧巌録』を生み出し、日本の禅文学にも大きな影響を与えました。また「祖英集」は日本で詩文の理想として親しまれ、江戸時代に単行本(一六五〇〈慶安三〉年刊本)も出版されています。

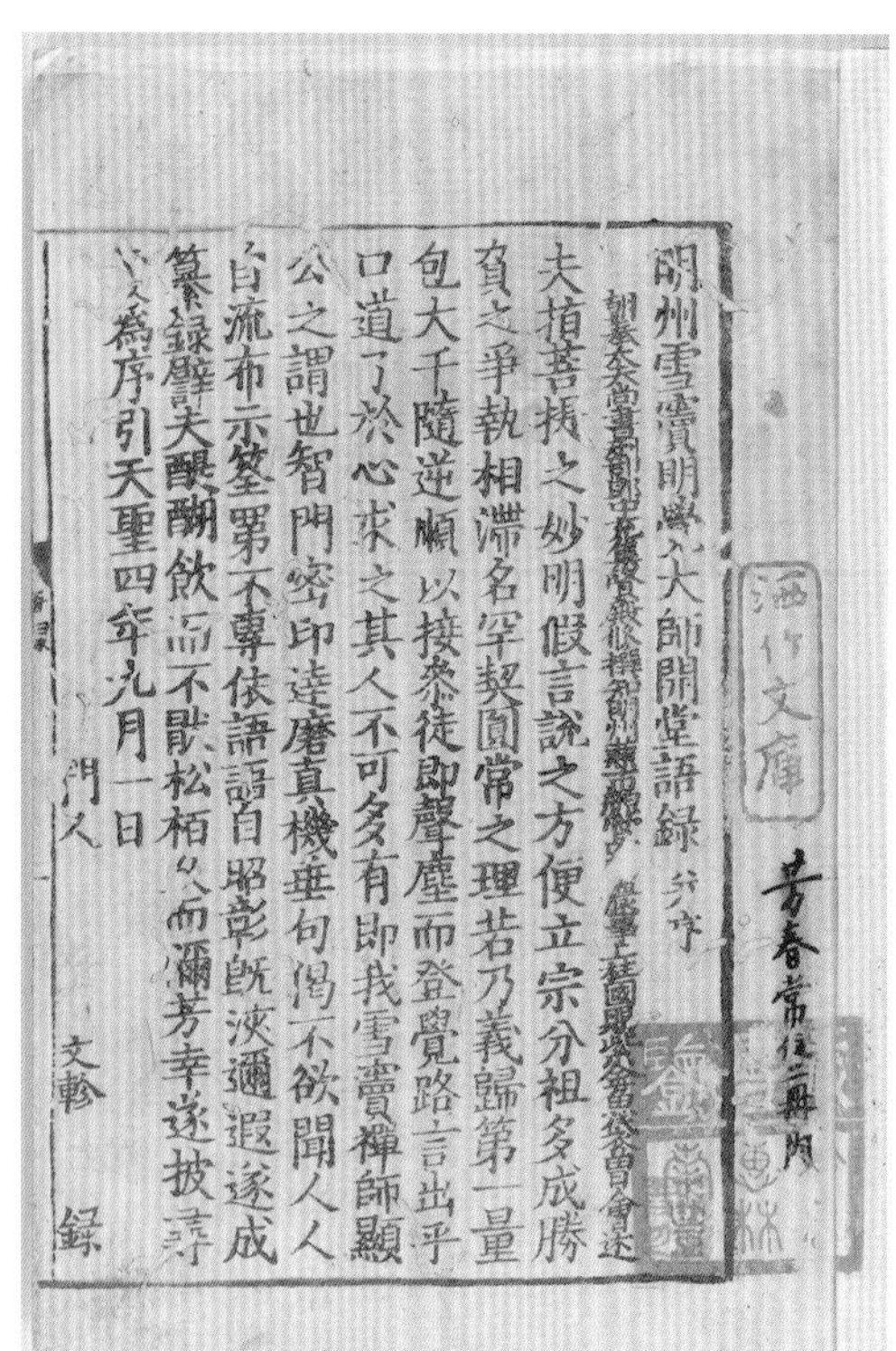
明州雪竇明覺大師開堂語録 并序
夫揁菩提之妙明假言詮之方便立宗分祖多成勝
負之爭執相滯名罕契圓常之理若乃義歸第一量
包大千隨逆順以接參徒即聲塵而登覺路言出乎
口道了於心求之其人不可多有即我雪竇禪師顯
公之謂也智門密印達磨真機無句偈不欲聞人人
自流布示鑒第不尊依語語自昭彰既浹邇遐遂成
纂録譬夫醍醐飲而不猒松栢久而彌芳幸遂披詩
以為序引天聖四年九月一日　門人　文軫　録

上冊「雪竇明覚大師開堂語録」一丁オモテ

禅の伝承と語録の誕生

雲門宗は、唐末五代、雲門文偃(八六四～九四九)が韶州(現在の広東省韶関市)の雲門山に禅寺を開いたことに始まり、その門下には常に一〇〇〇人の修行僧がいたといいます。簡潔な日常の言語を使って禅の教えを説き、北宋に入ると、臨済宗とともに禅宗の主流となりましたが、南宋以後は衰えました。

禅の宗義を表す代表的な言葉に、「不立文字、教外別伝」があります。悟りの境地は経典などの文字や言葉によらず、心から心へ直接伝えるものであることを表したものです。これは必ずしも経典不要論を主張したものではありませんが、文字に頼った知識の習得を批判した禅宗は、どのように師の言説や教義を後世に伝えたのでしょうか？

禅僧の説法・問答などを門弟が筆録したものを「語録」といいます。美辞麗句を用いることなく、日常生活の中で発した言葉をそのまま口語体で記録し、師の教えを生の声に近い形で伝えようとしました。語録の編纂は、唐代に始まり、南宋の頃にはその内容構成(上堂語・垂示・普説・問答・小参・頌古・拈古・偈頌・疏・賛など)が出そろい、清代に至るまで次から次へと作られました。『雪竇明覚大師語録』もその一つで、開堂語録・瀑泉集・洞庭語録・後録・歌頌・拈古・頌古・祖英集からなります。

五山版とその影響

東洋文庫所蔵『雪竇明覚大師語録』の下冊「頌古」の末には、三聖寺の東山湛照(一二三一～九一)が一二八九(正応二)年に出版したと記されています。三聖寺は、京都にかつてあった寺院で、浄土僧十地坊覚空によって開山されましたが、一二六一(弘長元)年、同門の湛照とともに、東福寺の開山円爾弁円(一二〇二～八〇)のもと臨済宗に帰し、一二六七(文永四)年、湛照が三聖寺の住持となると、東福寺に属することになりました。湛照はのちに円爾を継いで東福寺二世となり、三聖寺に退隠してからは、日本仏教史書

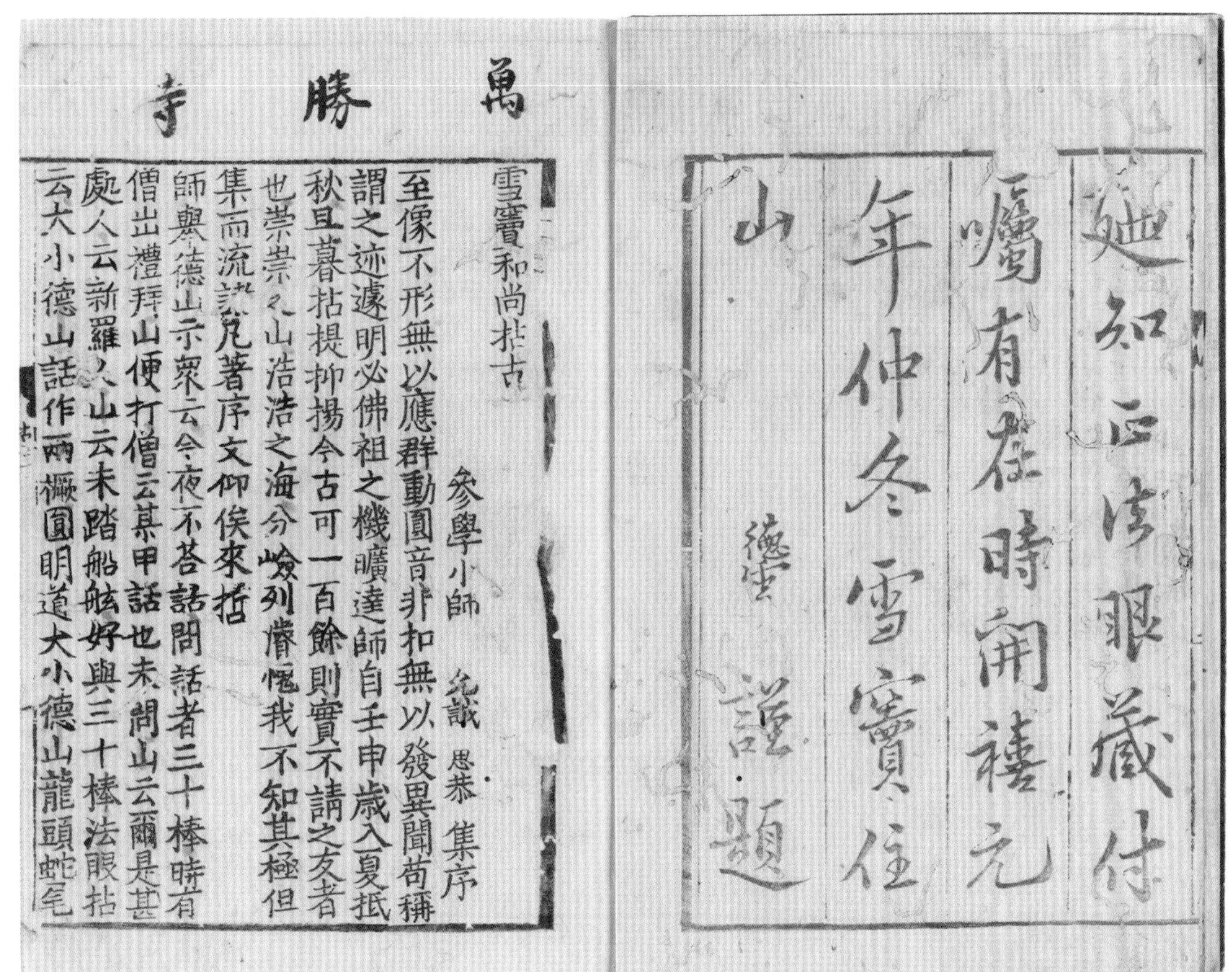

遞知正法眼藏付囑有在時開禧元年仲冬雪竇住山德雲謹題

萬勝寺

雪竇和尚拈古

參學小師 紀識 思恭 集序

至像不形無以應群動圓音非和無以發異聞苟稱謂之迹遽明必佛祖之機曠達師自壬申歳入夏拈秋且暮拈提抑揚今古可一百餘則實不請之友者世崇崇之山浩浩之海分嶮列嶂慨我不知其極但集而流読凡著序文仰俟來哲

師舉徳山示衆云今夜不荅話問話者三十棒時有僧出禮拜山便打僧云某甲話也未問山云爾是甚處人云新羅人山云未踏船舷好與三十棒法眼拈云大小徳山話作兩橛圓明道大小徳山龍頭蛇尾

下冊巻首にある序題の二丁ウラ(右)と「雪竇和尚拈古」一丁オモテ(左)。序題の二丁ウラの料紙の変色具合や虫食いの跡は「雪竇和尚拈古」一丁オモテと一致せず、上冊「雪竇明覚大師開堂語録」一丁オモテと酷似している。全冊に裏打ち(料紙の裏に紙を貼って補強すること)を施して二冊に改装した際、巻首にあった序題を誤って下冊に綴じてしまったことがわかる。

『元亨釈書』などを著した虎関師錬(一二七八〜一三四六)をはじめ、五山文学を牽引する人材を育成しました。

東福寺は天龍寺・相国寺・建仁寺・万寿寺とともに京都五山の一つです。東洋文庫所蔵本は、東福寺二世の湛照が退隠後に三聖寺で出版したもので、本書の五山版(本書五八〜五九頁を参照)としては現存唯一の完本(欠けのないテキスト)ですが、新たに彫り直された版木で印刷された丁が非常にたくさんあります。もとの版木で印刷された丁の中には摩滅が甚だしく、墨でほとんどの文字をなぞってある丁も少なくありません。

五山版のおもな読者は当時の知識人である禅僧でした。五山版の出版は、当時盛んであった中国人渡来僧との交流と相まって、彼らに漢文的素養を習得させ、五山文学の隆盛をもたらしました。また、五山版は漢文を白文のまま出版したため、彼らはレ点や返り点・ふりがな・送り仮名などの訓点を書き込み、これを読みこなしました。日本人の好んだ「祖英集」には訓点の書き込みがたくさん見られます。五山版に書き込まれた訓点は、江戸時代に木版に彫り込まれるようになり、漢文の脇に訓点を付した「付訓本」を生み出すとともに、近年になってその学術的価値が再評価され、中国人の禅研究者からも注目を浴びています。

(會谷)

法隆寺阿弥陀院太子画像幷舞楽面図

聖徳太子　日本で最初の極楽往生

法隆寺阿弥陀院太子画像〔南北朝〕写　新補渋引表紙　二六・六×三六・〇糎　舞楽面図　永仁六年写　全長二七〇・〇糎　楮斐交漉紙　巻子一軸

本巻は、聖徳太子(五七四～六二二)の図像と、善寛なる僧侶が一二九八(永仁六)年に法隆寺の金光院で書写した舞楽面図とをつなげたものです。舞楽面図の末尾には、一四〇三(応永一〇)年二月二十五日に法隆寺阿弥陀院の清祐が購入したとの記録があります。太子の図像は、これと同日に清祐が阿弥陀院の御堂に安置したものです。太子の図像がいつ描かれたものかはわかりませんが、清祐の記録は、一三九二(明徳三)年に南朝の後亀山天皇(在位一三八三～九二)が譲位して南北朝の合一がなって約一〇年後のことですから、南北朝時代のものと推定されています。

聖徳太子画像。太子を挟むように、法隆寺阿弥陀院に安置されたこと、1403年2月25日に清祐が入手したことが記載されている。

法隆寺と舞楽面

法隆寺は、六〇七(推古一五)年に聖徳太子が斑鳩宮のそばに建立したと伝えられる寺院で、法相(本書五六～五七頁を参照)、三論、律、真言の四宗兼学の道場として、南都七大寺(他の六寺は東大寺、興福寺、元興寺、大安寺、薬師寺、西大寺)の一つに数えられ、多くの高僧・学僧を輩出しました。

法隆寺の数ある寺宝の中に、十～十一世紀に制作された舞楽面の遺品があります。舞楽面とは、舞楽において舞人が用いる仮面のことです。仮面を使用する舞楽曲はいずれも中国から伝え

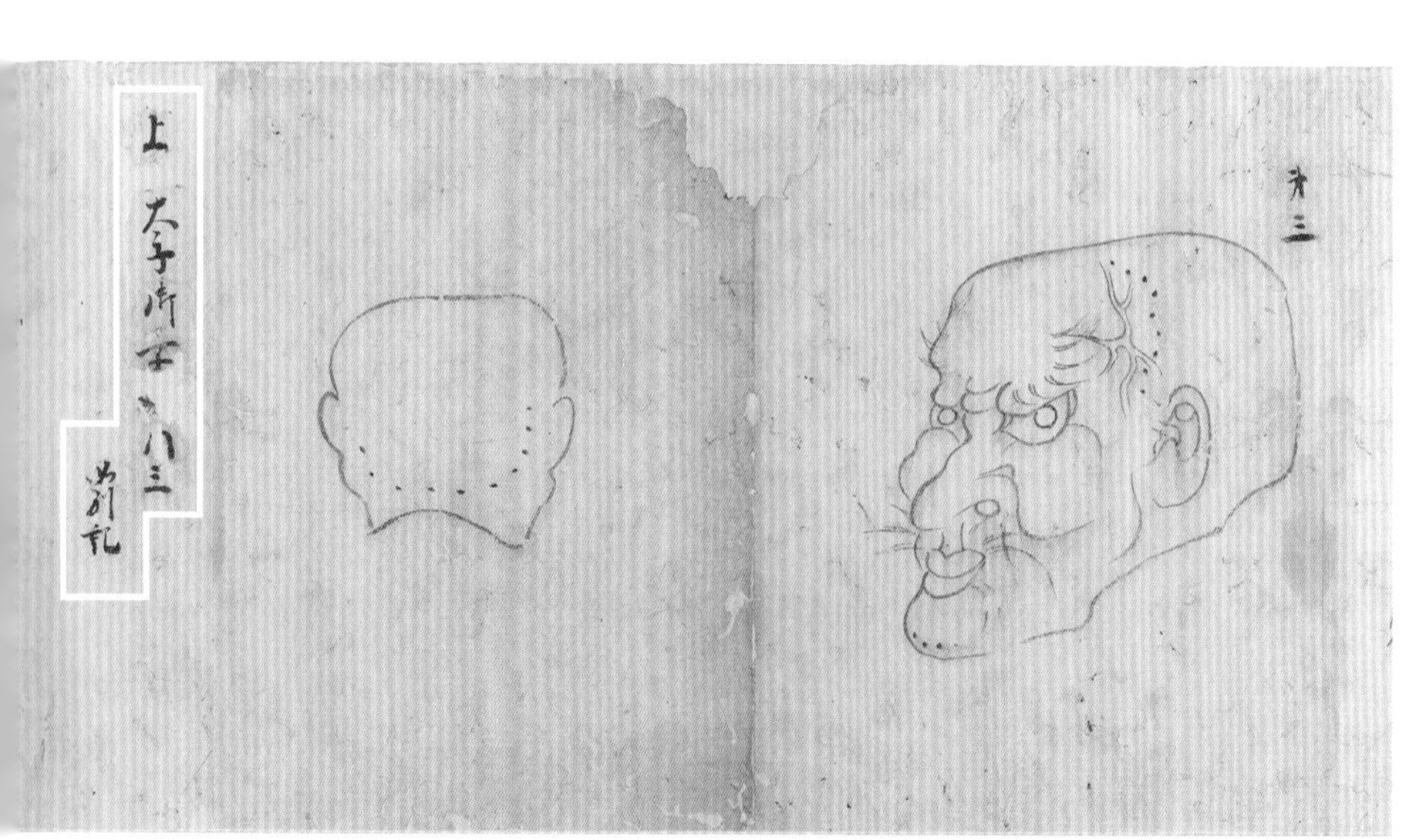

られたもので、仏教では法要の際に奏演されました。代表的な曲目には陵王、胡飲酒、二ノ舞、採桑老、還城楽等があります。国内に現存する仮面の遺品には、奈良時代のものも若干ありますが、大部分は平安時代以降のもので、鎌倉時代までがその全盛期でした。

　東洋文庫所蔵の舞楽面図には、仮面六点、楽器・小刀等の小道具が描かれています。善寛の奥書には「上□太子御写□□三／如別記」の言葉があります。聖徳太子は上宮太子とも呼ばれておりましたから、本図は聖徳太子にゆかりのあったものと考えられます。善寛が本図を描き写した金光院は、一〇七二(延久四)年、念仏修行を行う僧侶のための道場として、法隆寺境内の西方に建立された子院です。善寛がどのような人物であったか、どのような目的で当時金光院にあった舞楽面図の原本を描き写したのかはわかりません。

太子信仰と阿弥陀信仰

　太子の図像が安置された阿弥陀院は、金光院と同じく、法隆寺の境内に建立された子院の一つです。その建立は、中世以降と考えられます。阿弥陀院は、その名前から浄土信仰(本書四四～四五頁を参照)との関係が連想されます。浄土信仰は、阿弥陀如来への信仰を通して、死後に極楽浄土に生まれることを願うもので、平安時代に貴族社会に浸透し、当時の終末を思わせる世相や自然災害と相まって、いっそう広まりを見せました。平安末期には宇治平等院鳳凰堂の建立をはじめ、阿弥陀仏を本尊とする阿弥陀堂等が盛んに建立されました。

　聖徳太子は早くから伝説化され、奈良時代には菩薩として信仰されるようになり、さらに救世観音の化身とする信仰が定着しました。平安時代に入ると、観音菩薩が阿弥陀如来の脇侍であることから、浄土信仰の普及とともに、聖徳太子を日本で最初に浄土に往生した人物であるとする信仰が生まれました。法隆寺における阿弥陀院の建立は、当時の浄土信仰の高まり、その太子信仰との結びつきと、決して無関係ではないでしょう。

　太子の図像と舞楽面図は、ともに法隆寺内に伝わっていたものが、一四〇三年に阿弥陀院の清祐のもとに集まったものです。いつから両図をつなげて保管するようになったのかはわかりませんが、全巻にわたって、雲母引きを施した厚手の斐紙(雁皮を主原料に漉いた和紙)を使って丁寧に補強されています。雲母引きは、美しい銀色を放ち荘厳さを醸し出すとともに、虫害を防ぐ効果もあります。この補修は近代の人の手になるものですが、このような点からも日本人の太子信仰の篤実さを垣間見ることができます。

(會谷)

雲母引きの補強紙

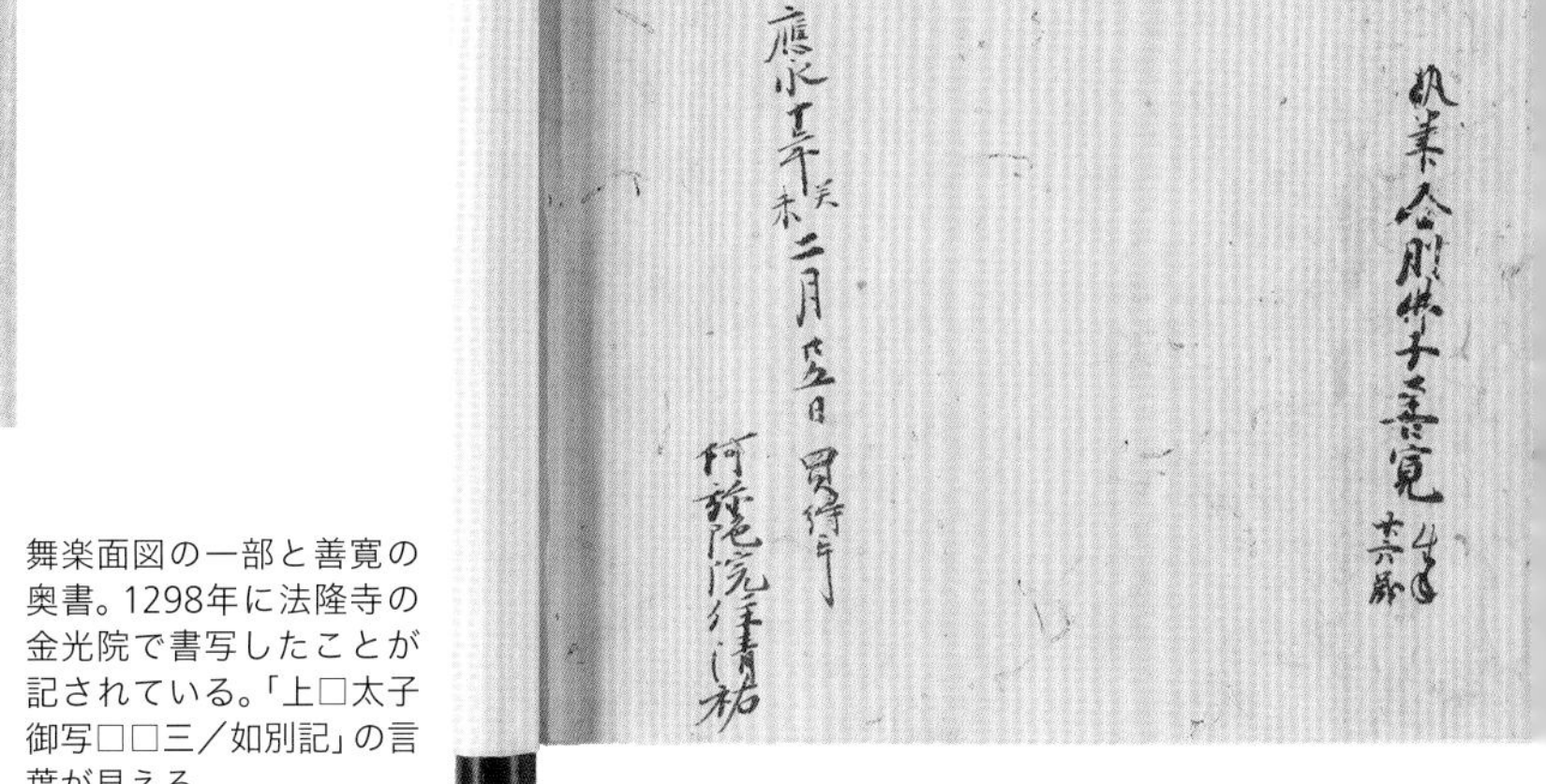

舞楽面図の一部と善寛の奥書。1298年に法隆寺の金光院で書写したことが記されている。「上□太子御写□□三／如別記」の言葉が見える。

梵網経盧舎那仏説菩薩心地戒品

金銀を散りばめた戒律の書

永和四年以前刊　春日版　改装濃縹色表紙　料紙斐紙　二八・四×八・〇糎　折一帖

一見すると、平安時代の装飾経（本書四四～四五頁を参照）と見まがうばかりの豪華な装訂ですが、写本ではなく、文字は木版で印刷されています。もともとは上下・行間の罫線はなく、後から金泥（金粉を膠で溶いて作った顔料）で罫線を加え、天地の欄外に金銀の切箔（種々の形に切った金銀の箔）を散らして荘厳さを加えたものです。刊行年を示す記述はないものの、その漆黒の墨色、力量感にあふれる書風などから、「春日版」（本書五六～五七頁を参照）の一つと考えられています。

偽りの経典の貢献―すべての人に戒律を！

『梵網経盧舎那仏説菩薩心地戒品』は、『梵網経』『菩薩戒経』ともいい、本来、上下二巻本です。東洋文庫所蔵本には巻数が記されていませんが、巻下に相当する部分で、本文は「爾時盧舎那仏」で始まります。「盧舎那仏」とは、「毘盧舎那仏」ともいい、『華厳経』の中で蓮華蔵世界（大蓮華に包まれた世界）の中心的存在として描かれる仏のことで、東大寺の大仏はこの盧舎那仏像です。

後秦の鳩摩羅什の訳と伝えられてきましたが、近年の研究では、五世紀頃、中国で作られたものであると考えられています。このような経典を「偽経」と呼びます。あたかも釈迦の教説であるかのような体裁を取りながら、じつは中国人が漢文で著したり、さまざまな漢訳経典を継ぎ合わせたり、中国思想を盛り込む等して作られた経典です。作成の目的は、中国人になじみやすい内容にして信仰を広めるためであったり、あるいは道教への対抗意識のためであったりさまざまです。偽経は古来大蔵経の目録を編纂する際にしばしば発見・排除されてきましたが、『梵網経』のように、近代になって初めて判明する経典もあります。

『梵網経』の下巻では戒律について説いています。戒律には小乗と大乗の別があります。小乗戒は出家と在家を区別し、さらに出家者も年齢・性別で戒律の種類や内容が異なっていました。これに対し、大乗戒は「菩薩戒」ともいい、西暦紀元前後頃、大乗仏教の誕生とともに説かれるようになったもので、僧俗を区別しませんでした。『梵網経』の特徴は、この大乗戒を説いた点にあります。偽経でありながら、今日まで伝わってきた理由は、当時の僧俗双方の人々が求めるものを取り込んで作られたからでしょう。天台宗の開祖智顗（五三八～五九七）は、晋王時代の煬帝（隋の第二代皇帝。在位六〇四～六一八）に菩薩戒を授け、智者の号を与えられています。これは、大乗戒が僧侶と時の権力者を結ぶ重要なツールとなっていたことを示すものでしょう。『梵網経』は、智顗が『菩薩戒義疏』を著したのをはじめ、大乗戒の根本経典として、多くの注釈書が作られました。

日本への普及と影響

日本では、仏教の伝来以来、僧侶になるには小乗戒を受戒する必要がありました。日本天台宗の開祖最澄（七六七～八二二）は、新たに大乗戒を受戒して僧侶となる方法を考案し、受戒のための壇場（大乗戒壇）を比叡山に建立する必要性を奏上し、その没後すぐに実現しました。その

梵網經盧舍那佛說菩薩心地戒品
爾時盧舍那佛為此大衆略開百千恒河沙不可說法門中心地如毛頭許是過去一切佛已說未來佛當說現在佛今說三世菩薩已學當學今學我已百劫脩行是心地号吾為盧舍那汝諸佛轉我所說與一切衆生開心地道時蓮華臺藏世界赫赫天光師子座上盧舍那佛放光光告千華上佛持我心地法門品而去復轉為千百億釋迦及一切衆生次第說我上心地法門品汝等受持讀誦一心而行爾時千華上佛千百億釋迦從蓮華藏世界赫赫師子座起各各辭退舉身放不可思議光光皆化無量佛一時以無量青黃赤白華供養盧舍那佛受持上所說心地法門品竟各各從此蓮華藏世界而沒沒已入體性虛空華光三昧還本源世界閻浮提菩提樹下從體性虛空華光三昧出出已方坐金剛千光王座及妙光堂說十世界海復從座起至帝釋宮說十住復從座起至燄天中說十行復從座起至第四天中說十迴向復從座起至化樂天說十禪定復從座起至他化天說十地復至一禪中說十金剛復至二禪中說十忍復至三禪中說十願復至四禪中摩醯首羅天王宮說我本源蓮華藏

春日版『梵網経』の見返しと巻首。もとは上下・行間の罫線もなく、文字だけであったが、後から金泥で罫線を加え、天地の欄外に金銀の切箔を散らして荘厳さを加えてある。

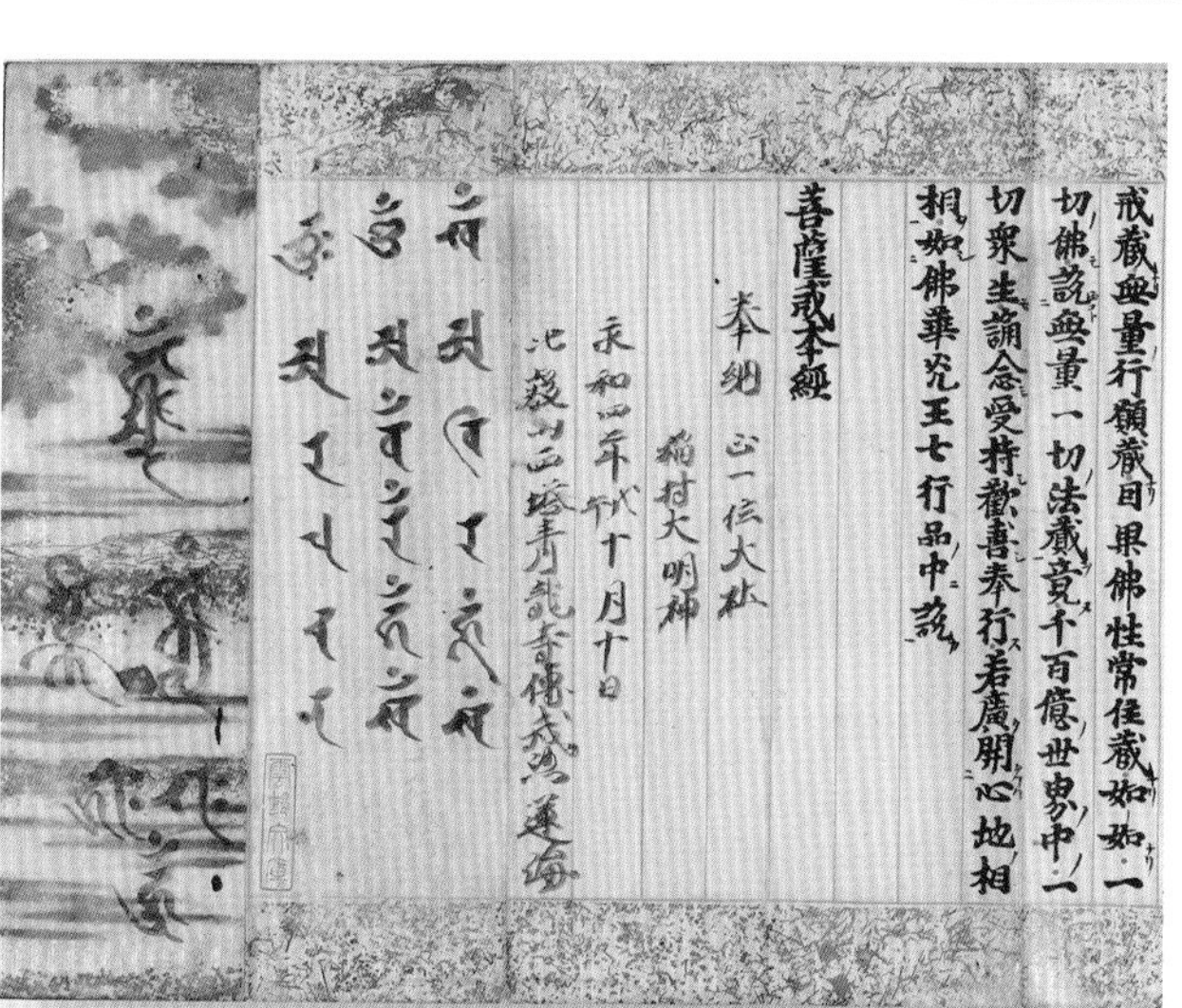
戒藏無量行願藏因果佛性常住藏如是一切佛說無量一切法藏竟千百億世界中一切衆生誦念受持歡喜奉行若廣開心地相相如佛華光王七行品中說
菩薩戒本經
奉納 山王一伝大社 稲村大明神
永和四年戊午十月十日
比叡山西塔青龍寺傳戒沙門運海

『梵網経』の巻末の奥書。室町時代から江戸時代にかけて、天台宗の僧侶たちによって大切に伝承されてきたことが垣間見える。

根拠となったのが、『梵網経』に説かれる戒律です。

平安後期から室町時代にかけて、大蔵経に代わる功徳のある経典として「五部大乗経」が重要視され、書写供養が行われるなどの記録が残っています。「五部大乗経」とは、智顗が大乗経典の中から華厳・大集・般若・法華・涅槃の五経を選んで重要視したことに始まります。日本では『華厳経』に関連する小品として『梵網経』が加えられるなどして、鎌倉後期に春日版「五部大乗経」二〇〇巻が刊行されています。東洋文庫所蔵本もその一つであった可能性があります。

この『梵網経』は、室町時代の一三七八(永和四)年に比叡山西塔黒谷青竜寺の僧侶運海に所持され、江戸時代の一六九四(元禄七)年に兼法勝西教寺の僧侶真秀に所持されていたものです。黒谷青竜寺は浄土宗の開祖法然(一一三三〜一二一二)も修行した天台宗の寺院です。兼法勝西教寺は、真盛(一四四三〜九五)に始まる天台宗の一派の総本山西教寺が、一五九〇(天正一八)年に後陽成天皇の命で法勝寺と合併してできた寺院で、運海はその第一八世にあたります。天台宗の僧侶の間で大切に伝承されてきた経本であったことがわかります。

(會谷)

御成敗式目

武家独自の法秩序の法典化

室町時代後期写　楮斐交漉紙　一八・九×一五・三糎　一冊

『御成敗式目』は鎌倉幕府の基本法典です。一二三二(貞永元)年に制定、公布され『貞永式目』とも呼ばれました。式目とは、法律と規則を箇条書きにしたものです。

最初の武家法

鎌倉幕府は成立当初、成文法(文章の形で制定された法)を持たず、源頼朝以来、東国武士との間の法慣習を基礎として、武士の実践道徳である「道理」や先例に基づく独自の裁判を行っていました。しかし一二二一(承久三)年の承久の乱の勝利によって幕府の支配地域が拡大し、荘園領主や西国農民と御家人との紛争が増えた上、幕府の御家人支配を安定させるための裁判基準としての法典も必要となり、執権北条泰時や評定衆の中の法律知識のある者が中心となり、評定衆の合意を経て制定されました。

式目は、御家人のみを対象とするもので、寺社、朝廷・荘園の本所等と幕府との関係、裁判の原則、土地法、刑事法、相続法、訴訟法など五一カ条から成っています。従来からの律令や公家法、本所法を否定せず並立するものですが、幕府支配圏においては公家法等の適用を排除して、武家法の独立を明らかにしたものでした。その後も必要に応じて式目の「追加」が出され、室町幕府においても採用され、戦国時代の分国法にも影響を及ぼすなど、武家の基本法典として重んじられました。

現実に即した内容は訴訟の必須知識として公家や寺社にも広まったため、註釈書も鎌倉時代から作成されており、岩崎文庫の『御成敗式目抄』もその一つです。近世には手習いの手本としても普及しました。岩崎文庫にも『御成敗式目』の註釈書なども含め、複数の写本や近世の版本があります。

再利用された料紙

これらの写本類とは別に岩崎文庫には、古文書が蒐集されている画帖のなかに、文永二(一二六五)年の書写奥書がある『本朝文粋』巻二の末尾部分の断簡があります。この断簡には菅原道真の孫である菅原文時「意見封事三箇条」の一部が書かれていて、直前部分が菅孝次郎氏旧蔵『御成敗式目』(現存最古、鎌倉時代中期の写本)の裏面にある『本朝文粋』巻二とちょうど接続することが判明しています。現在は台紙に貼り込まれていて墨跡は見えるものの直接確認できないのですが、菅本『御成敗式目』冒頭の目録部分が書かれているようです。

古来、紙は貴重品であったため、不要となった文書の裏面を利用して典籍・日記などを記すことは多く、最初に書かれていた文書は紙背文書と呼ばれます。『御成敗式目』より長文の『本朝文粋』巻二が全文残っていることから、『本朝文粋』を書き写した裏側を再利用して『御成敗式目』を書写したと推定されるのですが、その書風から『御成敗式目』の書写年代も鎌倉時代中頃とみなされています。

なお、主な古写本の一つである世尊寺本『御成敗式目』(鎌倉時代後期～南北朝時代初期の書写、一軸)も以前は岩崎文庫にありましたが、現在は国立歴史民俗博物館の所蔵となっています。

（川合）

『御成敗式目抄』
天文年間（1532〜55年）以前の書写。筆者不明。26.6×19.8cm。『御成敗式目』の註釈は、室町時代に武家の斎藤、飯尾、公家の清原の式目三家に分かれており、本書は斎藤家説を伝えるもので、『中世法制史料集』に翻刻されている。木村正辞、和田維四郎などの所蔵を経て、岩崎文庫に入った。

『御成敗式目』
室町時代後期書写。大正天皇の侍医浅田宗伯とも交流があった、幕末明治の医者服部甫庵の旧蔵書。

『本朝文粋』巻二断簡
藤原明衡編。平安時代の漢詩文集。1265（文永2）年写。29×20cm、27.8×7.5cmの2紙が、現在は手鑑（古人の筆跡を蒐集して帖にしたもの）形式の画帖に貼られている。この手鑑は、和田維四郎の蔵書「雲邨文庫」を経て岩崎文庫に入っており、和田氏が所蔵していた時期に、手鑑に仕立てられたと考えられる。

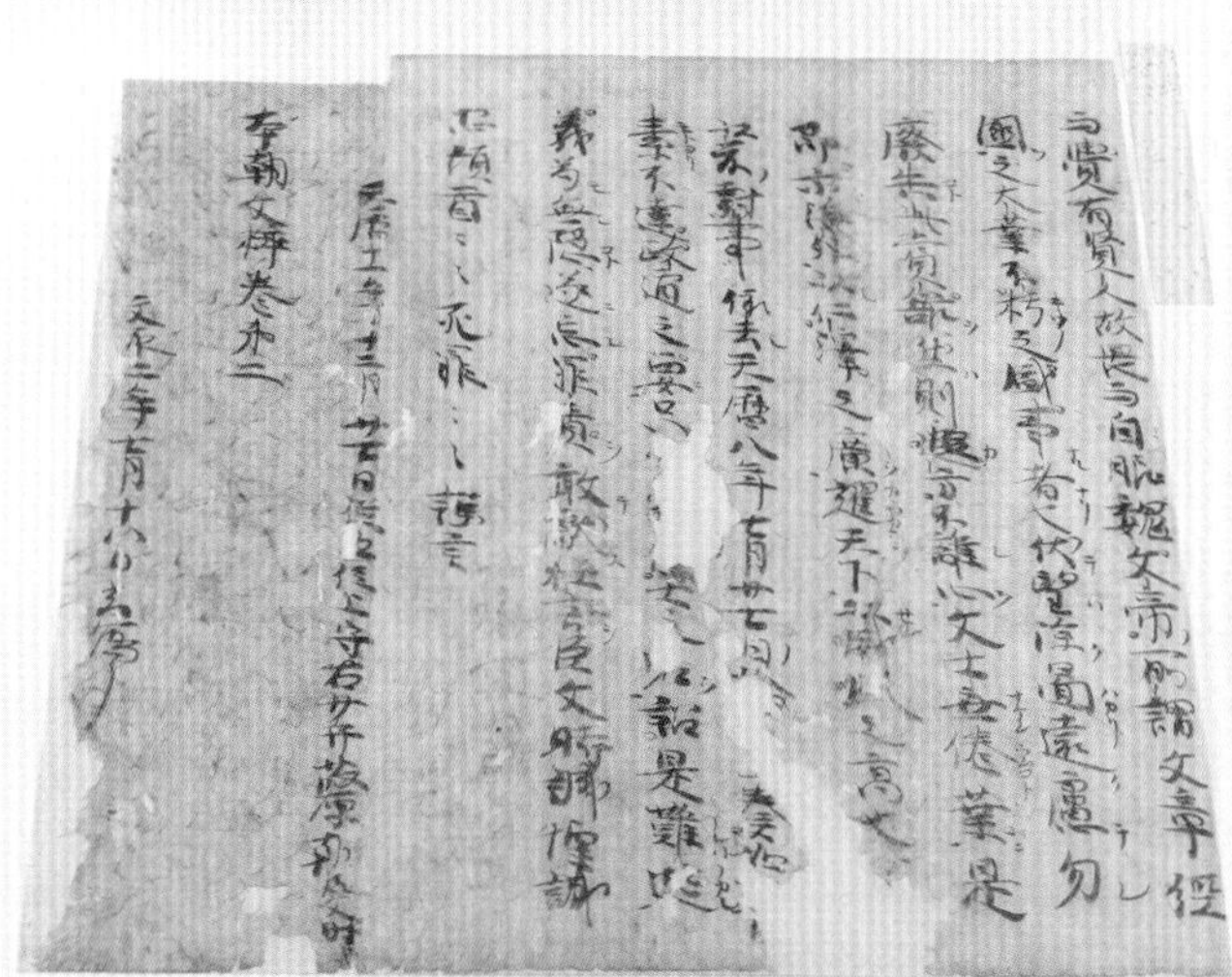

万葉集 温古堂本

受け継がれる読書の歴史

室町末期写　改装横刷毛目表紙　楮紙　二六・八×二〇・五糎　列帖装一〇帖

二〇一九年五月からの新しい年号「令和」が『万葉集』の題詞（和歌の説明のことば）の序を典拠としたため、和歌は改めて注目を集めました。和歌は一三〇〇年の歴史を持ちますが、何の困難もなく受け継がれたのではなく、むしろ二、三百年ごとに政治や戦乱の影響で和歌を詠む人々にも、それを伝える書物にも、危機的な状況がありました。

東洋学で読解された『万葉集』

約四五〇〇首の和歌を収める『万葉集』のうち、詠まれた時代別で見ると、その後期は、すでに宮廷の表舞台で和歌が詠まれなくなった時代であり、個人的に詠むものになった和歌を収録しています。また、書物が残っていても、読めなくては意味を理解できません。『万葉集』は和歌もすべて漢字、しかも独特な表記方法の漢字で書かれているため、「読めない」という危機に常にさらされ、それを時代ごとに人々が解決してきました。なかでも重要なのは、鎌倉時代の仙覚（一二〇三〜七三以降）、そして江戸時代の契沖（一六四〇〜一七〇一）です。仙覚は常陸の出身ともいわれ、天台宗の僧侶で、鎌倉で『万葉集』の写本を比較し、訓点を加え、注釈を行いました。

契沖は尼崎出身の真言宗の僧侶で、大阪で『万葉代匠記』を執筆しました。どちらも悉曇学（インドのサンスクリット語の研究）で得た知識をもとに『万葉集』理解を合理的に進めており、二人とも東洋学をもとに日本の古典を研究していたのです。仙覚の校訂した系統の、最古の完本の写本、西本願寺本は整った楷書で書写され、仏典や漢籍の写本のような見た目を持っています。

『万葉集』は雄略天皇の和歌から始まりますが、推古天皇以前の和歌は伝承も交えており、全体としては七世紀前半から八世紀半ばの、約一三〇年間の和歌が二〇巻に収録されています。代表的な歌人で区分すると、天智天皇の時代までの額田王を代表とする第一期、壬申の乱から文武天皇の時代の柿本人麻呂を代表とする第二期、平城京遷都からの山上憶良を代表とする第三期、大伴家持の時代である第四期に区分されます。何度かの成立と増補を経て、家持が最終的に現在の形にまとめたらしく、巻第十七〜二十は、ほとんど家持の和歌を中心に、彼の日記のように並べられた構成です。巻によって異なりますが、宮廷など公式な場での和歌である「雑歌」、恋愛を詠う「相聞歌」、人の死を悼む和歌「挽歌」を主要な部立としています。「雑歌」を公式な場で

巻首第一冊一丁オモテ

の和歌とするのは、『古今和歌集』以降の、「雑」を「個人的に詠まれた和歌」、の意味でいう場合とまったく逆であり注意が必要です。

『万葉集』写本のさまざまな書式

現存最古の写本は全体の形では残らず、十一世紀半ばに源兼行が書写した桂本『万葉集』の一軸と断簡があります。美麗な料紙に漢字で書かれた和歌と、その訓みかたの平仮名が同じ大きさで左横に書かれており、平仮名別提訓形式と呼ばれます。後三条天皇や白河天皇の時代に『万葉集』書写が広く行われ、藍紙本、元暦校本、金沢本と呼ばれる写本が零本と断簡で残っています。これらは見て美しい写本ですが、次第に研究のための実用的な本、天治本、尼崎本と呼ばれる写本が書写されます。これらは全て平仮名別提訓形式でした。今では失われた藤原清輔が訓点を付したという本は、漢字で書かれた和歌本文にルビのように小さく訓みかたをカタカナで書くもので、西本願寺本もこのような片仮名傍訓形式です。これは『和漢朗詠集』の写本に訓点を書き込むことが十二世紀に始まって鎌倉時代に一般化したことと共通する現象です。ただし、藤原定家が一二一五(建保三)年に書写した本を写した、広瀬本『万葉集』は、江戸時代の一七八一(天明元)年書写ですが、定家が読んだ『万葉集』を伝えており、片仮名別提訓形式です。装訂としては巻子本から冊子本に写されることが多くなり、巻子本に別提訓形式→冊子本に別提訓形式→冊子本に傍訓形式で書写されるようになりました。

『万葉集』は江戸時代に木製の活字で印刷した慶長古活字本、次いで一六四三(寛永二〇)年に整版本が刊行されると、さらに研究する人が増え、北村季吟、荷田春満、賀茂真淵が注釈書を著しました。岩崎文庫の温古堂本『万葉集』は、京都大学附属図書館が所蔵する近衛家旧蔵の陽明本(元亀本)の写しと見られます。「和学講談所」の蔵書印があり、四一年をかけて『羣書類従』六七〇冊を刊行した、塙保己一たちの和学講談所の旧蔵本です。写本版本に基づく近世国学は近代にも受け継がれ、この写本は明治の古典文学研究者木村正辞の所蔵となり、『校本萬葉集』(写本、版本の区別を越えて『万葉集』本文を比較できる本)にも収録されました。『校本萬葉集』は刊行直前に関東大震災にあい、基になった写本は焼失しましたが、木村正辞はこの時焼失した三春本を用いて、四枚分の補写を行っています。

(幾浦)

巻六の後ろ見返しの木村正辞の書き入れ部分

古今和歌集

王朝和歌の基盤、宮廷世界の縮図

室町後期写　伝十市遠忠筆　原装焦茶色地金泥富士・松原・月・薄下絵表紙斐楮交漉紙
二四・五×一七・五糎　列帖装一帖

『古今和歌集』は最初の勅撰和歌集で、約一一〇〇首の和歌が載っています。上巻の四季歌は天の運行を、下巻の恋歌は人の生きる道を象徴し、季節の移ろいが目に浮かび、恋は出会いから別れまで、展開にそって和歌が並びます。京の都市に広がる宮廷世界の縮図を目指した、流れるような配列です。

和歌の編集者たち

文学というと、有名な作者や作品をまず思い浮かべます。が、最近では作家の手を離れた原稿を、読者が読めるように整える編集者や出版社の歴史にも注目が集まっています。本が手で書き写した写本で読むしかなかった中世には、編集者や書写者は、今日以上に重要な役割を占めました。なかでも和歌は、天皇のオーダーを受けて製作する勅撰和歌集と、その編集者「撰者」が、作者以上に憧れの存在でした。『古今集』の撰者は紀友則、紀貫之、凡河内躬恒、壬生忠岑の四人で、いずれも藤原氏の出身ではなく、官位も高くありません。勅撰和歌集は公式の歴史書である官撰国史と似た製作方法で、資料を集め編集し、巻子に清書し、最終的に天皇の前で奏上します。『古今集』は『日本三代実録』成立からまもなくの九〇五（延喜五）年から九一三（同十三）年頃の成立です。

冒頭に仮名序という和歌の歴史を仮名で書いた文章があり、最後に真名序（漢文の序）が載る本もあります。章立ては二〇巻で構成され、まず季節の和歌が春歌上・下、夏歌、秋歌上・下、冬歌で六巻、賀歌（祝福）、離別歌、羈旅歌（別れと旅）、物名歌（パズル的な和歌）という、ジャンルで分類した四巻が続きます（以上が二分冊の本だと上巻）。巻第十一から十五までが恋歌五巻。人の死を哀しむ哀傷歌、個人的なことを詠む和歌が雑歌上・下、特殊な形式の和歌が巻第十九の雑躰に並び、最後の巻第二十には、大歌所御歌・神遊びの歌・東歌が収められています（以上が下巻）。

和歌はことばを記憶可能なパッケージにすることが出来、個人的な思いや出来事を、共感・共有できる特別な「うたことば」へ変換します。仮名序では「世の中にある人、ことわざ繁きものなれば、心に思ふことを、見るもの聞くものにつけていひ出だせるなり。（中略）男、女の仲をもやはらげ、たけき武士の心をもなぐさむるは、歌なり」と、現代のアートセラピーにも共通するような力を和歌に見出しています。

十二世紀、貫之自筆本登場の謎

紀貫之の時代の写本はすでになく、現在でも二〇巻全体が残っている最も古い写本は、成立から約二〇〇年後の元永本（一一二〇年頃に書写。東京国立博物館所蔵）、伝藤原公任筆本（一一一二年頃書写。九州国立博物館所蔵）という二本です。ところが、和歌の専門家が何人も現れた十二世紀に、「これは紀貫之の自筆本である」という『古今和歌集』が現れて、藤原教長、藤原清輔など歌人たちが熱心に書写しました。しかし藤原俊成は、これが紀貫之自筆本ではないように感じました。仮名序に「古注」という、後から加わった注釈が書かれていたからです。俊成はそのことに気づきながらも、師匠の藤原基俊の本と見比べつつ書写しましたが、その息子の藤原定家は、父親の『古今和歌集』を書写しつつ、六〇歳前後になっていよいよそれが貫之の自筆本ではないことを確信しました。そこで、自分で

『古今和歌集』巻首

改めて研究し、見解を加え、基準となる写本（証本）を作ることにしました。定家は現在わかっているだけでも生涯に一七回もこの作品を書写したため、何種類もあります。現在残っている写本はほとんどが一二二三（貞応二）年に定家が書写した本を写したものです。岩崎文庫は『古今和歌集』を複数所蔵しますが、本書は室町時代に奈良で活躍した歌人十市遠忠（とおちとおただ）（一四九七〜一五四五）の筆跡である、と見なした極札が表紙の左肩に貼付されています。上巻のみの一帖で奥書はありませんが、本文は貞応二年本の系統です。

チェンバレンの書物蒐集

本書で紹介する『古今和歌集』『拾遺和歌集』『金葉（きんよう）和歌集』『新古今和歌集』には「英　王堂蔵書」の蔵書印があり、明治時代の言語学者バジル・ホール・チェンバレンの持っていた本です。チェンバレンはイギリス出身で一八七三年に二三歳で日本に来日、東京帝国大学で言語学を教え、日本語、アイヌ語、琉球語の文法を研究し、旧浜松藩士荒木蒼（しげる）に『古今集』を学びました。塙保己一の孫である塙忠韶（はなわただつぐ）とともに古典籍を集め、箱根の富士屋ホテルに書庫を建設しましたが、一九一〇年に最後に日本を離れる際、佐々木信綱と上田万年に蔵書を譲りました。

（幾浦）

『古今和歌集』表紙

拾遺和歌集

藤原定家が愛好した、王朝和歌の結晶

室町後期写　三条西実隆筆　後補雷文繫地花菱文布表紙　鳥子紙　二六・三×一七・六糎
列帖装一帖

『拾遺和歌集』は、紫式部が『源氏物語』を書いていた時代、一〇〇五〜〇六(寛弘二〜三)年頃に成立した勅撰和歌集です。題は古い写本では『拾遺和歌抄』とも書き、前の二つの勅撰和歌集に入らなかった、優れた和歌の「遺りを拾って抄いとる」という意味がこめられています。

公任『拾遺抄』の登場と花山院の再編集

『古今集』から約五〇年後、九五三(天暦七)年頃に、「後に撰ぶ」集として『後撰和歌集』が成立しました。和歌が詠まれた状況の説明、「詞書」が長く、贈答歌を多く載せているのが特徴です。いわば宮廷社会の人間模様、ゴシップを扱っています。さらにその約四〇年後の九九六(長徳二)年頃、藤原公任(九六六〜一〇四一)が『拾遺抄』という『古今集』『後撰集』の二〇巻構成の半分の、一〇巻構成の和歌集を編纂しました。勅撰和歌集は、前に成立した勅撰集に入っている和歌と重ならないように和歌を撰び、内容やことばが流れるように並ぶよう編集するので、かなり神経を使います。成立の経緯は不明ですが、『如意宝集』『深窓秘抄』などいくつもの私撰集(個人的な和歌のセレクション)を編集していた公任だからこそできた仕事です。『紫式部日記』での公任は、「このあたりに若紫はいらっしゃいますか」と呼びかけたことで有名です。日記中には藤原道長から娘の中宮彰子への贈り物に、『古今和歌集』『後撰和歌集』『拾遺和歌集』があったと記録しています。それぞれ五帖分の美しい料紙の冊子本に装訂して、当時の書道のプロ、藤原行成、延幹に書写させたものでした。

一方で、勅撰和歌集はそれに満足しない人が和歌を加えたり除いたりして、新たな勅撰集を編纂したり、自分なりの秀歌撰を挑発するように編纂することもありました。そうして成立したのが、天皇の地位を退位した花山院(九六八〜一〇〇八)によって編纂された『拾遺和歌集』です。花山院は藤原道兼(道長の兄)に騙されて、九八六(寛和二)年六月二十二日の夜中に密かに宮中を連れ出され、一九歳で出家してしまいました。陰陽師の安倍晴明はその夜、見えない式神を派遣して退位を察知したと『大鏡』は伝えています。花山院は法皇になった後も和歌を愛好し、『拾遺抄』にさらに和歌を加え、自らの納得する一三五一首の勅撰和歌集を編纂しました。実際には作業は大変なので、優秀な歌人の藤原長能、源道済が手伝ったとも考えられています。

藤原定家の校訂と三条西実隆の書写

今日残っている『拾遺和歌集』のほとんどは、藤原定家(一一六二〜一二四一)が一二三三(天福元)年に書写した本を基に写されてきたものです。平安時代には公任の『拾遺抄』に人気があったのですが、定家は少年の頃から『拾遺和歌集』に感動していた、と自ら注釈書『三代集之間事』に書いています。ただし、この集については父親の俊成から体系的に教わらず、俊成が亡くなった後、定家は六〇歳前後の頃、和歌の学者である藤原清輔の持っていた『拾遺和歌集』を読んでみました。すると、自分の持っている本とはかなり載っている和歌が違うことに気づきました。「この本は世に残っている中に、確かな本はないようだ。だから私はいくつもの写本を見比べて、和歌を取捨選択した。それでもわからないところがないでもない」と歌集の最後に記し、和歌の合計数を計算しています。

岩崎文庫所蔵『拾遺和歌集』にはこの定家の

識語はありませんが、やはりこの定家の天福元年書写本を基に写し伝えた写本です。巻末には室町時代の歌人で古典学者の三条西実隆（一四五五〜一五三七）の識語があります。実隆の時代までに勅撰和歌集は二十一代まで続いており、二十二番目の編纂も計画されましたが、応仁の乱で中止になり、それ以降、勅撰和歌集の編纂は途絶えました。実隆は、勅撰和歌集が権力者のオーダーが必要であるため、戦乱の世の中では完成が難しいことに気づき、代わりに『伊勢物語』『源氏物語』などの物語の書写をたくさん行いました。

しかし勅撰和歌集、特に最初の『古今集』『後撰集』『拾遺集』は和歌を詠む、学ぶ貴族や武家にとって欠かせない基本的なテキストであり続け、この三つの写本が欲しいという人は多くいました。実隆の日記『実隆公記』には、依頼に応えて『拾遺和歌集』を書写した記事が何か所か見られます。岩崎文庫の『拾遺和歌集』は丁寧に書写されており、やはり人の依頼で製作された可能性が高いものです。

（幾浦）

巻首。バジル・ホール・チェンバレン（本書71頁参照）の蔵書印が見える。

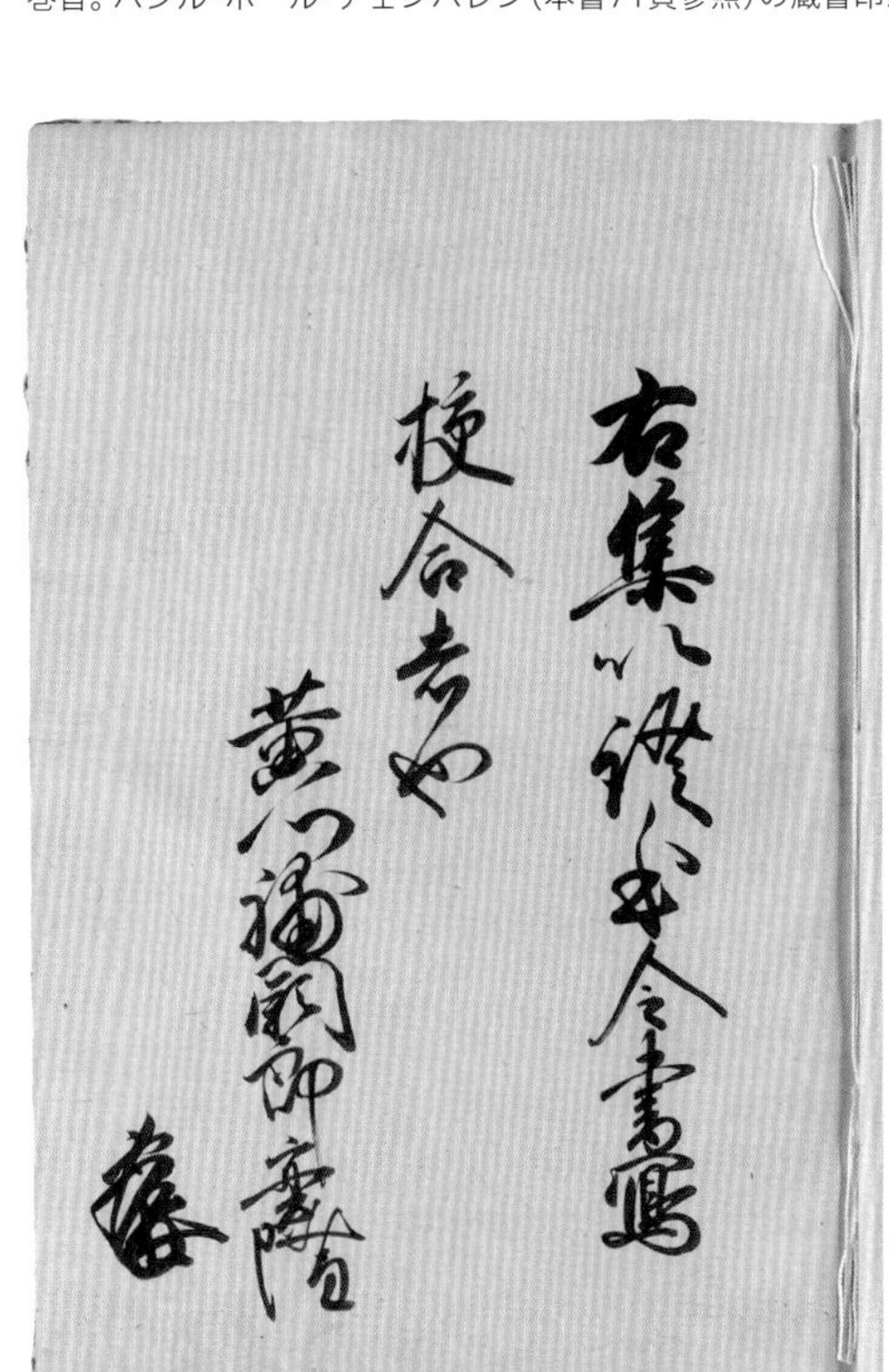

巻末の実隆識語部分

和漢朗詠集

和漢の世界の美の目次

永禄八年四月写　原装打曇紙表紙［斐紙］　二六・九×一八・八糎　二冊

朗詠とは現在の「君が代」のように、めでたい行事の中で歌われるものでした。藤原公任は、主に漢詩を理解する貴族たちによって行われるこの朗詠の名前をかりて、優れた和歌と漢詩を集めた書物に『和漢朗詠集』と名づけました。

和漢の競合

八九四(寛平六)年に遣唐使の派遣が停止しましたが、民間の商船は相変わらず日本の港に来航しており、それは十三世紀の元寇の間でさえ続いていました。現在も残る平安時代の和歌の古典籍は、光沢のある文様を下絵に刷り出した大陸輸入の料紙、唐紙(後には日本での製造も始めました)に書写されたものが多くあります。貴族たちは、大陸の貴重な製品へ憧れ、その唐様と和風の競い合いの中に文学がありました。なかでも『和漢朗詠集』は、『源氏物語』とは違い、現在でも一つの言語に翻訳できません。和歌と漢詩を交互に配列したことにこそ意味があり、その緊張感は一つの言語に置き換えた瞬間に失われるからです。

和歌を歌会などで独特のアクセントに則って詠み上げることを「披講」といい、漢詩を特定の節回しに沿って声に出すことを「朗詠」といいます。かつては『和漢朗詠集』収録の漢詩句のすべてが朗詠されたと考えられてきましたが、実際にはその中の一〇三首ほどが特に朗詠されました。もともとは藤原公任の娘が、道長の息子の教通と結婚する際、公任がその引き出物として用意したものでした。和歌、漢詩、音楽すべてに秀でていた公任は道長と同い年で、若い頃は昇進の停滞に悩みましたが、道長に接近することで成功を収めました。

「和漢」には三つの意味がこめられています。一つは同一の題、テーマで和歌と漢詩を並載したこと、二つ目は菅原道真などの日本漢詩と、白居易など中国漢詩を対比させたこと、三つ目は上巻が日本の勅撰和歌集のような四季で構成され、下巻は和歌には詠まないような題も含めた、漢詩独特の世界観で構成したことです。貴族の身に着けるべき美意識の目次のような構成でした。

中世の必読書

すると『和漢朗詠集』は、平安後期以降には幼学書の一つとして読まれます。幼学書とは一〇歳前後の子どもに、まずすべて暗記することが求められた書物です。漢字の音読み・訓読みを覚える『千字文』、故事成語を覚える『蒙求』、知識を覚える『李嶠百詠』という中国の書物に、日本で編纂された『和漢朗詠集』が加わりました。現在でも学校の国語では作文や感想文がありますが、中世の貴族社会では「句題詩」という七言律詩の漢詩を詠む必要がありました。「句題」という漢字の題を、一句七語の八行、全五六語の漢詩の途中で、上手く別の美しい表現へ必ず言い換えます(破題)。これができないのが落題)。その際に思い出す書物として、題に従ってすべて部類された『和漢朗詠集』は、大いに役に立ち、貴族たちは必要なことばに到達することができました。

収録された漢詩は、もとの長い漢詩の中の一、二句分です。漢詩の全体を知るため、白河院はその調査を大江匡房に命じています。貴族は必ず一人、専門家を師匠にして読み方を習いました。このような師匠と弟子の対面授業で生まれた書き込みを「朗詠注」と言い、このような注を載せるため、『和漢朗詠集』はしばしば巻子本に書写されました。紙の裏にも注が書け、参照できるからです。

岩崎文庫所蔵の『和漢朗詠集』は、綴じ糸は後補ですが、表紙、題簽は室町時代当時のままの打雲紙に紅色題簽です。写本の系統は大きく粘葉本・伊予切と関戸本・雲紙本の二系統に分かれますが、鎌倉以降の写本の特徴として、部立が春は躑躅、款冬、藤の順、冬は霜、雪、氷付春氷、霰の順であり、関戸本系に一致します。庚申の題に「いかでなをひとにもとはむ あやしきはおもはぬ中の えざるまじきを(六五二の次)」という「かのえさる(庚申)」を詠み込む、安宅切、巻子本、大字切所載の物名歌を載せます。四三三の次には「世にふれば……」という伊予切、太田切、大内切、山城切にある『古今和歌集』歌(九五八)を載せています。また、夏部の扇の題には、「あまの河 とをきわたりにあらねども……」という一首があり、二・三句目が「あふぎのかぜにくもはれて」(二〇二)とあるべきところを、秋部の七夕題の柿本人麿歌(二一八)のことばを間違って写してしまっています。漢詩句の厳密な書写に比べ、和歌については記憶を頼りに写したような書写もなされました。それでも『和漢朗詠集』には、和歌を省略して漢詩句だけを書写した写本はほとんど見られず、あくまでも和歌と漢詩句の併載を眼目としています。

(幾浦)

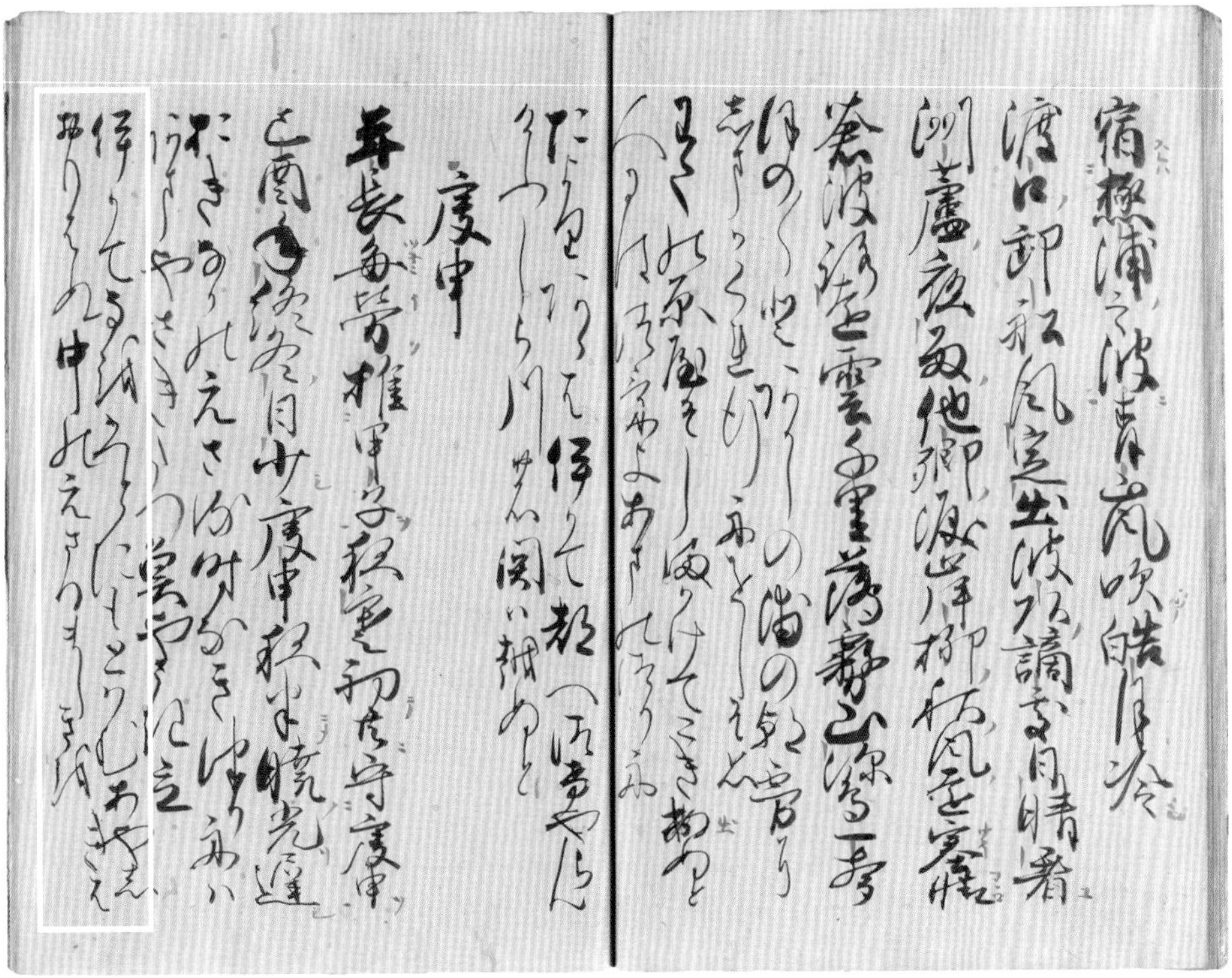

下巻「庚申」題の物名歌。「おもはぬ中のえざるまじきを」の部分に庚申を詠み込む。

室町時代の打雲紙・紅色題簽を残す表紙。

金葉和歌集　二度本精撰本三類

絶えざる編集の痕跡をとどめる勅撰和歌集

文明十年四月写　改装梨地花弁卍金繍裂表紙　鳥子紙　二四．五×一七．七糎　列帖装一帖

『金葉集』は藤原公任の『拾遺抄』を意識してか、一〇巻の構成であり、同じく公任の『金玉集』と『万葉集』を踏まえ、優れた言葉の和歌集の意味で『金葉和歌集』と名づけられました。

和歌の大転換期、日本の十二世紀ルネサンス

和歌は三十一文字の文学といいますが、中世には一人が百首の和歌をまとめて詠む、百首歌という形式がありました。いうなれば三一〇〇字からなる芸術で、詠む内容が一首ごとにすべて指定されたものさえあり、歌人には相当高度な技術が要求されます。平安時代に初めて百首歌を女性歌人三名を含む一四名で詠み上げ、堀河天皇に一一〇五、六(長治二、三)年頃に提出したのが、最初の組題百首、多人数百首、応制百首の『堀河百首』です。企画は源俊頼で大江匡房が題を設定し、敢えて制限を課すことで和歌を芸術的に高めました。十一世紀末は、俊頼の父の源経信が『難後拾遺』という勅撰和歌集を批判する書物を書いたり、経信の歌合判詞(勝負の理由説明)に康資王母という女房歌人が反論をしたりと、歌人たちの和歌を見る目は厳しく、批評的になっていました。

『後撰集』の時代には、日常生活の中にもあった和歌が、『拾遺集』時代には屏風歌という絵に添える文芸になりました。次の『後拾遺和歌集』には、紫式部や赤染衛門など有名な女房歌人の和歌が多く含まれますが、『金葉和歌集』に入る女性の歌人は減少しています。そもそも『後拾遺和歌集』は、『拾遺集』から七〇年後と大幅に間が空いて編纂の命令が下り、しかも撰者の藤原通俊は康資王母の甥ですが、当時二九歳と若すぎて、完成には一一年もかかりました。二三歳の時『後拾遺集』編纂を命じた白河天皇が、退位した後、七二歳で再び勅撰和歌集を成立させようと、源俊頼を撰者に抜擢しました。

白河院の修正指示

一一二四(天治元)年にオーダーを受け、俊頼は早くも年内か翌年初めに最初の原稿、初度本を提出しました。しかし紀貫之をはじめ一〇〇年以上前の歌人たちの和歌が中心で、古臭いと感じた白河院はやり直しを命じました。俊頼は今度は『堀河百首』の和歌を冒頭から配列し、ほとんど同じ時代の歌人たちだけを集めた二度本を提出しました。すると、「もう少し前時代にも目を配れ」と、再度修正を命じられました。俊頼は再び却下されると思ったか、三度目は自筆のノート的な冊子本で一一二六(大治元)年頃に提出しました。ところが、予想外に白河院は認め、書庫に納めました。完成版は、清書した巻子本で提出するのが普通のため、これはかなり異例です。この三奏本は俊頼の手元にも控えがなく、白河院の愛した待賢門院璋子のもとに移り、それを璋子の兄の三条(藤原)実行が書写して、かろうじて現在でも写本は三本残ります。

俊頼が養子に入った橘俊綱は、道長の建てた法成寺の宝蔵にあった貴重な『万葉集』の写本を書写しました。俊頼もこれを写したのか、『金葉集』の和歌の撰び方には、一部に『万葉集』の影響が見られます。春の苗代、夏の鵜川など、それまでに勅撰集の和歌になかった題材も撰びました。俊頼は和歌に詠んで美しいとも思わなかったものの中にも面白さを見出す、人とは変わった美意識を持っていました。

現在残る『金葉集』の写本のほとんどは二度本を書写したものです。二度本も未完成な草稿本から、より整った精撰本まで、代表的な写本の和歌の数で示すと全七四六首→六九三首→六

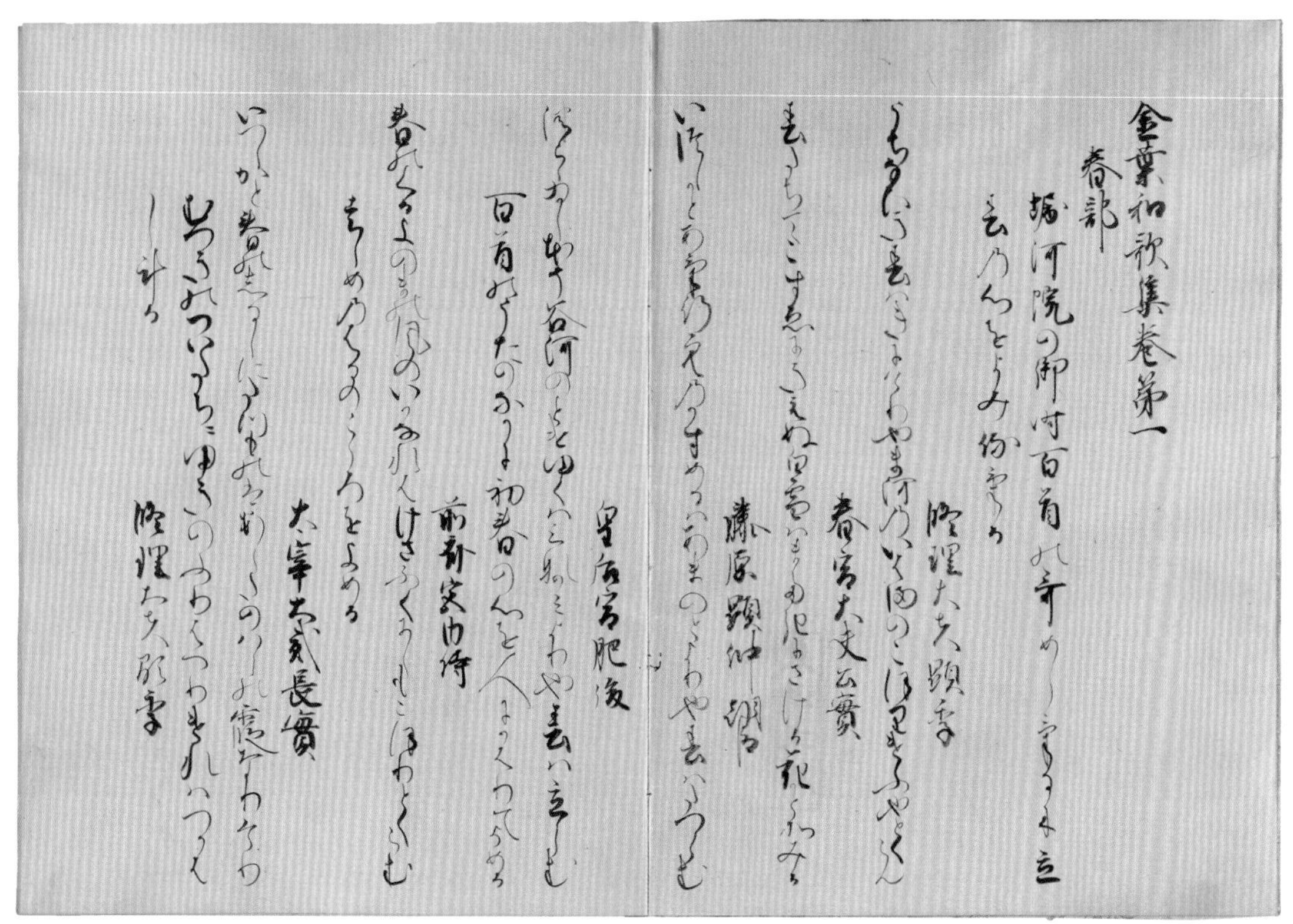

巻第一の「春部」。「堀河院の御時百首の歌めしけるに立春の心をよみ侍ける」として、藤原顕季らの歌が見える。

七二首→六四八首とブラッシュアップしており、俊頼は悩みに悩んで和歌を入れ替えていたようです。現在残る写本は、俊頼が編集者として格闘したそのプロセスを伝えています。しかも不思議なことに、それが約二年ほどの編集期間中にどんどん誰かに洩れて写されていたのです。そうして複数の写本が残って書き写されると、あとの時代の人々は『金葉集』にも複数種類があることに気づき、他の写本と見比べて書写するため、俊頼が編集する間に手元で作っていた写本よりさらに複雑な写本が書き写されるようになります。

岩崎文庫は複数の『金葉和歌集』を所蔵しますが、この本は室町時代の滋野井(藤原)教国が一四七八(文明十)年に書写したもので、奥書に「此集依　勅命以諸本用捨令書写之／数反校合訖」と、天皇の命令でいくつか写本を見比べて本文を取捨選択したと記しています。彼は二年前に後土御門天皇の命令で、三条西実隆、甘露寺親長とともに、『後撰集』以下七つの勅撰集の優れた和歌を撰ぶ作業をしており、その過程で集めた写本との関係も注目されます。

(幾浦)

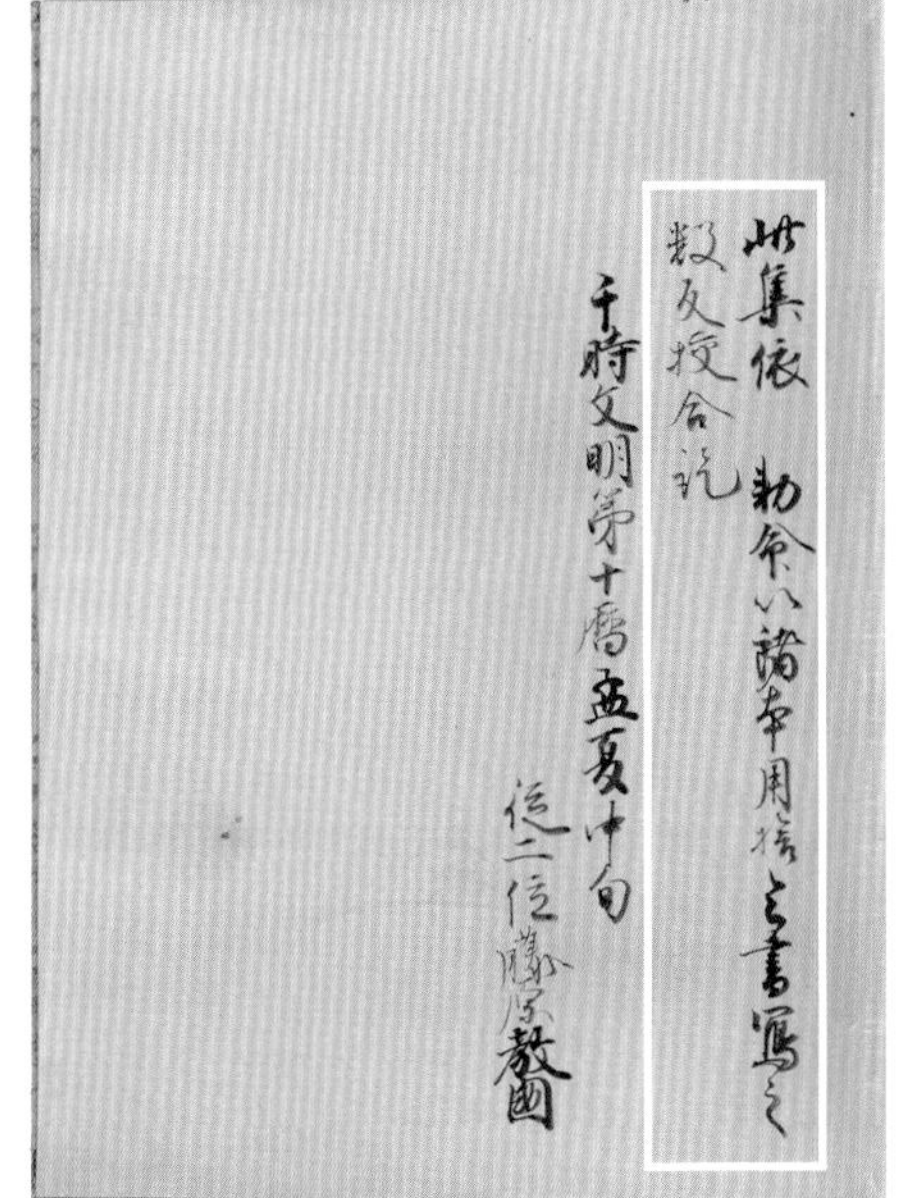

巻末の藤原教国による奥書。

千載和歌集

内乱の中で編まれた、中世和歌の幕開けの歌集

室町末期写　伝宋訊筆　宋柳寄合書　改装紺地唐草文織出緞子大和綴表紙　薄様斐紙
二五・一×一六・九糎　列帖装二帖

不安定な社会をうつす和歌集

勅撰和歌集はただ優れた和歌のセレクションではなく、天皇や上皇の御代が治まれることを象徴し、その美しい時代をうつす鏡でした。しかし現実の社会が、貴族たちの権力闘争から保元・平治の乱に発展して不安定になると、その世をいかに平和的に見せるかが問題になります。例えば刑罰としての配流や戦乱に関することは、直接的には記されません。七番目の勅撰和歌集である『千載和歌集』は、一一八三(寿永二)年二月、後白河院の命令で藤原俊成(釈阿)が撰者となり、一一八八(文治四)年五月に成立しました。長門に配流された藤原惟方の和歌は「遠き国に侍りけるとき」と記され、鹿ケ谷事件で鬼界ヶ島に流された平康頼の和歌は「心のほかなることありて、知らぬ国に侍りけるとき詠める」と婉曲な詞書です。

勅撰和歌集はときに歴史をそのままにうつしません。しかし和歌に熱心な人々は、一首でも収録されることを切望しました。平忠度は平家都落ちの中で俊成に自らの和歌を託し、平行盛は俊成の仕事を手助けするであろう、息子の定家に和歌を提出しました。寺社勢力、木曾義仲、源義経などさまざまな勢力が入れ替わり立ち代わり現れる中、人々は各自の判断を迫られます。

俊成は一〇歳で父を亡くし、藤原顕頼の猶子となり、顕広と名乗りました。五四歳で実家の御子左家に戻り、俊成と改名、六三歳で病により出家して、釈阿という法名になり、むしろこの出家以降に活躍しました。俊成の出家前、和歌の第一人者でありライバルだったのは六条藤家の藤原清輔(一一〇四~七七)です。清輔は編纂していた『続詞花和歌集』を清書中、二条天皇が崩御し、せっかくの撰集が勅撰集とならなかったという不運に遇いました。俊成は清輔の没後も対抗心を抱きつつ、『千載和歌集』巻第十九に神祇(神社信仰)、巻第二十に釈教(仏教信仰)を構成するなど、『続詞花和歌集』を大いに参考にしています。これは信仰の面が強くなる中世和歌の先駆けとなりました。また、俊成は『金葉集』のように異本が生じないよう、貸出用の本を用意していました。岩崎文庫本は奥書によればその俊成自筆本を、清輔の弟の季経(一一三一~一二二一)が書写し、それが養子の保季(一一七一~一二二一出家)に与えられ、さらに(保季の甥の知家〈一一八二~一二五八〉を経由するなどして手に入れたと思われる)成実(一一九一~一二七二)が書写した本を写したものだとあります。彼らは六条藤家の歌人たちであり、御子左家の『千載和歌集』の撰者自筆本の書写本を、大事に相伝していたことがわかるのです。

藤原定家と『千載和歌集』

定家の日記『明月記』の一二三三(天福元)年五月二十七日には、「鎌倉で源孝行という人が、武士から『千載和歌集』の奏覧本を買い取って数年前から持っているらしい」とあります。もし事実であれば、後白河院が蓮華王院の宝蔵に収めた巻子本が盗み出されたことになりますが、『民経記』によればその五日前には広橋経光が宝蔵で現物を確認しています。定家はこの頃『新勅撰和歌集』という九番目の勅撰集を編纂しており、その過程で父親の五〇年前の編纂作業が気になったらしいのですが、俊成が控えとして残した『千載和歌集』はこの時既に貸したまま失われてしまっていました。

『千載和歌集』は、俊成自筆本の断簡である、日野切という縦長型の列帖装本を切り取ったも

のが今も多く残ります。しかし本全体の状態では鎌倉時代の写本はなく、岩崎文庫の『千載和歌集』は室町時代の写本ですが、巻子の奏覧本の形態を伝える貴重な識語を載せています。本文の系統を甲・乙・丙・丁という四タイプに分類した場合、古写本に多い乙類に分類され、判別の基準となる和歌三首のうち、清輔の和歌だけがあります。この和歌は岩崎文庫本では下の句が「しづがたもとも かくはしほれじ（身分の低い男の袖も、涙でここまで萎れはしない）」という、もとの資料の『久安百首』本文で載っており、修正記号とともに五句目右横に「ぬれじを（濡れはしないのに）」と傍記があり、注目されます。定家は天福元年七月三十日に他所で手に入れた『千載和歌集』を書写した際、作者名の書き方が不統一だ、と不満をもらしています。『千載和歌集』の作者名表記は源頼政（宇治平等院で自刃した武家歌人）、守覚法親王（和歌を愛した仁和寺の法親王）、輔仁親王（白河院に立太子を阻まれた親王）の三人の表記でA系統（位表記）とB系統（宮表記）に分かれます。岩崎文庫の写本はB系統ですが、輔仁親王の表記にはゆれがあります。

（幾浦）

「ぬれじを」の傍記

基準歌である清輔歌が掲載された丁。

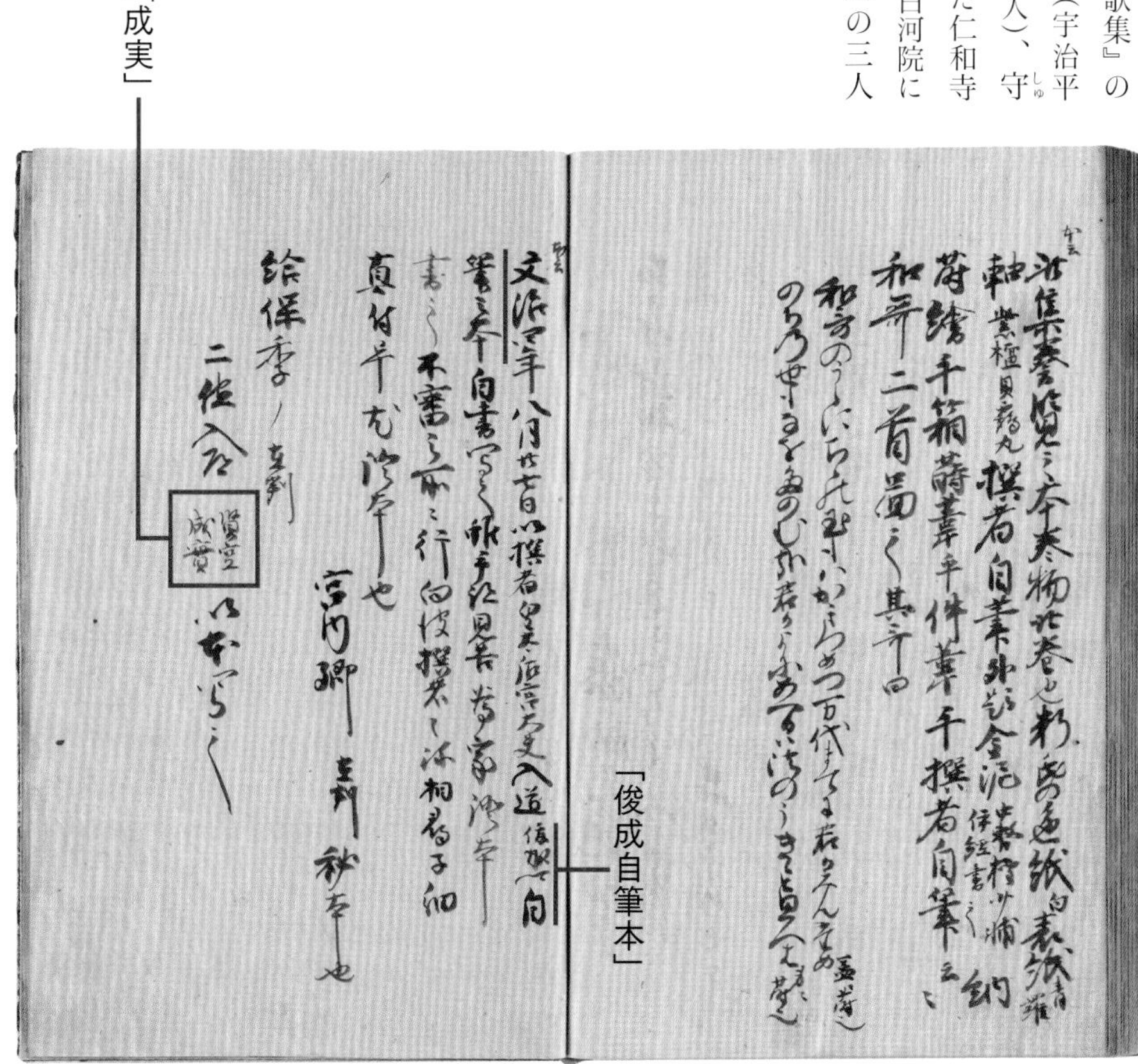

「俊成卿自筆之本」が六条藤家の歌人に受けつがれたことを示す奥書部分。

新古今和歌集

王朝の終わりの輝き

室町後期写　改装紺色地金亀甲繫文様布表紙　鳥子紙　二三・四×一七・五糎　列帖装一帖

定家を見出す後鳥羽院

一一八三（寿永二）年、平家は安徳天皇を伴って西国に下り、後鳥羽天皇は持ち去られた三種の神器なしで即位し、壇ノ浦の合戦の後も神剣だけは終に回収できませんでした。この即位の異例さのみならず、朝廷が幕府と連携せざるを得ないのは初めての状況で、しばらく諸勢力が拮抗しましたが、後白河院、源頼朝、源通親が相次いで没し、後鳥羽院を中心とする体制が整えられました。

一二〇〇（正治二）年、後鳥羽院は百首歌の詠進を命じ、このとき提出された藤原定家の和歌に魅了され、以後頻繁に歌会、歌合が催されました。後鳥羽院は式子内親王、守覚法親王など天皇家の歌人、九条（藤原）良経など摂関家の歌人のほか、すでに老齢で引退していた女房歌人も呼び寄せました。北面の武士藤原秀能や下鴨神社の鴨長明など、それまでは殿上と地下で座る場所も区別されていた歌人たちを一つの空間に集合させるなど、人と文化のすべてを包摂してしまうところが後鳥羽院の特徴であり、その興味は公事、朝儀（朝廷の公式行事）、琵琶、笛、連歌、漢詩、蹴鞠、相撲、武芸、競馬、建築などあらゆる領域に及びました。信仰心も篤く、熊野への行幸を二八回も繰り返し、その道中にも和歌を詠ませました。

過酷な編纂作業

一二〇一（建仁元）年の熊野御幸から帰京してすぐ、後鳥羽院は源通具・藤原有家・藤原定家・藤原家隆・藤原雅経・寂蓮の六名に勅撰和歌集の編纂を命じました。まずは優れた和歌を各自に撰び集めさせており、この間の定家自筆の草稿の断簡一枚が国文学研究資料館に所蔵されています。一二〇三（建仁三）年夏以降、院は集められた和歌の中から良いと思ったものに合点をつけていき、翌年夏以降、今度は精撰された和歌を春夏秋冬、恋、雑など内容ごとに分類し、巻子に書写させます。これを後鳥羽院がチェックし、さらに和歌を入れ替えさせました。この全行程は当然のことながら手書きであり、編纂作業は過酷であったはずで、定家は「眼精疲労で目が蟇蛙の如く腫れている」と『明月記』に記しています。編集室である和歌所には書写役の人や寄人（役員）が群集しており、多人数が関わる事で、かえって和歌の数の計算など、誤りが多くなっている、と定家は漏らしています。一日中集まって作業しているため、撰者たちは弁当や菓子、果物を取り寄せ、夕方の宴の酒肴を交替で用意するようになりました。

「尽きる期なき」切り継ぎ

一二〇五（元久二）年、後鳥羽院は『古今和歌集』成立の九〇五（延喜五）年から、ちょうど三百年目、しかも同じ干支「乙丑」年の春であることに気付き、完成記念披露宴の「竟宴」開催を思いつきました。これは『新古今和歌集』を『日本書紀』などの官撰国史と同様にみなして、「日本紀竟宴」にならったものです。三月二十三日になって二十六日の夜の開催と決定し、撰者たちは焦りました。九条良経の執筆する仮名序も出来ておらず、この記念式は『新古今集』の中書本で行われ、日本紀竟宴にならって真名序（漢文の序）が読み上げられました。定家はこの竟宴の開催が、上皇自らの撰集、親撰の象徴であり、勅撰和歌集が和歌の専門家の手を離れ、上皇のものになっていくことに抵抗を感じ、敢えて欠席しました。

『新古今和歌集』の真名序。バジル・ホール・チェンバレン（本書71頁参照）の蔵書印が捺されている。

巻末の極札（鑑定書）。「飛鳥井殿雅俊卿真蹟也」と見える。

このように撰歌→院の合点付け→部類分け→切り継ぎのプロセスでも、通常では考えられないほど後鳥羽院は撰歌作業に介入していますが、竟宴の後も切り継ぎ（巻子本の途中を切断しておこなう和歌の出し入れ）作業が五年ほど続けられました。『明月記』承元元年（一二〇七）二月二十六日に定家は「もう終わりもみえない」といっています。このような経緯から、『新古今和歌集』は『千載和歌集』と違い、写本ごとに載っている和歌が異なっており、現在も残っている断簡、古筆切のなかには、かつてある段階では入っていたのに、その後除かれた和歌も見つかっています。さらに後鳥羽院は承久の乱に敗れて隠岐に流されたあとも和歌を精撰し、隠岐本『新古今和歌集』を完成させました。院の崩御ののち、その本は佐渡に流された息子の順徳院のもとにも届けられました。

岩崎文庫では古活字版など複数の『新古今和歌集』を所蔵しますが、この写本は上巻のみの一帖で、鑑定家古筆家六代目了音（一六七四〜一七二五）によって飛鳥井雅俊（一四六二〜一五二三）の書写したものと認めた極札と書状が附属します。雅俊は最後の勅撰集『新続古今和歌集』の撰者である飛鳥井雅世の孫で、大内義興を頼り山口に下向し、和歌と蹴鞠の指導と伝授を行い、同地で没しました。関西大学図書館には室町時代写で箱書に「雅俊卿」と書かれた『新古今和歌集』二帖が所蔵されています。この写本との筆跡の比較の上でも注目される一本です。

（幾浦）

観世流謡本　源氏供養　定家

人気演目だった夢幻能のテキスト

天正三年写本　［江戸前期］改装　褐色絹地金泥桔梗石蕗描表紙　斐紙　一七・二×一二・二糎
綴葉装一帖

絹地に金泥で桔梗が描かれた表紙

能の演目「源氏供養」と「定家」の謡本です。「謡(謠)本」とは、能楽の詞章を節付を表すゴマ点といった符号を横に付けて記したもので、テキストとして用いられました。本書は、一五七五(天正三)年霜月九日、第八代観世左近元尚(?～一五七七)の奥書を有しています。

不朽の名作『源氏物語』を供養する

安居院の法印という人物が石山寺へ向かっていると、里の女が現れて光源氏の供養を頼み、自分が紫式部であることをほのめかして消えます。法印が源氏と紫式部の菩提を弔うと紫式部の霊が出現し、布施の代わりにと、『源氏物語』の巻名を織り込んだ、世の無常と仏の導きを願う舞を歌い舞いました。じつは紫式部は石山観音の仮初めの姿であり、『源氏物語』はこの世が夢だと知らせるために書いた方便だったのです――。

このようなあらすじの能「源氏供養」は、十五世紀半ば頃には成立し、室町期を通じての人気演目でした。作者については諸説ありますが、物語にも登場する安居院の法印(聖覚)作の表白文(法会の願意・趣旨を華やかな美文で綴った文章のこと)『源氏表白』や、物語草子『源氏供養草子』を素材とし、石山寺の紫式部伝承を取り入れて作られたと考えられます。

『源氏物語』がうまれてから百数十年ほど経った頃、作者紫式部が地獄に堕ちたとする説が囁かれていました。作品が男女の公会を説くものであり、さらにその秀逸さで人々の心を奪っているために、往生の妨げとなるという見方があったようです。供養のために、歌人たちが集まって経を書写した、あるいは『源氏物語』の巻名を織り込んだ和歌を詠んだというエピソードが、鎌倉初期の仏教説話集である『宝物集』や『今物語』に見えます。源氏供養の儀礼は、十二世紀の院政期から女院を中心として盛んになされました。『更級日記』において、源氏物語に夢中になる作者に、夢枕に立った僧が法華経を誦むよう諭すくだりは有名ですが、物語を愛読する女性たちは、世間に浄土信仰が浸透し女性の罪障や穢れが強調される中で、堕地獄の恐怖にさいなまれていたのでしょう。

しかし同時に、これほどの物語を生み出した紫式部は観音の化身であったとする思想もありました。藤原定家の父で自らも歌人として名高い藤原俊成の「源氏見ざる歌詠みは遺恨の事なり」という言葉は有名です。源氏物語に記された華やかな王朝の事跡を故実・典礼として学ぼうとする意識があり、歌人必読の書として注釈

紫式部を観音の化身とする思想からは、彼女が観世音菩薩を本尊とする石山寺で物語を執筆したとの説も生まれた。源氏供養の儀礼と石山寺の紫式部信仰を取り込み、能「源氏供養」は生まれたと考えられる。

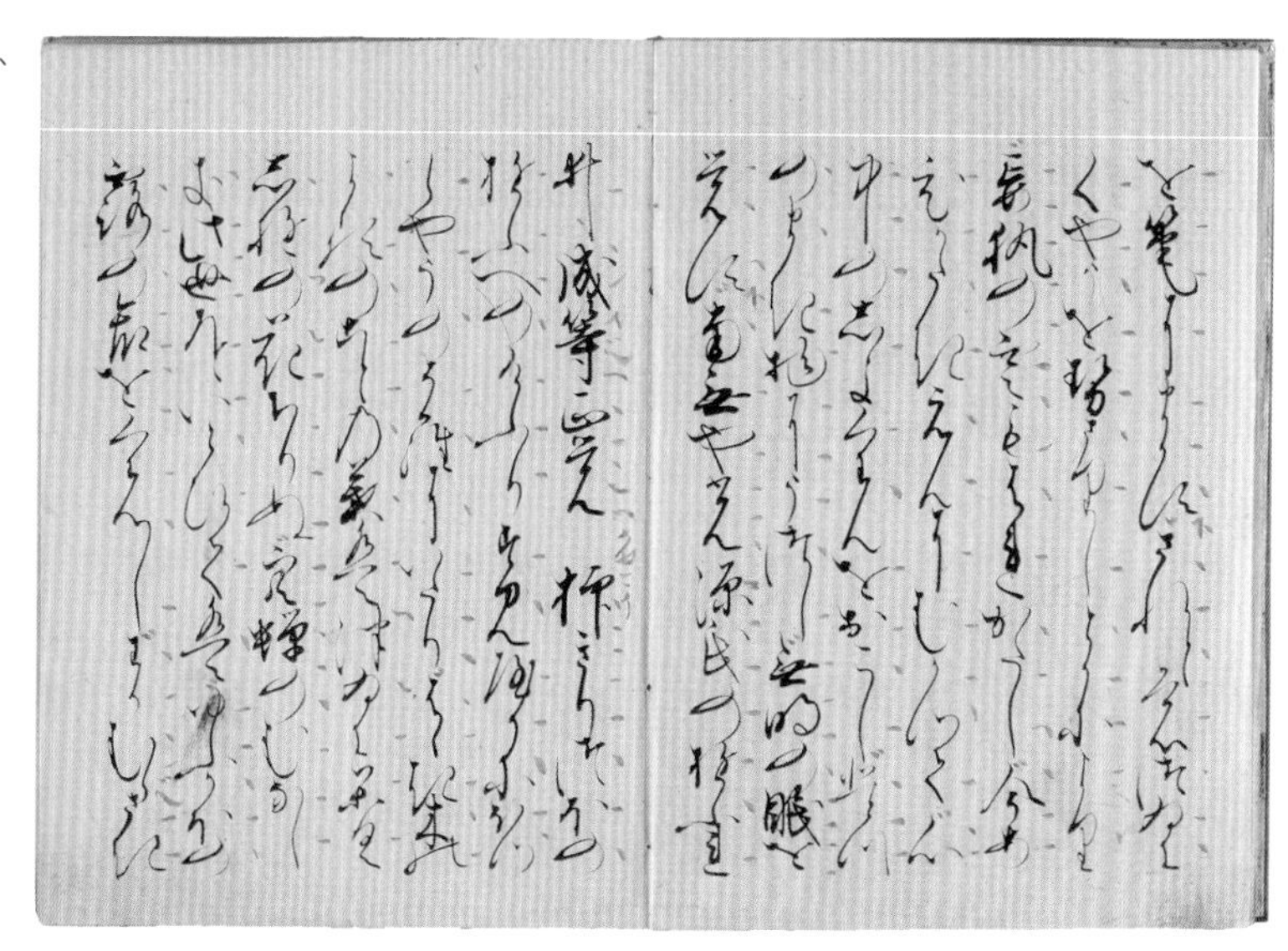

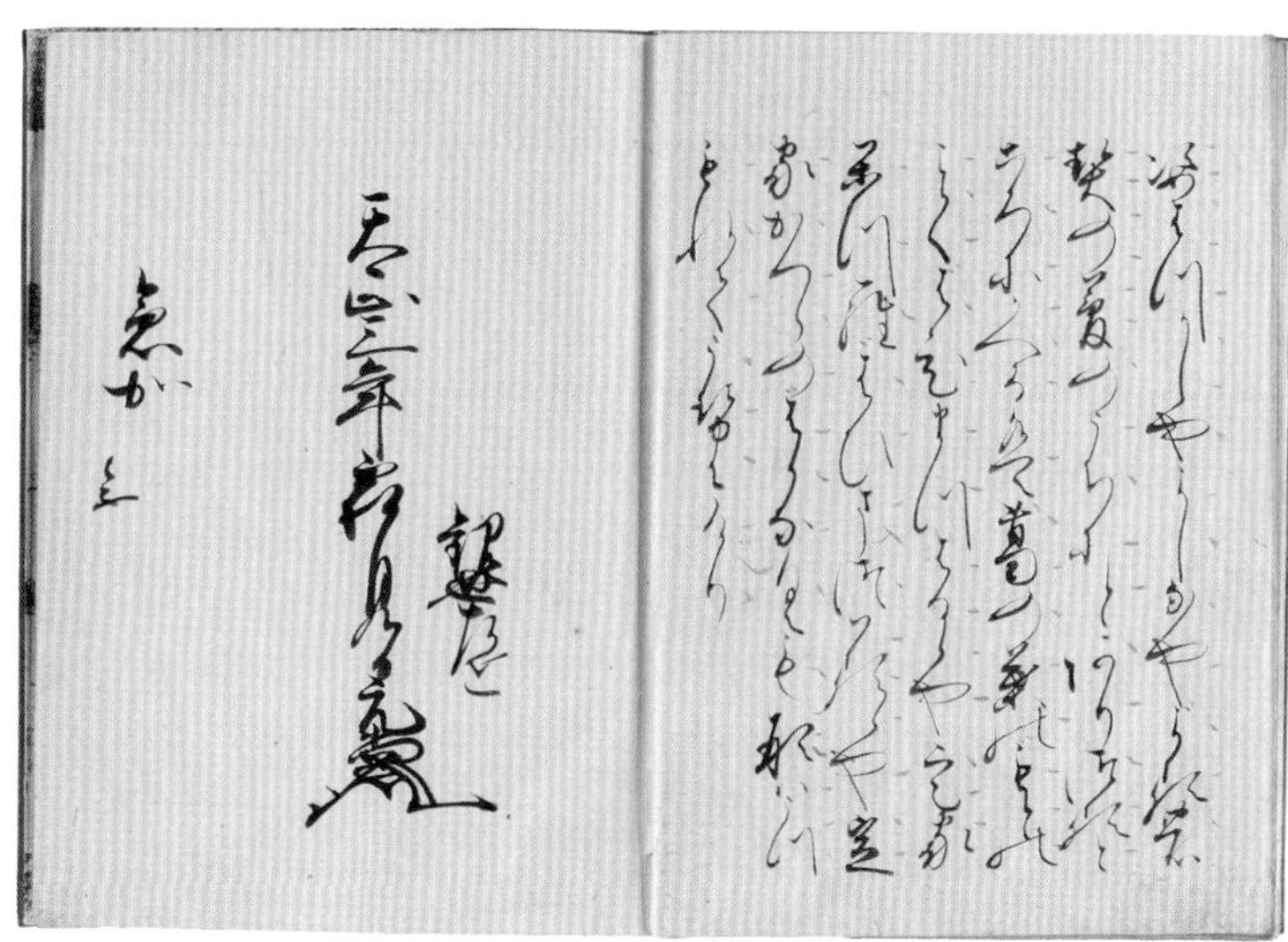

「定家」文末と奥書。
観世左近元尚は、室町幕府第15代将軍足利義昭の将軍宣下、また二条城落成時の祝賀能において上演記録が残るが、在職10年（享年42歳）で早世した。文化人としても高名であった戦国大名、細川藤孝（幽斎）も師事したという。

研究と校訂作業が進められていきました。

絡まる蔦葛（つたかずら）は恋のしがらみ

能「定家」は、世阿弥の娘婿でもあった能役者・能作者の金春禅竹（こんぱるぜんちく）（一四〇五〜七〇頃）作の演目です。旅僧の前に女が現れ、藤原定家と式子内親王の菩提を弔うように頼みます。内親王の墓の石塔には蔦葛が絡みついており、それは二人が生前道ならぬ恋におちていたため、今も定家の執念が変じて纏わり付いているのだと女は語ります。女は、自分こそ式子内親王の霊であると明かし、束縛から解き放つよう頼んで姿を消しました。僧侶が読経していると内親王の霊が現れ、法華経の功徳で蔦は解けます。感謝の舞を舞う内親王でしたが、醜く衰えた自分の姿を恥じると墓に戻り、再び蔦葛に覆われるのでした。

能は、曲の構成によって登場人物が生身の人間である「現在能」と、亡霊が登場し過去を回想する「夢幻能」に大別され、「源氏供養」と「定家」は後者にあたります。優れた物語や歌を遺した二人の女性、人々は作品のみならず作者自身にも関心を寄せ、想像を膨らませました。亡霊として描かれる彼女らの真情の吐露は哀しくも豊かであり、時代を超えて私たちの心を惹きつけます。

（丹藤）

節用集 天正十八年本

辞書はその時代を映し出す

天正十八年刊　栗皮表紙　四針袋綴　二六・九×二〇・九糎　二冊

節用集は、室町時代中期に成立した国語辞書です。近代的な国語辞典に取って代わられる昭和初期まで、改訂や配列の工夫などが繰り返され、さまざまな「節用集」が作られました。書名の「節用」とは、『論語』の「用を節して人を愛す」により労力を節約するの意とも、折節に用いるものの意とも考えられています。

この天正十八年本節用集は、イロハごと天地・時候・草木など部を立て、見出し語を漢字で示し、その右によみをカタカナで記します。語によっては、さらにその下に語義や別表記、出典などの注が付けられています。

節用集には安土桃山時代まででも多くのバージョンがあり、だいたい同じ構成をとりますが、最初の語が「伊勢」「印度」「乾」のどれかで、大きく三系統に分けられます。そのうちで、本書のように「伊勢」から始まるものが原態に近いとされています。これはしだいに「伊勢」などの国名が巻末の付録に回されるようになるためです。

天正十八年本の刊行事情

本書は、末尾の刊記によると、和泉国（現大阪府南部）大鳥郡堺南荘石屋町で経師屋（表具屋）をしていた石部了冊という人物が、天正十八（一五九〇）年正月吉日に刊行したもので、「堺本」と呼ばれることもあります。安土桃山時代までの出版は、寺院や大名などの権力者によってなされたものがほとんどですが、堺は室町時代に貿易港として栄え、戦乱にも巻き込まれなかったことから、富裕な財力を背景に民間での出版がなされました。また、本書は仏典以外の国書の刊行としては早い例で、その点でも注目されます。

さて、この天正十八年本節用集は、東京帝国大学国語研究室蔵本が一九二三年の関東大震災で焼失したため、現在知られる唯一の伝本となっています。その上に、本書は虫損も少なく、もとの題簽を備えるなど、状態がよく貴重なものです。近年、高精細なカラー写真版が刊行されたことで（『東洋文庫善本叢書』一〇、勉誠出版、二〇一五年）、書き込みと原文の区別がつきやすくなり、研究資料としてさらに盛んに利用されていくことが期待されます。

こんな漢字見たことない……

節用集は、見出し語を漢字で示し、それに読みを付けた辞書なので、そこからは当時の語の読みや表記、漢字の字体などを知ることができます。現在とは読みが異なっていたり、たとえば「咄笑」に「どっとわらふ」と取意的な訓が付いていたり、当時の言葉を教えてくれる資料として貴重です。また、江戸時代以前には、かなり自由に、多くの異体字が用いられ、さまざまな漢字表記がなされるため、同時期の節用集の間でも、表記や字体が異なる語が多く、それらを比較し、集成することで、当時の言語生活が見えてくるのです。

本書で特徴的な字を挙げましょう。写真の四行目に「[illegible]」という字があります。この字は国字（日本で作られた漢字）で、画数を数えると五三画にもなります。ほかの主な節用集には見られず、どういった場面で用いられる字なのかもはっきりしませんが、本書により読みが知られるのです。神道では信仰の対象となる岩を「磐座」と呼びますが、これを指す国字かもしれません。

また、八行目にある「[illegible]」は、中国にもある

上巻冒頭見開き。見返し（右）はすべて書き込みで、下の方に見える「金山」は、この本を所持した人物の一人と考えられる。本書の「イ」の項目は、「伊勢、伊賀、伊豆……」と国名から始まっており、このような情報が巻末附録に移される前の状態を伝えている。『万葉集』、『千載集』、『後拾遺集』など和歌集の名が付記されているのは、その歌集にその地名を詠んだ歌が収載されていることを示す。

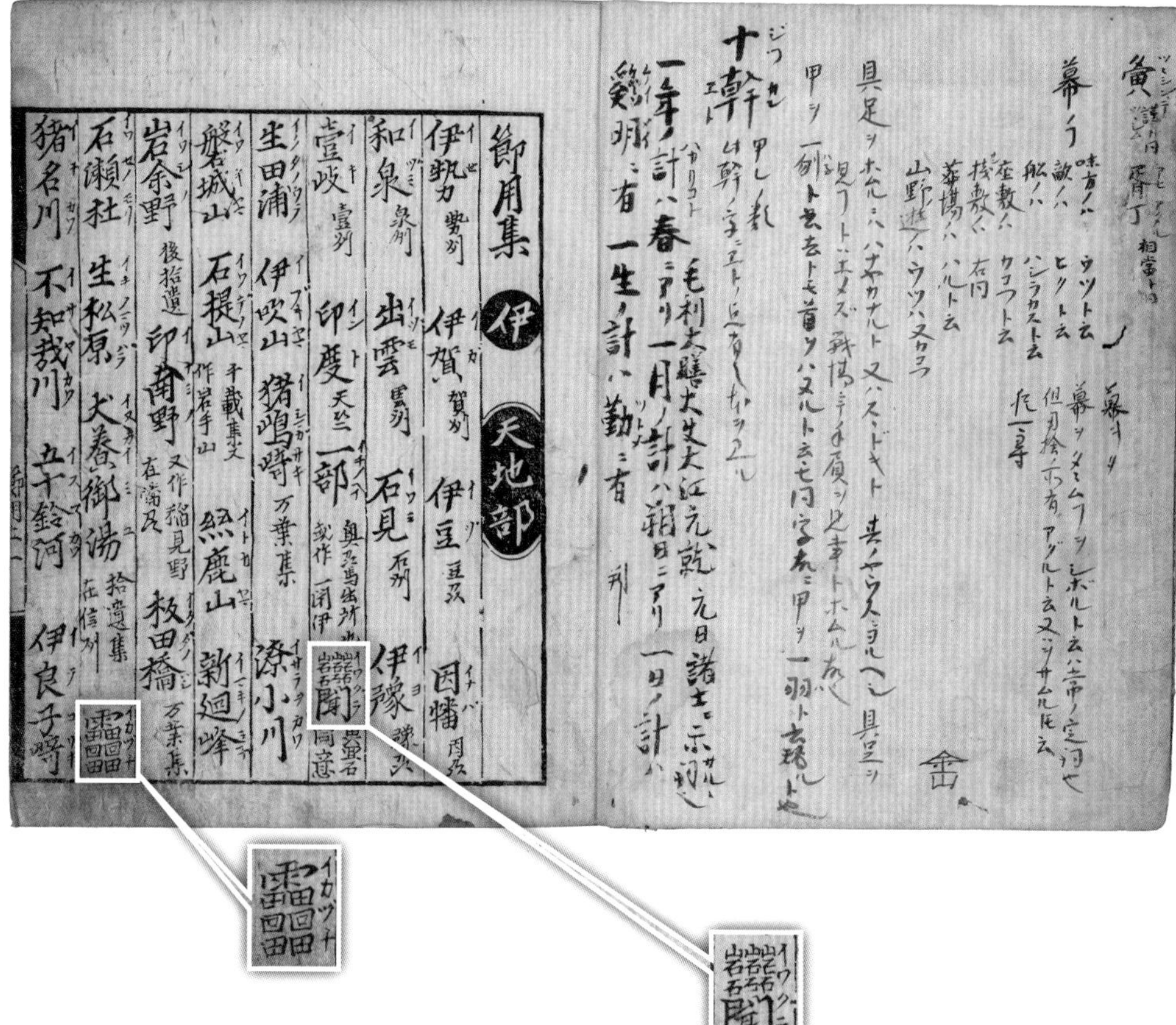

「雷」の異体字ですが、この字もほかにはあまり見えず、特徴的な用字です。

刊記

下巻巻末。刊記の手前には、名前に用いられる字が列記されており、巻末にはこうした便利な附録がいくつも収められていた。刊記末尾に見える「履端吉辰」は正月吉日を指す。

総じて、江戸時代初期までの節用集は、日常的な実用性を旨としたというよりも、公家や武家など知識層が文芸の場などで用いたものではないかと言われます。それが、江戸時代を通じて内容の増補・改訂を経つつ、広く民衆に用いられる実用書・教養書となっていきました。

（木下）

日本の漢籍文化

高橋 智　慶應義塾大学教授

「漢籍」というのは耳慣れない言葉だと思われる方は多いかも知れない。「漢」は王朝の名、民族の名などおよそ中国に関するものを呼ぶ際の通称といえる。「籍」は書籍・図書の意味で、特にこの場合、清朝以前（一九一一年の辛亥革命以前）の中国人による著作を指す。そもそもその著作は、日本では三世紀（応神天皇の時代）に朝鮮百済の王仁がもたらしたとされる『論語』『千字文』から始まったと言われる。その後、陸続と輸入される中国の書籍は、日本人による独自の書籍とともに、日本の文化に融合し、表裏一体となって伝承されてきた。両者はともにかつての日本人の教養や知識の源であったので、それらは図書という範疇でくくられ、両者を分け隔てることに意味は生じなかった。日本人もまた、漢字を用いて著作を為してもいたわけである。ところが、時代とともに、これらの著作の量が膨大になってくると、蔵の中の図書を整理する上でさまざまな分類が必要となってきたのである。

中国では、図書分類の概念は紀元前、漢時代にすでに具現化されて、皇室の図書を整理した目録が劉向（前七七〜前六）・劉歆（?〜二三）父子によって作られ、『漢書』（班固著）の中に『藝文志』という形で遺されている。日本では、前述した両者の混合文化であるから、分類が必要になってきたのも、時代がかなりくだって近世頃を待つことになる。儒教書、仏教書、地理書、歴史書、文学書などの大きな内容の分類、今の十進分類に似たものがわかりやすかったのであろう。しかし、現代、それらを文化財として学術的に価値と意義を明らかにするには、漢字で書かれた図書とそうでないものを分別し、更に漢字文献を著者の出自によって区別する必要があった。こうした古典籍の図書文化おける分類の意味を明確に定義されたのが、書誌学者の長澤規矩也（一九〇二〜八〇）である。古典籍に於いて「漢籍」は中国人の著作（仏典などの翻訳も含む）、日本人の著作は仮名・漢字のいずれで書かれていても「国書」と呼ばれるようになったのである。たとえば、『論語』は孔子の言葉を集めたものだから「漢籍」であるが、『論語古義』（伊藤仁斎著）は日本人による注釈書だから、「国書」になるわけである。

もちろん、中国では「漢籍」とはいわず、自国のものだから、中国古籍という。最近では日本の言葉を輸入して「漢籍」「漢文」などを用いるが、これは中国が日本の漢籍文化を高く評価していることの現れである。

中国における分類の概念は、唐時代頃に定まった「四部分類」が通例となり、日本でもそれを襲用している。概述すれば「経部」（儒教書）「史部」（歴史書）「子部」（思想書）「集部」（文学書）という内容分類である。

ところで、中国の古籍は、外観の形式(装訂)の歴史を見ると、巻物(巻子)から冊子の形に発展する。巻子は古い手書きの写本が多く、ここから仏教書の折本(経折装)に発展し、冊子になると、糊で綴じる胡蝶装、糸で綴じる線(糸の意味)装と呼ばれるものがあり、ほとんどが印刷本である。日本ではこれらの装訂による中国伝来の図書を古くから唐本と俗称した。これに対し、日本で作られた古典籍は、「漢籍」「国書」を問わず、和装本、和本などといっている。

また、図書の成り立ちは、中国・日本ともに写本(鈔本・抄本)と刊本(刻本・印本)に大きく分けられる。これは手書きであるか木版あるいは活字印刷であるかの違いである。中国では唐の咸通九(八六八)年刊刻の『金剛般若波羅蜜経』(大英博物館所蔵)が現存して示すように、世界に先がけて印刷文化の時代が始まり、爾来、写本文化を凌駕してきた。宋時代(九六〇～一二七九)には重厚な印刷文化が栄え、その時代の印刷物は宋刊本(宋刻本)と呼ばれ、図書文化を代表する壮麗な質と美を誇り書物の王様と言われている。話は逸れるが、一九七二年、日中国交回復を成し遂げた田中角栄元首相が、北京に毛沢東を訪問した際に土産にいただいたのがまさに宋刊本『楚辞』であった。もちろん贈られたのは複製だが、初めて公にされた国宝で、現代に至っても、宋刊本への憧憬かくの如く、中国の面目躍如たるものがある。

日本では、空海(七七四～八三五)ら入唐僧が唐時代の写本を輸入して以来、平安・鎌倉時代には、宋国への留学僧や日宋貿易により、宋刊本の輸入が盛んにおこなわれた。寛和二(九八六)年、僧奝然は宋国から宋刊本『開宝大蔵経』(最古の宋刊本大蔵経で、今は全体五〇〇〇巻のうち中国・日本に一二巻のみ現存)を将来し、また、治承三(一一七九)年、平清盛は宋刊本『太平御覧』(宋の二代皇帝太宗が編纂せしめた百科全書)を輸入して安徳天皇に献上した話は有名である。

中国は、この宋刊本の文化を、周辺国家の遼(九〇七～一一二五)や西夏(一〇三八～一二二七)、金(一一一五～一二三四)、そして蒙古族の元(一二〇六～一三六八)、朝鮮の高麗(九一八～一三九二)にももたらし、日本を含む広大なアジア諸国に多大な影響を与えた。彼らは『大蔵経』を始めとする漢文典籍を自ら出版するだけでなく、それぞれ独自の文字を持ち、それを印刷品に昇華するほどに宋刊本の文化を受容した。受容の形としては、宋刊本を用いて典籍を校訂すること、宋刊本の忠実な複製を作ること(これを覆刻・影写〈影鈔〉と言う)、宋刊本を底本として新たに写本や刊本を作ること(これを翻刻・転写〈伝鈔〉と言う)、宋刊本の印刷技術を学ぶこと、に集約される。

遼・金・高麗は『大蔵経』の翻刻、西夏は木版や活字の印刷技術を学び、元は覆刻・翻刻・印刷のあらゆる方面で宋刊本を継承し、日本は、鎌倉時代から室町時代にかけて、儒学を専門とする博士家(清原家、中原家など)が自家秘伝の写本に宋刊本を用いて校勘し、鎌倉建長寺・京都南禅寺などの五山を中心とした学僧らが宋刊本の覆刻をおこない(五山版という)、近世初期には博士家の写本と宋刊本を精密に校訂した木活字印刷品が一世を風靡した(古活字版といい、慶長時代を全盛とする)。このような伝播は、中国本土に失われていく「漢籍」を、周辺諸国が守り伝えていくという意味を持つものであった(これを佚存書という)。

こうした継承に加え、日本では、北条実時(一二二四～七六)の金沢文庫、上杉憲実(一四一〇～六六)の足利学校が稀有な宋刊本を収集した保存の歴史も特筆される。麗しき宋時代の図書文化がアジア諸国を席巻するなかで、日本の漢籍文化は、特異な位置を占めていたといっても過言ではない。

その後、明時代(一三六八～一六四四)、清時代(一六一六～一九一二)と二十世紀まで、宋刊本を受け継いだ印刷文化は持続するが、時代とともに発展する科学技術とは違い、中国の印刷文化の質は以後、宋時代を越えることはなかった。江戸時代にはもはや中国から宋刊本が渡来することはなかったが、学問の中心であった幕府、大

宋刊本『仏果圜悟真覚禅師心要』
(東洋文庫蔵)

名やその藩校などでは明・清時代の「漢籍」が豊富に収蔵された。小藩ながら宋刊本の蒐集に努めて幕府に献じた仁正寺藩主市橋長昭(一七七三〜一八一四)、宋刊本・古活字版・朝鮮古刊本を蒐集した上杉家家臣直江兼続(一五六〇〜一六一九)などは江戸時代の「漢籍」収蔵文化の一面を示す代表的な例である。一方で、著名な儒学者を見ても明らかなように、荻生徂徠(一六六六〜一七二八)が明時代の学問を重視し、安井息軒(一七九九〜一八七六)が清時代の学問を敬愛するなど、江戸時代の漢籍文化は、明・清と深い関係を持つことになった。

日本では写本の時代が長く続いた。室町時代までは、一部の印刷文化(五山版や寺院版)を除けばほとんどが写本文化で、印刷本の隆盛は江戸時代を待つことになる。上古から中世まで、中国から輸入された「漢籍」を写し、読み、あるいは少数ながらそれを覆刻出版してきた。近世を迎え、読書層の増加、また、幕府の主導する儒教文化に刺激されて、「漢籍」出版(これを和刻本という)が図書文化の大きな位置を占めることとなったのである。

明治維新以降は西洋文化が主流となるが、「漢籍」文化の継承もさることながら、これを遺産として保存するために、旧財閥の領袖や、実業界の指導者達は「漢籍」の収集に余力を遺さなかった。日本の「漢籍」文化は、かつての貴族、

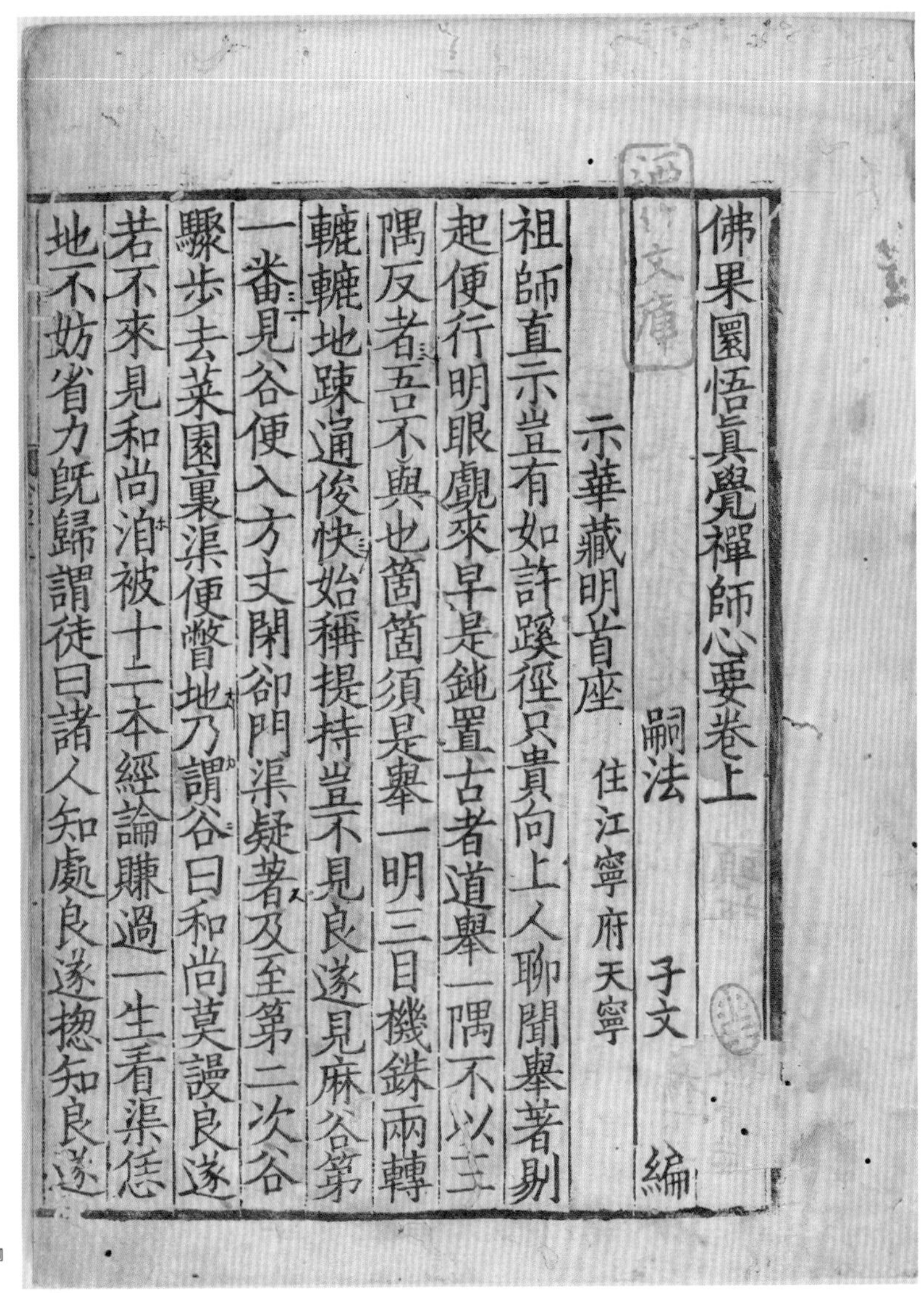

佛果圜悟眞覺禪師心要卷上
嗣法　子文　編
示華藏明首座　住江寧府天寧
祖師直示豈有如許蹊徑只貴向上人聊聞舉著剔
起便行明眼覷來早是鈍置古者道舉一隅不以三
隅反者吾不與也箇箇須是舉一明三目機銖兩轉
轆轆地踈通俊快始稱提持豈不見良遂見麻谷第
一番見谷便入方丈閉卻門渠疑著及至第二次谷
驟步去菜園裏渠便瞥地乃謂谷曰和尚莫謾良遂
若不來見和尚洎被十二本經論賺過一生看渠恁
地不妨省力既歸謂徒曰諸人知處良遂摠知良遂

五山版『仏果圜悟真覚禅師心要』
（東洋文庫蔵）

臨済宗の圜悟克勤（1063～1135）の語録、子文が編纂、右が1238（南宋嘉熙2）年刊本で、左はその忠実な覆刻で1341（暦応4）年京都臨川寺の出版。区別がつかぬほど精巧で料紙（印刷に用いる紙）によって宋刊本・五山版に見分けることができる。両者を一堂に会することができるのも東洋文庫ならではといえる。
覆刻は作製時、原本の各頁を版木に貼り付けて版下にして彫刻刀を入れるので原本が失われると言われるが、失われないように、原本を敷き写しにした版下を作る技術もある。

学僧、学問武士、江戸時代の大名・儒学者・出版人などによって支えられてきたが、近代の実業家達による保存活動は、その集大成となったのである。まさに、学術価値の極めて高い古刊本と古写本は、日本の「漢籍」文化の白眉といえるもので、実業家・蔵書家達が競って探し求めるところだったのである。その偉大な活動のおかげで、日本の「漢籍」文化の複雑な歴史を、後世の私たちは、原本を見ることで実証的に辿ることができるのである。

「能」と「絵」のあいだ

大谷 節子（おおたに せつこ）
成城大学文芸学部教授

そこに確かに存在しているにも関わらず、次の瞬間には消えてしまう能の興趣を、世阿弥は「妙」と呼び、「花」に譬えました。舞台芸術の宿命でもある、その一瞬の美、興趣こそが能ということでしょう。

しかし能には、各時代に世阿弥の想像を超えた享受形態の変化がありました。その一つが能絵巻、謡の奈良絵本、絵入謡本の誕生です。岩崎文庫の「観世流謡本絵入六番」(朝長・二人静・誓願寺・富士太鼓・籠太鼓・三井寺)は、金霞、金箔、金砂子散らしの紺表紙に金泥で草花、藁屋などの景色が描かれています。同様の表紙を持つ百番前後の揃いの謡本は、数多く作られていますが、岩崎文庫のこの6冊は、各冊に半丁の絵が五、六図加えられ本文の料紙にも金箔散らし・草花模様の金の下絵が施された、別格の絵入豪華謡本です。

謡本はテキストであると同時に、楽譜でもありました。謡本の脇に付された章(ゴマや記号)は音程や音階、音の長さなどを記す記号ですが、謡本は、章を付すことによって初めて謡のための本として完成します。この6冊の内、「三井寺」のみに章が付されていますが、これは後代の加筆であり、この6冊はあくまでも眺め、読むための本、そして何より所持することに価値がある御道具として作られ、伝えられてきたものです。

このような豪華な装訂の絵入謡本を複数伝えているのは、細川家蔵の四曲(柏崎・隅田川・卒都婆小町・当麻)と前田家旧蔵の十二曲(養老・道盛・清経・三輪・松風・阿漕・葵上・盛久・蟻通・邯鄲・橋弁慶・殺生石〈神戸女子大学古典芸能研究センター蔵〉)で、何れも大名の所持本です。

岩崎文庫の6冊は旧蔵者「沼田氏」(上野沼田藩主の説あり)の拝領本で、前田家旧蔵本より格上である豪華本を沼田氏へ下賜したのは、これ以上の有力大名、もしくは将軍家であったと思われます。実際の舞台には登場しない帯刀する武士が多く描かれていることも、こうした推測を裏付けます。

「富士太鼓」

ところで、6冊に描かれているのは、能舞台の再現ではありません。舞台においては能面を付けて演じる登場人物は、絵ではあくまでも物語中の人物として描かれており、能面を付けてはいません。にも関わらず、シテや諸国行脚のワキ僧までもが扇を持っており、明らかに演じられる能姿を意識して描かれています。つまり、謡本から想像される場面、情景描写の中に、能舞台における登場人物が描かれているのです。

また、「富士太鼓」では、太鼓を打つ娘の背後に、舞台では登場しない楽人装束の富士の姿が描かれています。これは謡文にある狂女の形容「富士が幽霊来ると見えて」を言葉どおり描いているものですが、狂女の目に太鼓が敵と映り、これを打つ(討つ)のは、亡き夫の怨みが妻の狂乱を引き起こしたとする、この物狂能への「読み」が顕現化されています。能の絵画化は、即物的に「解」を与えるのみならず、隠れた「解」を明示する手段でもあったのです。

第3章

近世初期の書物文化

——古活字版と絵本

勧学文

勅版「学問ノススメ」

慶長二年勅版　改装路考茶雲形文様布表紙　五針袋綴　楮紙　二八・四×二〇・七糎　大一冊

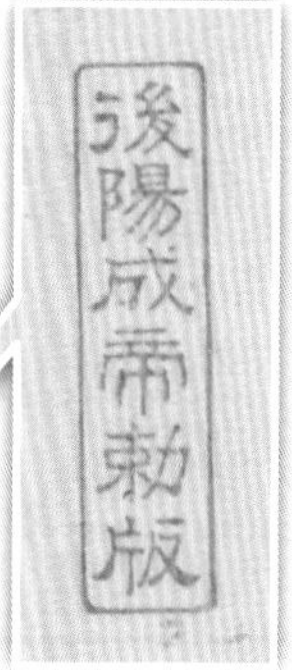

後陽成帝勅版

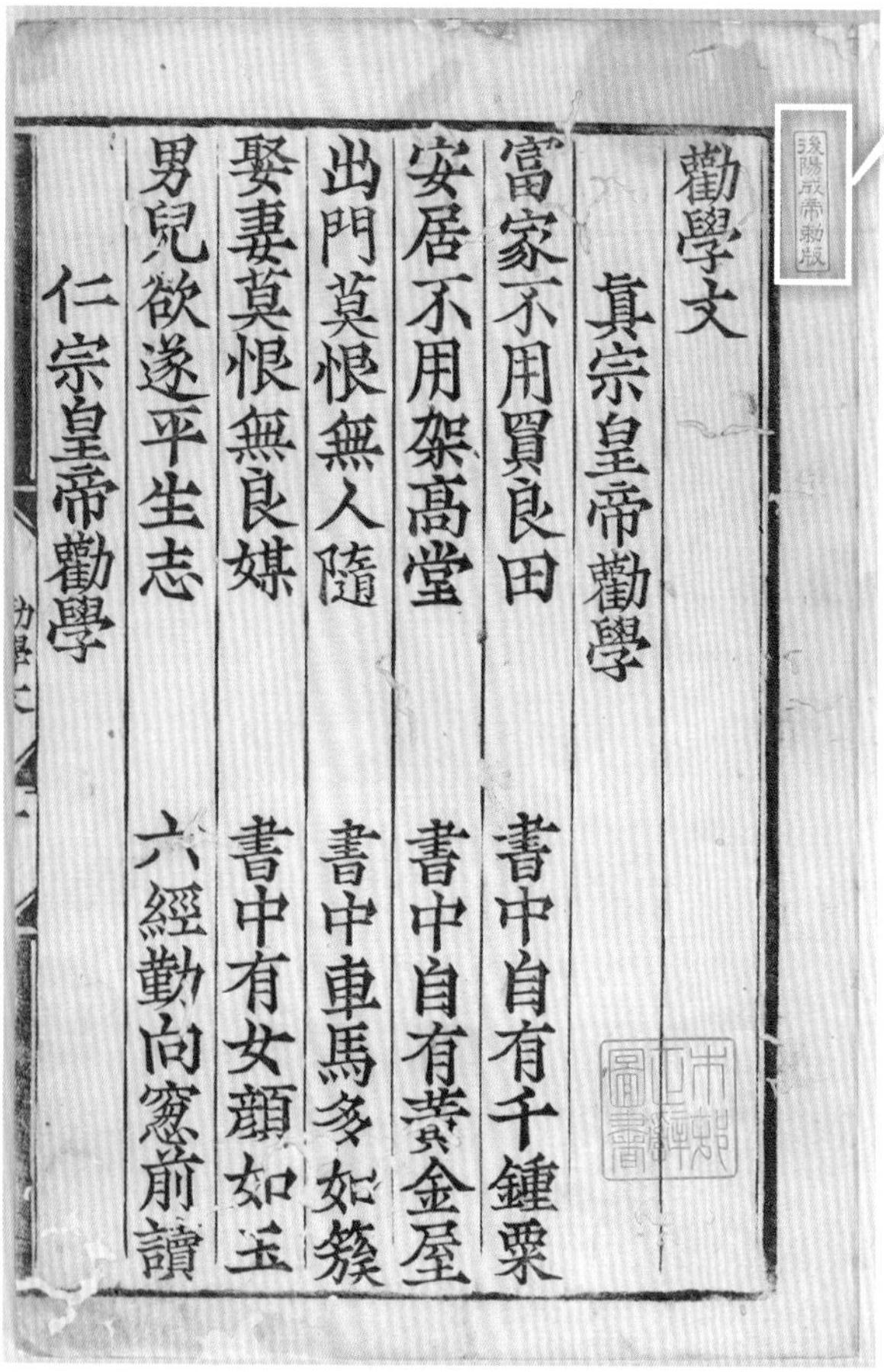

勸學文
眞宗皇帝勸學
富家不用買良田　書中自有千鍾粟
安居不用架高堂　書中自有黄金屋
出門莫恨無人隨　書中車馬多如簇
娶妻莫恨無良媒　書中有女顔如玉
男兒欲遂平生志　六經勤向窗前讀
仁宗皇帝勸學

第一丁オモテ。北宋第三代皇帝真宗の「勧学文」から始まる。
右下には木村正辞の蔵書印（「木村／正辞／図書」）が捺されている。

詩文の教科書から啓蒙書へ

宋末元初の黄堅により編まれたとされる『古文真宝』は、中国古代から南宋までの詩文を集めた詩文集です。前集と後集があり、前集には漢から南宋までの詩を五言詩、七言詩など詩形別に、後集には戦国時代末から北宋までの韻文、散文を辞・賦・説・解・序など文体別に収められています。各時代の代表的な詩文が収められているため、初学者のための書とされてきました。日本には室町時代に伝来すると、簡便な詩文の教科書といった性質もあってか、五山の学僧に愛読され、そこから出版されました。「五山版」はじめ江戸時代から明治期まで何度となく出版され、ベストセラーとなりました。また日本人による注釈書も多く出され、本国中国よりも日本で広く読まれました。

前集巻一巻頭は「勧学文」と題して、唐代の詩人韓愈（七六八〜八二四）、白楽天（七七二〜八四六、名居易）、北宋の第三代皇帝真宗（九六八〜一〇二二）、第四代皇帝仁宗（一〇一〇〜六三）、政治家で歴史家の司馬温公（一〇一九〜八六、名光）、詞の第一人者柳屯田（一〇〇三〜六三、名永）、政治家で詩人の王温公（一〇二一〜八六、名安石）、そして南宋の思想家の朱文公（一一三〇〜一二〇〇、名熹）の学問を勧める詩七編が収められています。

日本ではその「勧学文」を抄録して一書とし、一五九七（慶長二）年、後陽成天皇（一五七一〜一六一七）により『勧学文』として木活字を使用して出版されました。その成立経緯は不明ですが、おそらく後陽成天皇も『古文真宝』を愛読し、そこから「勧学文」のみを抄出し、ある種啓蒙書としてあらためて出版したものでしょう。

後陽成天皇と慶長勅版

後陽成天皇は、一五七一（元亀二）年、正親町天皇の第一王子として誕生しました。好学で、明経博士舟橋（清原）秀賢（一五七五〜一六一四）を侍読（天皇の側に仕えて学問を教授する学者）として漢学を学び、和学を細川幽斎（一五三四〜一六一〇）に学びました。一五八六（天正十四）年に即位し、その在位期間は、豊臣秀吉の天下統一から徳川家康の政権掌握に至る時期と重なります。秀吉は一五九二（文禄元）年に朝鮮に出兵し、翌九三（文禄二）年に戦利品として持ち帰ってきた朝鮮銅活字の器具とそれで印刷した書物を天皇に献上しました。天皇はそれらの技術に関心を持ち、その銅活字を用い『古文孝経』を印刷したとされていますが、伝わっていません。

一五九七（慶長二）年、天皇はその銅活字に倣って大型木活字を作成し、それにより『錦繡段』を出版しました。この書物は慶長勅版と呼ばれ、『勧学文』もその一つです。そのほか一五九九（慶長四）年に『日本書紀』神代巻、『古文孝経』『大学』『中庸』『論語』『孟子』『職原抄』、次いで『白氏五妃曲』『長恨歌・琵琶行』『陰虚本病』などを刊行しました。

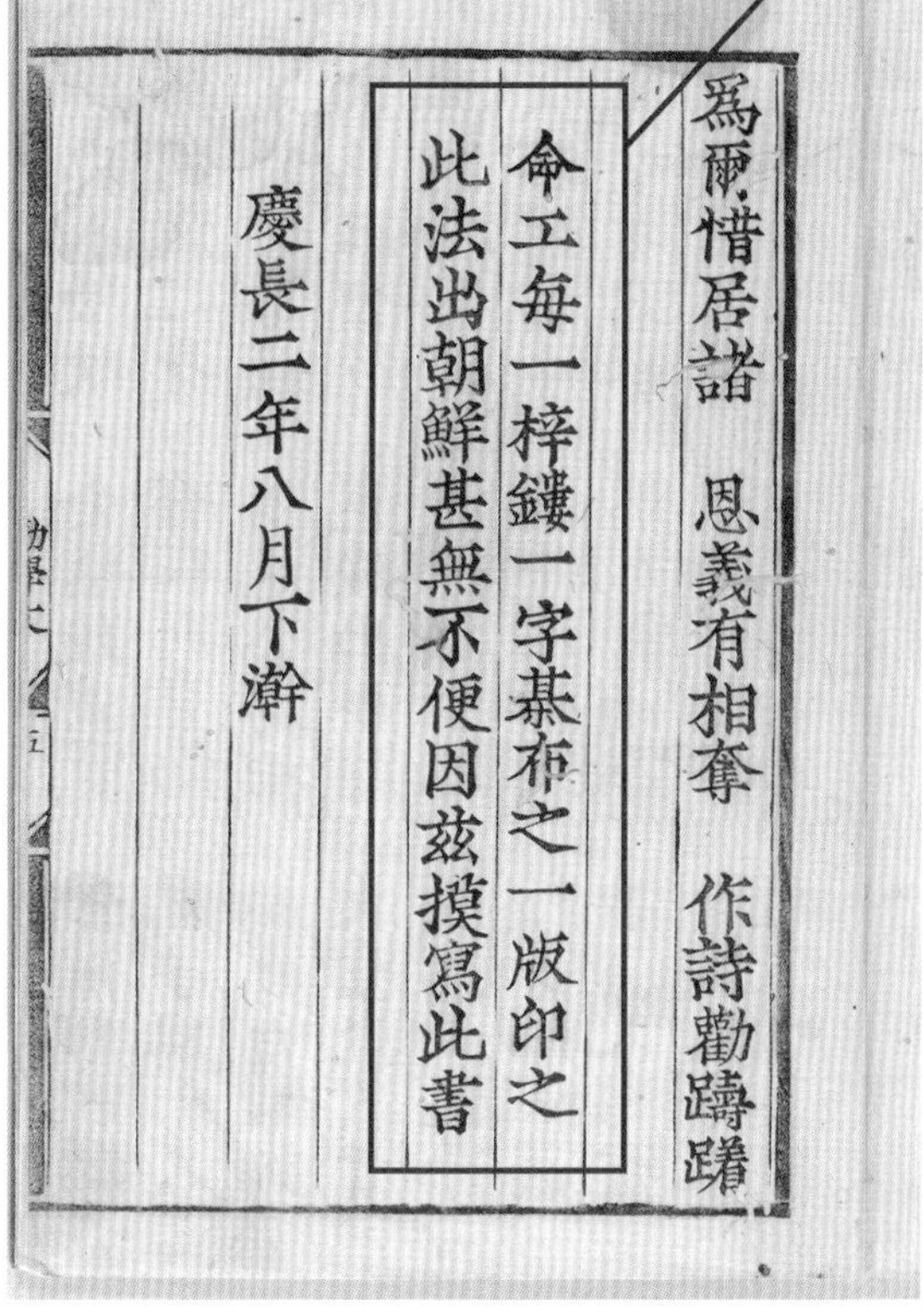

爲爾惜居諸　恩義有相奪　作詩勸躊躇

命工毎一梓鏤一字棊布之一版印之

此法出朝鮮甚無不便因茲摸寫此書

慶長二年八月下澣

工に命じて一梓毎に一字を鋳せしめ、之を一版に棊布し印す。
此法、朝鮮より出づ。甚だ便ならざる無し。茲に因り此書を模写す。

刊語には出版年とともに活字印行の方法、経緯が記されている。

『勧学文』の巻末には刊語「命工毎一梓鏤一字、棊布之一版印之。／此法出朝鮮、甚無不便、因茲摸寫此書。／慶長二年八月下澣」があり、そこには一つの木ごとに一字を彫り、それを一つの版面に並べて印刷したとして木活字を用いて出版したことと、その方法は朝鮮伝来の技法を参考にしていることが明記されています。

慶長勅版以外に『勧学文』は出版されず、またこの慶長勅版自体も伝存はわずかで、東洋文庫所蔵本はその稀少本の一つです。東洋文庫には、幕末から大正期の国学者、国文学者で蔵書家として知られる木村正辞（一八二七〜一九一三）の旧蔵を経て収められました。

（清水）

日本書紀

「日本書紀は歴代の古史なり」

慶長四年勅版　香色蔓草錦表紙　四針袋綴　二九・〇×二一・二糎　一冊

『日本書紀』は、天皇の命によって舎人親王(六七六～七三五)らが編纂し、七二〇(養老四)年に時の元正天皇(在位七一五～七二四)に奏上した歴史書です。全三〇巻で、天地が生じ神々が活躍する神代から、持統天皇の時代までを、天皇中心の歴史として描いています。当初は系図一巻もあったようですが、現存しません。

神代上・下(巻一・二)は、「古、天地未だ剖れず、陰陽分れざりしとき、混沌たること雞子のごとく、溟涬にして牙を含めり。」云々と、天地が生ずる過程を記すところから始まり、地上「葦原中国」に天照大神の孫・天津彦彦火瓊瓊杵尊が天より降臨し、その曽孫・神武天皇へと繋がっていくことを語ります。つまり、天皇は天照大神の子孫で、この「日本」を統治するしかるべき理由があると『日本書紀』は主張しているわけです。

本書は、皇統を強く意識した後陽成天皇が、『日本書紀』の広く流布していないことを惜しんで印刷させたものです。貴族に配られたほか、天照大神を祭る伊勢神宮などの神社にも献上されました。そのため慶長勅版『日本書紀』はもともとの部数が多かったようで、現在二〇本余りが知られますが、多くは訓点の書入れや虫損が見られます。その中で、東洋文庫本は改装を経ているものの、著名な書誌学者・川瀬一馬(一九〇六～九九)が「些の書入なく、現存諸伝本中殆ど唯一の紙面麗はしきものなり」(『増補古活字版之研究』講談社、一九六七年)と評したように、当初の様態をよく残すものとして、貴重な一本です。

よく読まれた神代巻

律令国家の正式な史書として誕生した『日本書紀』は、平安前期に朝廷で六回の講書が行われるなど、よく読まれた痕跡があります。中世になると、「日本紀の家」とも呼ばれる卜部家が台頭し、『日本書紀』はそこで神道の教典として扱われるに至ります。その中でも、神代巻は特に重視され、多くの写本や注釈が作られました。慶長勅版『日本書紀』が神代の二巻のみであるのは、こうした背景によるものです。

末尾に跋文を記す清原国賢(一五四四～一六一五)は、儒学を司る明経道の学者ですが、室町時代末期には清原家と卜部家の間に血縁関係があったことから、本文校訂など本書の刊行に関与することになったようです。国賢の跋文は、清原宣賢(一四七五～一五五〇)の注釈書『日本書紀抄』に拠りつつ、『日本書紀』の成立事情や「神書」としての『日本書紀』の重要性を述べています。その上で、国賢は、神道は根底で、儒教は枝葉、仏教は花実であるのに、末葉である儒仏ばかり学ぶ人が多くて神道を学ぶ人は少ないと嘆いています。卜部家吉田流の神道で特に説かれたこのような考え方によれば、『日本書紀』は、儒仏をも覆いうるまさに「神書」であるわけです。慶長勅版は、こうした『日本書紀』を取り巻く中世的な思想と、出版という近世的な文化のはざまに位置しているのです。

慶長勅版『日本書紀』の見どころ

それ自体「神書」として扱われた『日本書紀』を、勅命により出版するわけですから、『日本書紀』には他の慶長勅版に比しても立派な活字が用いられています。料紙も上質なものを用いたと見えて、四〇〇年余りを経た現在でも依然として勅版にふさわしい迫力を備えています。

後陽成帝勅版

日本書紀巻第一

神代上

古天地未剖陰陽不分渾沌如雞子溟涬而含牙及其清陽者薄靡而為天重濁者淹滯而為地精妙之合摶易重濁之凝場難故天先成而地後定然後神聖生其中焉故曰開闢之初洲壤浮漂譬猶游魚之浮水上也于時天地之中生一物狀如葦牙便化為神號

塚本家藏圖書

日本書紀
慶長己亥
季春新刊

巻首。「己亥（きがい）」は1599（慶長4）年にあたる。「季春」は三月を指し、跋文にある「姑洗」も同様。「塚本家蔵図書」の印は、幕末の岡山藩出身の郷土史家、塚本吉彦（1839-1916）の蔵書印である。

幽微非理不通欽惟
陛下寛恵叡智之餘後世惜其流布之不廣遂命鳩工於是始壽諸梓矣舊本頗純駁不一求數本考正之去其駁而録其純用之國而及之天下則以成煕皡之治以紹神尊之統保瑞穂之地千五百秋將必有頼於斯焉

慶長己亥姑洗日　正四位下行侍從臣清原朝臣國賢謹識

跋文の末尾。「陛下」が一字上がっているのは「台頭」とよばれる書式であり、敬意を表すべき語の手前で改行し、一字（もしくは二字）を上げて表記する。

ところで、『日本書紀』は漢文で記されているため、写本には返り点や傍訓（ぼうくん）が付されているのが普通で、一般的な江戸時代の整版本（せいはんぼん）でも同様です。しかし慶長勅版『日本書紀』には、活字で再現するのが繁雑であるため、返り点も傍訓もありません。これらの「訓点」は、奈良時代以来の『日本書紀』研究の成果であり、本文とは切り離せないものでした。古活字が整版本に取って代わられていくのには、訓点の再現が容易であるという理由もあるのです。

（木下）

群書治要（ぐんしょちよう）

好学の天下人、第二の企て

元和二年刊　駿河版　改装黄土色表紙　四針袋綴　楮紙　二七・五×一九・一糎　四七冊

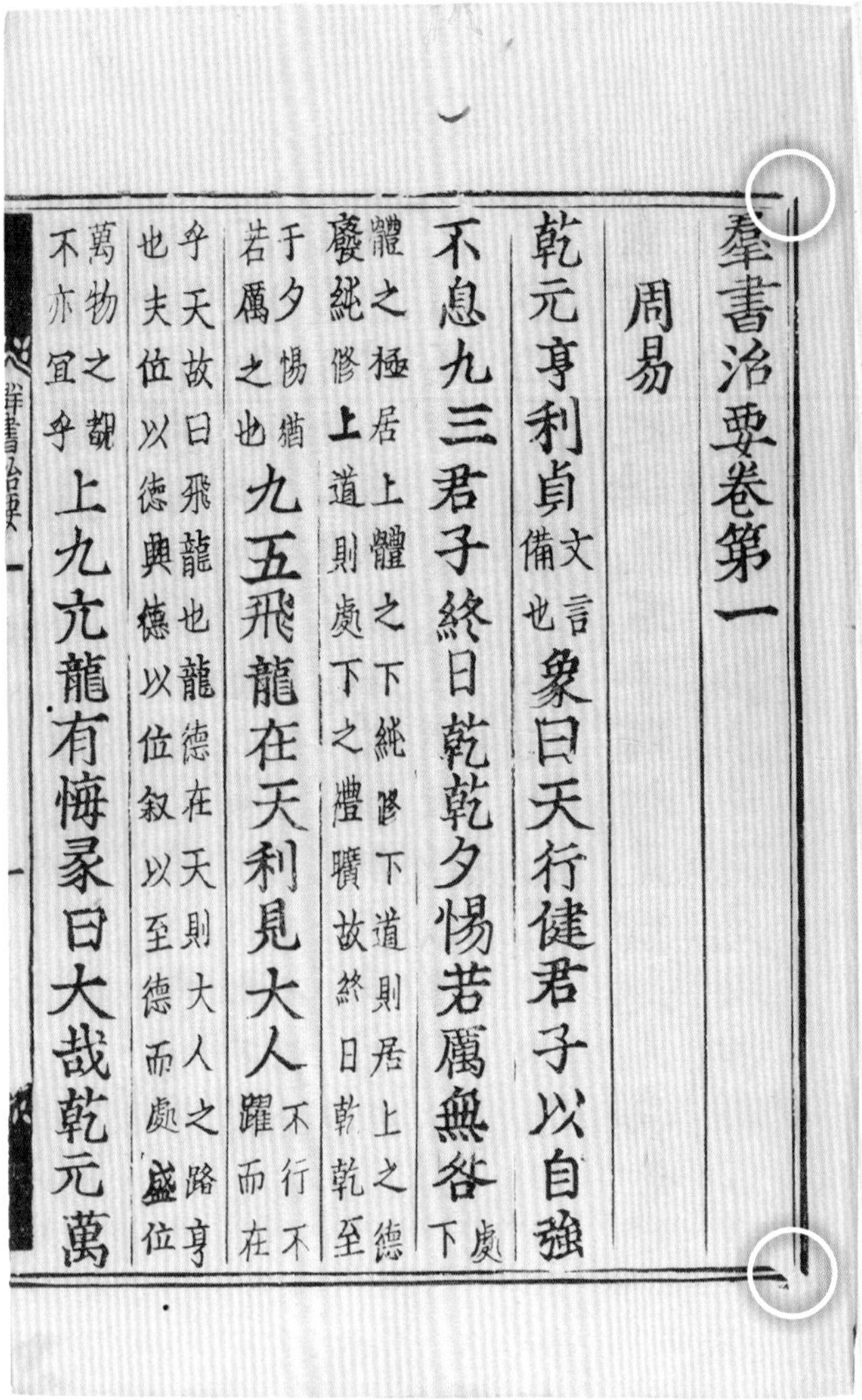

巻一第一丁オモテ。活字版の匡郭（きょうかく）（本文を囲む枠線）は、縦と横と別の部品で組むため、匡郭の四隅に隙間が生じる。

大御所家康の出版事業

　関ヶ原の戦いに勝利した徳川家康（一五四三〜一六一六）は、一六〇三（慶長八）年、征夷大将軍に任ぜられ、江戸幕府を開きました。同一〇年には、将軍職を子の秀忠（一五七九〜一六三二）に譲り、駿府城に移りましたが、その後も「駿府の大御所」として秀忠を後見し、文禄・慶長の役以来断絶していた朝鮮王朝との国交を回復しようと招いた朝鮮通信使と謁見するなど、内政外政両面において実権を握り続けました。一方、将軍となる以前から着手していた出版事業（本書九八頁参照）についても引き続き意を注ぎ、木活字に続いて銅活字による出版を企てます。

　一六〇六（慶長一一）年、家康は、伏見版を手がけた円光寺の閑室元佶（かんしつげんきつ）（本書九八頁参照）に銅活字の鋳造を命じます。そこで元佶は豊臣秀吉が文禄・慶長の役の戦利品として持ち帰ってきた朝鮮活字を範として九万余字を作りました。家康の命による銅活字鋳造は三回にわたって行われ、一六一五（慶長二〇）年には『大蔵一覧集（だいぞういちらんしゅう）』

を開版するため新たに一万三〇〇余字が鋳造され、翌一六一六(元和二)年には『群書治要』開版のためにさらに一万三〇〇〇字が鋳造されました。

第二次第三次の鋳造は元佶に替わり、京都南禅寺の金地院崇伝(一五三五〜一六〇八)と林羅山(本書九八頁参照)が監督者となり、駿府で行われました。その地名からこれら銅活字版は「駿河版」と呼ばれています。

泰平の世を治めるために

駿河版の一つ『群書治要』は唐の魏徴らが太宗の勅命により編纂したもので、六三一年に成立しました。『周易』『尚書』『春秋左氏伝』といった経書をはじめ『史記』『漢書』などの正史や『孫子』『老子』『淮南子』などの諸子の書六〇余種から治世の参考となる箇条を抜粋し、文献ごとに採録されています。中国では早くに散逸しましたが、日本には遣唐使により伝えられ、平安期より帝王学の書として皇室、武家に重宝されてきました。家康もその価値を認めた一人で、銅活字鋳造とともにその出版を崇伝、羅山に命じました。その出版経緯については、崇伝の『本光国師日記』に詳しく、それによれば一六一五(元和元)年に家康の命により開版に着手し、翌二年六月初めに完成しました。それは家康が亡くなった二カ月後のことでした。

東洋文庫所蔵本は、各巻尾に蔵書印「紀伊徳川／氏蔵板記」(朱文長方印)が捺された紀州徳川家旧蔵本です。紀州徳川家は徳川御三家の一つで家康の十男頼宣(一六〇二〜七一)を家祖とします。頼宣は一六〇九(慶長一四)年駿府藩主となりましたが、一六一九(元和五)年紀州藩主となり転封するに際し、駿府城内におさめられていた『群書治要』を持ち出しました。その一つが東洋文庫に伝わったものでしょう。

(清水)

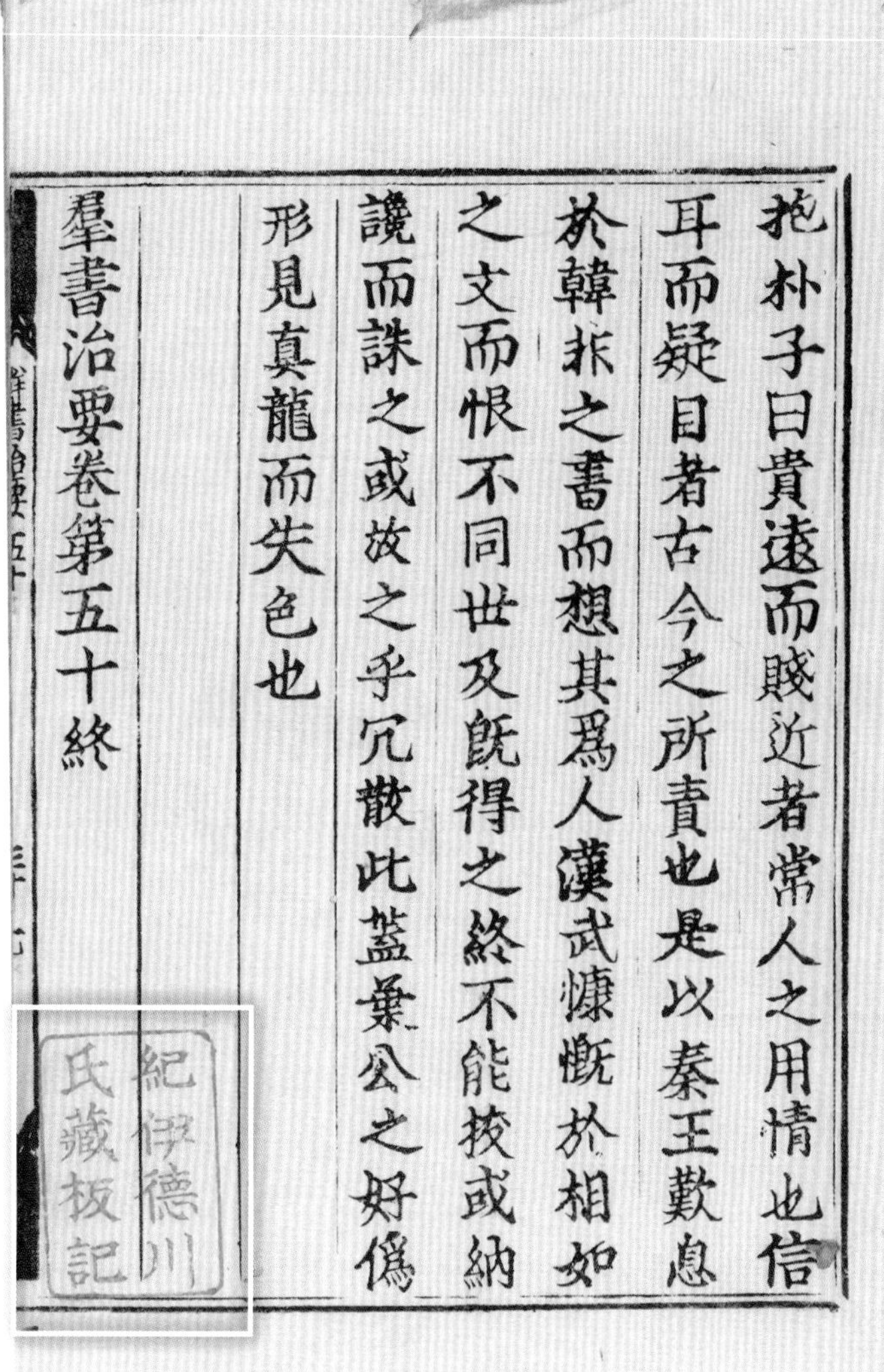
抱朴子曰貴遠而賤近者常人之用情也信耳而疑目者古今之所責也是以秦王歎息於韓非之書而想其爲人漢武慷慨於相如之文而恨不同世及既得之終不能拔或納讒而誅之或放之乎冗散此蓋葉公之好僞形見真龍而失色也

羣書治要卷第五十終

紀伊徳川
氏蔵板記

「紀伊徳川／氏蔵板記」の朱印が捺されている。

貞観政要

泰平の世を願う伏見開版

慶長五年木活字印　伏見版　改装薄茶色縞模様表紙　四針袋綴　楮紙　二七・九×一九・五糎　大八冊

出版人・家康

豊臣秀吉(一五三八〜九八)の没後、徳川家康(一五四三〜一六一六)は朝廷での官位の最高位の内大臣となり、五大老の筆頭として勢力を増していき、一六〇〇(慶長五)年、関ヶ原の戦いでの勝利により、ついに天下人となりました。武将として重大な局面を迎える直前の一五九九(慶長四)年、家康は、臨済宗の僧で足利学校第九代庠主閑室元佶(三要元佶、一五四八〜一六一二)に木活字を授け、『孔子家語』『六韜』『三略』を出版させています。これらは山城国伏見の円光寺において開版されたことから「伏見版」とも「円光寺版」とも言われます。家康の出版事業はここに始まり、以降、伏見における木活字出版「伏見版」は、一六〇六(慶長一一)年までに『貞観政要』『吾妻鏡』『周易』『武経七書』などが出版されました。兵書を中心としたこれらの書は家康が重視する学問を示しているものでしょう。

政争のさなかの家康の出版事業は、一五九七(慶長二)年に開版された後陽成天皇による木活字出版、いわゆる慶長勅版(本書九二頁参照)に触発されたものかもしれません。あるいは家康が幼少時、今川家に人質時代に教育を受けた太原雪斎(一四九六〜一五五五)の影響とも言われています。雪斎は臨済宗の僧で今川家の家臣として義元を文武両面で支え、最晩年には印刷事業にも着手しており、その姿を家康も見聞きしていたのでしょう。

為政者の必読書『貞観政要』

伏見版の一つ『貞観政要』は、中国・唐の呉兢が、唐の貞観年間(六二七〜六四九)、皇帝太宗と魏徴、房玄齢ら群臣と行った政治上の議論を記録したもので、その内容により君道、政体、任賢、求諫などの四〇編に分類されています。後世、治世の参考のため為政者、政治家の必読書とされ、日本でも平安期に伝来すると、天皇、貴族、また室町鎌倉期には将軍にと、為政者に読まれてきました。家康もまたこの書を愛読し、日本近世儒学の祖藤原惺窩(一五六一〜一六一九)からその講義を受けています。そして、一六〇〇(慶長五)年には、臨済宗の僧、西笑承兌(一五四八〜一六〇七)に命じ、出版させました。承兌は、相国寺第九二世で、秀吉、家康の外交顧問として重用され、家康の信頼も厚く、一六〇五(慶長一〇)年にも『吾妻鏡』と『周易』を伏見版として出版しています。

蔵書印は語る

東洋文庫所蔵『貞観政要』には二つの蔵書印があります。その一つ「子孫永保/共八巻/雲煙家/蔵書記」(墨文長方印)の印主には、江戸時代の鑑定家安西雲煙(一八〇七〜五二)と明治・大正時代の写真家で能楽師笛方鹿島清兵衛(一八六六〜一九二四)の二つの説があります。どちらか明らかではありませんが、岩崎文庫にはこの蔵書印が散見されます。

いま一つの印「読耕斎/之家蔵」(朱文長方印)は、その前の所蔵者で幕府儒官林読耕斎(一六二五〜六一)の蔵書であることを示します。読耕斎は、江戸時代を代表する儒学者林羅山(一五八三〜一六五七)の四男であり、父羅山はその学識を

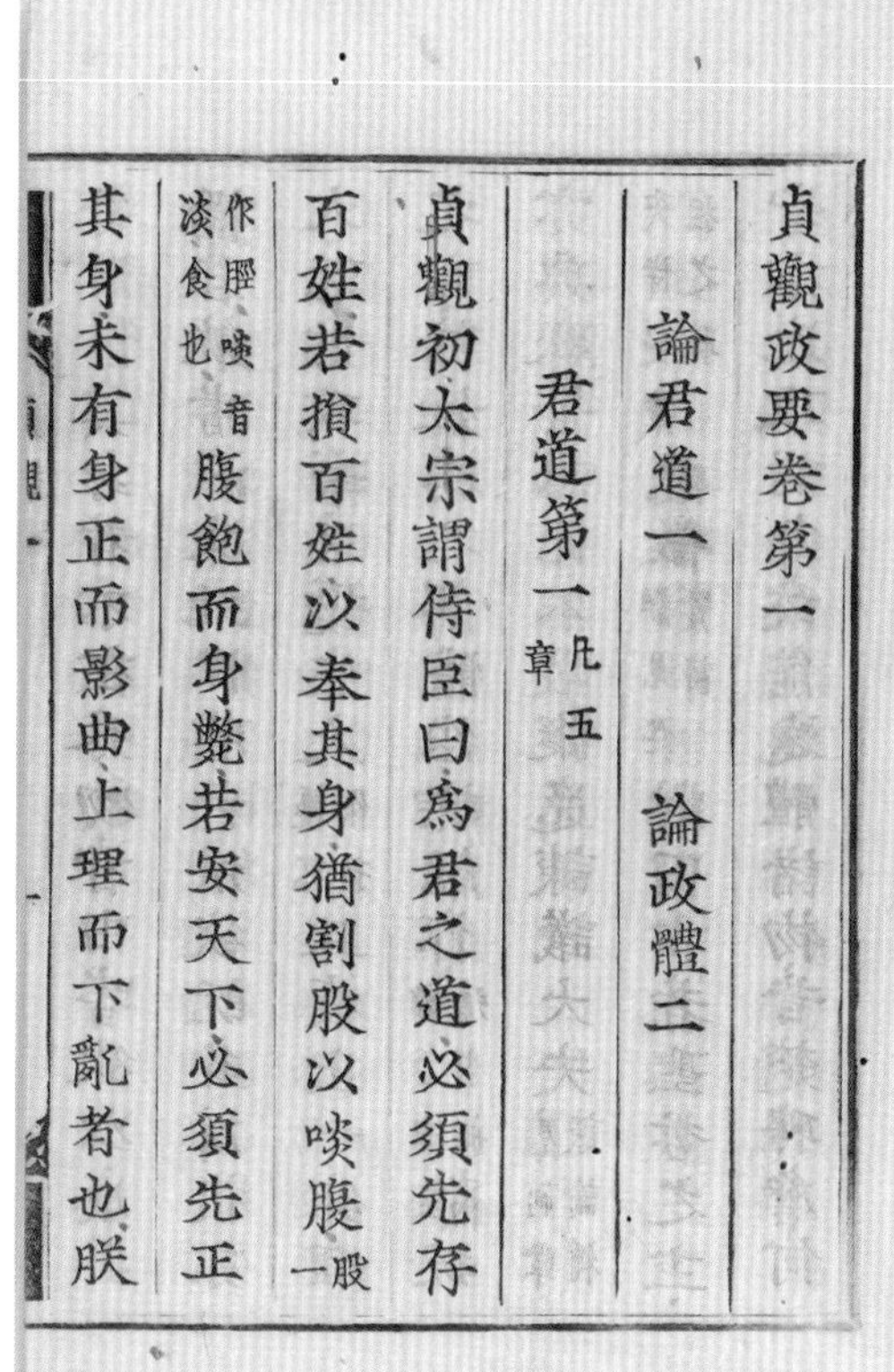

貞觀政要卷第一
論君道一　論政體二
君道第一 凡五章
貞觀初太宗謂侍臣曰爲君之道必須先存
百姓若損百姓以奉其身猶割股以啖腹 股一作脛 啖音淡食也 腹飽而身斃若安天下必須先正
其身未有身正而影曲上理而下亂者也朕

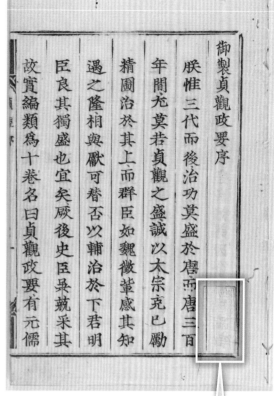

巻一第一丁オモテ。朱引、朱点は読耕斎によるものか。

御製貞觀政要序
朕惟三代而後治功莫盛於唐而唐三百
年間尤莫若貞觀之盛誠以太宗克己勵
精圖治於其上而群臣如魏徵輩感其知
遇之隆相與獻可替否以輔治於下君明
臣良其獨盛也宜矣厥後史臣吳兢采其
故實編類爲十卷名曰貞觀政要有元儒

第一冊序第一丁オモテ。林読耕斎の印記。

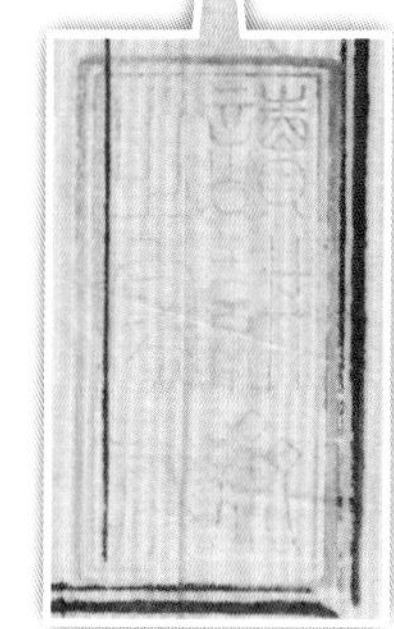

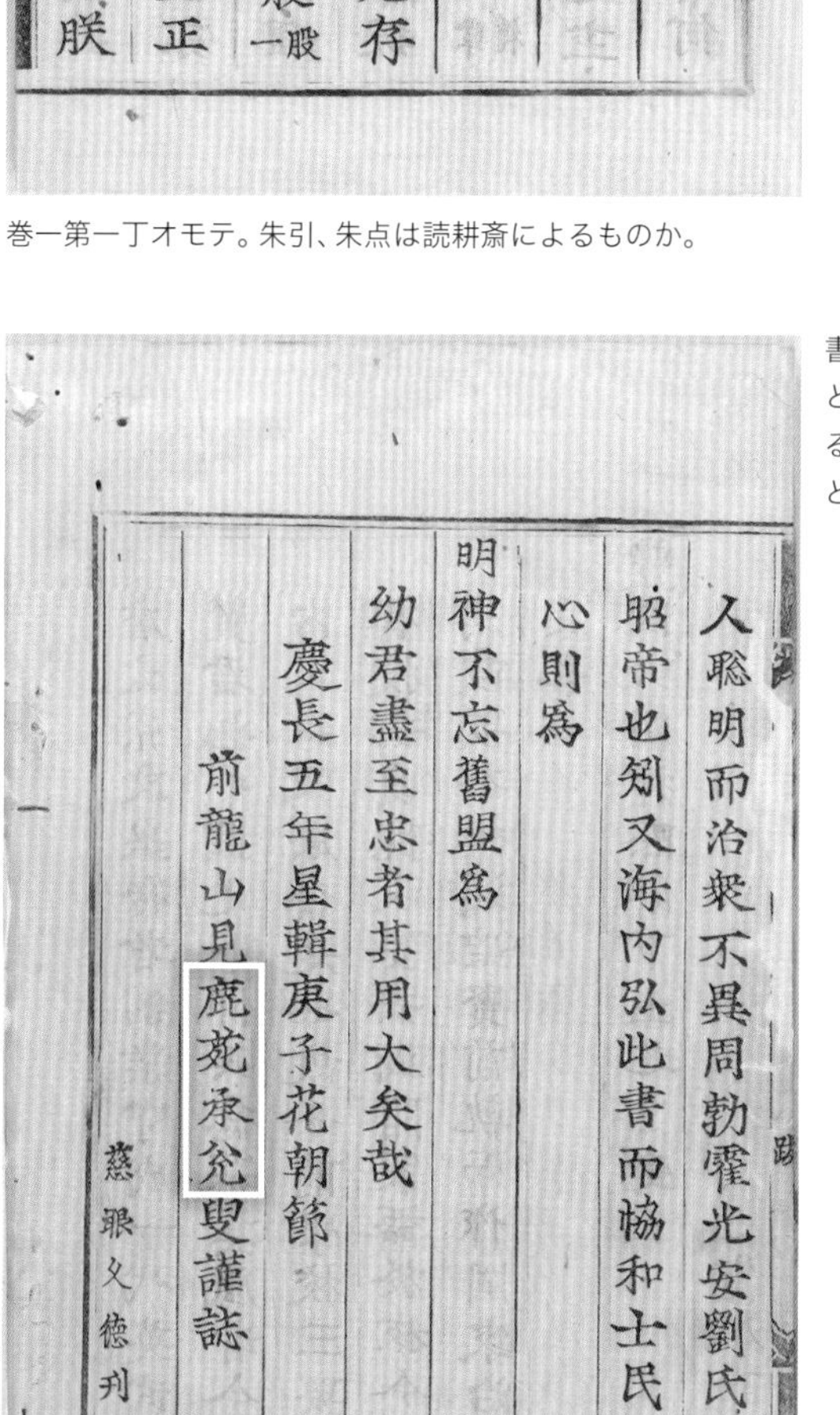

人聰明而治衆不異周勃霍光安劉氏輔
昭帝也矧又海内弘此書而協和士民之
心則爲
明神不忘舊盟爲
幼君盡至忠者其用大矣哉
慶長五年星輯庚子花朝節
前龍山見鹿苑承兌叟謹誌
慈眼久徳刊之

書末にある刊記。「鹿苑承兌」とは、承兌が鹿苑僧録（ろくおんそうろく）と呼ばれる相国寺鹿苑院院主であることを示している。

認められて家康に仕えました。また家康に『貞観政要』を講じた藤原惺窩に学び、羅山自身も『貞観政要』をよく読んでいたようで、その書き入れ本が伝わっています(国立公文書館内閣文庫蔵)。読耕斎も父にならって精読したことでしょう。

（清水）

帝鑑図説（ていかんずせつ）
夭折の武将が遺したもの

慶長十二年豊臣秀頼木活字印　図整版　黄土色表紙　四針袋綴
楮紙　二八・〇×一九・二糎　大六冊

帝鑑圖說叙
帝鑑圖說者今元輔少師張公舉以進
御者也
上初登大寶
召見公
平臺隆眄眷公亦矢精白佐
上訪落曁垂衣也
上膺哲挺上智資公首陳勸學所當進侍從儒臣
分日直講公偕少保呂公左右侍說承

第一冊叙第一丁オモテ

帝王学の教科書

『帝鑑図説』は明代の大学士張居正（ちょうきょせい）(一五二二~八二)と呂調陽（りょちょうよう）(一五一六~八〇)により、当時まだ一〇歳の皇帝、神宗のために作られた歴代の帝王の故事を集めた挿絵入りの書です。一五七二(隆慶六)年に成立し、翌年の七三(万暦元)年に出版されました。上下二篇からなり、張と呂による序に「その善いものを視て師と為し、その悪いものを視て戒めと為す(視其善者、取以為師……視其悪者、用以為戒)」とあるように、上篇「聖哲芳規」は勤勉さや統治など帝王の則るべき善事を、下篇「狂愚覆轍」は道理にもとる行動やそれによる災いなど帝王の戒むべき悪事を収め、書名の通り帝王の鑑となる書です。

故事ごとに素朴で子供らしい木版画の挿絵が配され、その絵と故事は年若い皇帝神宗を魅了し、少年の読書欲を高めました。豊臣秀頼(一五九三~一六一五)もまた一〇代にしてこの書に触れ、帝王学の教科書として愛読していたようです。

好学の若君

豊臣秀頼は、一五九三(文禄二)年、秀吉(一五三七~九八)と淀君の第二子として生まれました。一五九六(慶長元、一説に同二)年、秀頼は四歳にして元服し従四位下となりました。秀吉は自身の病が重くなると、幼い我が子の行く末を憂慮し、臣下の徳川家康(一五四三~一六一六)ら諸大名に秀頼への奉公、忠誠を誓う血判起請文を提出させました。しかし秀吉没後は徐々に家康は勢力を増し、関ヶ原の戦いで秀頼に勝利すると政権を掌握しました。そして一六一五(元和元)年、秀頼は二三歳の若さで自刃することとなりました。

秀頼は年少より学を好み、明経博士（みょうぎょう）で後陽成（ごようぜい）天皇(一五七一~一六一七)の侍読（じとう）をつとめた舟橋秀賢（ひでかた）(一五七五~一六一四)を師として、兵法書『呉子（ごし）』の講義を聞くなど学問に励みました。その中で『帝鑑図説』に出会ったのでしょう。家康はそのような秀頼の利発さを察知し、そこから敵愾心（てきがいしん）が生じていったとも言われています。

秀頼版

一六〇六(慶長十一)年、一四歳で右大臣の地位にあった秀頼は、明万暦年間の官版『帝鑑図説』をもとに、木活字を用いて出版しました。これがのちに「秀頼版」と称されるものです。

秀頼版『帝鑑図説』は、本文は木活字ですが、挿絵は整版です。その下絵を描いた絵師は明らかではありませんが、これらの挿絵は後に狩野派が画題とした「帝鑑図」に影響を与えていることから、狩野派の人物が関わっていると見られています。当時、絵入りの木活字本にはほかに慶長九年刊『十四経発揮』がありますが、その挿絵は朝鮮刊本を覆刻したものです（本書一〇五頁参照）。一方、秀頼版の版下は日本人の絵師による書き下ろしで、秀頼の『帝鑑図説』出版への真摯な思いが伝わります。

巻末には、秀吉や家康の側近で、また家康の伏見版にも関与した相国寺の第九十二世住持・西笑承兌（一五四八～一六〇七）の跋文があり、秀頼が幼少にして聡明、好学の気風があり、『帝鑑図説』を愛読していたことが記されています。ほかに跋文のない無跋本も出版されました。東洋文庫本は有跋本で、文政年間の書入があります。

秀頼による出版「秀頼版」は『帝鑑図説』のみで、出版した場所や関与した人物など詳細は不明ですが、その背景には家康の駿河版（本書九六頁参照）、伏見版（本書九八頁参照）など各種活字出版事業の影響、あるいはそれらへの対抗心があったのかもしれません。

（清水）

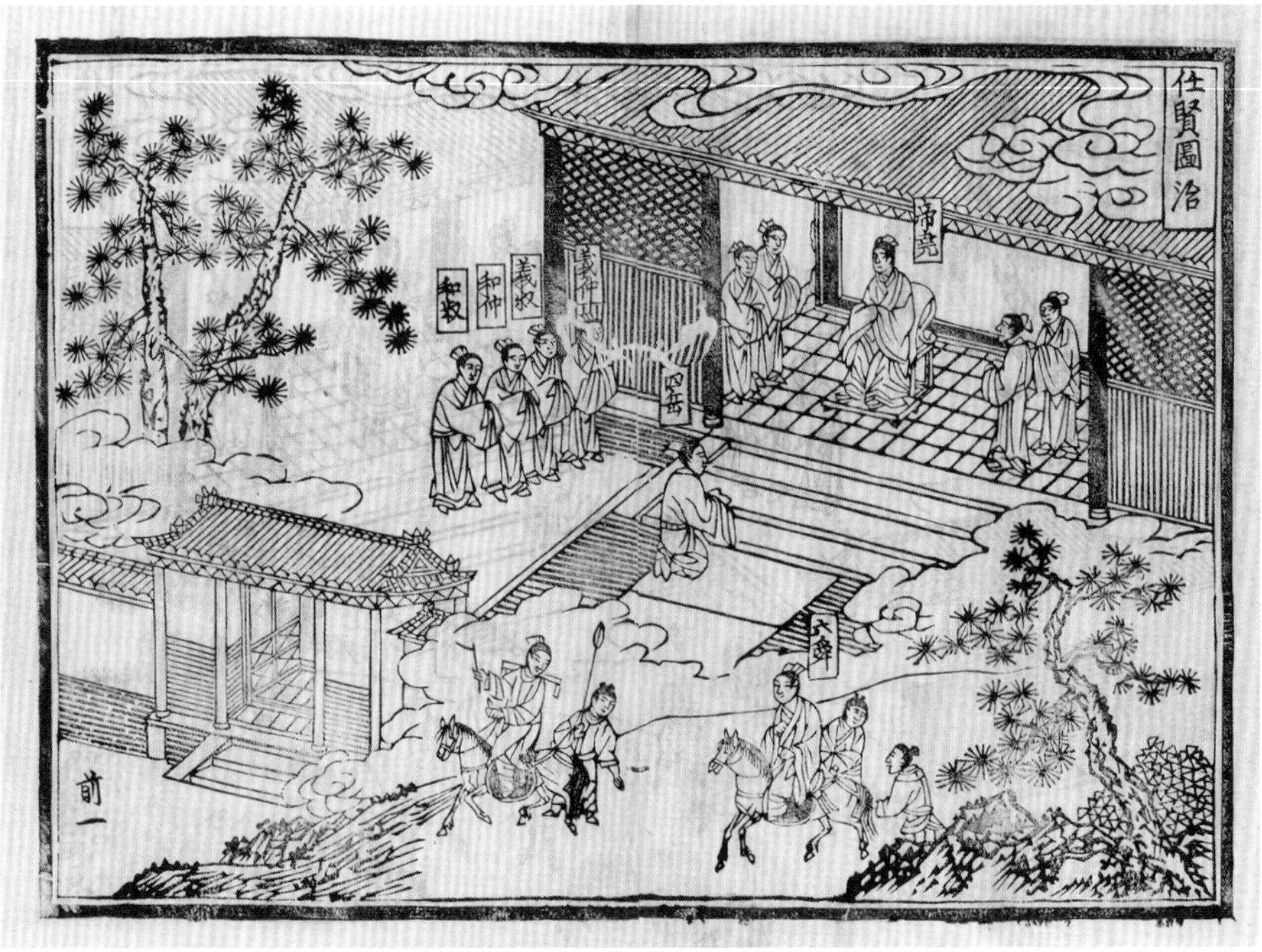

「任賢図治」。木版画で刷られた挿絵は、狩野派の絵師によるものと言われている。

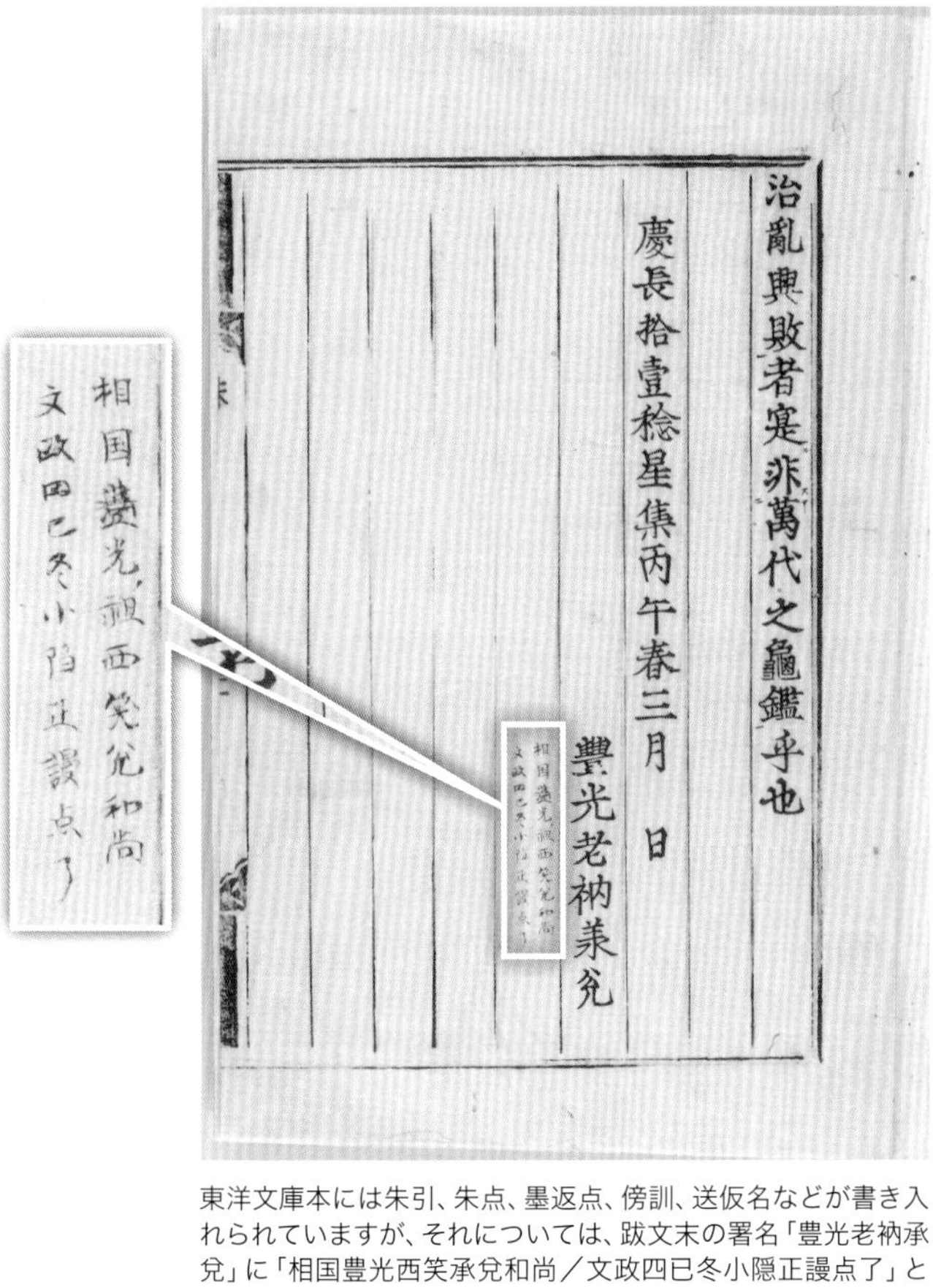
治亂興敗者寔非萬代之龜鑑乎也
慶長拾壹稔星集丙午春三月　日
豊光老衲兼兌

東洋文庫本には朱引、朱点、墨返点、傍訓、送仮名などが書き入れられていますが、それについては、跋文末の署名「豊光老衲承兌」に「相国豊光西笑承兌和尚／文政四巳冬小隠正謏点了」とあり、「豊光」は西笑承兌であるとの注とともに 1821（文政4）年に加点したことが記されている。

文選

原典を求めて

慶長十二年直江氏活字印本　栗皮色表紙　五針袋綴
楮紙　三〇・〇×二一・四糎　大三一冊

詩文のお手本

『文選』は、南朝梁の武帝の長子、昭明太子蕭統(五〇一～五三一)が側近たちとともに編纂した詩文集で、五三〇年頃に成立しました。周から梁にいたる約千年にわたる一三〇人の作者による七六〇作品が、三九の文体別に分類され、各時代順に収録されています。隋代、官吏登用試験である科挙が導入され、その試験科目に詩賦が課せられると、詩文創作の手本として大いに読まれました。代表的な注釈書に唐の李善による李善注、呂延済、劉良、張銑、呂向、李周翰の五人による五臣注があり、宋代には李善注と五臣注を合わせて『六臣註文選』が出版されました。

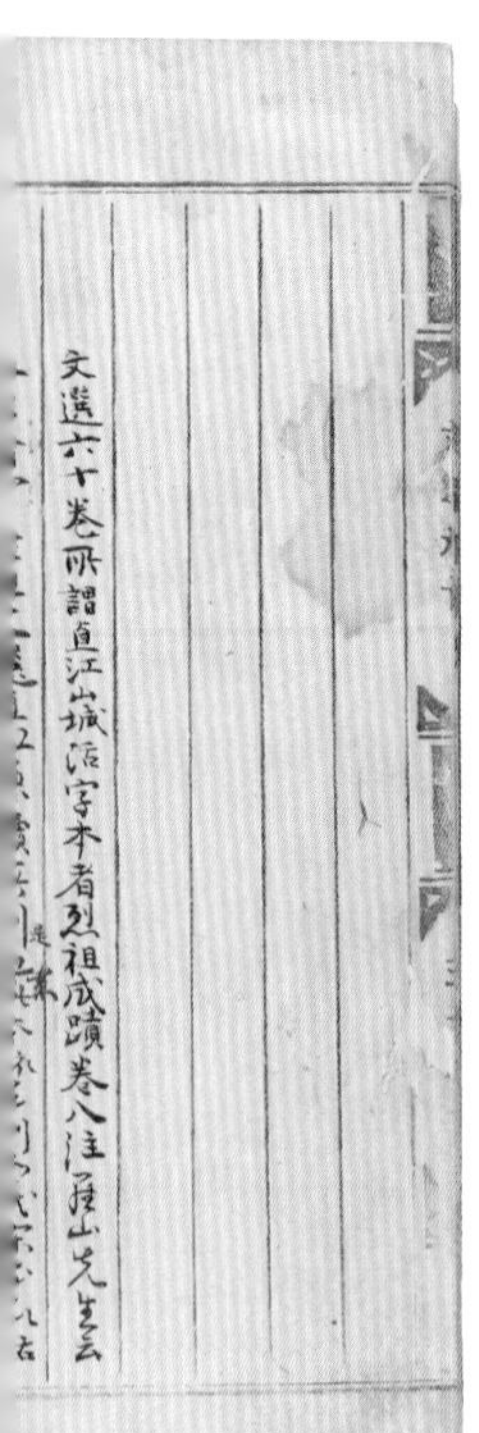

日本への伝来時期は定かではありませんが、六〇四年成立の『十七条憲法』にはすでに引用が見られます。『枕草子』には「文は文集、文選…」と白居易の『白氏文集』と並び称されているように、日本でも詩文の範として必読の書となりました。江戸時代になると多くの和刻本(日本で出版された漢籍)が出版され、その嚆矢ともいうべき版が米沢藩初代藩主上杉景勝の重臣、直江兼続(一五六〇～一六一九)による木活字版で、いわゆる「直江版」です。兼続は、上杉家の援助のもと、一六〇七(慶長一二)年、京都の日蓮宗要法寺に依頼し、宋版『六臣註文選』をもとに木活字を用いて出版しました。要法寺は慶長年間、さまざまな書籍を主に木活字より出版していました。

現在伝わる直江版『文選』は数少なく、中で東洋文庫所蔵本は、江戸時代後期の考証学者市野迷庵(一七六五～一八二六、名光彦)による校勘

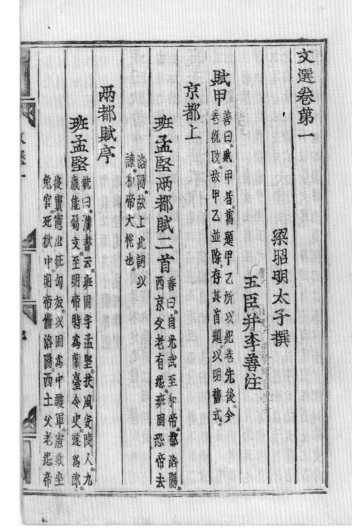

巻一第一丁オモテ

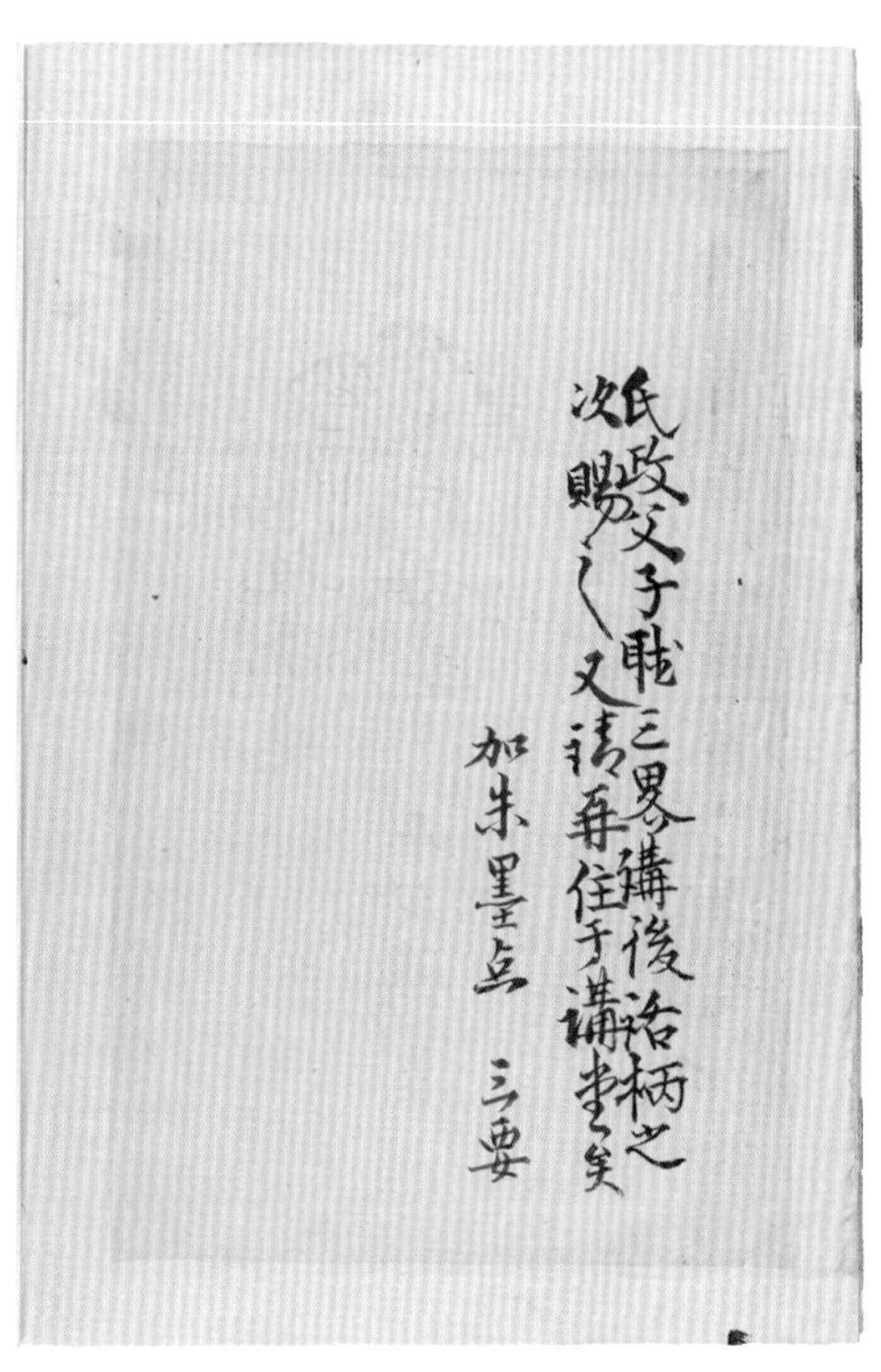

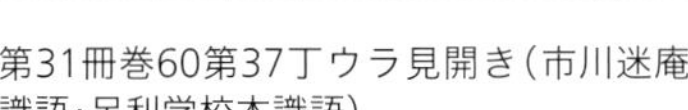

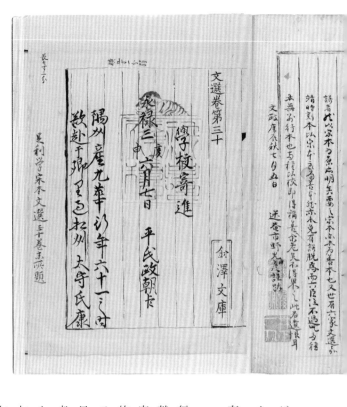

第31冊巻60第37丁ウラ見開き（市川迷庵識語・足利学校本識語）。
迷庵の識語によれば、迷庵は足利学校に所蔵される宋版『文選』を校正した際に、宋版の誤字の多さを知ったようである。またその際に移写した足利学校蔵本の末にある識語も付されている。

が書き入れられ、他本とはまた別の価値を有しています。

考証学者のしごと

考証学とは、中国清代に盛行した学問、研究方法で、文献を広く調べ、そこから得た客観的事実を論拠として実証的に古典を研究していくものです。その学は江戸時代後期、日本にも伝わり、当時の漢学者に影響を与えました。迷庵もその一人で、松崎慊堂(一七七一～一八四四)、狩谷棭斎(一七七五～一八三五、別号求古楼)らに影響を受け考証学の道に進むようになりました。

東洋文庫本の巻六〇末には一八二〇(文政三)年に記された迷庵の識語があります。それによれば直江版『文選』は誤字の多い宋版を底本としているため、迷庵は明の嘉靖年間(一五二二～六二)に出版された『六家文選』を善本として、それと直江版とを校勘しました。東洋文庫本には『六家文選』との異同が朱筆で書き入れられ、それらには『六家文選』を示す「六」が付記されています。このように諸本を校勘し正しい本文を定めることは、考証学において重要な作業の一つです。

蔵書印には「江戸市野光／彦臧書記」(朱文長方印)「市野／光彦」「俊／卿」「林下／一人」(以上白文正方印)と迷庵のものがあるほか、多紀元堅(一七九五～一八五七)の「奚暇斎／読本記」(朱文長方印)、稲田福堂(本書五一頁参照)の「江風山／月荘」(朱文正方印)、和田維四郎(本書四九、五一頁参照)の「雲邨文庫」(朱文長方印)があります。

多紀元堅は江戸時代後期の幕府医官で、考証学に通じ、迷庵とは棭斎が考証学者を集めて開いた研究会「求古楼展観」などで交流しており、その関係で迷庵から元堅に伝わったのでしょう。

(清水)

十四経発揮

鍼灸治療の教科書

慶長九年京都洄轍堂古活字印本　改装素表紙香色覆表紙　五針袋綴　楮紙
二八・九×二一・二糎　大一冊

『十四経発揮』とその伝本

『十四経発揮』は、元の医家滑寿(一三〇四〜八六、字伯仁)により著された経絡・経穴を解説した書です。「経絡」とは東洋医学で重視される気・血・水の通り道で、「経穴」とはいわゆる〃ツボ〃で、いずれも鍼灸治療の基礎となるものです。

滑寿は、これまでの鍼灸の方法や経絡説のあいまいな点や誤りを正そうと、漢代の医書『霊枢』『素問』から経脈に関する医論を整理し、挿図入りでまとめました。

本書は至正年間(一三四一〜七〇年)に成立し、明代初めに出版され、明末の嘉靖年間(一五二二〜一五六六年)に医家薛鎧により再刊されますが、いずれも現在伝わっていません。ただし薛鎧の再刊本は明の万暦年間(一五七三〜一六二〇)にその子薛己の叢書『薛氏医案』に収められ、そこから再刊本の姿は知られます。その後はあまり読まれなくなったようで、清代の単刊は知られていません。

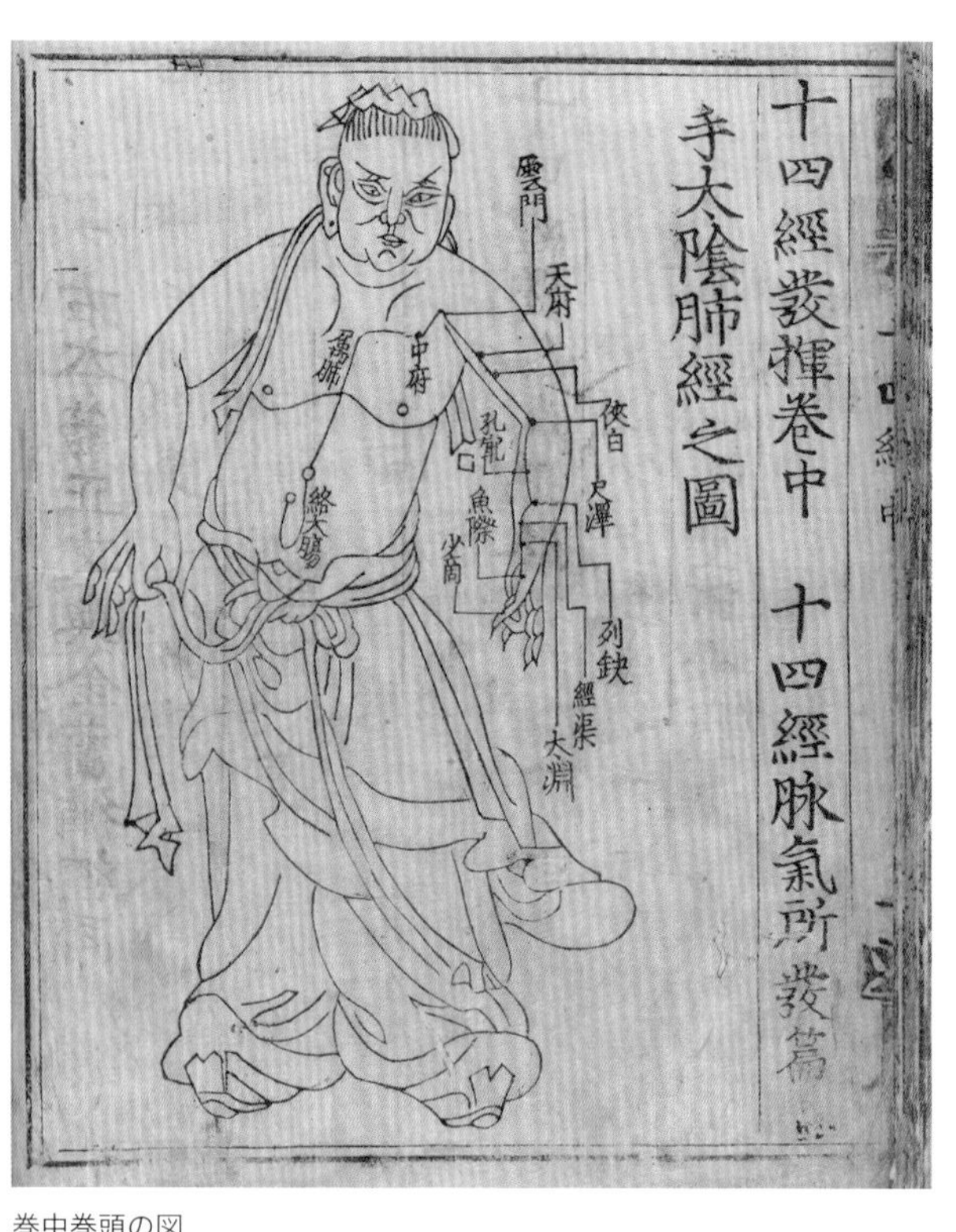

巻中巻頭の図

日本への伝来

『十四経発揮』が日本に伝来した時期はさだかではありませんが、日本医学中興の祖の一人曲直瀬道三(一五〇七〜九四)が一五六三〜六七(永禄六〜十)年頃に著した書に、本書を読んだ記録があることから、遅くともこれより以前には伝来していたと思われます。

道三は京都に生まれ、足利学校で漢学を修め、医学を田代三喜(一四六五〜一五三七)に学び、のち足利義輝の侍医となり、また毛利元就、織田信長、豊臣秀吉などの治療にあたるなど時の権力者に重用された人物です。道三の師田代三喜は、明に留学し、当時大陸で新たな潮流となっていた金元代の医学に接し、その学を日本に広めました。道三も三喜に学んだことにより当時最新の元明代の医書に触れることができました。その一つに『十四経発揮』もあったのでしょう。

伝来した『十四経発揮』で現存が確認される版は『薛氏医案』所収本と、そのほか朝鮮で出版された銅活字本があります。

日本での受容

一五九六(慶長元)年、儒学者で医家の小瀬甫庵(一五六四〜一六四〇)により日本で初めて『十四経発揮』が古活字版により出版されました。甫庵は豊臣秀吉の養嗣子秀次（一五六八〜九五）の侍医をつとめたこともあり、秀吉が文禄の役（一五九二〜九三年）で朝鮮に出兵した際に持ち帰った銅活字とその印刷法を知ることができたようです。甫庵はほかにも医書などの古活字版を出版しています。慶長元年本は巻頭などの一部の書影が残るのみで現存は不明です。

一六〇三（慶長九）年に二度目の古活字版が京都の涸轍堂から出版されます。これが現在伝わる最古の日本の版であり、東洋文庫本以外の存在は知られていません。

版面を川瀬一馬『古活字版之研究』に残る慶長元年本の書影と比較すると、書題「十四経発揮巻上」の下に「許昌攖寧生滑寿伯仁著　呉郡会仁薛鎧良武校刊」とある編著者事項や、匡郭（本文を囲む枠）、行字数などの版式が一致するため、この東洋文庫本により慶長元年本の様相もうかがい知ることができます。編著者事項にある「薛鎧良武校刊」によれば、慶長元年本も九年本も明の薛鎧再刊本をもとに出版されたようですが、異なります。一方、朝鮮銅活字本（早稲田大学図書館蔵）と比較すると版式が一致し、特に挿図はよく似ています。ただし朝鮮本にある脱文は慶長九年本では補われているため、おそらく基本的には朝鮮本に拠りつつも、薛本を参照して出版されたものでしょう。

日本での『十四経発揮』の出版は、古活字版を経て、その後は返り点、送り仮名などの印刷も可能な整版へと移行します。訓点本のほか漢字すべてに読み仮名が付いた傍訓本、また原文を読み下した『仮名読十四経発揮』など多種多様な版を重ね、その数は二十数回に上ります。また『十四経絡発揮和解』など和文で表記された注釈書など日本人による注釈書も多く出版されました。『十四経発揮』は本国では需要が減少していたようですが、日本では挿図入りの簡明な経絡経穴解説書として、幅広い読者層に受容されていたことがわかります。

（清水）

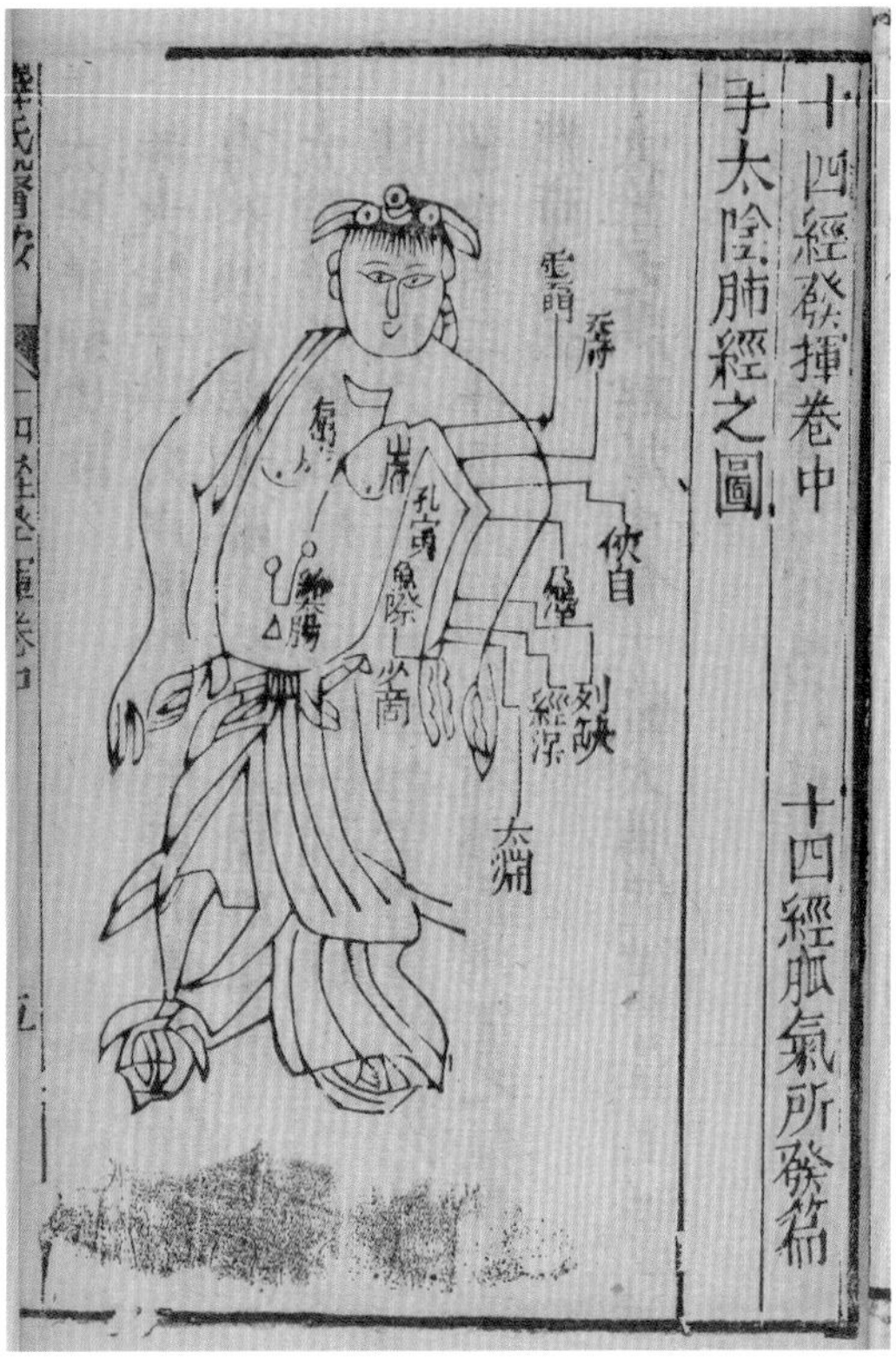

『薛氏医案』所収「十四経発揮」巻中巻頭の図

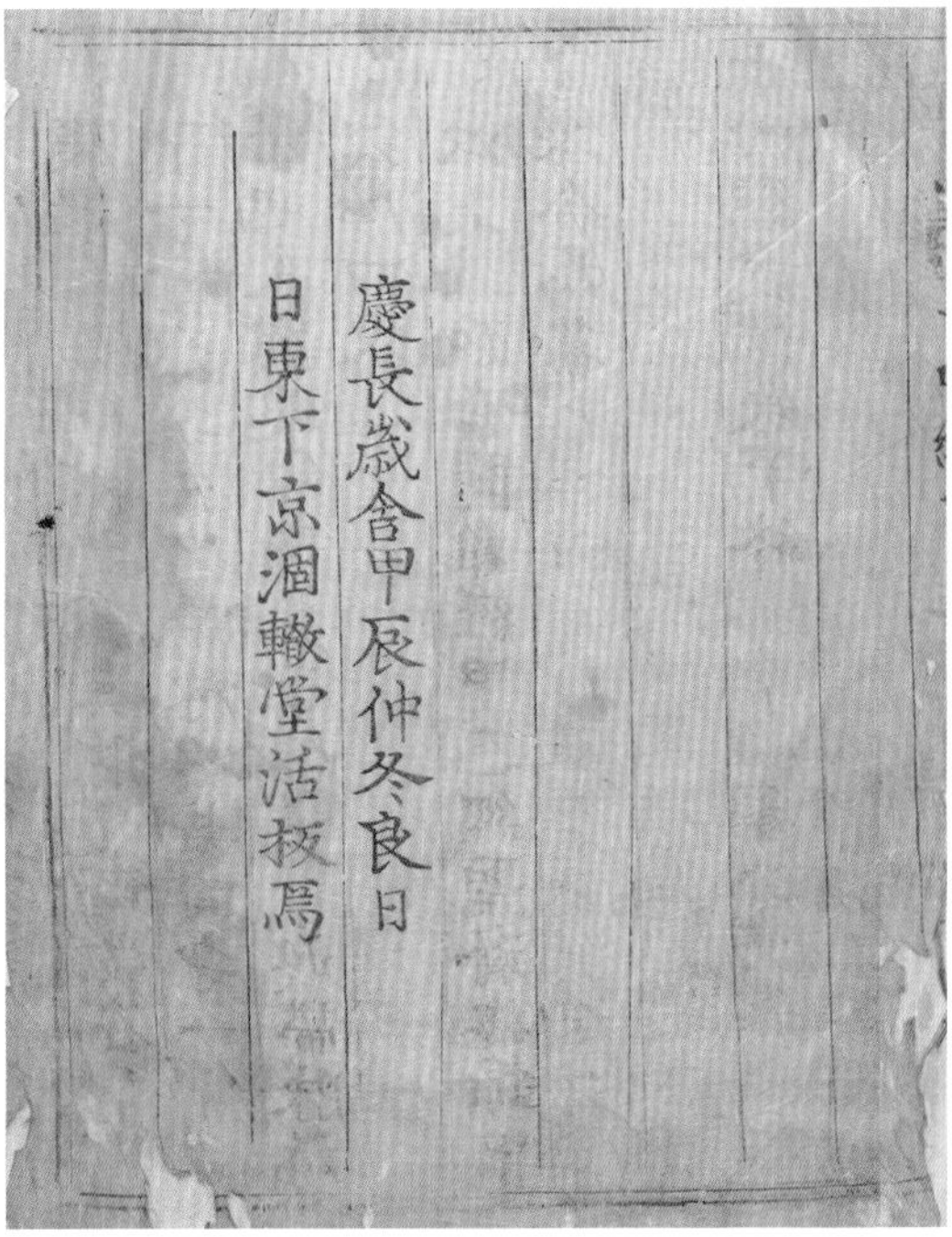

慶長九年本末丁ウラの刊記

方丈記
混乱の世の隠棲文学

慶長十五年以前刊　原装花菱文雲母刷白色表紙　雁皮紙　二六・五×一八・七糎　列帖装一冊

災厄の連続と無常観

「ゆく川の流れは絶えずして　しかも本の水にはあらず」から始まる『方丈記』は、鴨長明(一一五五頃〜一二一六)が京の南東にある日野法界寺近くの方丈(一丈四方)の庵で、鎌倉時代初期の一二一二(建暦二)年に書き上げた随筆です。漢文訓読調を混ぜた和漢混淆文で記された最初の文芸作品であり、『徒然草』と並び中世の隠者文学の代表でもあります。

長明は、下鴨神社の摂社河合社の禰宜の次男に生まれ、若いころに父が亡くなったものの、歌と管絃に親しみ、三十代のころには『千載和歌集』にも一首撰ばれています。四十代後半ころ後鳥羽院に認められ、復興した和歌所の寄人となり『新古今和歌集』編纂の前後、歌人として活躍しました。しかし神官としては不遇で、後鳥羽院の後押しもあって亡き父と同じ社職を継ぐ機会がきたものの一族の反対により継げず、失意により大原に出家遁世し隠者としての生活が始まりました。

五年後には日野へ移り、仏道の修養と和歌や管絃の修練をおこなう生活の中、『方丈記』完成の前年には鎌倉に下って二十一歳の将軍源実朝と何度も会見し、また『無名抄』や『発心集』などの歌論書や仏教説話も著しました。

『方丈記』の前半ではこの世の無常を認識し、後半では庵の隠遁生活を賛美するものの、末尾ではその庵への執着も悟りへの妨げと否定し自問自答するという内容になっています。とくに印象深いのは、前半に見られる長明が若い頃に体験した五つの大きな災厄に関する記述です。都の東南から始まり大極殿など平安京の三分の一が一夜で焼失した安元の大火(一一七七年)、治承の辻風(一一八〇年)、同年の平清盛により突然強行された福原遷都、養和二(一一八二)年四・五月だけで四万二三〇〇人の死者が出たという養和の飢饉・疫病(一一八一〜八二年)、余震が三カ月続いた元暦の地震(一一八五年)など、立て続けに起こった災厄について、大変真に迫った的確な筆致で綴られています。

源平の争乱に揺れた平安京でめまぐるしい変動の時代を体験し、人の命のはかなさを痛感した長明の文章は、仏教的無常観を基調としつつ、洗練された和漢混交文で、対句や比喩表現を巧みに生かしており、『平家物語』をはじめ、後の中世文学に大きな影響を与えました。

本表紙。刊行当初の装丁で、花菱文(唐草十字印襷文)の白色表紙。左上にあった題箋(題名などを記して貼る細長い紙片)は失われている。

美麗な嵯峨本

『方丈記』は、広本系の古本と流布本と、略本が伝わっていて、岩崎文庫にある嵯峨本は、近世初期の版本である流布本の一種です。古本系が漢字と片仮名交じりで記されているのに対し、流布本系は漢字と平仮名交じりである点が大きく異なります。

嵯峨本は、古活字版の一種で、江戸時代初期、慶長後半〜元和にかけて芸術家の本阿弥光悦、

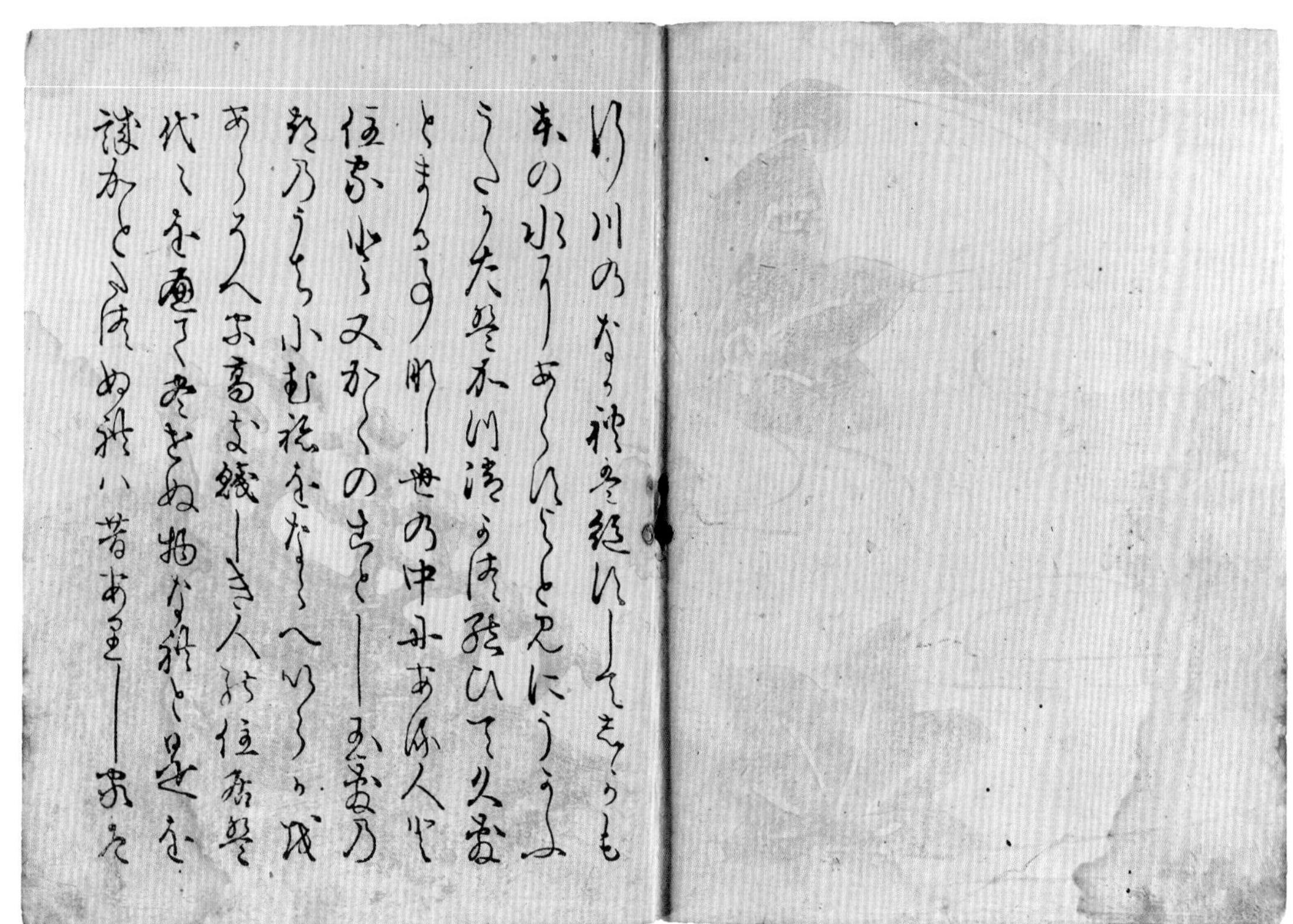

『方丈記』本文の冒頭部分。川瀬一馬『古活字版之研究』による分類では第一種本。本文料紙にも、唐草十字印襷文や兎、梅が枝、紅葉流水文など見開きごとに異なる意匠の華やかな摺りが施されている。

本裏表紙見返し。「慶長十五庚戌七月十三日」（1610年）と書かれていることから、それ以前に刊行されていたことがわかる。

豪商の角倉素庵らが京の嵯峨で、主に木活字を使って刊行した版本です。とくに豪華なものは、優美な文字で書かれた版下を、雲母摺の厚手の料紙に印刷し、表紙にも美しい装訂を施して出版されました。川瀬一馬の研究によれば、嵯峨本は現在、『伊勢物語』『方丈記』『撰集抄』『徒然草』『久世舞』『百人一首』『三十六歌仙』など十三部が認められ、本文料紙に雲母摺のない素摺本など、活字や装訂の異なる三十八版種が知られており、年代が古いと推定されるものから順に「第一種」「第二種」と番号が付されています。

それまでの印刷本は仏典や漢籍が中心でしたが、写本でのみ伝えられてきた和文の古典作品が流布するきっかけとなり、さらに挿絵の入った本がその後盛んに刊行されたため、出版史上にも多大な影響を与えました。

『方丈記』本文のイメージとは異なり、本文料紙にも紅葉流水文や兎など大胆な雲母摺が施され、嵯峨本の中でも特に美しく装丁された光悦本とも呼ばれる豪華本になっています。嵯峨本『方丈記』は二種類の版が知られていますが、岩崎文庫にはその両種ともあります。

（川合）

百人一首

嵯峨本の孤本

慶長年間頃刊　原装表紙鶯色表紙　雁皮紙　二三・五×一七・五糎
列帖装一冊

もっとも身近な和歌文学

百人一首は、本来、優れた歌人一〇〇人をあげて、一人一首ずつ一〇〇首の秀歌を選び出したもののことですが、藤原定家の選んだ『小倉百人一首』が有名で、通常はこれをさします。

藤原定家の日記『明月記』の一二三五（文暦二）年五月二十七日条に、定家の子為家の舅に当たる宇都宮頼綱に頼まれて、頼綱の嵯峨中院山荘の障子に貼るため、天智天皇から藤原家隆、飛鳥井雅経までの歌人の歌を色紙に書いて贈った、という記事があり、これが『小倉百人一首』（またはその草稿本といわれる『百人秀歌』）の成立に関連するといわれています。最後の後鳥羽院と順徳院の歌は、為家が補訂したものという説もあります。

『小倉百人一首』には、奈良時代から鎌倉時代初期までの男性七九人（うち僧一三人）、女性二一人の歌人の、優雅であでやかな歌、よどみなく美しい歌調の歌などが多く選ばれていて、定家の歌論書とも一致するものが多く見られます。内

光悦本。川瀬一馬『古活字版之研究』による分類では第一種本。慶長年間頃刊。
陽成院の歌部分から始まり、小野小町、喜撰法師、僧正遍照、蝉丸と続いていて、第二種本（左上）とは異なり百人一首の歌番号とは順不同に並べられている。また料紙の雁皮紙は、滑らかで光沢があり丈夫で虫の害にも強いため、貴重な文書にも使われてきた。

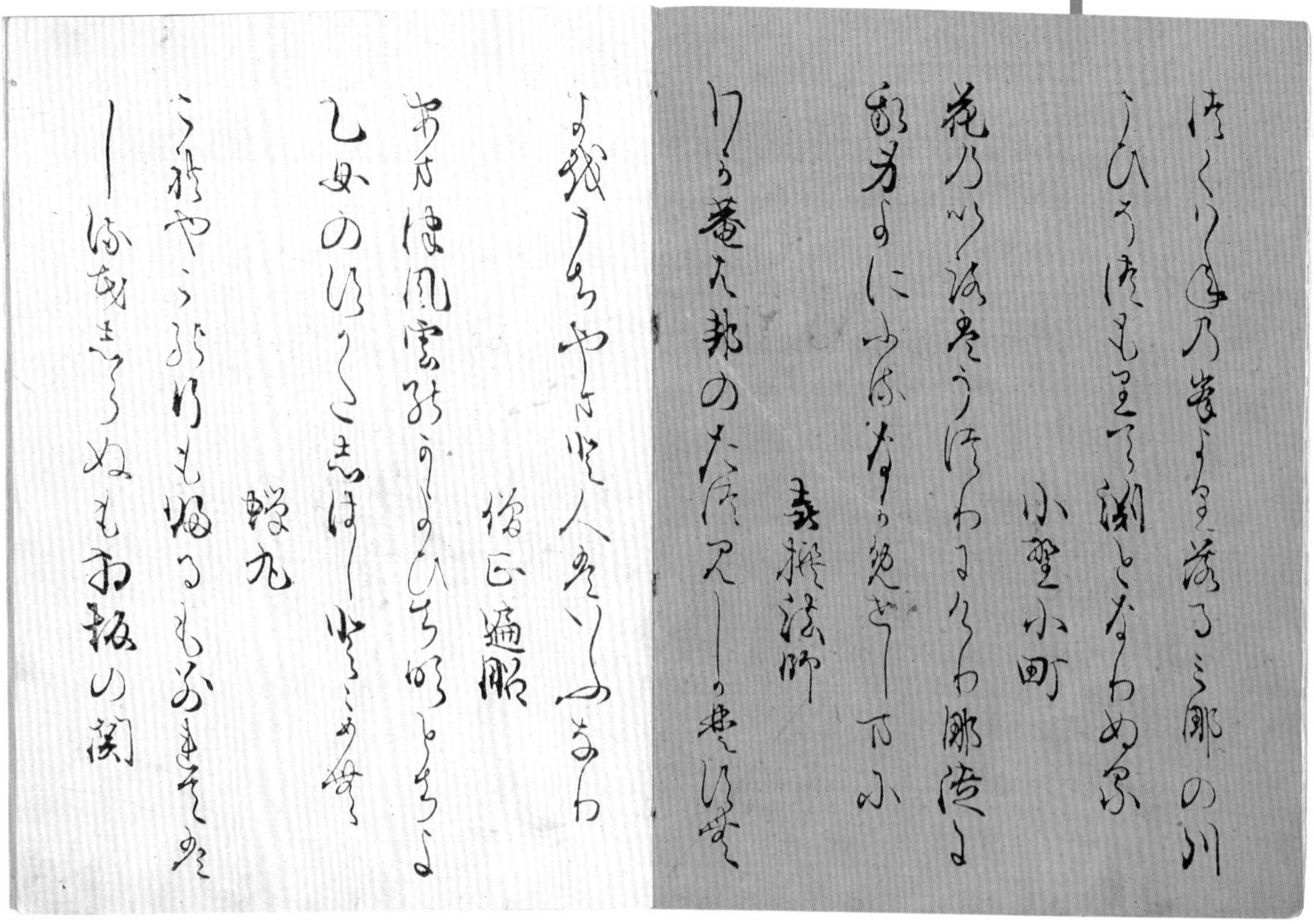

容は恋歌が四三首、四季歌が三二首（中でも秋が一六首と特に多い）、その他が二五首で、日本人の自然や季節に対する感覚や美意識、言語感覚なども見て取れます。

嵯峨本。川瀬一馬による分類では第二種本。元和年間頃刊。袋綴。歌番号順に４番の山部赤人から猿丸太夫、中納言家持、安倍仲麿、喜撰法師、小野小町と並んでいる。本文料紙には地模様のような雲母摺はないが、全体的に薄く雲母が撒かれている。

『小倉百人一首』は古典文学の代表的作品として広く享受され、本格的な注釈書もたくさん作成されました。室町時代には、和歌・連歌の専門家に継承され、江戸時代中期ころから、特に女子の古典入門書として普及し、また遊戯具としての「小倉百人一首かるた」も作られるようになり、現在のかるた遊び、競技かるたにも繋がります。

本阿弥光悦と角倉素庵

岩崎文庫には、関連書も含め、百人一首の写本、刊本など何種類かありますが、やはり美しいのは本阿弥光悦や角倉素庵らが出版した嵯峨本です。中でも本阿弥光悦の自筆またはその書風を版下とし、装訂に意匠をこらしたもの、あるいは装訂に十分光悦の影響が認められるものは光悦本とも呼ばれています。

本阿弥光悦（一五五八〜一六三七）は、室町時代から刀剣の研ぎ・拭い・目利きの三業にて栄えてきた町衆の本阿弥家出身、書・陶芸・漆芸や茶道・築庭などさまざまな分野に優れた芸術家で、晩年には徳川家康より洛北の鷹ヶ峰を拝領し一族や多くの工芸家とともに移住して、光悦村とよばれる芸術村を開きました。書では「寛永の三筆」とも称されました。

一方、角倉素庵（一五七一〜一六三二）は、豪商角倉了以の長子で、朱印船貿易や土木事業を推進しました。文化人としても知られ、藤原惺窩に朱子学を学び、惺窩と林羅山を引き合わせています。また出版事業にも力を入れ、上品で美しい装訂の嵯峨本の出版にも尽力しました。能筆家としても知られ、光悦とともに洛下の三筆と称され、角倉流（嵯峨流）を創始しています。

岩崎文庫には、光悦本・嵯峨本の二種類があります。光悦本の本文の料紙は、色変わりの紙も交えた厚手の雁皮紙に、墨がのりやすいよう白色の胡粉を塗る具引き加工し雲母摺が施されていて、贈答のために特製されたとみられています。もう一種類の本文の料紙は、楮紙で雲母摺のない素摺本ですが、どちらも刊行数がとても少なかったのか、現在では岩崎文庫にそれぞれ一本のみが伝わる孤本であり、大変貴重なものです。

（川合）

徒然草　存巻下

人間観察に長けた随筆文学

慶長年間頃刊　改装白色表紙　二六・五×二〇・〇糎　一冊

無常観からみる現世

「つれづれなるままに」の冒頭で始まる『徒然草』は、鎌倉時代末期に兼好(俗名卜部兼好)によって書かれた随筆です。従来、主要部分は一三三一(元弘元)年前後に成立したといわれてきましたが、現在では一三四九年頃に下る説もあり、執筆や編集の時期についても各説あるようです。書名は、することもない生活の退屈さを紛らわし、慰めるために書いた「草」、すなわち、取るに足らぬ文章の意味です。

作者の兼好は生没年未詳ですが、近年、小川剛生の研究によって、伊勢の国の守護だった金沢家の家臣として基本的に京に住み、鎌倉にしばしば通っていた侍だったことが明らかになってきました。三十歳前後に出家してから歌人として名を成し、頓阿・浄弁・慶運とともに、二条派の和歌四天王と呼ばれました。『徒然草』執筆は晩年のことでした。

内容は、日常生活に根ざす実感のまま、心に思いつくまま随想や見聞などを書きつづった全

川瀬一馬『古活字版之研究』による分類では第二種本。慶長年間頃刊。
下巻のみで表紙は改装されているが、見返しに群鹿が摺られている。嵯峨本も古活字版の一種であるが、仮名の本の場合は一字ごとの活字が組み合わされているのではなく、二字、三字、四字の連続活字が使用されている。

二四四段からなり、序段には、随筆としての本書の趣旨・内容に触れる簡潔な記事が見られます。その後の各段は、人間観察・処世法・芸術論・人生論などの評論的なものから、説話的なもの、聞き書き・覚え書き的なものに至るまで多方面にわたっています。また兼好は仏教・儒教・道教をはじめ和漢の古典に通じていて、多彩な内容でありながら兼好独自の統一性があり、それぞれの主題、素材にふさわしく論じ分け、描き分けています。文章は、和漢混交文と流麗な和文とを題材によってうまく使い分け、手厳しい口調のものも、心に浮かぶまま滑稽に書き流したものもあり、人間味のある簡潔な文章となっています。

鎌倉時代末期から南北朝時代ごろの社会の動乱、変革期のなかで執筆されたこの作品には、世俗、仏道、遁世の三つの世界があり、無常観に基づく人生観・世相観・美意識が見られ、『枕草子』とともに随筆文学の双璧とされています。

銀にかがやく料紙

『徒然草』は、室町時代には一部の知識人にのみ知られていたようですが、江戸時代初頭に流布本が出て急速に読者が増え、有名になりました。その流布本の一つが、嵯峨本です。

岩崎文庫には、『徒然草』五種類の嵯峨本のうち四種類がありますが、とくに二種類は美術的に素晴らしいものです。表紙だけでなく、本文に使用された薄様の雁皮紙の紙面いっぱいに雲母摺が施されていて、嵯峨本のなかでも一段と豪華です。

雲母摺に使用される雲母は花崗岩などに見られるケイ酸塩鉱物で、大別すると白雲母と黒雲母があります。粉末にした白雲母を薄い膠でとき、版木に塗って料紙をのせるなど、摺り方は数種類あります。細かい結晶が乱反射して銀色の光を放ち、虫害を防いで筆の走りもよくなるため、経巻などの典籍や色紙などに用いられてきました。

嵯峨本『徒然草』の書体は、いわゆる光悦流とは異なります。異なる版を何十種類も作成した嵯峨本の版下文字は、光悦や素庵以外の人物も書いていた可能性があるでしょう。

（川合）

川瀬一馬による分類では第一種本。慶長年間頃刊。見返しには金銀切箔の装飾があり、本文料紙には全体にわたり下地に草花模様の雲母摺が施されている。

伊勢物語

受けつがれる歌人必読の古典

慶長十三年刊　原装灰色表紙　楮紙　二七・〇×一八・九糎　二冊

愛読され続けた歌物語

「昔、男」「昔、男ありけり」で始まる『伊勢物語』は、平安時代に書かれた最初の歌物語です。在原業平(八二五〜八八〇)にまつわる、やや伝説的な歌語りを中心とし、没後一世紀近く経過した十世紀末頃には五〇段弱の物語であったようですが、その後大幅な増補がされて十一世紀には現在のような一二五段の作品になったと考えられています。

成人式である初冠に始まり辞世の歌に終わる一代記の形をとっていて、一話完結のエピソードが全体として一つの物語を為しています。業平を中心に、さまざまな男女の恋愛、恋の真実、苦悩、別離、友情などが和歌を用いて描き出され、業平と関わるところでは、二条后、東下り、伊勢斎宮、惟喬親王などの段がよく知られています。この物語に含まれる和歌二〇九首のうち、業平自身の歌はわずかに三五首で、ほかは『万葉集』や『拾遺和歌集』『古今六帖』など他の歌集から引用されており、この点からも、業平の実像を超えた物語であることがわかります。しかしながら、主人公の「男」が当時から業平と信じられていたことなどもあって多くの人々に親しまれ、『源氏物語』をはじめとする様々な作品に影響を及ぼしました。

平安時代末から特に歌人に愛読され、さらに室町時代には連歌師にも必読の古典として注釈も盛んに行われました。江戸時代に入り古典が刊本として普及すると『源氏物語』とともに尊重され、出版

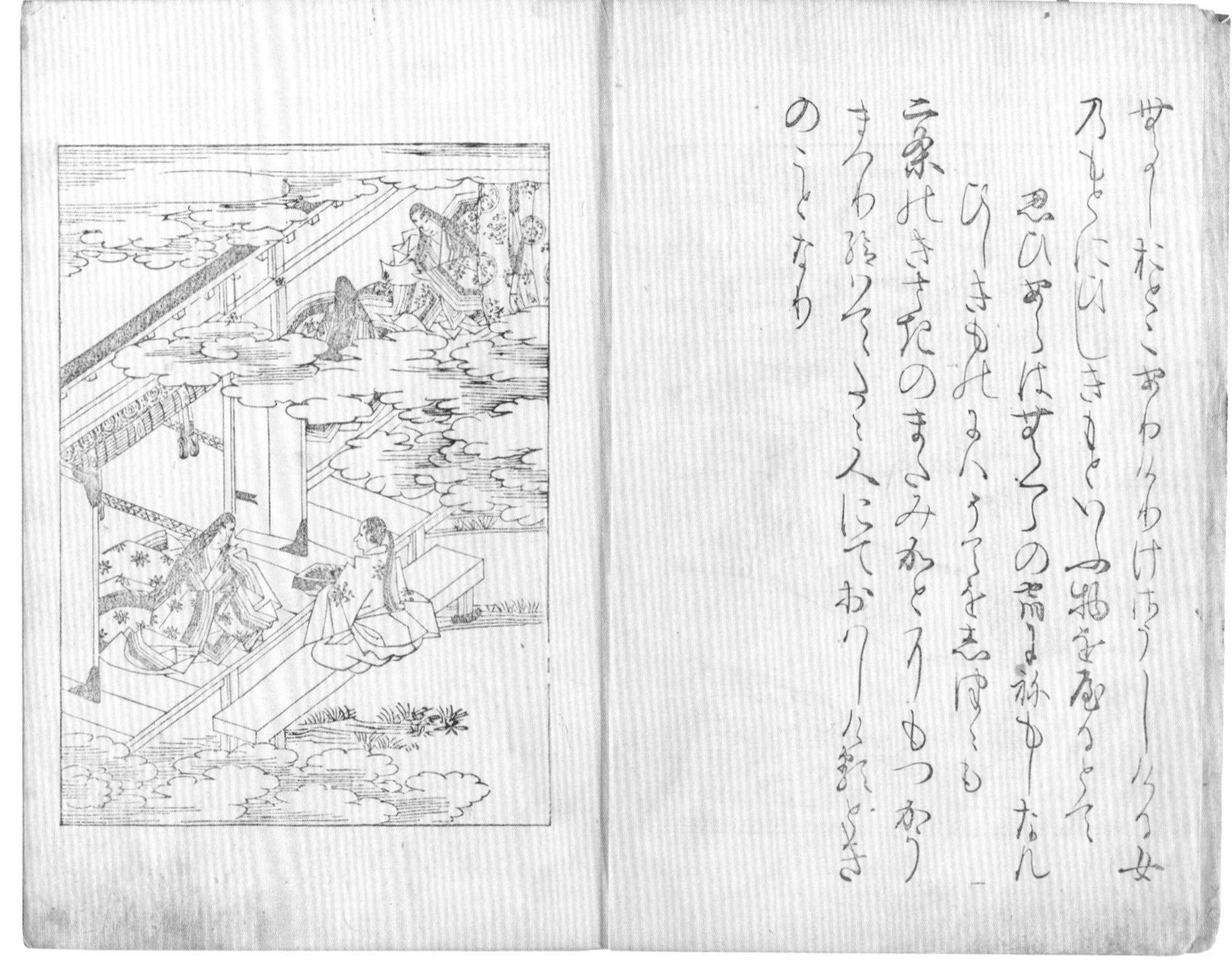

第三段。二条の后に関する話の最初の部分。川瀬一馬『古活字版之研究』による分類では第一種本。薄紅色や水色の色替り料紙も交ぜ、挿絵も入った本書は好評で、何度も版を重ねた。

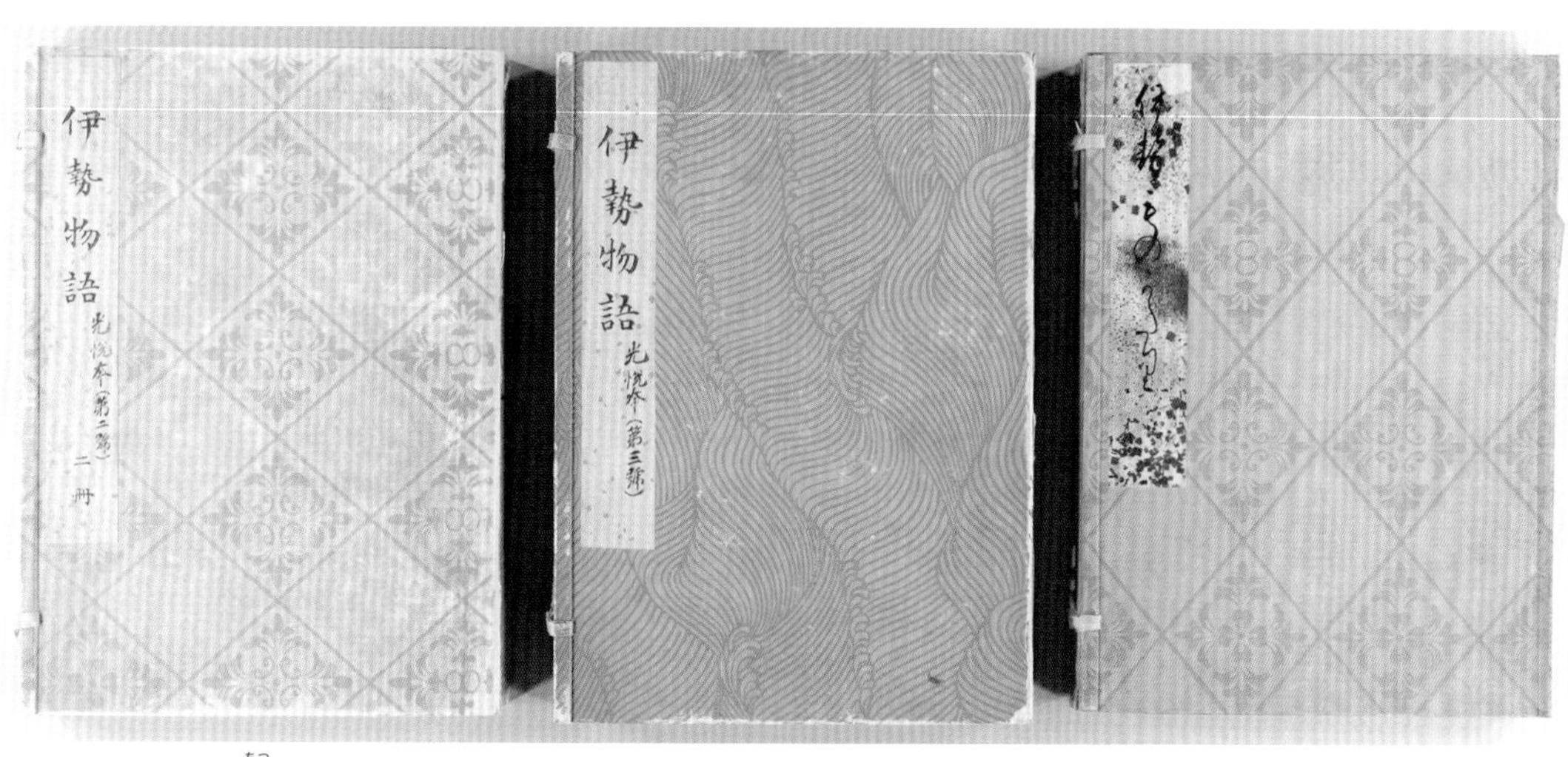

本を包んで保管する帙の意匠にもこだわりがうかがえる。

が急増して注釈類も多量に作られました。

嵯峨本と和田維四郎

これまで本書で紹介してきた嵯峨本は、ほとんどすべて和田維四郎の旧蔵書で、和田の没後に岩崎文庫へ引き継がれていたものです。和田の旧蔵書は、大半を岩崎文庫が受け入れていて、それらの本には和田の蔵書印である「雲邨文庫」が押されています。和田は近代鉱物学の創始者で、東大教授、鉱山局長、八幡製鉄所の初代長官などを歴任した人物ですが、その一方で和漢古書の愛書家としても有名で、退官後は自身の文庫の充実に専念し、久彌氏の収書の顧問役として岩崎文庫の収集・拡充にも大きく関与していました。その和田が個人的に手元に置いていたものが雲邨文庫です。

雲邨文庫には、嵯峨本だけでなく古代から近世までさまざまな書が集められていますが、嵯峨本の刊行書目一三部のうち一一部、しかも各種の異なる版を集め、みずから『嵯峨本考』という本を著していることからも、和田の嵯峨本への関心の高さがうかがわれます。

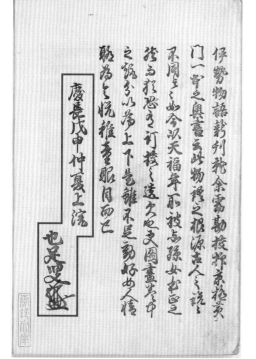

『伊勢物語』の嵯峨本は、いままで写本だけで伝わってきた本が初めて出版されたこともあり、人気が高く需要も多かったようで一六〇八（慶長十三）年以降、五種類、細かく分けると一〇種の版が見つかっています。また巻末に中院通勝（一五五六〜一六一〇）の刊語があり、古典学者の通勝が諸本を比較して本文の校訂作業をしたため、テキストとしての価値もより高いものになっています。岩崎文庫には、挿絵に色を付けた丹緑本も含め、七セットの嵯峨本があり、その他近世の写本も多くあります。

（川合）

巻末の中院通勝（也足叟）による刊語には、慶長戊申（1608年）と明記されており、刊行年のわかる珍しい例。左下には「雲邨文庫」の蔵書印がある。

四しやうのうた合

生きとし生けるもの、いづれか歌をよまざりける

寛永以前刊　上巻　濃紺麻葉繋形押表紙　四針袋綴　二七・八×一九・二糎
下巻　改装紺色表紙　五針袋綴　二七・五×一九・一糎　二冊

こうろぎ・はちの一番。右頁に控えるのは、判者の「やぶのもとのひきがいる」である。

『四しやうのうた合』(『四生の歌合』)は、虫・鳥・魚・獣がそれぞれ歌合をする御伽草子(室町時代から江戸初期にかけて作られた短編物語)です。本文は古活字で、挿絵には丹緑で彩色が施されていることから、寛永年間(一六二四～四五年)頃の刊行と考えられます。作者は、武将で歌人の木下長嘯子(木下勝俊、一五六九～一六四九)とする説が有力ですが、虫の歌合のみ長嘯子の手になるとする見方もあります。古典テキストが多い古活字版の中で、『四生の歌合』は同時代の作品である点も重要です。

歌合とは、歌人が左右に分かれ歌を詠み、優劣を競う催しで、平安時代に始まりました。優劣を定める有力な歌人を判者、根拠を述べた文を判詞といいます。時代が下ると、自らの歌や創作歌を番えた架空の歌合が創作され、『七十一番職人歌合』などがよく知られます。本書は、そういった系譜に連なりつつ、『こほろぎ物語』や『ふくろふ』など、異類物の御伽草子の趣向も取り入れています。

本書の構成

虫の歌合は、秋が深まり物悲しくなる季節に、タマムシの姫に虫たちが求婚する『玉虫草子』をうけて、姫につれない対応をされた恨みを思い出して歌を詠もうとコオロギが持ち掛けるところから始まります。そのため、歌はすべて恋歌となっています。折角なら歌合にすることとなり、『古今集』仮名序に「水に住むかはず」とあることからヒキガエルが判者になります。虫の歌合では、ヒキガエルのみ「やぶのもとのひきがいる」と、歌聖・柿本人麻呂に倣った名が付けられるほかは、ただ「こうろぎ」などと呼ばれていますが、鳥・魚・獣の歌合では「うまいものくいなの助」「おめでたいゑもん」「よもすがらねづみ」など面白おかしい名前が付けられていて、大きく異なっています。

鳥・魚・獣の歌合は、虫の歌合をうけて、鳥＝源氏・虫＝平氏・魚＝橘氏・獣＝藤原氏であるのに(「ししやう」は「四姓」でもあります)、鳥の歌合がないのは残念だというミソサザイの発案から始まります。この三つの歌合の判詞では、

それぞれの歌が踏まえる古歌や典拠などをいちいち引用して説明を尽くしており、これはより広範な読者を想定してのことと考えられるでしょう。

名前や特徴をうまく詠む

それぞれの名前や特徴を詠みこんだり、故事を踏まえたりした生き物たちの歌に、判者が大真面目に批評を加えていくところに、この作品の滑稽さがあります。虫の歌合・一番のコオロギとハチの歌を例に見てみましょう。本文中に「ひだり」とあるコオロギの歌は「なかなかに荒れてもよしや草の庵いつこうろぎと君は頼めず（いっそのこと荒れてしまえ、草の庵よ。いつ来るかあなたはあてにならないから）」と、「こうろぎ」に「来」を掛けて、人を恨む心を詠んだ点が評価されました。一方、「みぎ」のハチの歌は「心には針持ちながら逢ふときは口に蜜ある君ぞわびしき（心の中は針のようにつれないのに、逢う時は蜜のように甘いことを言うあなたがつらいことよ）」と、巧みに「針」や「蜜」を詠みこみましたが、少しいやしく聞こえるという理由で、コオロギの勝ちとされてしまいます。たしかに、和歌で「蜜ある」とは聞かない気がしますが、それを大真面目に判じていくところにおかしみがあるわけです。

異類物の絵本などでは、動物が服を着て擬人化されることがありますが、『四生の歌合』では、そのままの姿で描かれます。似ていたり絶妙に似ていなかったりする素朴な挿絵もあわせて楽しめる作品です。

（木下）

なまうなぎのぬかりの坊・なまずのひょん太郎の一番。うなぎの歌「山の井も渕瀬にかわる涙川　うき身となりて名を流すらん」には、「山の芋」がかけられている。「山の芋、鰻になる（あるはずのないことが現実になることがある）」という慣用句をふまえた洒落である。

軒下ののみそさざい・つかみづらのこうもりが「ざいほうにふける恋」という題で歌を競っている。

義経記

英雄伝説を広めた絵入版本

元和寛永頃刊　雷文繋型押朱色表紙　楮紙
二六・九×一八・五糎　八冊

『義経記』は、室町前・中期頃に成立した軍記物語ですが、作者や正確な成立年代は未詳です。一般的に軍記物語は合戦を主題として、その時代や人物を描いた叙事的な作品が多いのですが、『判官物語』『義経物語』の別称からもわかるように源義経個人の数奇な生涯を描いた一代記的要素を持つ点から、他の軍記物語と性格を異にし、説話文学的要素が強いものとなっています。

遮那王から九郎判官へ波乱の一代記

物語の内容は、大きく分けて、遮那王としての幼時を描く前半と、義経としての北国落ちを描く後半とに分かれますが、義経が源平の合戦において次々と勝ち平氏を滅ぼした英雄であった時期はほとんど描かれていません。武将としての義経の活躍は『平家物語』の中でも際立ったエピソードであり、そこには描かれない生い立ちと没落の話に焦点をあてた『義経記』は、語り本の『平家物語』と相補関係にあるといえます。おそらく当時の判官びいきの風潮を背景に、

巻第三。義経と弁経の五条大橋の場面。巻三の内容は、ほぼ弁慶の伝記である。

各種存在した義経伝説を取捨選択して一代記風にまとめたものであると考えられます。そして今日の義経や従者たちのイメージの多くはこの『義経記』によるところが大きいのです。

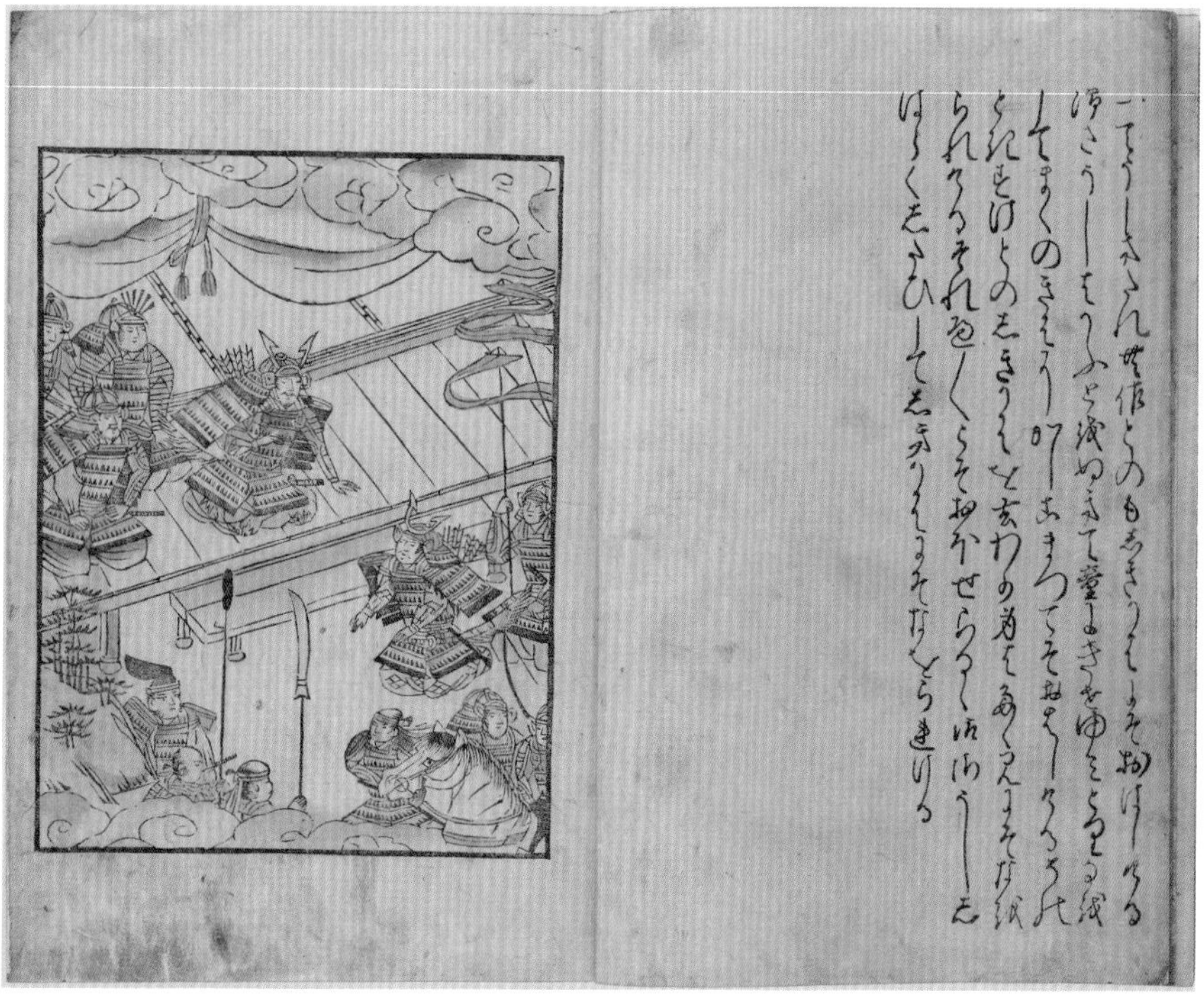

巻第四。兄頼朝のもとに馳せ参じる義経の場面。『平家物語』には無く、鎌倉幕府が編纂した『吾妻鏡』にのみ言及されている場面。

『義経記』の前半には常盤物語、遮那王物語、鬼一法眼物語、熊野の修験者が関わると推定される弁慶物語などが含まれ、独立の語り物であった各物語が、義経の一代記として集成されています。後半の北国落ちでは、義経の従者たちの行動が中心に描かれ、特に弁慶の活躍で危機を逃れ奥州平泉に到着しますが、義経は脇役的な存在となっています。『義経記』の作者や正確な成立年代は未詳ですが、北国下向の経路の記述が詳しいことから、北国路を往還した修験者がその語りの発生にかかわったと推定されています。義経の不遇を描きながらも、弁慶らの豪快で笑いに満ちた行動のため物語は明るいものとなっています。

史実とは異なる室町物語風の筋運びには、京都の都市庶民の生活感覚が反映していると考えられます。他の文学作品への影響は軍記物を題材にした幸若舞からのほうが強く、『義経記』が本格的に流布するのは、江戸初期の版本刊行以後になります。

『義経記』の流布本

江戸時代初期における『義経記』の刊本は、元和から寛永年間(一六一五〜四四)に五種類、細かく分けると六種類の版が見つかっています。当時主流になった木活字版だけでなく、需要が多かったのか以前行われていた一枚の板に彫る製版本が加わっているのが特徴です。岩崎文庫には、挿絵入りの丹緑本が二種類と、同じ時期の異なる種類の版本があり、挿絵入り版本としてはもっとも古い丹緑本の方は、日本古典文学大系本の底本になっています。

丹緑本は、江戸時代初期、寛永(一六二四〜四四)から元禄(一六八八〜一七〇四)頃、挿絵に筆で朱(丹)・緑・黄色・青などの彩色を加えた版本で、丹と緑とが最も多く用いられていることから丹緑本と呼ばれています。本来、鑑賞・愛玩用に加工された本で、軍記物、御伽草子、古浄瑠璃などに多く、彩色の手法は単純、素朴で独特の筆致に特徴があり、それが蔵書家に喜ばれ、珍重されてきました。

（川合）

ぶんしやうのさうし

「めでたさ」に包まれた御伽草子の代表作

寛永頃刊　丹色無地表紙　四針袋綴装　楮紙　縦二六・〇×横一八・〇糎　二冊

室町時代から江戸時代初期にかけて作られた物語草子を総称して「御伽草子」と呼びますが、なかでも代表的な作品の一つに数えられるのが『文正草子』です。常陸国（今の茨城県）鹿島明神の雑色であった文太（のちの文正）が、一度は職を失うも製塩業で財を成し、さらに大明神に祈願して授かった娘二人の結婚によって天皇の外祖父となり、大納言にまで出世して長寿を全うするという、めでたい事づくしの物語です。伝本の数が極めて多く、形式も絵本や絵巻、屏風など、さまざまな形式のものが今に伝わります。本書は江戸時代前期、寛永年間（一六二四〜四四）頃に刊行された丹緑本です。

ハレの日には吉書を読もう

物語は大きく分けて二つの筋から構成されます。まず、庶民であった文正が無一文から財を成して立身出世するという長者譚、さらに美しく成長した娘たちに有力者がこぞって名乗りを上げる求婚譚です。庶民の立身出世、そして娘が帝や関白という身分ある男性と結ばれるくだりは古今問わずめでたいエピソードであり、祝儀性・祝言性を持つものとして広く愛好されました。正月に読むのに適した吉書として、また、嫁入りの際の祝儀物としても好まれたのです。

終盤では、文正自身は二位大納言、妻は三位、長女は関白北の方、次女は天皇の后、孫は天皇・関白・后に並び立ち、その栄華は極まります。子孫まで繁栄が続くことを予感させるこうした結末は、『住吉物語』のような中世王朝物語の流れを継承し、貴族栄華の図式の中に庶民の栄華観を入れ込んでいるといえるでしょう。ただ、ほかの物語に定番の継母にいじめられる、いわゆる継子虐（いじ）めのくだりが『文正草子』にはなく、ましてや『竹取物語』のように栄華の後の別れが描かれることもありません。悲しさ、暗さを排除し、徹底して〝めでたさ〟だけを求めたところに、この物語の本質があるのかもしれません。

ときめく瞬間をズームアップ

伝本は八〇件以上にわたるとも言われ、その本文の相違から分類し系統整理をする研究が進められてきました。東洋文庫所蔵の寛永頃堅型版本『ぶんしやうのさうし』は、伝本のおよそ半数以上を含む、もっとも多く流布した系統に属すると思われ、刊本としてももっとも古く、多くの伝本の祖本とされます。同じ系統のなかでも特に、寛文四年長尾平兵衛刊『ふんしやうのさうし』、奈良大学図書館所蔵の奈良絵本『文正草子』と近い関係にあるとされます。

挿絵は上巻五図、下巻六図の計一一図あります（本来ならばもう一図あるはずの上巻一二丁ウラが白紙になっています）。見開きになっている三図のうち一図は、二位中将が身分を隠して文正の館を訪れ、見事な贈り物や管弦で姉娘の心を摑み、ついには契りを結ぶ一連の場面に挿し込まれています。突然さっと一陣の風が吹いて御簾を巻き上げ、二位中将と姉娘の目と目が合って恋に落ちるシーンが切り取られており、物語をいっそう盛り上げます。御簾が偶然にもめくれたことで美しい女性の姿を垣間見てしまうという展開は、ほかにも『源氏物語』若菜上巻における女三宮と柏木や、『浄瑠璃物語』の浄瑠璃姫と牛若などとも共通するドラマチックな演出です。嫁入り道具としてのふさわしさゆえか、恋の場面に見開きで挿絵を入れ、作品の華やかさを前面に、ビジュアルでもいきいきと表現しようとする思いが感じられます。

（丹藤）

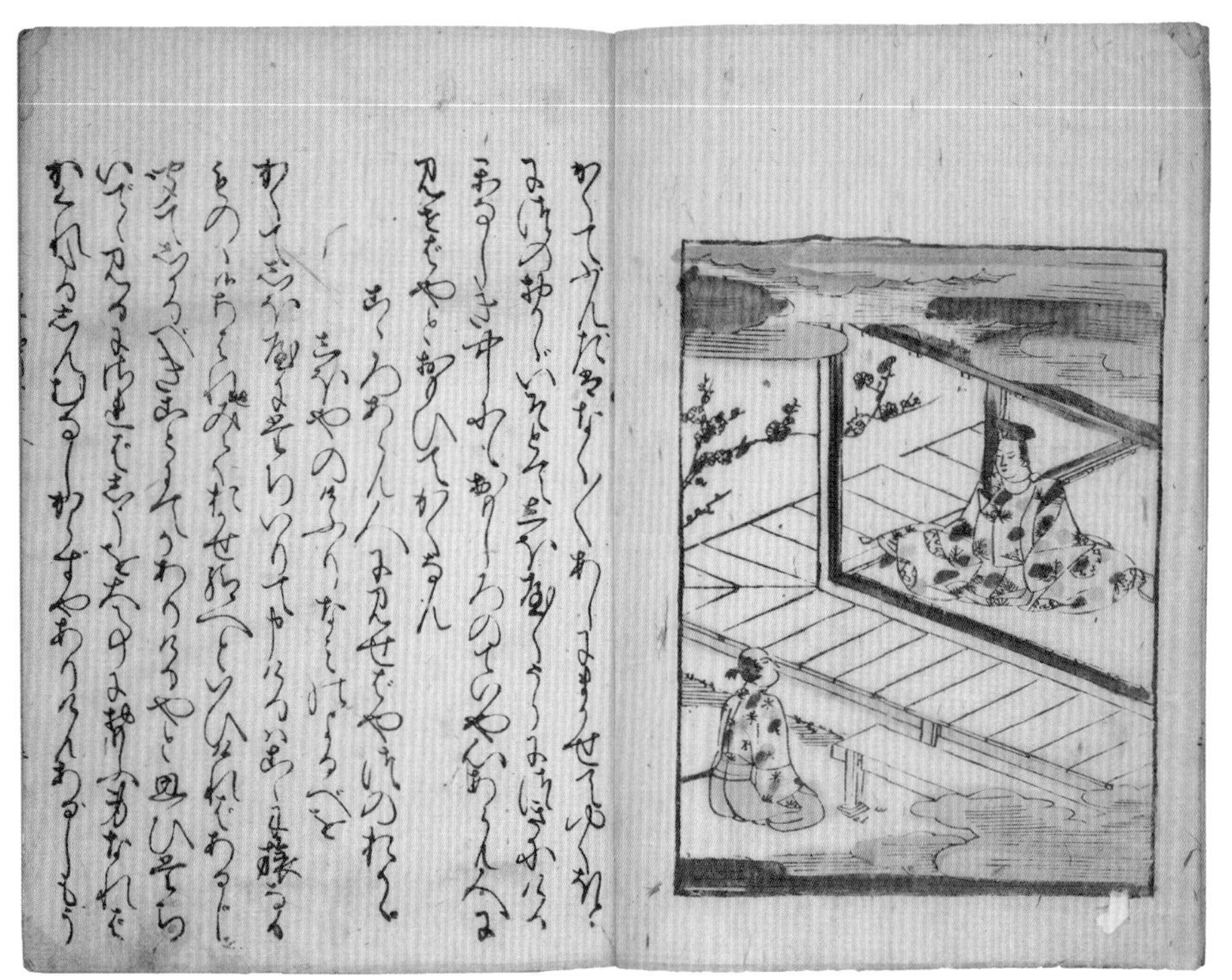

冒頭、仕えている鹿島明神の大宮司に勘当されてしまう文太(のちの文正)。

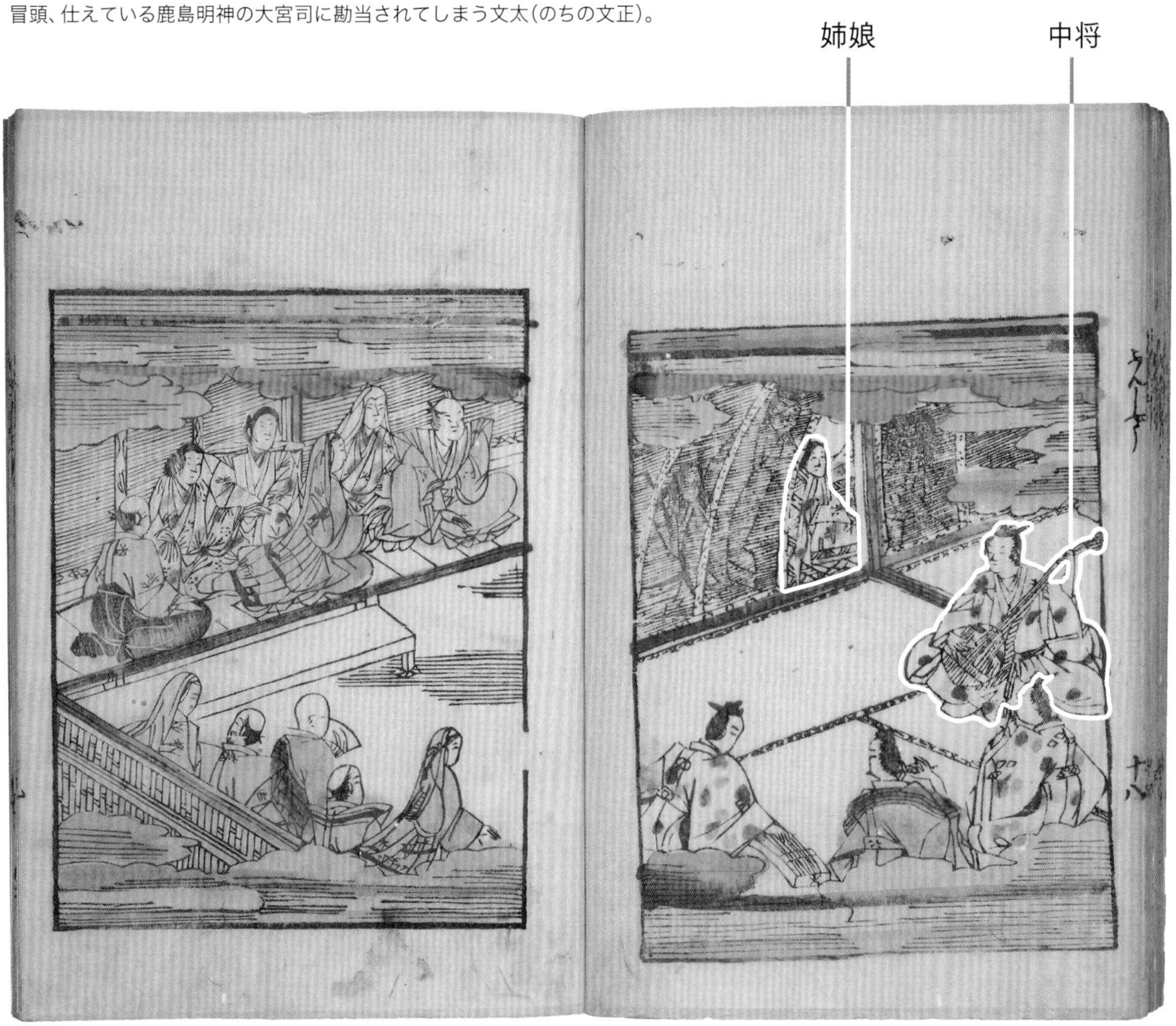

姉娘　中将

美しい姉妹の評判を聞いた二位中将は、身分を隠し文正の館を訪れる。突風が御簾を巻き上げたことで、中将と姉娘は互いを見、たちまち恋に落ちた。

浦島太郎物語（うらしまたろうものがたり）

知っているようで知らない あの有名な報恩譚

江戸前期写　緞子表紙　見返し総金箔　三二・三×全長二四・五糎　牙軸　金泥下絵
裏打切箔散らし　鳥子紙　巻子一軸

御伽草子の『浦島太郎』の話を主題とする、江戸時代の初め頃に制作されたいわゆる奈良絵本です。濃彩で金銀を用いた豪華なつくりで、本文の詞書は江戸前期に多くの奈良絵本や絵巻を書写した人物、朝倉重賢（じゅうけん）の筆跡によるものと考えられています。

伝説は一千年の時をこえ…

浦島太郎の話は、日本各地に伝承の地を持ち、古くは現存最古の歴史書である『日本書紀』や『風土記』に見られます。信仰とも結び付きながら伝説はさまざまに形を変えていき、中世頃には御伽草子にも包括されます。この御伽草子「浦島太郎」は、室町時代頃には絵巻・絵入り本化され、赤本や草双紙、錦絵にもなって、木版印刷が発達してからはさらに広く普及していくこととなります。その後明治時代に入ると、さまざまなメディアに掲載され、また教科書の教材としても採用されました。こうして一千数百年の時を経て、今も人々に親しまれている物語です。

「助けた亀」は乙姫様?!

絵巻のあらすじは次のようなものです。浦島太郎はある日、磯で亀を釣り上げますが、不憫に思い海に放します。すると翌日、海上で一艘の舟に乗った美しい女と出会い連れ帰ることに。女の頼みによって舟を出し本国へ送って行くとそこは竜宮城でした。太郎は女と夫婦となりますが、三年が過ぎて故郷が気にかかり、別れを告げて帰ります。しかしすでに七〇〇年以上が過ぎており、途方に暮れた太郎が女から「開けてはいけない」といわれ渡されていた箱を開けると、紫雲が湧き、太郎はたちまち老人に、さらに鶴となって蓬萊山へ行きます。そこで亀と再会し、のちに浦島明神として祀られました。

竜宮城で亀（女）が自分の親夫婦と太郎とを対面させる場面と思われるが、東洋文庫所蔵の本絵巻ではその内容を取り違え、物語序盤に太郎が女を家に連れ帰った場面として挿入した可能性がある。

亀を釣り上げる浦島太郎。現在では、浜辺でいじめられていた亀を太郎が助ける、という展開が一般的。

東洋文庫所蔵の本絵巻は、あまたあるお伽草子『浦島太郎』諸本の中でも、特に広く流布した系統の本文を有するものに区分されます。しかしながら一方で、その中でも、独自の解釈を持つものともいわれています。

そのうちの一つが、太郎の感情がはっきりと描写される点です。たとえば、太郎が故郷へ帰ることになった別れの場面で、女が今生の別れと泣くのを「浦島もうち聞いてさめざめと涙を流しけり」とありますが、女と一緒に太郎も泣くのは本絵巻しかありません。また、人ならざるものと婚姻を結ぶ異類婚姻(女房)譚においては、女が人間の男のもとを訪ねて来て夫婦となるのが定石です。この系統の浦島太郎の話においては、女が男を訪ねた後さらに竜宮城へ連れていくという二段階の構造になっていますが、このことに関して説明を加えているのが本絵巻です。同じく別れの場面で、女がじつは亀であると自らの素性を明かし、恩返しのために竜宮城へ誘ったのだとていねいに説明しています。

こうした本絵巻独自の変化は、瀧門寺(りゅうもんじ)所蔵の絵巻を土台に増補をした可能性が指摘されています。本絵巻において、本文と関わりがなく諸本にも例が見られない挿絵(第二図)に対応するものが瀧門寺所蔵絵巻には存在していることも、それを裏付けているといえるでしょう。

(丹藤)

菅家物語

学問の神様の哀しき由緒

江戸前期写　上巻後補鶯色無地表紙　下巻薄縹色二重亀甲繋地竜文様型押表紙　改装四針綴
鳥子紙　一七・〇×二五・一糎　二冊

菅原道真(八四五～九〇三)は、その才覚で宇多天皇らに重用されながら、周りの妬みにより太宰府に左遷されてしまう不遇の人物です。死後は鎮魂のために天神として祀られ、逸話も多く作られました。

語りつがれた天神様の伝説

本書は室町物語『天神の本地』の伝本の一つです。表紙右下に朱書で掲載順を示す数字を記し、詞書の行頭に書き入れる位置の目安となる針穴をあけていることなど、『まつらさよひめ』(本書一二六頁参照)同様、江戸時代前期・中期の頃に制作された横型奈良絵本の特徴を有しています。

伝来を示すいくつかの印記のうち、上巻、前見返しに「古竹／園主」(朱印陽刻方印。一・九センチメートル四方)がありますが、これは平野五岳(一八〇九～九三)という、豊後の真宗大谷派専念寺の住職(竹邨方外史なども号する)の印記です。儒学者の広瀬淡窓に学び、彼の私塾・咸宜園の門弟と交流、また文人画家

北野天満宮の境内の様子。登場人物の周囲に添えられた会話は、漫画の吹き出しを思わせる。

現人神となって都で荒ぶる道真（右）と法性房による鎮魂（左）の場面。

の田能村竹伝に私淑するなど、詩書画に秀でた僧侶として知られた人物です。

本書は冒頭部分を少し欠いていますが、あらすじは次のようなものです。道真に嫉妬した公卿、藤原時平は内裏に放火してその罪を道真に被せて命を奪おうとたくらみます。帝は道真の命を助け、太宰府（今の福岡県）へ配流とします。道真が愛情をかけて育てていた庭の梅の木は、主人を慕って都から飛んでいくのでした。道真は時平への復讐を決意しながらも筑紫で亡くなり、現人神となります。道真は師である比叡山の法性房のもとを訪れ、復讐を遂げるまで祈禱を行わない約束を強引に取り付けます。そして黒雲にのって都に向かい、時平は絶命しました。その後法性房が参内して鎮魂をし、北野の地に梅・松・桜を植えて天神を祀りました。

まるでお喋りが聞こえてくるように

慶安元年に刊行された『天神本地』と近い本文であるといわれますが、本書に特徴的なのが「画中詞」の多さです。画中詞とは、本文とは別に、挿絵の人物のそばに書き込まれたセリフとなる文章のことをいいます。たとえば終盤、後世に参拝者たちで賑わう北野天満宮の境内を描いた場面（下冊十一丁ウラ・十二丁オモテ）では、

男A「まつと御いそき候へ。かくらかはやはしまり中候。（もっと急いでください、神楽やお囃子が始まってしまいます）」

男B「いそくとすれと、おそく候、ゑほしかおちそふな。（急いだって遅いよ、烏帽子が落ちちゃうよ）」

といったように、軽妙な会話が交わされています。本筋とは関係のない人々の何気ない雑談が、いっそう細かに情景を伝えてきます。絵は素朴ながらも細かに描かれ上の図では、見開きの右頁には雷神の姿となった道真を、左頁には天神となった道真の姿を、それぞれ人物のポーズや雲を描き分けて対比するなど、工夫が凝らされていることがわかります。

（丹藤）

しだ

太平の世に武士の生き様を読む

江戸前期写　紺地金泥草花下絵表紙　見返し卍繋ぎ金紙　四針綴　鳥子紙
三三・二×二五・五糎　二冊

幸若舞曲（こうわかぶきょく）「信田（しだ）」を主題とする大型の奈良絵本です。濃彩の挿絵を有するとともに、全丁に金泥や淡彩による料紙装飾を施した、豪華なつくりになっています。物語は、主人公の信田が幼い頃父と死別し、姉婿の小山行重（こやまゆきしげ）の裏切りにあって領地を追放され、その後も人買いに売られるなど次々と降りかかる困難に立ち向かいながらも、家臣や姉に助けられ、最後は陸奥国（今の青森県）の領主の養子となって敵討ちを果たすまでを描きます。

大団円の喜びは困難があってこそ

幸若舞という、室町時代中期から末期にかけて武家の間を中心に流行した芸能の一種があります。簡単な動作を伴う語り物で、その語り台本を読み物として転用した「舞の本」と呼ばれるものも作られました。これは寛永年間（一六二四～四四）に整版本（三十六番、番外四番）が出版されると広く普及します。題材となるのは主に軍記物語で、主人公が何らかの敗北、逃亡、流罪といった逆境へ転落し、苦難の人生を歩まねばならなくなる展開がお約束となっています。

「信田」は舞の本の中でも最長編の作品で、その波乱万丈のストーリーが目を引きます。室町物語の「堀江物語」「村松物語」「師門物語」などと同様に御家騒動を描きつつも、主人公が順境から逆境へ転落し、人買いの手を転々としながら、最後は自らの貴種を明らかにして報復を果たすところは、説経「山椒大夫」と重なります。平安時代中期頃に名をはせた豪族、平将門にまつわる東国伝説に根差している部分もあり、両者のもととなった物語があった可能性が考え

乞食に身を落とした信田が若者たちに打たれる挿絵は、影響を受けた版本にはない。信田を見舞う苦難を印象深く表現し、大団円のカタルシスをいっそう盛り上げる。

通常の奈良絵本よりも一回り大きな判型の本書は、見開きでドラマチックなシーンが描かれる。

られますが、詳しい実態はわかっていません。

発注者の指示か？定型と異なる東洋文庫本

ところで、「舞の本」は、挿絵を交え豪華に仕立てた奈良絵本・絵巻も制作されました。このうちには、寛永の整版本などの影響を受けつつ、独自の絵画表現を交えて制作された例が散見されます。東洋文庫所蔵の本書も寛永版に近いものですが、いくつかの挿絵を増補し、主人公の苦難のさまを強調するなど、独自の工夫もみられます。

加えて特徴的なのが、本の大きさと本文の一頁あたりの行数です。東洋文庫には、『しだ』のほかに、装訂や画風を同じくする四つの大型奈良絵本（『まむぢう』『しぐれ』『たまも』『むらまつ』）が所蔵されています。同時期に同一の工房で制作されたものと推測されるこれらの作品は、十七世紀後半に多く作られた特大縦型奈良絵本と比べると大きなサイズです。また、一頁あたりの本文の行数は一二行と、特大縦型ならびに一回り小さい半紙縦型の奈良絵本がほぼ一〇行であるのに対して多くなっています。類例とは異なる珍しい特徴を持つものとして、研究上でも注目を集める作品です。

（丹藤）

まつらさよひめ

あわや人身御供！　孝行娘が拓いた人生

江戸前期写　紺地金泥箔散打霞金地笹下絵　見返し銀地箔野毛散　四針綴　間似合紙
一五・六×二三・二糎　二冊

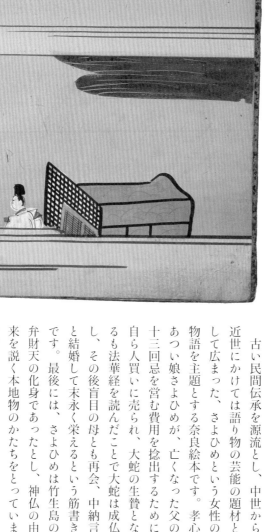

古い民間伝承を源流とし、中世から近世にかけては語り物の芸能の題材として広まった、さよひめという女性の物語を主題とする奈良絵本です。孝心あつい娘さよひめが、亡くなった父の十三回忌を営む費用を捻出するために自ら人買いに売られ、大蛇の生贄となるも法華経を読んだことで大蛇は成仏し、その後盲目の母とも再会、中納言と結婚して末永く栄えるという筋書きです。最後には、さよひめは竹生島の弁財天の化身であったとし、神仏の由来を説く本地物のかたちをとっています。

親しまれ語り継がれた物語

さよひめの物語のルーツは、古くは八世紀頃から肥前国（今の長崎県）松浦郡において伝承されていたものと見られ、記紀神話や風土記、『万葉集』にもその種を見ることができます。特に、中世から近世にかけては語り物の芸能になって各地の人々に親しまれ、それと関わりあいながら草子類も作られていったと考えられます。『さよひめ』『竹生島の本地』『壺坂』『まつら長者』などの名称でさまざまに諸本が伝わり、東洋文庫所蔵の奈良絵本『まつらさよひめ』は、説経「松浦長者」と深く関わるとされる京都大学美学研究室所蔵の奈良絵本『さよひめ』と近い位置にあるようです。説経（説経節）とは、仏教の説話や縁起を節を付けて音楽的に語る芸能のことをいいます。本書自体は江戸時代前期の成立ですが、内容としては古態をとどめています。

ほのぼのと温かみのある絵

挿絵は全部で九図あり、人物の顔は丸く小さく、体の線もどこか丸みを帯びているところがあるなど、可愛らしく素朴な味わいがあります。

下冊六丁裏の、さよひめが大蛇（造形としては龍）と対峙しながら法華経を読誦する場面においても、緊迫したシーンではありつつもあまりそれを

長者夫婦は子宝に恵まれず、観音菩薩に祈願した。すると玉を磨いたかのように美しい姫(さよひめ)を授かった。

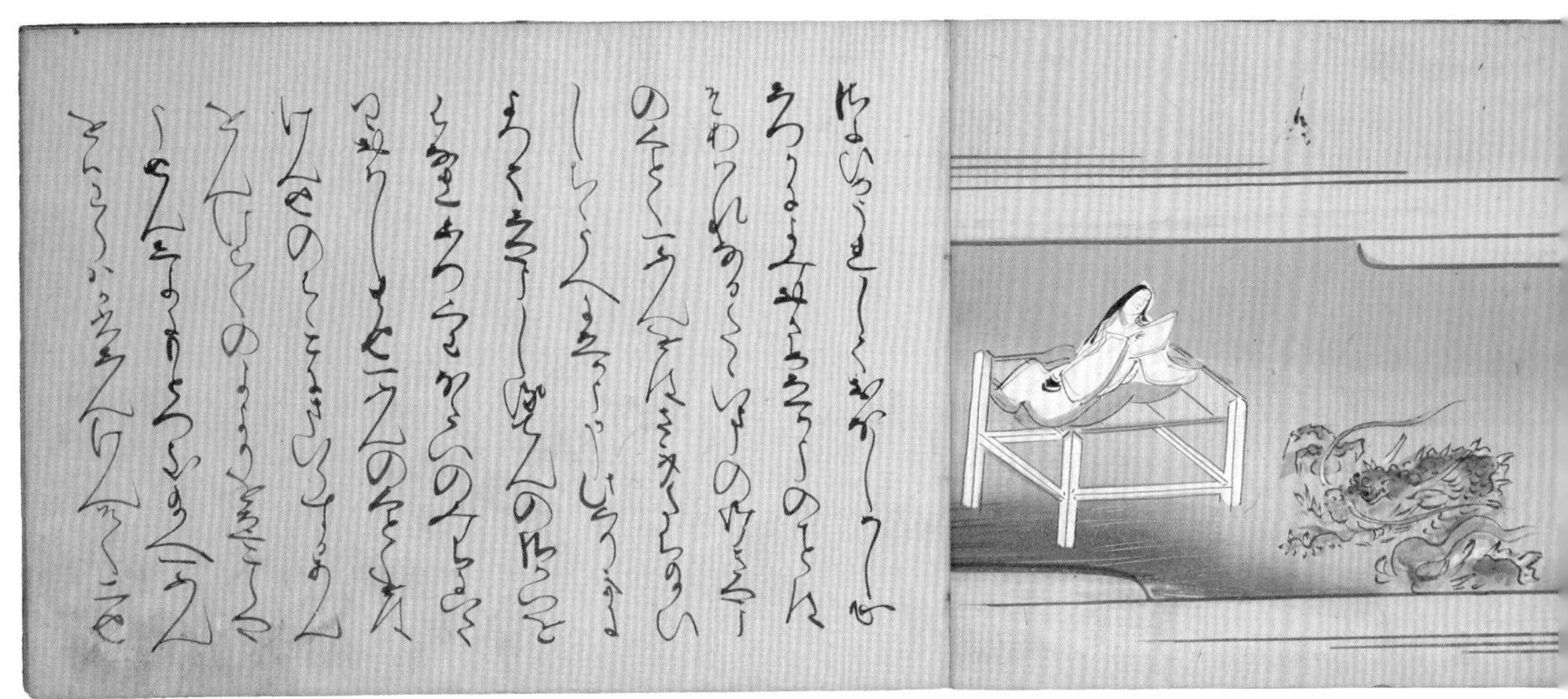

大蛇の生贄として捧げられたさよひめは法華経を読誦する。最後に経典でなでると、大蛇は美しい女の姿に変わった。

感じさせない絵の魅力があります。ちなみに、一部の挿絵紙背の墨書には「まつたけ(松竹)」「つほさか(壺坂)」「うはかわ(姥皮)」と、ところどころに異なる室町物語の挿絵が用いられていることがわかっています。

このように挿絵紙背に墨書で作品名を記している点や、表紙右下に朱書で「一(二止)」と掲載順を示す数字を書いている点は、江戸前期・中期に制作された横型奈良絵本の特徴でもあります。ほかにも、詞書の上下に針穴が付けられていることも、同様にこの時期の作品であることを示しています。針見当ともいい、これはバランスよく詞書を書くために各行頭や行末に目安として穴をあけたものです。残された痕跡が、制作現場での様子や作品の成立年代を示しています。

(丹藤)

しゃかの本地

お釈迦さまの一生を語る豪華絵本

江戸前期写　紺地金泥絵霞銀泥絵梅　見返し布目地金紙　鳥子紙
三〇・一×二二・五糎　三冊

仏教の開祖、釈迦の一生を語る物語「釈迦の本地」を描いた奈良絵本です。天竺迦毘羅国に王子として生まれ、結婚して一子を成すも、一九歳で王宮を去って出家し、三五歳で悟りを開き、諸経を説き終わって八一歳で入滅するまでを辿ります。この物語は、中世から近世にかけて写本、絵巻、絵入本など、さまざまな形で広く流布しました。本書に明確な書写年は記されていませんが、下巻前表紙の裏打ちに使われた反故紙に「慶安五年辰／正月十三日」の記載があることから、おおむねそれに近い時期に制作されたと考えられます。本文の書写者は、その筆跡から実践女子大学図書館蔵『おちくぼ』(春)などと同一の人物であると考えられています。見返しにはすべて布目地の金紙が用いられ、遊紙には料紙装飾が施されているなど、極めて豪華な仕立てです。

激動の生涯をダイジェストで

現存する諸本は多く、それらを系統付けて分類する研究も進められています。はっきりと分けられるものばかりではありませんが、大きく分けて三つ、内容が簡略で分量も短い「伝記系」、残存数が多くさまざまな形で展開し、伝記系から増補、改変されたと見られる「本地系」、本地系を踏まえながらも甚だしく改変し物語の枠組みも再構築した「釈迦物語」があります。東洋文庫所蔵の本書はもっとも多くの諸本が属する「本地物系」で、さらにその中で、広く流布した系統の本文を全体的に簡略にした、略本のグループに位置付けられます。同様のものにはほかに二本あり、特に金刀比羅宮図書館所蔵の絵巻『しゃかの本地』(五軸)とは調巻や絵の位置が一致しており、本文のみならずかたちの上でも関連がうかがえます。

迦毘羅国の優れた王子として成長する釈迦の様子。中国風の宮廷建築や装束で描かれている。

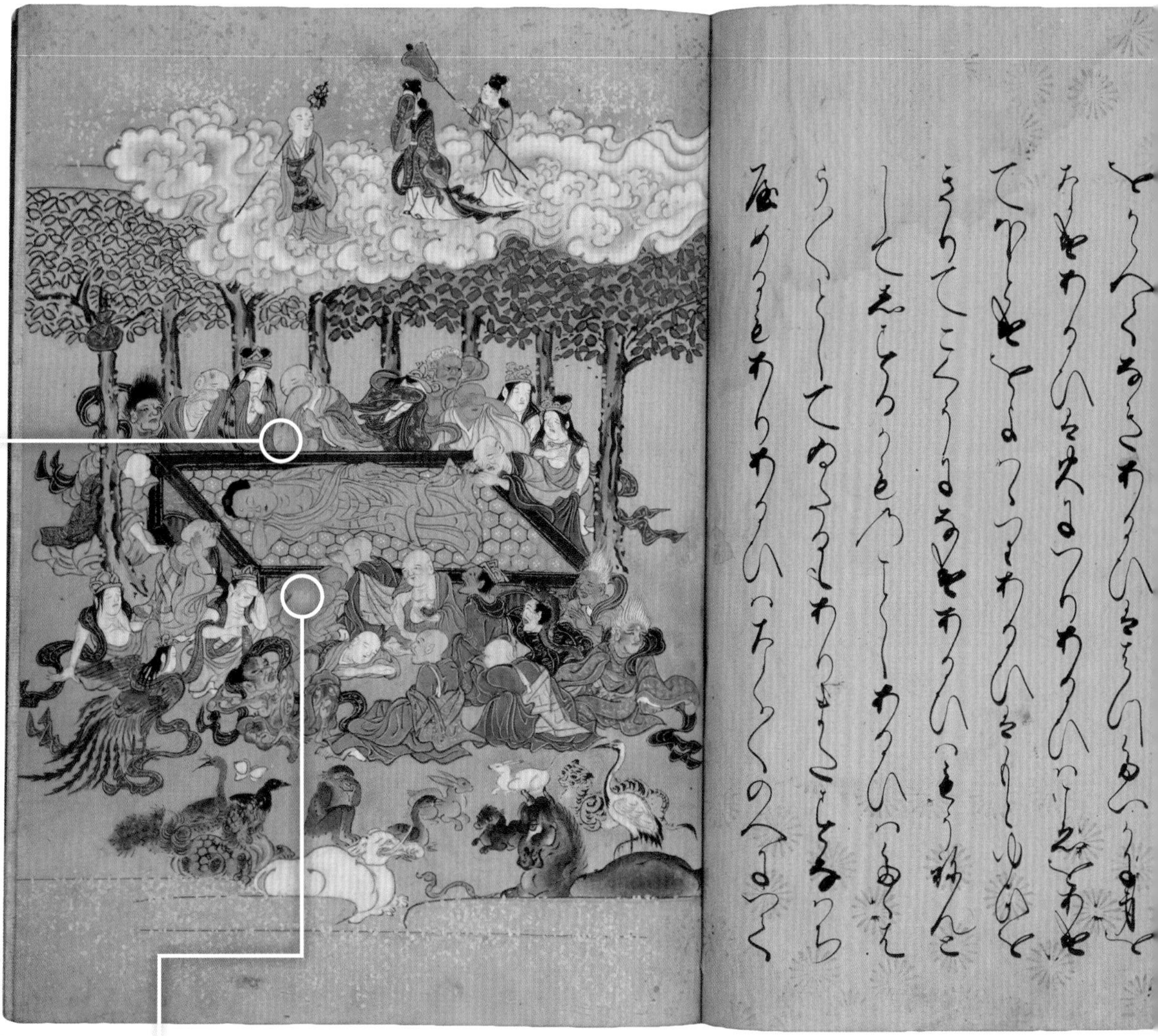

下巻最終丁。釈迦の涅槃(入滅)の場面。沙羅双樹の下に横たわる釈迦を、諸菩薩や弟子のほか鳥獣も取り囲んで嘆き悲しむ。

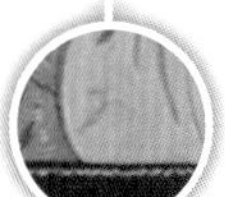

書き入れ「あ」。青色で着彩するための指定。

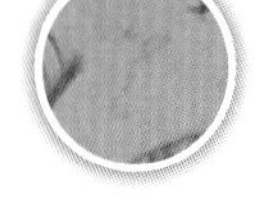

書き入れ「をと」。黄土色の指定。

掌上のきらびやかな仏教世界

本を開くと、金紙や料紙装飾のきらめき、そして濃密に塗られた挿絵の華やかさ、細かさに目を奪われます。よく目を凝らすと、挿絵のほとんどに下絵の線が残っており、衣装や調度品に「をと(黄土色)」「ちや(茶)」「あ(青)」など、絵の具で塗る際の色指定の痕跡があることがわかります。手作業で一つ一つ描いていた当時の制作現場の様子がうかがえるようです。挿絵は全部で一八図ありますが、下巻の最終丁の釈迦の涅槃のくだりで本文が途中で終わっていること、また、ほかの伝本との比較により、本来挿絵はもう二図ほど入っていたと推定されます。挿絵は諸本それぞれ異なるところが多く、本文の分類を越えた図様や構図の一致が見られることもあります。同じ制作の現場であっても異なる粉本(手本)が使われていた、あるいは工房を越えて粉本が共有されていた可能性も考えられます。

(丹藤)

鉢かづき

"鉢かぶり姫"のシンデレラストーリー

江戸前期写　紺地橙色雷文繋錦地緑四方喰文様散表紙　見返し金地
四針綴　鳥子紙　二三・四×一七・四糎　列帖装一冊

中世から近世にかけて人々に広く知られた御伽草子「鉢かづき」を主題とする奈良絵本です。鉢をかぶった姿の娘が、継母に家を追い出されてから、ある御曹司に見初められて結婚し、幸せを得る物語です。本書は奈良絵本の作例がもっとも多い江戸時代前期、寛文年間(一六五五～八五)頃に制作されたと考えられています。

苦難の果てには良縁が

河内国(今の大阪府)に住む備中守には娘が一人いました。その姫が一三歳の頃に母親が病で倒れますが、亡くなる間際の母から頭に鉢をかぶせられます。はずれない鉢をかぶった姫は継母に家を追われ、山蔭三位中将の家で下女として雇われて四男の御曹司に見初められますが、反対する彼の母に三人の兄嫁との「嫁くらべ」をいい渡されてしまいます。すると勝負の前に鉢が取れ、鉢からは沢山の財宝があふれ出します。姫の美しい顔も明らかとなり、臨んだ嫁くらべにおいても管弦や歌の道に優れた才能を示したため、無事に結婚が叶います。出家していた父とも再会し、幸せに暮らしました。

いわゆる継子虐め譚でありながら、主人公が「鉢」というキーアイテムによって不幸から脱却し、幸福を得る女性へと変化することが特徴的です。なぜ姫の実母は鉢をかぶせたのか、それは「さしも草深くぞ頼む観音誓ひのままにいただかせぬる」という辞世の句にあるように、姫の幸せを願って観音に願いを託す、信仰の想いがありました。そうとは気

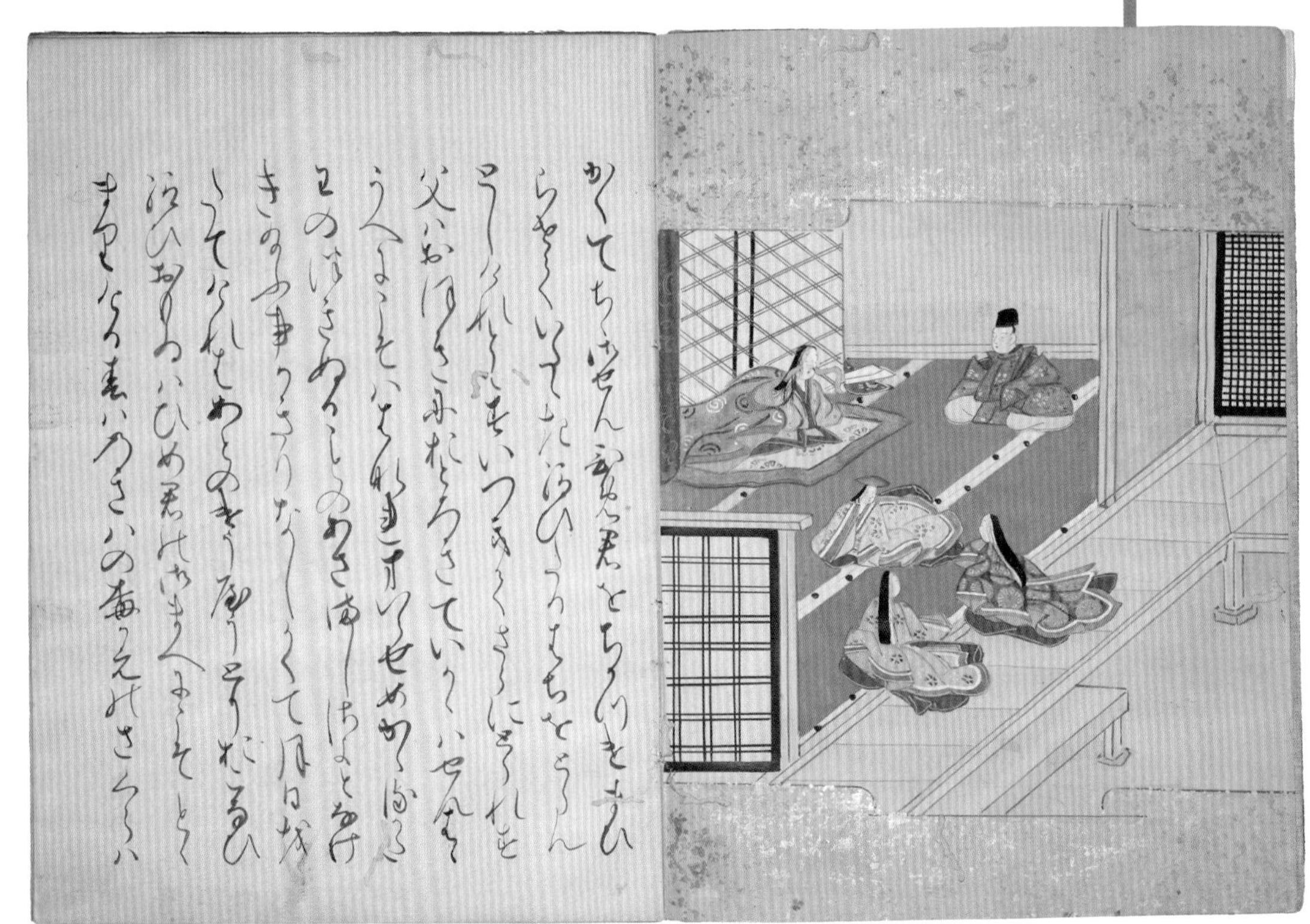

母は娘の頭に大きな鉢をかぶせ、辞世の句を詠むと亡くなった。

づかず、ままならない身の上をやるせなく感じる姫でしたが、最後に鉢が外れ宝物が出現したのを見て、母の観音信仰のご利益だと気づくのでした。

　奈良絵本である本書の挿絵は、素朴ながらも丁寧に着彩され、人物の描写がほのぼのと愛らしく感じられます。肝心の姫の頭には、ちょこんと傘のような「鉢」が乗っています。筋書きからいえば、鉢を目深にかぶるせいで顔が見えないはずなのですが、この絵では読者に愛らしい姫の容貌を垣間見せています。

時代がつむぐ「幸せ」のバリエーション

　鉢かづきの物語の絵本化は、近世、赤本や黒本・青本、黄表紙といった草双紙においても展開しています。ベースとしてお伽草子を受け継ぎながらも、脚色を施した作品が出てきます。

　たとえば、東洋文庫も所蔵する黒本（青本）『鉢かつき嫩振袖』（明和二年刊、鳥居清経画）は、お家騒動をめぐるストーリーになっています。ある長者に初花姫という姫がいましたが、横恋慕した雲間の王子という男に殺され、家宝も奪われてしまいます。その後、鉢を被った娘が出現し、家宝が見つかったことでその鉢が取れて、中から娘が真の初花姫であることを示す手紙が出てきます。雲間の王子は滅ぼされ、本物の初花姫はめでたく恋人と結ばれる…という物語です。

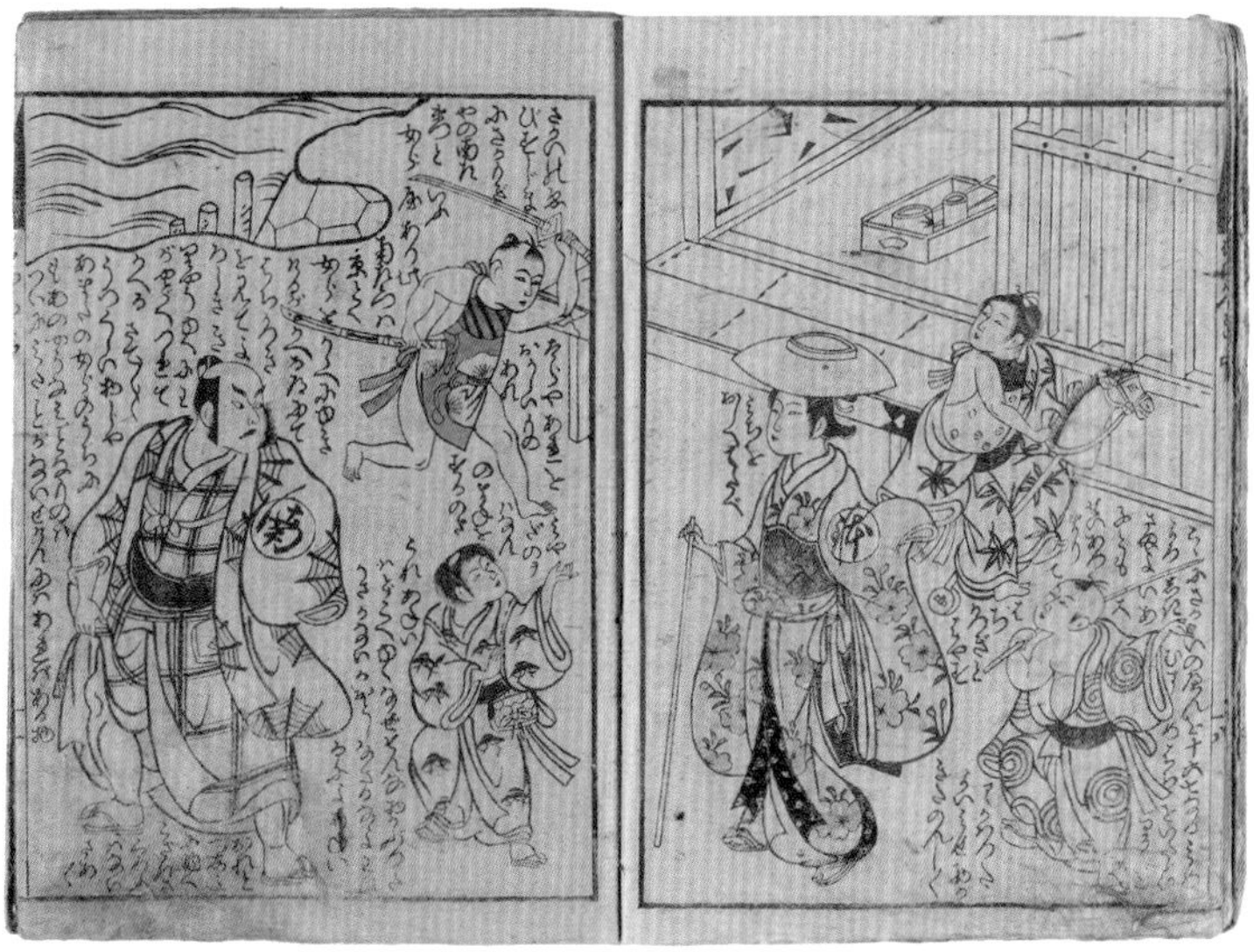

　ほかにも、江戸後期に活躍した戯作者、山東京伝作の『八被般若角文字』など、鉢を頭にかぶった女性のモチーフは後世の作品に登場しています。一度辛い経験をし、最後は幸せな結婚をするという大枠は共通するものの、草双紙の世界においては、鉢の役割よりもむしろ一人の女性の成長や変化が描かれ、それぞれの物語世界に異なる鉢かづき姫像を見ることができます。

（丹藤）

山蔭三位中将に拾われ、湯殿係として働く姫を、四男の御曹司が見初める。

『鉢かつき嫩振袖』より、鉢をかぶった姫（初花姫）。

東洋文庫のキリシタン版

豊島正之（とよしままさゆき）
上智大学文学部教授

キリシタン版は、キリスト教宣教会の一つイエズス会が、ザビエル来日(一五四九年)以来の布教に伴い、天正少年使節の帰国(一五九〇年)から日本追放の一六一二年までの二〇年強の間に日本で印刷刊行した出版物の総称で、現存するものは約三〇種、他に、禁教に伴う迫害で滅失したと覚しいものも少なくなく、現存本もすこぶる稀覯である。東洋文庫に、そのうち三点・他に写本一点を蔵するのは、まことに僥倖というべきである。

ドチリーナ・キリシタン

八折(octavo)判一冊。一五九二年天草イエズス会コレジョ刊、日本語・ラテン文字(ローマ字)横書き。本書は、一九五二年七月十九日を以て重要文化財(第〇一五三六号)の指定を受けている。

本書の通称は、キリスト教教義を意味するポルトガル語Doutrina christãa (christãaは、形容詞christãoの女性形)に拠る。キリシタン版には四種が現存し、初期の国字(漢字仮名交じり)本(バチカン図書館)、初期ローマ字本(東洋文庫)、後期国字本(ローマ・カサナテ図書館)、後期ローマ字本(水戸彰考館)に、各一部が残り、それぞれ天下の孤本である。この四種は、文字種こそ異なるが、内容に大きな違いは無い。

本書の扉は「日本のゼズスのコンパニヤのスペリヨルよりキリシタンに相当の理を互ひの問答の如く次第を分ち給ふドチリナ」と記し、ここで「より」は尊敬の主格(ロドリゲス「日本大文典」)、スペリヨル(上長)が「給ふ」の主語で、「日本イエズス会上長が、信徒の心得べき内容を二人の問答体にして順序付けてお作りになったキリスト教教義」の意である。sŏtŏ、mondŏ、tamŏなどのŏ(caron付き)活字はカウ、キャウ、サウ、タウ、リャウなどの長音のうち開音を示し、他にfôtô、condô、gamôのコウ、キョウ、ソウ、トウ、レウなどの合音用にô(circumflex付き)活字を備えて、開合を区別する工夫がなされ、これはキリシタン版のローマ字に一般である。

本書は、扉にある通り「師」「弟子」の問答体で、まず師が弟子に教義の基本理解をテストする問いを発して弟子が答え、次に、弟子が師にその教義の意味・背景などの不審を問う問答が続く。本書の翻訳底本とされるマルコス・ジョルジェ(Marcos Jorge)のDoutrinaに倣うのは「テスト」部分だけで、弟子が発する不審の問答はJorge原本に無く、恐らく当時のバルトロメウ・デ・マルチリブス(Bartholomeu de Martiribus)等のイベリア半島の教義書にある逐条解説を、問答体に仕立て直した(「理を互ひの問答の如く次第を分ち」)ものであろう。しかし、更に日本の布教の実情に即した問答も加えており、問答は時に論議となって、たとえば離婚不可の教義を説く師に対し、弟子が「これ余りに厳しき御定めなり、我が気に逆ひ、心にかなはざる者に、何とて添ひ遂ぐべきや?」と食い下がって、とうとう「離婚可・再婚不可」を導き出すあたり、「日本化」の面目躍如たる物がある。

本書遊び紙には、巡察使アレッサンドロ・ワリニアーノ(Alessandro Valignano)筆の、天正少年使節の欧州滞在に力を尽したエボラ大司教への献呈辞が残り、同種の献呈辞は、『日本のカテキスモ』(リスボン、パッソス・マヌエル〈Passos Manoel〉校蔵本)と『ばうちずもの授けやう』(天理図書館蔵)にも見えるので、天正少年使節が得て帰国した活字・印刷器と、リスボンで学んだ印刷技術の成果の、そのスポンサーの一人であったエボラ大司教への現物を以ての報告が、伝存したものである。

本書の最初の複製は、『東洋文庫論叢』第九の橋本進吉(一九二八年)『文禄元年天草版吉利支丹教義の研究』の附録に付されたコロタイプ複製である。この論考本篇は、その後のローマ字本

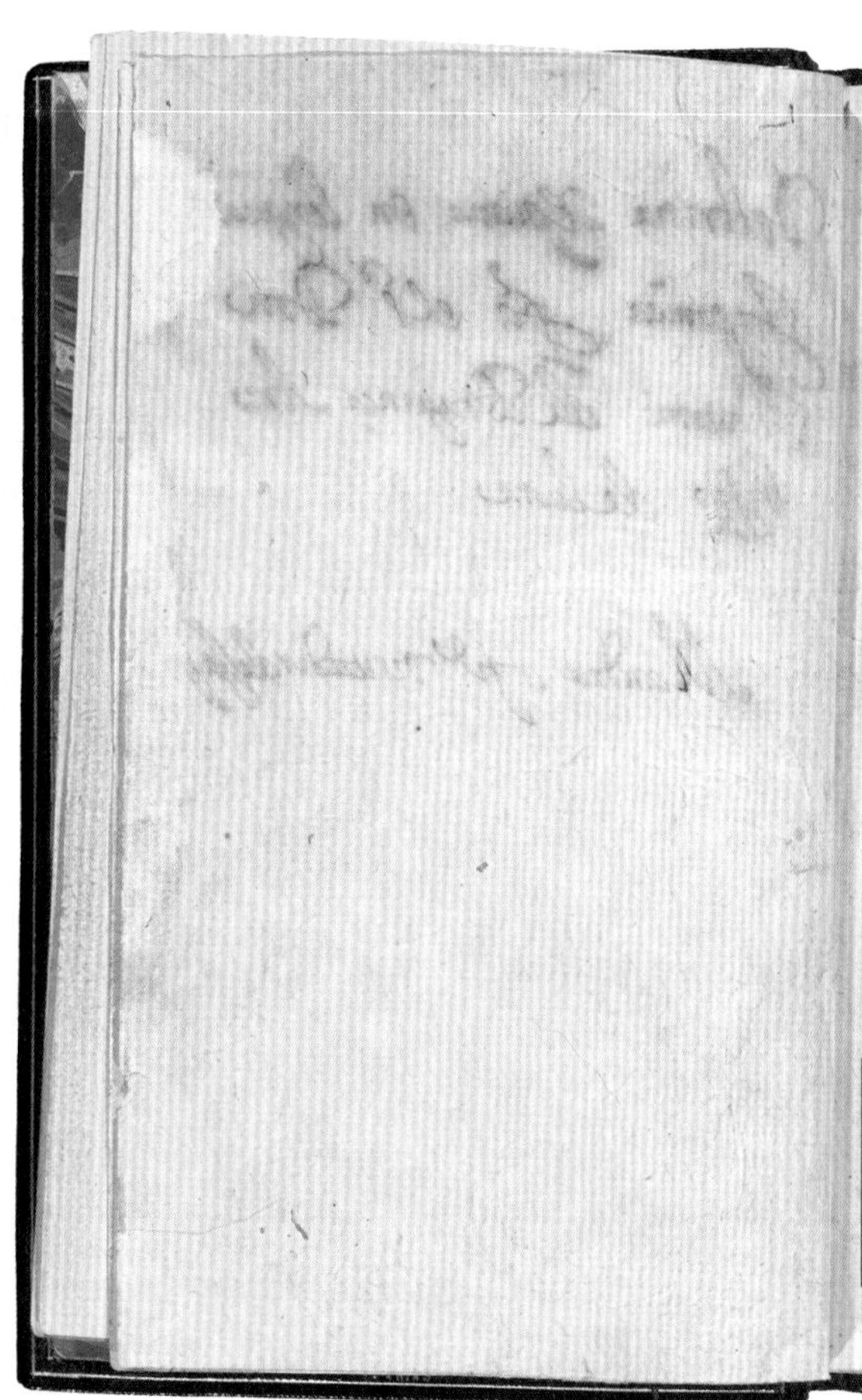

NIPPONNOIESVS
no Companhia no Superior
yori Christan ni sôtô no cotouari uo tagaino
mondô no gotoqu xidai uo vacachi tamô
DOCTRINA.

EGOSVMVIA,ETVERITAS,ETVITA

IESVS NO COMPANHIA NO COLLE-
gio Amacusa ni voite Superiores no von yuru
xi uo cômuri, core uo fan to nasu mono na
ri. Toqini go xuxxe no NENQI. 1592.

『ドチリーナ・キリシタン』扉
銅版画は、本文とは別に(恐らく本文印刷の前に)ローラープレス等で刷り出されたもの。「ゼズスのコンパニヤのコレジヨ、天草に於いて、スペリヨレス(上長)の御許しを蒙り、これを版となす者也。時に御出世の年紀1592.」とあり、NENQI(ネンキ)だけ大文字なのは、当時のANNO(主の年紀)を大文字とするのに倣ったもの。

キリシタン版研究の基礎を置いた画期の研究で、特にその語学的な取り扱いの方法論、ポルトガル風ローマ字の解読方針・その根拠などは、多くは現在も踏襲されている。

本書は、「東洋文庫善本叢書」の一つとして、二〇一四年にフルカラー複製された。

聖教精華(フロスクリー)

四折(quarto)判一冊。一六一〇年長崎イエズス会コレジョ刊、ラテン語をラテン文字横書き。

本書は、その標題「旧約及び新約聖書、聖なる博士達、並びに名だたる哲学者達の花より選び集めたる花束。イエズス会司祭ポルトガル人マヌエル・バレトに拠る(Flosculi ex veteris, ac novi testamenti, s. doctorum, et insignium philophorum floribus selecti. Per Emanuelem Barretum Lusitanum, presbyterum Societatis Iesu.)」が示す様に、日本第三代司教ルイス・セルケイラ(Luis Cerqueira)の秘書を務め、後に日本管区プロクラドール(財務責任者)の任にあった宣教師マヌエル・バレト(Manoel Barreto)(一五六四〜一六二〇年)を編者とする、聖書と教父・哲学者の著作よりの抜書集である。「Flosculi(フロスクリー)」は、小さな花を集めたもの・花束、転じて最も精妙なる部分の集成の意で、ここから「聖教精華」の訳が行なわれている。

abnegatio(否定)、abstinentia(摂生)、…、usura(享受)、zelus(嫉妬)と、概念語二八九語をラテン

語でアルファベット順に列挙し、それぞれに関連する短い章句八三〇〇余を、「聖教より(Ex diuinis literis)」、「聖・他の博士たちより(Ex sanctis et aljis doctoribus)」、「ギリシャ・ラテンの先哲より(Ex philosophis graecis et latinis)」の順に、分類した出典を付す。引用数では聖書が四二〇〇余と過半を占め、次いで聖アウグスチヌス(七三〇余)、聖グレゴリウス(五五〇余)、聖ヒエロニムス(二〇〇余)と教父が多く、先哲・古典期作家のセネカ(四〇〇余)、キケロー(七〇弱)も含む。あらゆる項目にまず聖句を引用し、教父・先哲の言がそれに続くので、序文も明記する通り、本書は聖書の内容別索引が主目的である。

Flores bibliæ(聖書の花束)と称する書は、当時の欧州で多数出版され、中でも一五七二年リヨン版Flores bibliæは、内題に「聖書の諸書より抜き出しアルファベット順に整序した記事の花束(Flosculi omnium fere materiarum ex acris Bibliorum libris excerpti atque ordine alphabetico digesti)」とあり、内容も附合する点が多く、本書の典拠の一つに数え得るであろう。

編者マヌエル・バレトは、日本イエズス会のコレジョでラテン語教師を5年以上務め、当代日本イエズス会きってのラテン語力を自負していた。自らポルトガル語・ラテン語辞書を編纂し、(出版には至らなかったが)自筆稿本(一六〇七年、三巻、一七六五丁の大冊、リスボン科学アカデミー)を残している。

日本イエズス会は、『ラテン文典』(一五九四年)、『ラポ日対訳辞書』(一五九五年)とラテン語・日本語を対照した文法書・辞書をまず出版し、その後もロヨラ『霊操』(一五九六年)、バルトロメオ『精神修養の提要』(一五九六年)、『ナバルスの懺悔』(一五九七年)、『金言集』(一六〇三年)、『サカラメンタ提要』(一六〇五年)とラテン語本出版を続けた。その掉尾を飾る本書は、日本イエズス会のラテン語力向上に責任を持つ立場にあったマヌエル・バレトの、強い意志を示す出版である。

本書は、他にポルト市立図書館、イェール大学バイネッキ貴重書図書館に二本が伝存するが、現存三本の中では、東洋文庫本が最も保存状態が良い。

本書は、「東洋文庫善本叢書」の一つとして二〇一四年にフルカラー複製された。

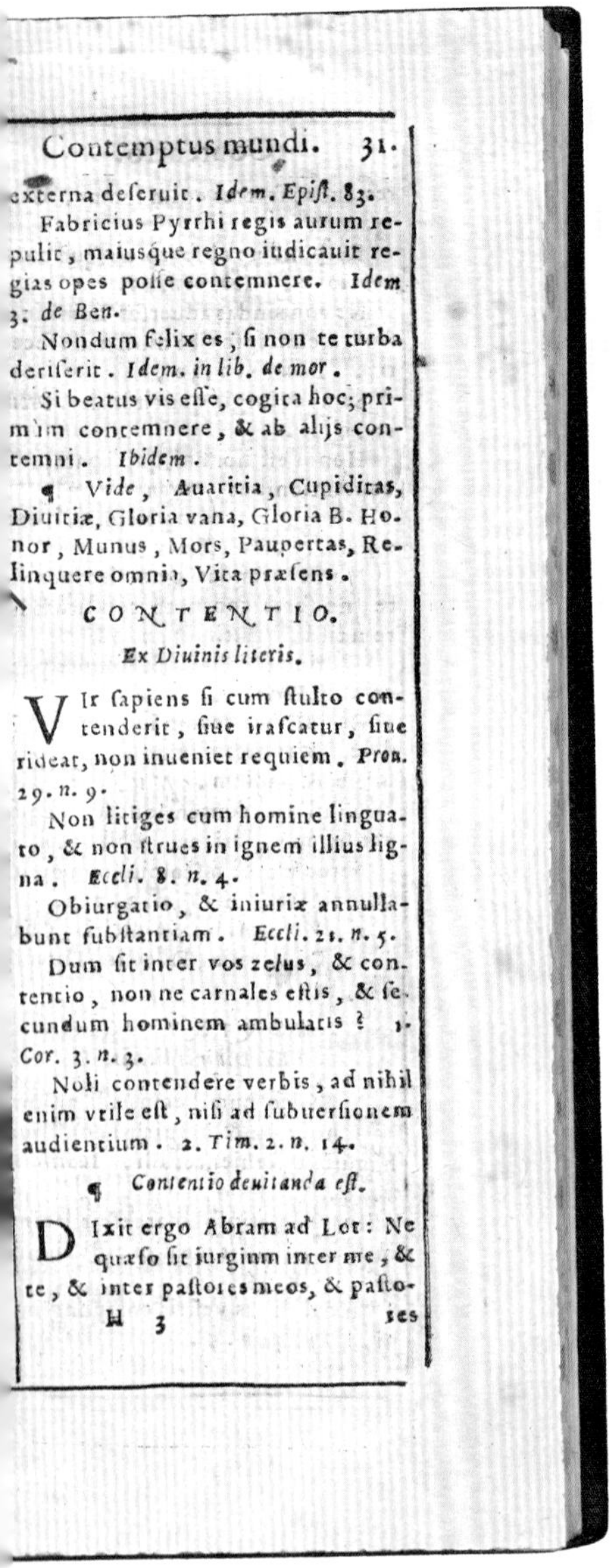

Contemptus mundi. 31.
externa deseruit. *Idem. Epist.* 83.
Fabricius Pyrrhi regis aurum repulit, maiusque regno iudicauit regias opes posse contemnere. *Idem* 3. *de Ben.*
Nondum felix es, si non te turba deriserit. *Idem. in lib. de mor.*
Si beatus vis esse, cogita hoc; primum contemnere, & ab alijs contemni. *Ibidem.*
¶ *Vide*, Auaritia, Cupiditas, Diuitiæ, Gloria vana, Gloria B. Honor, Munus, Mors, Paupertas, Relinquere omnia, Vita præsens.

CONTENTIO.
Ex Diuinis literis.

Vir sapiens si cum stulto contenderit, siue irascatur, siue rideat, non inueniet requiem. *Prou.* 29. *n.* 9.
Non litiges cum homine linguato, & non strues in ignem illius ligna. *Eccli.* 8. *n.* 4.
Obiurgatio, & iniuriæ annullabunt substantiam. *Eccli.* 21. *n.* 5.
Dum sit inter vos zelus, & contentio, non ne carnales estis, & secundum hominem ambulatis? 1. *Cor.* 3. *n.* 3.
Noli contendere verbis, ad nihil enim vtile est, nisi ad subuersionem audientium. 2. *Tim.* 2. *n.* 14.
¶ *Contentio deuitanda est.*
Dixit ergo Abram ad Lot: Ne quæso sit iurgium inter me, & te, & inter pastores meos, & pasto-
H 3 res

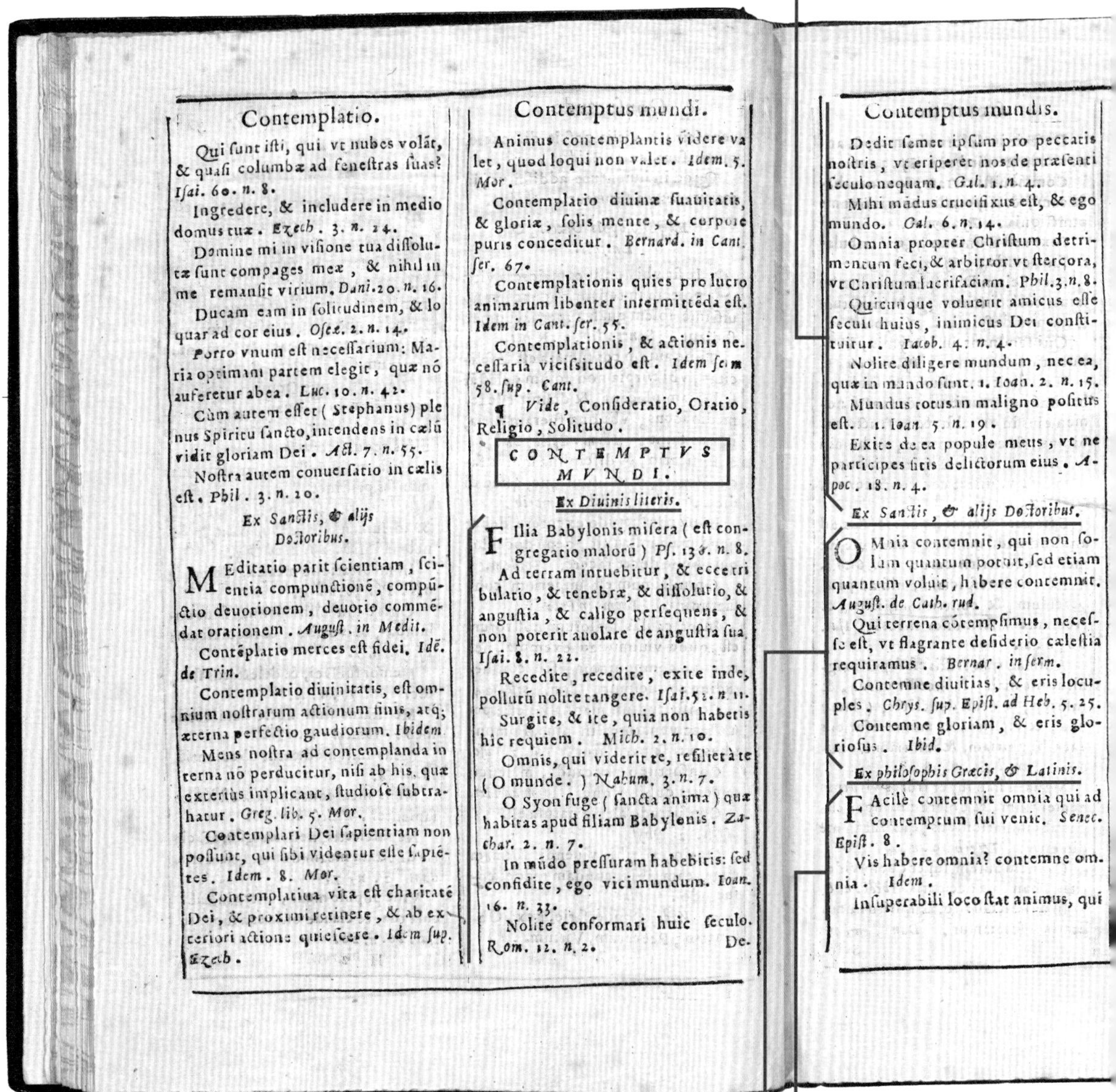

聖書の引用部分

Contemplatio.

Qui sunt isti, qui vt nubes volát, & quasi columbæ ad fenestras suas? Isai. 60. n. 8.

Ingredere, & includere in medio domus tuæ. Ezech. 3. n. 24.

Domine mi in visione tua dissolutæ sunt compages meæ, & nihil in me remansit virium. Dani. 10. n. 16.

Ducam eam in solitudinem, & loquar ad cor eius. Oseæ. 2. n. 14.

Porro vnum est necessarium: Maria optimam partem elegit, quæ nō auferetur ab ea. Luc. 10. n. 42.

Cùm autem esset (Stephanus) plenus Spiritu sancto, intendens in cælū vidit gloriam Dei. Act. 7. n. 55.

Nostra autem conuersatio in cælis est. Phil. 3. n. 20.

Ex Sanctis, & alijs Doctoribus.

Meditatio parit scientiam, scientia compunctionē, compūctio deuotionem, deuotio commēdat orationem. August. in Medit.

Contēplatio merces est fidei. Idē. de Trin.

Contemplatio diuinitatis, est omnium nostrarum actionum finis, atq; æterna perfectio gaudiorum. Ibidem.

Mens nostra ad contemplanda interna nō perducitur, nisi ab his, quæ exteriùs implicant, studiose subtrahatur. Greg. lib. 5. Mor.

Contemplari Dei sapientiam non possunt, qui sibi videntur esse sapiētes. Idem. 8. Mor.

Contemplatiua vita est charitatē Dei, & proximi retinere, & ab exteriori actione quiescere. Idem sup. Ezech.

Contemptus mundi.

Animus contemplantis videre valet, quod loqui non valet. Idem. 5. Mor.

Contemplatio diuinæ suauitatis, & gloriæ, solis mente, & corpore puris conceditur. Bernard. in Cant. ser. 67.

Contemplationis quies pro lucro animarum libenter intermittēda est. Idem in Cant. ser. 55.

Contemplationis, & actionis necessaria vicissitudo est. Idem ser. 58. sup. Cant.

¶ Vide, Consideratio, Oratio, Religio, Solitudo.

CONTEMPTVS MVNDI.

Ex Diuinis literis.

Filia Babylonis misera (est congregatio malorū) Ps. 136. n. 8.

Ad terram intuebitur, & ecce tribulatio, & tenebræ, & dissolutio, & angustia, & caligo persequens, & non poterit auolare de angustia sua. Isai. 8. n. 22.

Recedite, recedite, exite inde, pollutū nolite tangere. Isai. 52. n. 11.

Surgite, & ite, quia non habetis hic requiem. Mich. 2. n. 10.

Omnis, qui viderit te, resiliet à te (O munde.) Nahum. 3. n. 7.

O Syon fuge (sancta anima) quæ habitas apud filiam Babylonis. Zachar. 2. n. 7.

In mūdo pressuram habebitis: sed confidite, ego vici mundum. Ioan. 16. n. 33.

Nolite conformari huic seculo. Rom. 12. n. 2. De-

Contemptus mundi.

Dedit semet ipsum pro peccatis nostris, vt eriperet nos de præsenti seculo nequam. Gal. 1. n. 4.

Mihi mūdus crucifixus est, & ego mundo. Gal. 6. n. 14.

Omnia propter Christum detrimentum feci, & arbitror vt stercora, vt Christum lucrifaciam. Phil. 3. n. 8.

Quicunque voluerit amicus esse seculi huius, inimicus Dei constituitur. Iacob. 4. n. 4.

Nolite diligere mundum, nec ea, quæ in mundo sunt. 1. Ioan. 2. n. 15.

Mundus totus in maligno positus est. 1. Ioan. 5. n. 19.

Exite de ea popule meus, vt ne participes sitis delictorum eius. Apoc. 18. n. 4.

Ex Sanctis, & alijs Doctoribus.

Omnia contemnit, qui non solùm quantum potuit, sed etiam quantum voluit, habere contemnit. August. de Cath. rud.

Qui terrena cōtempsimus, necesse est, vt flagrante desiderio cælestia requiramus. Bernar. in serm.

Contemne diuitias, & eris locuples. Chrys. sup. Epist. ad Heb. 5. 25.

Contemne gloriam, & eris gloriosus. Ibid.

Ex philosophis Græcis, & Latinis.

Facilè contemnit omnia qui ad contemptum sui venit. Senec. Epist. 8.

Vis habere omnia? contemne omnia. Idem.

Insuperabili loco stat animus, qui

『聖教精華』「30ウ～31オ」
Contemptus mundi（現世を厭う事）の見出しの後、Ex Divinis Literisとして聖書の引用14件、Ex Sanctis & alijs Doctoribusとしてアウグスチヌス、ヒエロニムス等教父の引用3件、Ex philosophis Graecis & Latinisとして、セネカ6件を引用し、avaritia（貪欲）、cupiditas（欲望）、divitiae（富）等、他項目への参照指示を出す。

教父の引用部分

セネカの引用

奈良絵本の時代

齋藤 真麻理
東洋文庫研究員・
国文学研究資料館教授

奈良絵本とは、室町時代後期から江戸時代中期にかけて制作された絵入り写本の総称です。内容は御伽草子が最も多く、有名な物語や軍記、歌書などのほか、能や幸若、古浄瑠璃といった芸能も奈良絵本に仕立てられました。制作の詳しい実態は不明ですが、江戸時代前期は奈良絵本の全盛期で、濃彩の挿絵に金銀の箔や泥を施した豪華本が残っています。おめでたい内容のものは、嫁入り道具や正月の読み初めの本として愛好されました。

岩崎文庫は約20点の奈良絵本を所蔵しています。『浦島太郎物語』は竜宮のさまも見事な豪華絵巻です。また、奈良絵本の挿絵には、当時の口語で台詞などが添えられることがあり(画中詞)、その楽しさを堪能できるのが、北野天神と化した菅原道真を主人公とする『菅家物語』です。挿絵では物語と無関係の僧が尼を口説いていたり、北野社の参詣人が能「老松」を謡っていたりします。「老松」は道真ゆかりの飛び梅と追松の由来を語る能ですから、天神の物語らしい工夫だといえます。内裏炎上の挿絵では人々が大騒ぎ、軸物を手に「床の間にかかりたる絵にて候」と駆け出す男もいますが、ここにも同様の工夫が読み取れそうです。なぜなら、中世以降、天神信仰の高まりによって天神(道真)像が盛んに描かれ、掛け軸も数多く作られたからです。当時の読者はこの「絵」に天神像を連想したのではないでしょうか。本書は、人々が豊かな画中詞の世界に遊びつつ、文芸を楽しんだ時代の息吹をよく伝えています。

さらに注目されるのは、大型本の『しぐれ』『たまも』『しだ』『まむぢう』『むらまつ』です。これらは表紙や料紙装飾などの装訂のほか、挿絵の画風も似ており、同じ工房で制作されたのでしょう。『しぐれ』『たまも』は人気の御伽草子で、貴族の悲恋遁世譚と妖狐の討伐譚、『しだ』『まむぢう』は幸若、『むらまつ』は古浄瑠璃に取材した武家物です。つまり、これは作品のジャンルを超えた揃い本だった可能性もあり(石川透「東洋文庫の奈良絵本・絵巻について」『東洋学報』95-4、2014年3月)、全体はどのような作品で構成されていたか、興味は尽きません。注文主は大名家など、教養と富裕を備えた階層かと思われます。そのほか、やや珍しい絵入り本は『百寮訓要抄』です。これは広く流布した官職概説書で(小川剛生『二条良基研究』笠間書院、2005年)、文学性はありません。むしろ、武家の名誉や秩序形成に関する本を華やかな絵入り本にした意識が注意されます。

岩崎文庫の奈良絵本からは、制作と享受の姿や、美麗な奈良絵本が帯びていた祝言性も浮かび上がり、絵入り本の文化を読み解く示唆に満ちているのです。

『浦島太郎物語』より竜宮の場面

『菅家物語』より内裏炎上の場面

第4章

江戸時代の文学

——絵入版本の楽しみ

絵入好色一代男

井原西鶴の処女作にして代表作　珍しい新装版

天和二年大坂荒砥屋孫兵衛可心刊　稲妻形地巻竜文朽葉色表紙　巻三紺色表紙
二五・八×一八・二糎　三冊

『好色一代男』は井原西鶴(一六四二〜九三)の初めての小説です。また多くの影響作・追随作を生み、文学史上、浮世草子と呼ばれるジャンルが形成されるきっかけとなった作品でもあります。浮世草子の「浮世」とは浮き浮きと享楽的な世の中のこと、「草子」とは、この場合、絵入りの小説類のことです。

岩崎文庫の『好色一代男』

『好色一代男』は最初、大阪の荒砥屋孫兵衛可心によって刊行されましたが、その後、複数の版元からさまざまなバージョンが刊行されます。それほど『一代男』は人気があり売れたのです。

岩崎文庫の『一代男』にも同じ荒砥屋の刊記がありますが、一番最初に刊行されたバージョンではありません。文字や枠線の一部が欠けていることから、同じ板木を使ってもう一度刷り、表紙を変えて出した後刷り本とわかります。いわば新装版ですね。この岩崎文庫のものと同じ表紙の『一代男』が奈良の天理図書館にあるそうですが、その本は「現存『一代男』の諸本にして、他にこれと同表紙本のあるを知らない」(木村三四吾)といわれています。この表紙の『一代男』は、実はとても珍しいバージョンなんですね。ただし岩崎文庫の『一代男』は合冊製本されているので表紙が巻一と巻六の二冊分しかありません。

絵入版本としての面白さ

『好色一代男』の主人公は世之介といいます。作中では「浮世の介」とも書かれ、浮世を体現する男を意味する名前です。タイトルの「好色」とは色好みのこと、「一代男」とは子や跡継ぎがなく家を断絶させる男のことです。そんな世之介の一代記が『好色一代男』です。世之介七歳のおませな恋の始まりから、六〇歳で女性ばかりの伝説の島・女護の島へ向けて船出し、そのまま行方不明となるまで、五四年間の好色を一年一章、全五四章で描きます。この五四という数字は『源氏物語』が全五四帖であることに基づきます。世之介は、色好みの代表・光源氏の江戸時代版パロディなのです。

『源氏物語』のパロディは本の形として視覚的にも表れます。『一代男』の各巻目録には世之介の年齢が書かれていますが、これは『源氏物語』の注釈書にある「年立」の模倣です。年立とは作中の出来事を光源氏の年齢ごとに整理した年表のこと、二つ並べてみるとそっくりです。

『好色一代男』には諸国話の面白さもあります。世之介は、東は仙台・塩釜から西は長崎まで、さまざまな土地を巡ります。西鶴自画とされる挿絵にも、その土地ならではのものが描かれます。京都八坂が舞台なら「八坂の塔」として有名な法観寺の五重塔がモンタージュのように貼り付けられます(巻一の七)。長崎が舞台なら唐人笠をかぶった異国人たちが道を行き交います(巻八の四)。こうしたランドマークを画中に見つける

第三冊表紙。角書は本を手に取った読者への最初のアピールであり、登場人物の名や本の出版情報やキャッチコピーなどが書かれる。ここでは「挿絵入り」がセールスポイントとなっている。

ことは、挿絵を読む楽しみの一つです。ちなみに挿絵の中の主人公・世之介は、常に撫子紋（なでしこもん）の着物を着ているのですぐにわかるでしょう。

（加藤）

『源氏物語』の代表的な注釈書『源氏物語湖月抄』（北村季吟著、1673〈延宝元〉年跋刊）の年立。

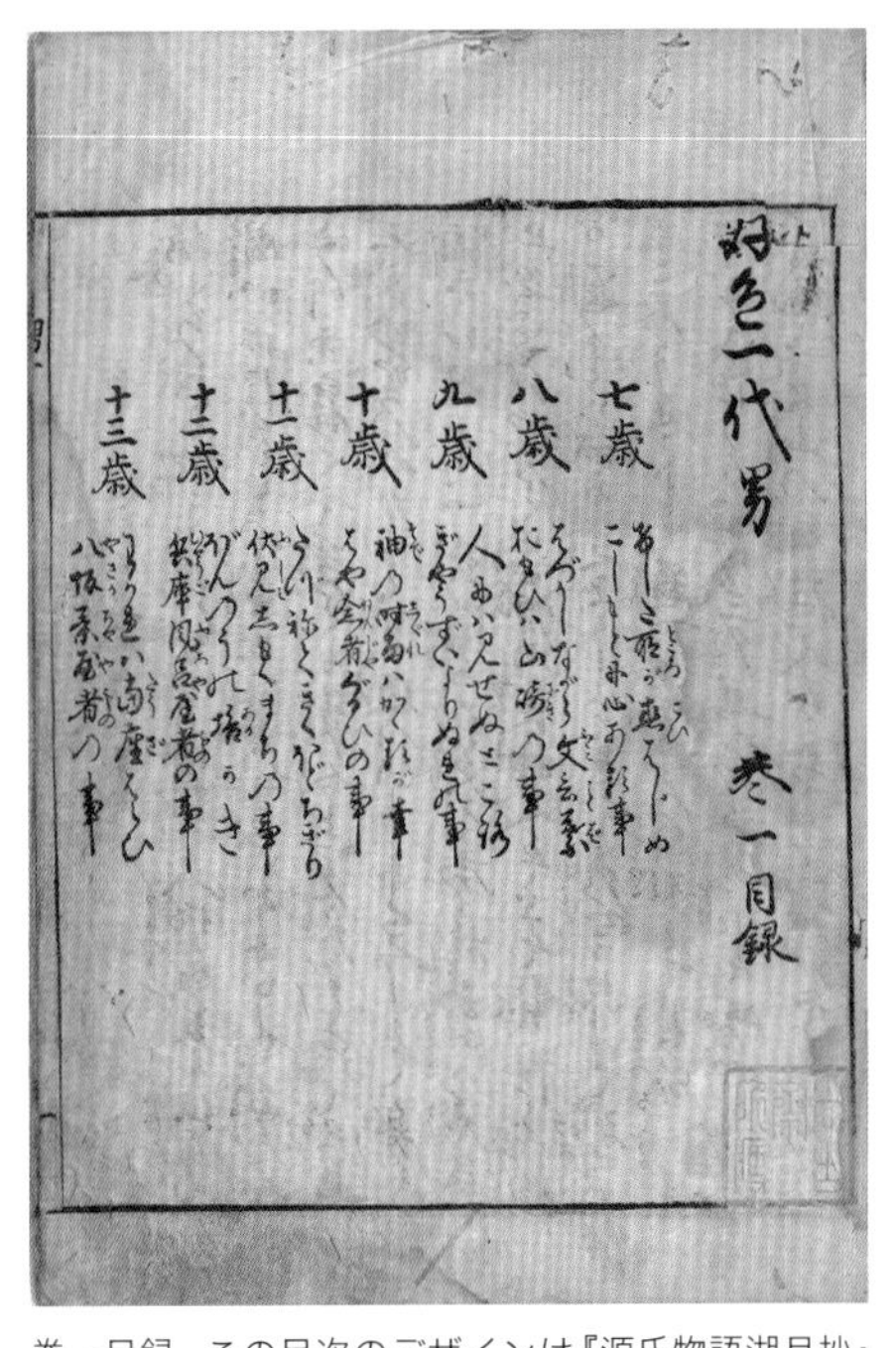

巻一目録。この目次のデザインは『源氏物語湖月抄』（左図）にそっくりであり、この本が色好みの代表・光源氏の一代記『源氏物語』のパロディであると読者にほのめかしている。

巻八の四「都のすがた人形」挿絵。長崎丸山遊郭。世之介（59歳）の右側には、唐人笠をかぶった異国人が描かれる。彼が手に持つのは望遠鏡か。

巻一の七「別れは当座はらひ」挿絵。京都八坂の色茶屋。本文では「細道の萩垣を奥に入れば」茶屋に着いたとある。画面右の八坂の塔と左の萩垣は、茶屋へと続く道を示している。13歳の元服前の世之介の手には盃が……。

西鶴ひがむさくら

好色の果ての没落を描く西鶴晩年の傑作短編集

元禄七年江戸 志村孫七序刊　薄水色表紙　二二・九×一五・九糎　五冊

一六九三（元禄六）年八月十日、五二歳で井原西鶴は亡くなります。残された西鶴の原稿を門人の北条団水が整理して同年冬に刊行したのが西鶴の最初の遺稿集『西鶴置土産』です。各巻三章、全五巻十五章の短編小説集です。版元は、京都田中庄兵衛・江戸万屋清兵衛・大坂八尾甚左衛門の相版です。それを翌年春に江戸の志村孫七が版元になり、タイトルを改め、内容も少し変えて出版したのが『西鶴ひがむさくら』です。岩崎文庫には浮世草子が一四六部もあり、そのうち二五部が西鶴作品です。『西鶴ひがむさくら』は完全な形で残っているものが少ないのですが、中でも岩崎文庫のものは「原装・原題簽の、おそらく現存する『彼岸桜』中最高の善本であろう」（堤精二）といわれています。

西鶴の肖像

『西鶴置土産』は冒頭に西鶴の肖像と没年月日、西鶴の辞世句「浮世の月見過しにけり末二年」と門人たちの追善発句を載せます。『西鶴ひがむさくら』は『置土産』版元の跋文をがむさくら』削り、代わりに版元志村孫七の序文を載せ、追善発句に江戸の作者のものを追加しています。

挿絵は、『置土産』が蒔絵師源三郎だったのを、『ひがむさくら』は菱川風のものに変えています。両者を見比べると西鶴の肖像は印象が随分違います。『ひがむさくら』の肖像には「いかにも俗臭をおびている」（暉峻康隆）という意見もありますが、皆さんの印象はどうでしょうか。『ひがむさくら』の肖像は滝沢解（曲亭馬琴）の考証随筆『燕石雑志』（一八一一（文化八）年刊）にも西鶴の肖像として摸刻されて載っていて、以後の西鶴のイメージに大きな影響を与えたようです。

巻一表紙

廓遊びのなれの果てを集める

『西鶴ひがむさくら』（『西鶴置土産』）で描かれるのは、廓遊びの末に没落した人間ばかりです。彼らの生活はみじめで悲惨です。しかし西鶴は、彼らが人としての誇りやたくましさまでは失っていないことを描きます。例えば巻二の二「人には棒振むし同前におもわれ」の主人公は、以前は月夜の利左衛門とあだ名される大尽（大金持ち）でしたが、今では金魚屋に金魚のえさの棒振虫つまりボウフラを売ってようやく暮らすほど落ちぶれています。利左衛門の妻は、もと遊女で利左衛門に身請けされ、四年前には男の子も生まれました。ある日、利左衛門は昔の遊び仲間三人と出会います。仲間たちは利左衛門に同情し援助を申し出ますが利左衛門は断り、逆に「一杯御馳走しよう」と家へ誘います。家へ着いてみると、妻が茶を沸かすにも仏壇の扉を割って薪にしなければなりません。男の子はたった一枚の着物を濡らしてしまい、それが乾くまで裸で布団にくるまっています。あまりの貧しさに仲間たちは持ち金をそっと置いて帰りますが、利左衛門は彼らに追いついて、その金を投げ捨

『ひがむさくら』の西鶴肖像と辞世。

『置土産』の西鶴の肖像、辞世と門人たちの追善発句。

『ひがむさくら』巻二の二「人には棒振むし同前におもはれ」挿絵。画面上から裸で布団にくるまる利左衛門の息子、包丁で仏壇の扉を割る妻、利左衛門、腰に脇差を差した仲間3人。左端に干してあるのが濡れた息子の着物であろう。

てます。仲間たちは金を拾って帰り、後日、人を使って届けようとしますが、利左衛門一家は引っ越した後でした。没落しても同情や援助を断り意地を通す利左衛門夫婦を描いて印象深い話ですが、西鶴が面白いのはここで終わらないところです。利左衛門の没落を知った仲間三人は反省して廓遊びをそろってやめてしまい、おかげで得意客を失った遊女三人が大損をしましたとサ、と笑い話の落ちのような数行を付け足すのです。感動的な話として円満に完結しそうなところを、笑いによってずらし拡散させてしまう、こうした「話の手放しかた」（廣末保）も西鶴の小説の魅力の一つです。

（加藤）

枯木花さかせ親仁

花咲か爺さん今昔

江戸期鱗形屋刊　丹色表紙　楮紙　一八・四×一二・六糎　一冊

江戸時代の絵本 草双紙

商業出版が発達してきた寛文年間（一六六一～七二）、草双紙と呼ばれる娯楽絵本が生まれました。それらは表紙の色により赤本、黒本、青本、黄表紙に分かれ、またそれぞれ分野、読者層を異にしています。中で赤本は草双紙の初期に生まれたもので、大きさは美濃版半截を二つ折りにした中本（縦約一八×横一三センチ）、丁数冊数は五丁一冊を定型とした子供向けの絵本です。紙面は見開き一面に複数の場面の絵が盛り込まれ、文字は絵の空白部分に綴られています。また表紙には、一場面や内容を象徴する絵が描かれた絵題簽が付けられています（本書一四六頁参照）。

赤本には『枯木花咲かせ親仁』『むかし〳〵の桃太郎』『したきれ雀』『さるかに合戦』など現代でも親しまれている昔ばなしの基になっているものが多くあります。その一つ『枯木花咲かせ親仁』は「花咲か爺さん」として広く読まれていますが、江戸時代のそれは、現在では東洋文庫所蔵本以外確認されていません。「赤本」という娯楽のための書物としてある程度の出版数はあったはずですが、娯楽本ゆえに読み捨てられてしまったのかもしれません。その出版年は明らかではありませんが、東洋文庫本には巻頭枠外に丸に三つ鱗の商標があり、当時草双紙を多く刊行していた鱗形屋から出されたものとわかります。

川から流れて来たものは…

『枯木花咲かせ親仁』も当時の昔ばなしとして書かれていたようで、冒頭は「むかしの事なるに、あるいなか（田舎）に…」と始まります。そのあらすじは正直爺さん（正直爺）が世話した犬にみちびかれ、次々と金貨財宝を手にし、隣の欲張り爺さん（慳貪爺）はその犬を奪って同じよ

巻一第一丁ウラ
川へ洗濯に行った正直婆は、川上から流れて来た子犬（「ちんころ」〈狆ころ〉）を（下）、慳貪婆は飯櫃を拾う（上）。上部枠外に鱗形屋の商標がある。

第三丁ウラ四丁オモテ
慳貪な爺さんが臼を叩き割り、正直者夫婦がそれを囲炉裏にくべ、左ではその灰を枯木に撒いて花を咲かせ、その奇跡に対して大名から褒美を賜るという四つの場面が見開き一つに描かれている。見開きは二重雲形で仕切られている。

うにしても出てくるのはガラクタと汚物ばかりで、最後には罰を受ける、というように現行版と変わりませんが、細部に違いが見られます。

まず犬との出会い。現行版では正直爺さんが子犬を拾ってきますが、江戸時代版は正直爺の妻正直婆が川に洗濯に行き、川上から流れて来た子犬を拾います。また、川には慳貪爺の妻慳貪婆も洗濯しに来ていて、こちらは川上から流れて来た飯櫃を拾います。江戸時代版では冒頭からすでに隣の夫婦の欲深さが描かれています。

次に正直爺さんが作った臼。現行版では、殺された犬のお墓に植えた木が育ち、その木で作った臼で正直爺さんが餅を搗くと小判が出てきます。これに対して江戸時代版では、慳貪爺が犬を殺した印として木を植え、正直爺が切り倒して木摺臼(籾などを摺る臼)を作ります。正直爺が犬に手向ける団子を作ろうと、この臼で粉を碾くと小判が出てくるのです。

続いて正直爺さんが灰を撒いて咲かせた花。現行版は桜ですが、江戸時代版は桜のほか霧島(つつじの一種)、百日紅(ひゃくじつこう)、山茶花(さざんか)を咲かせます。

違いはあるものの、心優しい正直者には良いことが起こり、邪悪な人間は罰を受ける、という点は変わらず、いつの時代にも戒めとして受け継がれているのでしょう。

(清水)

さるかに合戦

元祖猿蟹合戦

江戸期刊　丹色表紙　四針袋綴　楮紙　一八・四×一三・五糎　一冊

猿蟹合戦さまざま

昔ばなしの定番として広く知られる「猿蟹合戦」は、江戸時代に子供向けの絵本として書かれた赤本（本書一四四頁参照）に始まります。のち読者対象を青少年、大人向けとして物語をふくらませた黒本・青本（本書一四六頁参照）や黄表紙（本書一五〇頁参照）などそれぞれ物語の展開、蟹の敵討ちに協力するモノに多少の変化を付けたさまざまな「猿蟹合戦」が生まれました。さらに「猿ヶ嶋敵討」と題され、敵討ちの設定を変えた派生形の系統も現れます。明治期には尋常小学校の教科書にも採用され、一八九四（明治二七）年、児童文学者の巖谷小波（一八七〇～一九三三）により『日本昔話』（博文館刊）に収録されるにあたり、ほぼ現行の内容に改められました。巖谷はこの他「桃太郎」「金太郎」「浦島太郎」など民話、伝承説話を今に伝わるかたちに再生させています。

東洋文庫に所蔵される『さるかに合戦』は五丁一冊の赤本で、成立時期が最も早く享保頃（一七一六～三五）の作といわれています。冒頭は「むかし〳〵あったとさ」で始まるように当時も昔ばなしとして書かれています。続いて発端噺と後日譚が増補されて丁数も一五丁となった『蟹は金猿は栄』（東京都立中央図書館蔵）『さるかに』（大東急記念文庫蔵）が出されます。二書は題名は異なりますが本編はほぼ同じものです。

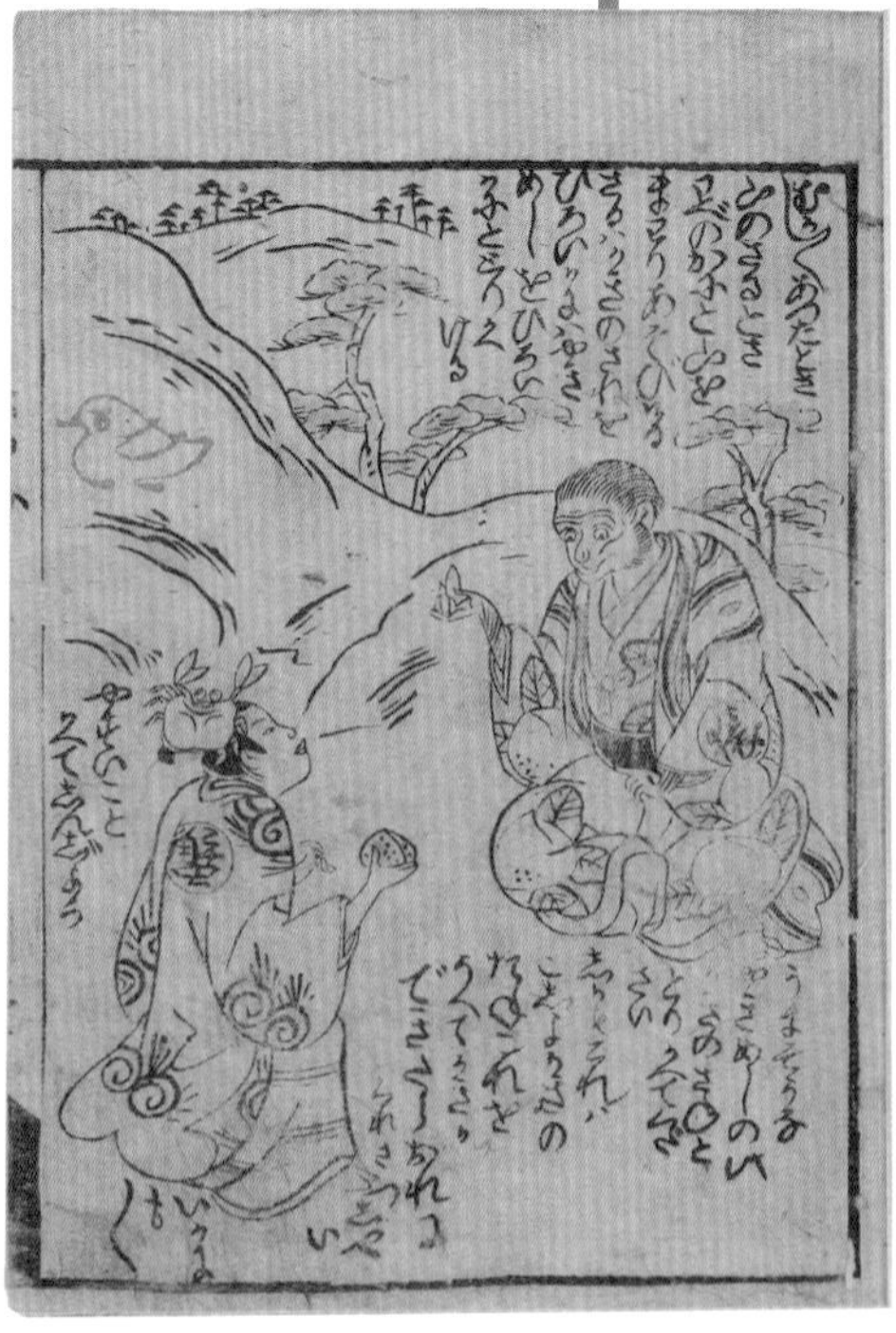

敵討ちの面々とその方法

江戸時代版「猿蟹合戦」も現行版も柿をめぐって猿が蟹を手ひどく騙し、蟹が仲間の協力を得て猿に対し敵を討つという大筋は変わりませんが、敵討ちの面々とともにその方法に違いが

絵題簽には本編を象徴させる場面が描かれ、絵の作者西村重長の名が記されている。

物語の発端の猿と蟹が柿の種と焼きめしを交換する場面。左上に見える鳥は落書き。

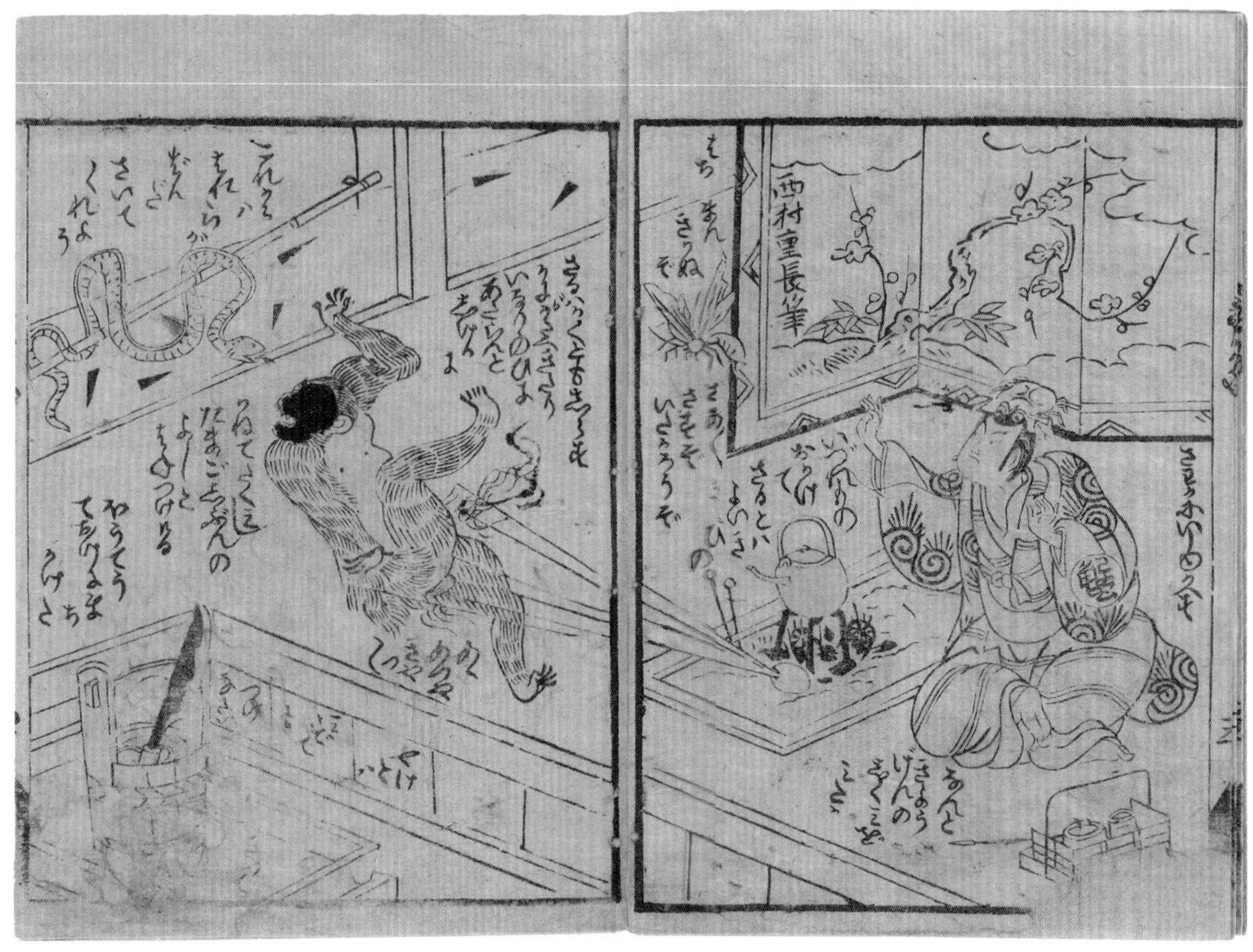

相談した敵討ちの場面。背後の屏風には画工名が書かれている。猿の顔には誰かの手により墨が塗られている。

見られます。

東洋文庫本では蛇、荒布(コンブ科の海藻)、杵、臼、卵、包丁、蜂が敵討ちに登場し、それらは蟹とともに擬人化され、沢蟹鋏之助、盲蛇市、荒布入道、手杵搗右衛門、立臼入道、玉子、包丁太郎、熊蜂刺右衛門とそれぞれ名前も付けられています。

また、続く『蟹は金猿は栄』『さるかに』では卵、包丁、まな箸(さいばし)、熊蜂、蛇、荒布、立臼、蛸、くらげが登場します。一方、尋常小学校の教科書では卵、蜂、臼が活躍し、巌谷本では卵にかわり栗が登場します。いずれにしても江戸時代版の方が敵討ちに登場するモノたちの数が多くなっています。

敵討ちの方法は、東洋文庫本による江戸時代版では、まず猿を蟹の家に呼び、囲炉裏に寄せます。すると、そこに隠れていた玉子が跳ねます。蜂が刺して蛇が脅します。火傷をした猿がそれを冷やそうと手桶に寄ると、そこには包丁が待ち受け、蟹が猿の尻尾をつかみ、荒布は腹を滑らし、杵が頭を打ち、包丁は吊した臼の縄を切ります。そして、落とされた臼が猿に乗り、みなで生け捕ろうとするものです。現行版は、猿が囲炉裏にあたると焼けてはじけた栗により火傷し、それを冷やそうと水瓶に寄るとそこに隠れていた蜂に刺され、さらに家を出ようとすると屋根から臼が落ちてくるというものです。敵討ちとして一見江戸時代版の方が多く痛めつけられている感がありますが、江戸時代版ではみなで生け捕ろうとしている傍らでは玉子が「もうゆるしてやら(っ)しゃい」となだめる光景が描かれ、現行版より微笑ましい結末となっています。

(清水)

新版浮世楽助　一盃夢

浮世を楽に生きる男が見る夢は？

宝暦十二年江戸丸屋山本小兵衛刊　黒色表紙　一七・八×一三・〇糎　一冊

黒本・青本は草双紙の一種で、赤本に続いて現れた絵が主体の読み物です。黒本は表紙が黒色なので、そう呼ばれます。青本の今残っている表紙は淡い黄色です。なのに青本と呼ばれるのは、もともと植物染料の淡い青色だったのが時間が経って色が褪せて淡い黄色になったからだといわれています。黒本と青本は内容が似ていて、同じ作品が黒本と青本の両方で出版されている例も多く、最初に青本として出し、のちに黒本として出したのではないかといわれています。ですから黒本と青本は表紙は異なりますが、一つのグループです。

巻上表紙絵題簽。色刷りや輪郭線が省略されているのは、後刷りだからではないかと考えられている。

草双紙の絵題簽

草双紙の題簽は、はじめは他のジャンルと同様、タイトルが書かれているだけのものでした。しかし草双紙は「絵が売り」、題簽に作中場面の絵を付けるようになります。これを絵題簽といいます。絵題簽には、版元の商標や出版年の干支なども描かれます。

『一盃夢』の絵題簽は、左にタイトルと版元の商標、右上段に馬の手綱を引く猿と狐、その下に鶴、雲で区切られた下段には浄瑠璃を語る雷神を見上げる男が描かれます。

右上段の絵は、同じ版元の『新版陸奥源平武勇問答』の絵題簽と見くらべると分かりますが、本来は鶴の上に穴の開いた銭が乗っていて、それに絵が描いてあるのです。この銭は「駒引銭」という絵銭（おもちゃの銭）の一種で、これで午年の出版だとわかります（鈴木重三による）。右下段の絵は作中の第二場面。読者の興味を引く面白そうな場面です。

酒に酔って夢の中、巨像たちの遊びを見る

『一盃夢』の表紙をめくると第一場面、無病で酒好きな主人公「うきよらく介」が酒に酔って空になった手樽を枕に高いびき、夢を見ているところ。マンガの吹き出しのような表現は、その人物が見ている夢を表しています。らく介は夢の中で豆右衛門になります。豆右衛門とは当時人気のキャラクターで、その名のとおり豆のように小さな体でどこにでも忍び込み、ふつう見られない場面を目撃します。読者はページをめくるたびに目撃者豆右衛門（らく介）を絵の中に見つけ、そこから物語の中へ入っていくのです。

上巻に登場するのは雷門の雷神像と風神像、仁王門の阿形像と吽形像、閻魔堂の閻魔像など当時浅草寺境内にあって江戸の人々にお馴染みの木像や石像たちです。彼ら巨大で厳めしい像

『一盃夢』巻上、第一場面。主人公の登場と物語（夢の中）への導入。上端に板元の商標。

『青本絵外題集』「安永一」帖、『武勇問答』の絵題簽。こちらは色刷りで、亀が駒引銭を背負う。上冊の鶴と下冊の亀で対になっている。『一杯盃』も初刷りは色刷りだっただろう。

豆右衛門

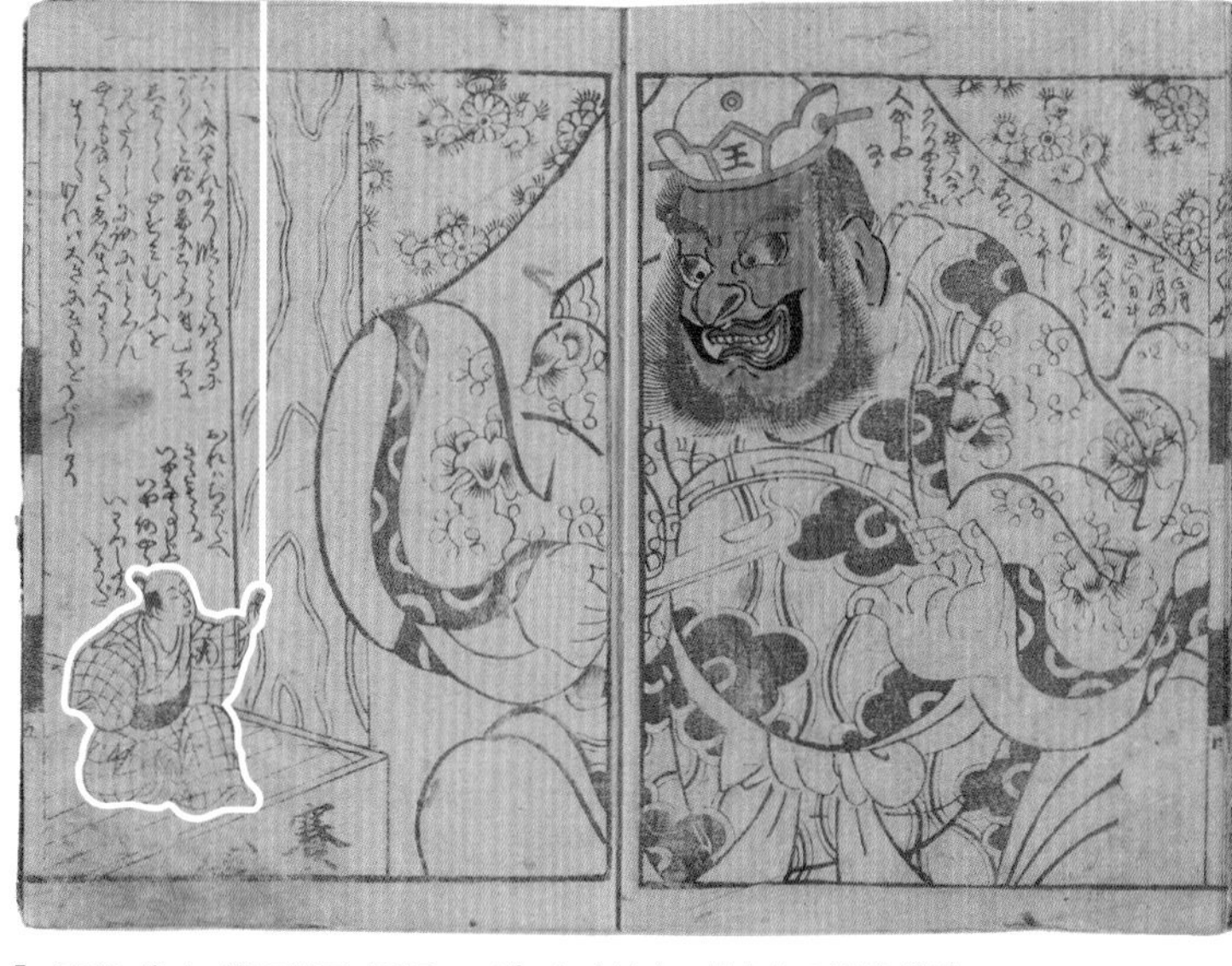

『一盃夢』巻上、第五場面。画面いっぱいに大迫力で描かれる閻魔だが、人々は祭礼の日だけもてはやして普段は名さえ呼ばないと愚痴っている。閻魔の上には幕が垂れ、手前には閻魔堂の賽銭箱。その上で豆右衛門が「自分は地獄に来たのか」と嫌がっている。

が人間のようにくだけた振る舞いをするところが愉快です。

下巻では、上巻で登場した巨像たちが一堂に集まり、酒を飲んでお座敷遊びをしたり、相撲を取ったり、角兵衛獅子（かくべえじし）を舞ったりします。豆右衛門のらく介はこうした場面を見て楽しみ、最終第一二場面で目を覚まします。「先のことを悩んでも無駄だ、今日を楽しもう」と酒をやめなかった、というところで物語は終わりです。名前のとおり浮世を楽に生きる男なのでした。

（加藤）

風流邯鄲　浮世栄花枕

江戸娘が見る邯鄲の夢は、浮世の栄華と身の破滅

安永元年江戸松村弥兵衛刊　淡黄色表紙　一七・九×一三・〇糎　一冊

赤本や黒本・青本はおもちゃのように読み捨てられたのか、一つの作品につき数部しか残っていないことが多いです。そんな黒本・青本が岩崎文庫には三〇五部もあります。

『一盃夢』と『浮世栄花枕』の絵師・富川房信(生没年不詳)は、十八世紀後半に活躍した黒本青本の代表的作者・絵師です。吟雪という号は『浮世栄花枕』出版の年、一七七二(安永元)年から使用しています。彼は一時たいへんに流行ったようで作品は二七七部もあり、岩崎文庫にはそのうちの約三分の一、九一部があります。

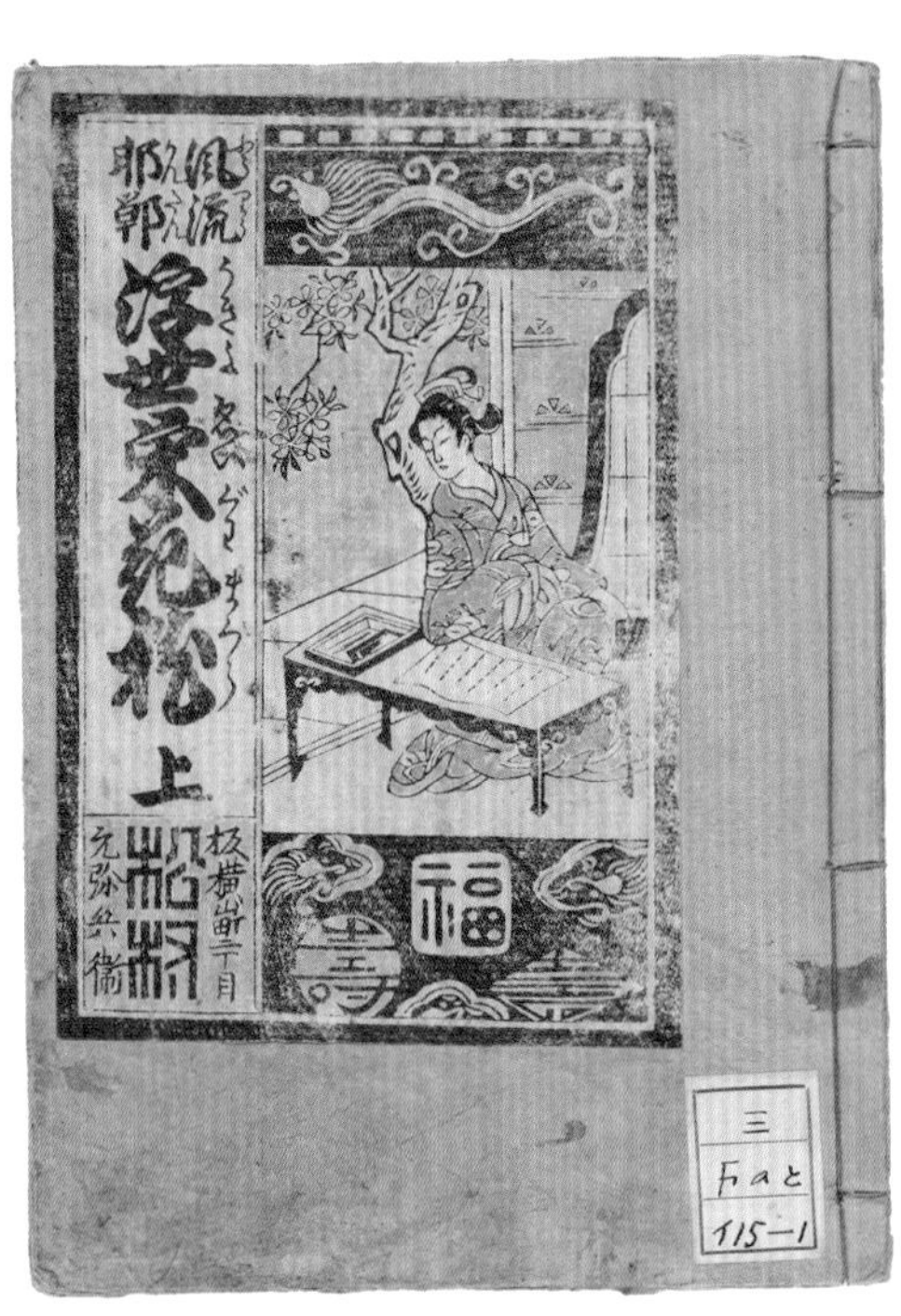

巻上表紙絵題簽。左にタイトルと版元の商標。右真ん中は主人公おせい。その上下に竜の一種、雨竜を描くのは辰年の刊行だから。

夢の中の人生はジェットコースターのように

角書の「邯鄲」は、「邯鄲の夢」とか「邯鄲の枕」といわれる中国の故事のことです。出世を望む貧乏な青年盧生が趙の都邯鄲で呂翁という道士から枕を借りて眠ると栄華を極めた五〇年を夢に見ますが、目覚めると注文した粥がまだ炊きあがらないほど短い間だった、というお話です。

『浮世栄花枕』の主人公は、盧生ならぬ「おせい」という名で評判の美人です。言い寄る人は多いのですが、男選みをして一人でいます。ある夕暮れ、おせいは本を読んでいるうちに眠ってしまいます。すると夢の中で立派な乗り物の迎えが来て茂町「少納言」のお屋敷に連れて行かれます。おせいが少納言の側室となり若君を生んで栄華を極めるまでが上巻です。下巻になると一転、おせいは小姓花之介と密通し、正室の生んだ跡継ぎを閉じ込めて自分の生んだ子を跡継ぎにしようと奸計をめぐらします。しかし悪事は露見し、おせいは打ち首になろうとするところで浅草寺の入相の鐘が鳴って夢から覚めます。その後おせいは男選みをやめて縁付き、めでたしで終わります。

悪戯された本たち

『浮世栄花枕』の絵題簽には色が塗られていますが、『武勇問答』(本書一四七頁参照)のような色刷りではありません。いつか誰かが絵筆を使って塗り絵をしてしまったのです。本編にもあちこちに色や墨が塗られています。こうしたことは赤本や黒本青本によく見られます。『一盃夢』の閻魔像は顔を赤く塗られています(本書一四七頁参照)。『さるかに合戦』では、卵がはじけて猿がやけどする場面で猿の顔が黒く塗られています(本書一四五頁参照)。

もちろん、本に悪戯書きをしてはいけません。それは江戸時代でも同じです。ではなぜ彼(女)

らは、それをやってしまったのでしょうか。赤本や黒本・青本がおもちゃみたいな本だったから?それでちょっとした暇つぶしをしたのでしょうか。もしかすると、こんな小さな本ですが、その物語世界に彼(女)らが夢中になりすぎてしまったせいかもしれません。美人の髪は墨でより黒々と瑞々しく、衣装は色さまざまに塗ってきれいにしたい。怖い閻魔様の顔は、やっぱり真っ赤なはず。憎たらしい敵役の顔は墨で真っ黒に塗り潰して懲らしめてやろう。こんな風に、画中に残された悪戯の痕から彼(女)らの気持ちを想像してみるのも楽しいのではないでしょうか。

(加藤)

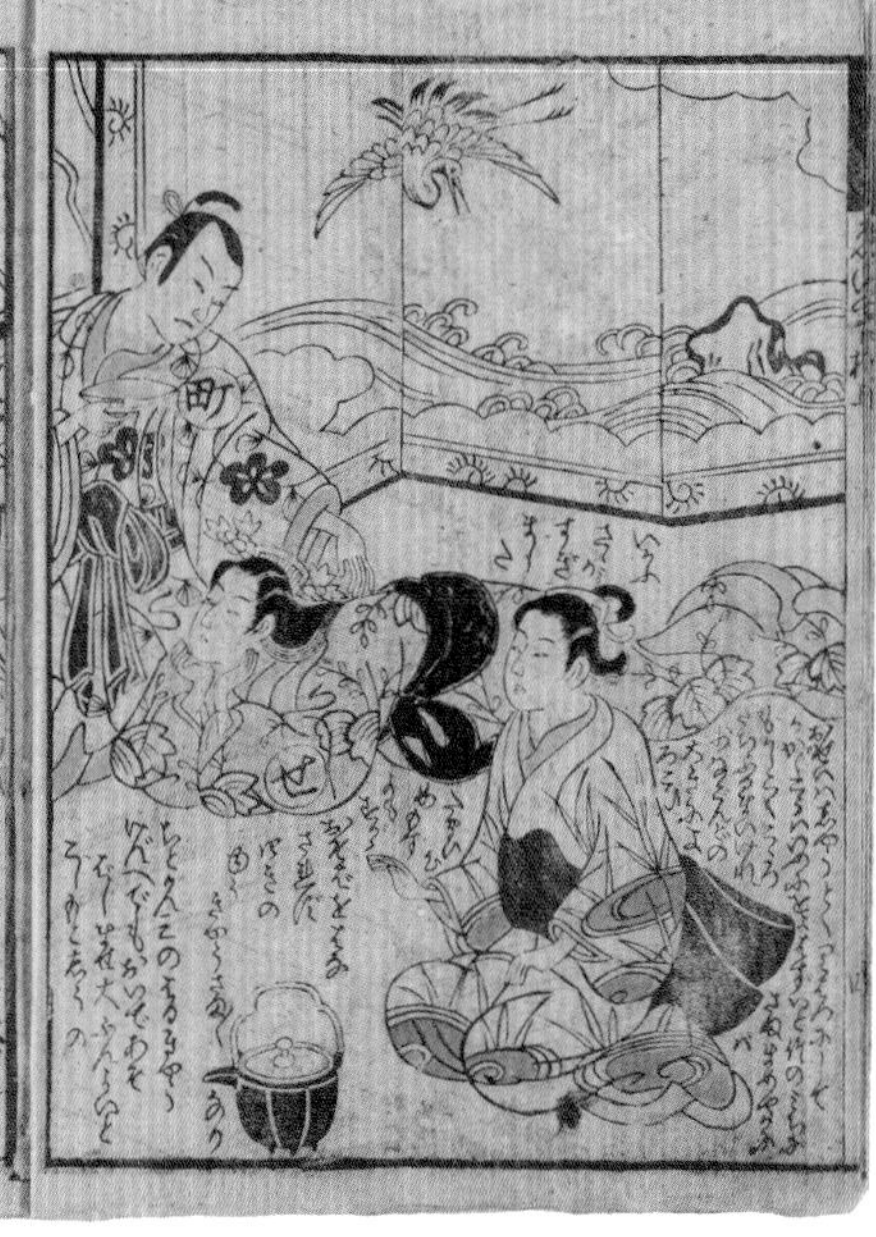

『浮世栄花枕』巻上第五場面。酒を飲み舞を見る茂町少納言とおせい。現実のおせい(右頁の表紙絵題簽参照)と異なり、夢の中で少納言の側室となったおせいの髪形は宮廷風の下げ髪に。

花之介

打ち首を前に
手をあわせるおせい

『浮世栄花枕』巻下第十場面。おせいは打ち首、小姓花之介は切腹に。茂町少納言は証拠の恋文を手に見得を切る。

手前勝手 御存商賣物

江戸の巨匠の出世作！

天明二年鶴屋喜右衛門刊　三巻合一冊

江戸時代後期に活躍した戯作者（通俗小説の作者）、山東京伝（一七六一〜一八一六）が文章と挿絵を手がけた、黄表紙の出世作です。タイトルは「皆様におなじみの、市販されている本」の意です。当時出版されていたさまざまなジャンルの書物が擬人化されて登場し、その人気の移ろいをめぐって、妬みや色恋が絡んだ「人間模様」が、機知と洒落たっぷりに描かれます。

黄表紙とは？

江戸時代中期、寛文・延宝年間（一六六一〜八一年）頃から出版された絵入りの娯楽本を草双紙と総称します。はじめは赤(丹)色の表紙であることから「赤本」と呼ばれ、その内容は主に子供向けの昔話でした。次第に歌舞伎といった演劇や浮世草子、軍記物語などが題材となって複雑化していき、また、表紙も染料の値段の事情から変化して、黒色の「黒本」や萌黄色の「青本」が出てきます。その後、より大人向きの、機知や風刺をおりまぜながら現実の生活を描いた「黄表紙」が登場します。この名称も表紙が黄色であることによりますが、萌黄色と似るため、実際は長く青本と呼ばれました。本作においても黄表紙のことを青本と称しています。

「古今の大出来〳〵！」

山東京伝は、戯作者としてだけでなく浮世絵師「北尾政演」の名でも知られています。江戸深川の質屋に生まれ、若くして北尾重政に入門して浮世絵を学び、一八歳で黄表紙画工として、また翌年には作家としてデビューしました。一七八二（天明二）年に文章と挿絵を手がけて出した黄表紙『御存商賣物』が文壇を牽引していた大田南畝に「大出来〳〵」と激賞されると、一躍脚光を浴びます。そのほか代表作に黄表紙『江戸生艶気樺焼』や洒落本『通言総籬』などがあり、合巻、読本、滑稽本にも活躍の幅を広げました。晩年には『骨董集』のような考証随筆にも打ち込んでいます。

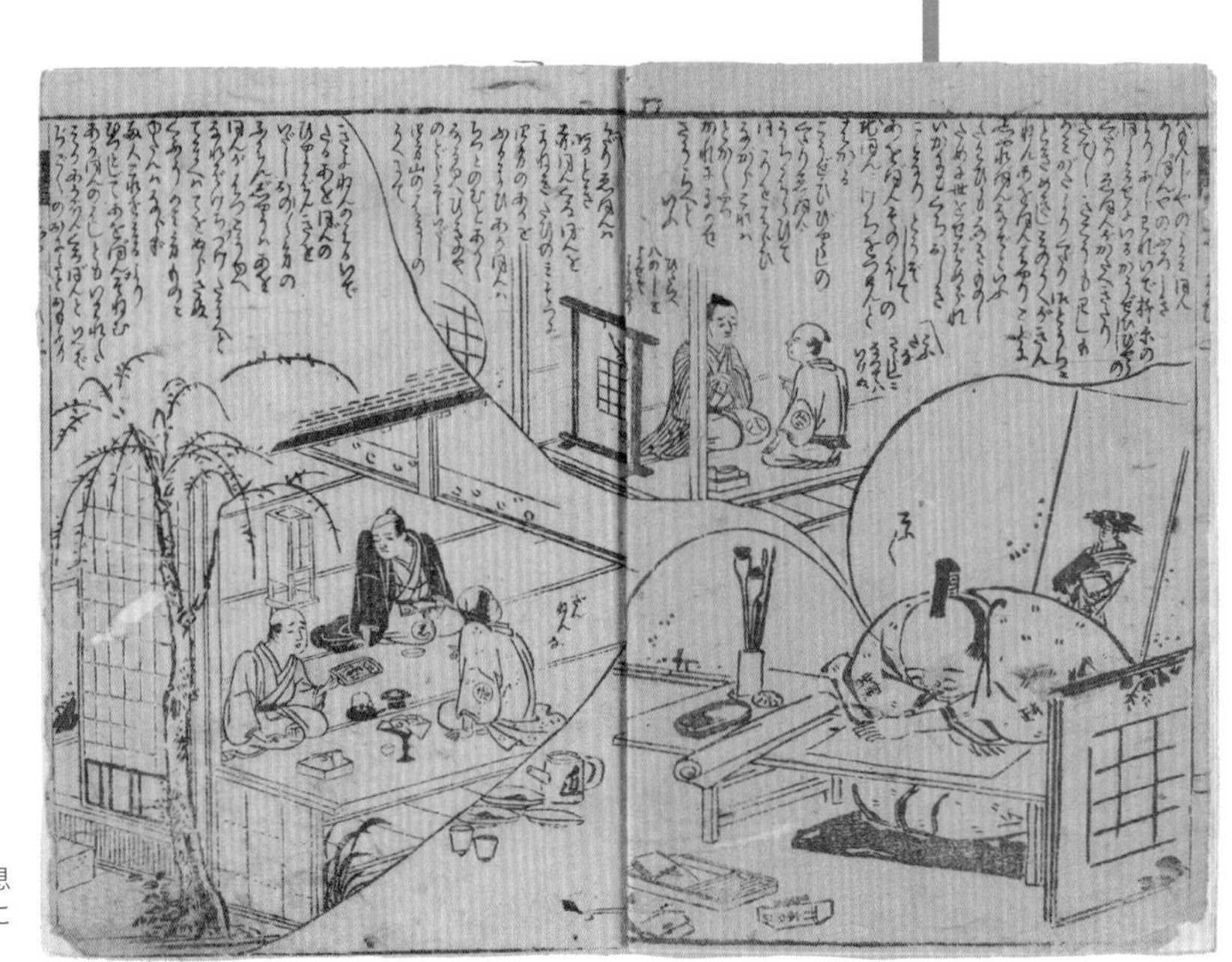

冒頭、机に突っ伏し「こふこふ」と寝息を立てる作者の山東京伝。フキダシには、彼の夢の中の出来事が描かれる。

青本(右端)は仲間を集めて戯作談義に花を咲かせる。

本書のあらすじを簡単に見てみましょう。「八文字屋本(京都の浮世草子)」は、最近江戸で「青本(黄表紙)」や「洒落本(遊里が舞台の本)」に人気が押されて不満の様子。相談を受けた「下り絵本(上方で出版され江戸でも売り出された本)」は一計を案じ、人気が落ちている赤本と黒本を呼び出して、青本に思い知らせてやるよう焚きつけます。一方、人気絶頂の青本は遊び仲間を集めて戯作談義などに耽り、その妹の「柱隠し(細長い浮世絵)」は、輪の中にいた「一枚絵(役者絵)」に恋をして深い仲となります。青本は二人を応援しようと動きますが、「吉原細見(吉原のガイドブック)」に教えられた遊女錦絵に心惹かれ、座敷に入り浸るように。その頃赤本と黒本は作戦会議の末、「塵劫記(算数の教科書)」ら仲間に柱隠しを誘拐させます。さらに赤本は一枚絵に、柱隠しは黒本と恋仲で青本も二人を結婚させたがっていると嘘をつきます。逆上した一枚絵は刀を抜いて青本を捜しますが、通りかかった「唐詩選」と「源氏物語」から諭され思いとどまります。最後にめでたく柱絵と一枚絵は結婚し、赤本・黒本はその雑な作りのために根性が曲がっているのだとして矯正されます。八文字屋本や下り絵本は落書きをされたり屏風の下張りに使われたりして懲らしめられました。

　本書は「本が登場する本」であるとともに、作者の京伝自身も作中に登場、物語はすべて彼の夢の中の出来事として、二重の入れ子式ともいえる構造になっています。この「夢オチ」は謡曲『邯鄲』に題材をとるもので、青本『浮世栄花枕』はじめ恋川春町(一七四四〜八九)『金々先生栄花夢』以降、多くの作品に踏襲される趣向です。

　登場人物は作者ら人間を含めて四七種にのぼり、印刷や出版に関わる専門用語も多出します。出版業を舞台に、お家騒動のような賑やかなストーリーを展開する本書は、当時流行まっ只中であった黄表紙をはじめとする様々な書物のありようを浮き上がらせます。花のお江戸の都市文化を大いに楽しみ、楽しませようとする作者や版元ら、本の作り手たちの心意気が息づいている作品です。

(丹藤)

鸚鵡返文武二道

絶版となった黄表紙の傑作

寛政元年蔦屋重三郎刊　一七・六×一二・七糎　三冊

醍醐天皇の治める延喜年間（九〇一〜九二三年）を舞台として設定しながら、実は寛政の改革に揺れる当時の江戸の世間を揶揄して描いた黄表紙です。

作者は『金々先生栄華夢』をはじめ多くの作品を著した代表的な黄表紙作家、恋川春町。挿絵を描くのは、はじめ北尾重政の門下で絵本類や随筆、武者絵を手がけ、そして後に鍬形蕙斎と改名して狩野派一門に加わり画譜類や肉筆画などを描いた異色の経歴を持つ絵師、北尾政美（一七六四〜一八二四）です。

「世の中に蚊ほどうるさきものはなし　ぶんぶといふて夜もねられず」

本書が出版された頃、それまで権勢をふるっていた老中田沼意次が失脚し、代わって老中松平定信の主導で幕政改革が行われていました。いわゆる「寛政の改革」（一七八七〜九三）です。凶作や飢饉で高騰した物価の引き下げを図って倹約を命じたほか、学問と武芸の奨励も行いました。定信の側近であった水野為長の随筆『よしの冊子』には、「この節武げい流行に付、今迄何之音さたもなき所に俄にけいこ場出来、ばたばたと騒申候由。学文抔も其通大名衆の窓にて大分素読之声が致候由。めつたに文武共教へちらかし申候よしのさた。」と、今まで何もなかったところに稽古場ができてバタバタと騒いでいること、大名屋敷の窓から素読の声が聞こえてくる様子が記されており、俄に武芸や学問が流行していることを窺わせます。

ここで取り上げる『鸚鵡返文武二道』は、このような世相を痛快に皮肉る内容でした。醍醐天皇の時代、無駄遣いをする人々を戒めるべく、天皇は自ら粗末な服を着、菅原道真の子である

弓の名手源為朝の弓術指導。的になるのは、体に穴の空いた伝説上の国の住人（左端）。

額をつきあわせ、にわか勉強をする公卿と武士(右頁)と、本屋の店先の様子(左頁)。吊された看板には、松平定信『鸚鵡言』のパロディである『秦吉了(九官鳥)の言葉』のほか『史記』や『韓非子』といった書名が見える。

菅秀才を政治の補佐役に任じます。菅秀才は源義経・源為朝・小栗判官を登用し、世に武芸を奨励しますが、なかには行き過ぎもあり、今度は儒学者の大江匡房を登用して学問を奨励します。秀才が著した「九官鳥の言葉」も教材として用いられますが、その中の爪の譬えを勘違いして爪揚げをする者が続出し、最後には飛ぶ爪を友達と見間違えた鳳凰が地上に飛来し、さらに麒麟もやって来るという珍騒動。珍獣たちは、めでたいしるしとして庶民たちの見物に供することになるのでした。

時の為政者をなで切りに

書名は前年に刊行され、同じく寛政の改革を題材にした朋誠堂喜三二作『文武二道万石通』を踏まえながら、松平定信の著した教諭書『鸚鵡言』を掛けたものです。登場人物のうち、菅秀才は松平定信に、大江匡房は儒者として定信に仕えた柴野栗山にそれぞれ当てはめています。

当時の流行や庶民の不満を巧みに捉えた本書は大衆の反響を呼び、再刻再版されるほど記録的な売れゆきでした(岩崎文庫所蔵本は、刊行当初に刷られたものとみられます)。しかし著者の恋川春町は、厳しい出版統制を行っていた松平定信から出頭を命じられてしまいます。春町は病を理由に参上しませんでしたが、間もなく没しました。自殺説や、本作が実は春町の主君が創作したものだったとする説など種々の噂が囁かれたようですが、真相はわかりません。

恋川春町の妙手により、当時の世相が鮮やかに反映された黄表紙。大人も楽しめる読み物として新たな展開を見せたものの、寛政の改革における厳しい出版統制によって作風の転換を余儀なくされ、次第にかつての輝きを失っていきます。

(丹藤)

絵本纐纈染

人気絵師が筆をふるった狂歌絵本の世界

寛政六年刊　色摺絵入狂歌絵本　二一・六×一五・四糎　二冊

江戸時代後期に浮世絵の流派の中で最大派閥となった歌川派の中興の祖というべき絵師、歌川豊国（一七六九〜一八二五）による色摺りの狂歌絵本です。上巻は桜の名所として上野・浅草・御殿山・飛鳥山・吉原・隅田川・東福寺を、下巻は紅葉の名所として海晏寺・正燈寺・驪山（目黒）・池上・秋葉・曹司ヶ谷（雑司ヶ谷）・真間を選び、それぞれの名所を訪れる女性たちの図と狂歌（滑稽やユーモアを趣旨とする短歌）で構成しています。豊国の狂歌絵本としては、『絵本纐纈染』の翌年に刊行された『燕都の見図』（一七九五年刊）という作品が知られています。『絵本纐纈染』は現存数が少なく、上下巻を完全な状態で所蔵するのは国内では東洋文庫のみと考えられます。また、表紙・題簽ともに刊行当初の原形をとどめ、保存状態も極めて良好という点でも重要かつ貴重な作品です。

大流派 歌川派を率いた親分

歌川豊国は歌川派の創始者である歌川豊春のもとで学び、一七八六（天明六）年に絵暦（カレンダー）でデビューしました。以来、四〇年近くにわたり第一線で活躍し、役者絵と美人画において人気を博しました。豊国が画風を確立しその名を広めていった寛政期（一七八九〜一八〇一）は、写楽や歌麿など個性豊かな絵師が活躍する百花繚乱の時代です。そのような中で、豊国は独自の表現を模索しながら彼らと肩を並べる人気絵師となったのです。

豊国が残した功績は自身の作品だけではありません。歌川国政、国貞、国芳を初め多くの門人を育て、歌川派

「池上の紅葉」（下巻）

「御殿山の桜」（上巻）

を大流派にした点は、浮世絵の歴史においても特筆すべきことです。歌川派の隆盛ぶりを伝えるエピソードとして、名所絵で知られる歌川広重が豊国への入門を希望するも、すでに門人が多いことから断られたという話が知られています。

また、浮世絵だけでなく読本や合巻など絵本においても豊国は多いに筆をふるい、その人気ぶりは同時代に版本の挿絵を多数制作していた葛飾北斎と競うほどでした。

狂歌ブームと出版

『絵本纐纈染』には上下巻あわせて一三の狂歌入りの図が掲載され、上巻には鹿都部真顔による序文、下巻には森羅亭万象の跋文が載ります。どちらも戯作者、狂歌師として活躍した人物です。

狂歌の起源は中世にまで遡りますが、一八世紀中頃から流行し始め、天明期（一七八一〜八九）には太田南畝（四方赤良、蜀山人とも）が牽引する形で、社会現象といえるほどの大ブームとなりました。南畝の門下生であった鹿都部真顔は、宿屋飯盛などと共に狂歌四天王の一人として名を馳せ、『絵本纐纈染』が刊行された寛政六年には、南畝から「四方」の姓を譲られています。

江戸時代の狂歌では、「連」「側」と呼ばれるグループを作り、仲間同士で互いに歌を詠む活動が盛んでした。また、自分たちの狂歌に美しい絵をそえた作品集を出すことも人気で、一八世紀末から一九世紀初期にかけて、色摺りの豪華で美しい狂歌絵本や摺物が多く作られています。

狂歌絵本としては、狂歌師たちと積極的に交流していた版元、蔦屋重三郎のもとから刊行されたものがよく知られていますが、『絵本纐纈染』の版元は和泉屋市兵衛です。本書が刊行された寛政年間に、和泉屋市兵衛は豊国に黄表紙の挿絵を頻繁に依頼しており、豊国の出世作となる大判錦絵の役者絵シリーズ『役者舞台之姿絵』も刊行しています。両者の結びつきが強かったことから、和泉屋は話題の狂歌絵本を刊行する蔦屋に対抗するために、信頼を置く豊国を絵師に迎えて本書を刊行したのかもしれません。

（岡崎）

正本製 稿本

草稿に見るマルチ作家の面目

文政五年頃自筆稿本　一八・七×一三・五糎　一冊

江戸後期の人気戯作者、柳亭種彦(一七八三〜一八四二)の自筆原稿です。『正本製』とは、歌舞伎の脚本(正本)風の文体で書いた小説という意味で、全一二編に七つの物語が収められています。これらは「お仲と清七」「小稲判兵衛」「於菊と幸介」「吾妻と与五郎」「お染と久松」「夕霧伊左衛門」、そして顔見世物と、それぞれ歌舞伎の人気演目から題材を得て翻案したものです。一八一五(文化十二)年から一六年かけて完結した本作のうち、東洋文庫が稿本を所蔵する第五編は、『吾妻花双蝶々』という物語にあたります。文章だけでなく、歌舞伎の舞台や道具を効果的に用い、主要人物の容貌を当時の人気役者の似顔絵風にするなどの工夫が凝らされた挿絵も、本作の見所といえるでしょう。版本では、種彦の代表作『偐紫田舎源氏』のほか、コンビを組むことの多かった歌川国貞が挿絵を描きました。種彦の草稿は場面と人物描写のポイントを的確に伝えるもので、多才な人物であったことがうかがわれます。

歌舞伎趣味を全面に出して人気となった本作が完結する数年前に、『源氏物語』を翻案した合巻『偐紫田舎源氏』の刊行が始まり大ベストセラーとなります。この作品は天保の改革により絶版が命じられて終わるまでに三八編もが刊行された大作でした。五丁単位で一巻として綴じていた草双紙が長編化に伴い五巻一冊で綴じる「合巻」の形態となったのは、十九世紀初頭のことです。次第に合巻自体も長編化していきますが、『正本製』は、長編合巻の先駆け的な作品とされています。

息つく間もない怒涛のラスト

第五編『吾妻花双蝶々』は、山崎与五郎が悪党の飛古助に神功皇后作の能面を盗まれて主家を追放されるところから始まります。遊女の吾妻をめぐって与五郎と張り合う苫郎三が吾妻の見受け金ほしさに旅の老人と老女を殺害します。殺された二人は与五郎とその兄与兵衛にそれぞれ仕える吾妻蝶吉と浪花蝶五郎の身内でした。蝶吉と蝶五郎はお互いを敵だと誤解して果し合いをしますが、最終的に双方の父が息子のかわりに斬り合いにおよびます。しかし、これは父たちによる狂言で、最終的には与五郎から能面を盗んだ、つまり諸悪の根源であった悪党の飛古助が討たれてしまうという、終盤に緊迫の場面が続く構成となっています。第五編の筋は第

内題

六編へと引き継がれ、物語は大団円を迎えます。

山崎与五郎と遊女吾妻の話は、江戸初期に流行歌にうたわれた大坂の遊女吾妻と山崎与次兵衛の情話をもとにした、近松門左衛門の浄瑠璃『寿の門松』が下敷きとなっています。一八世紀中頃からは与次兵衛の息子の与五郎と遊女吾妻の話として「吾妻与五郎物」などと呼ばれる一連の演目が歌舞伎で人気となりました。

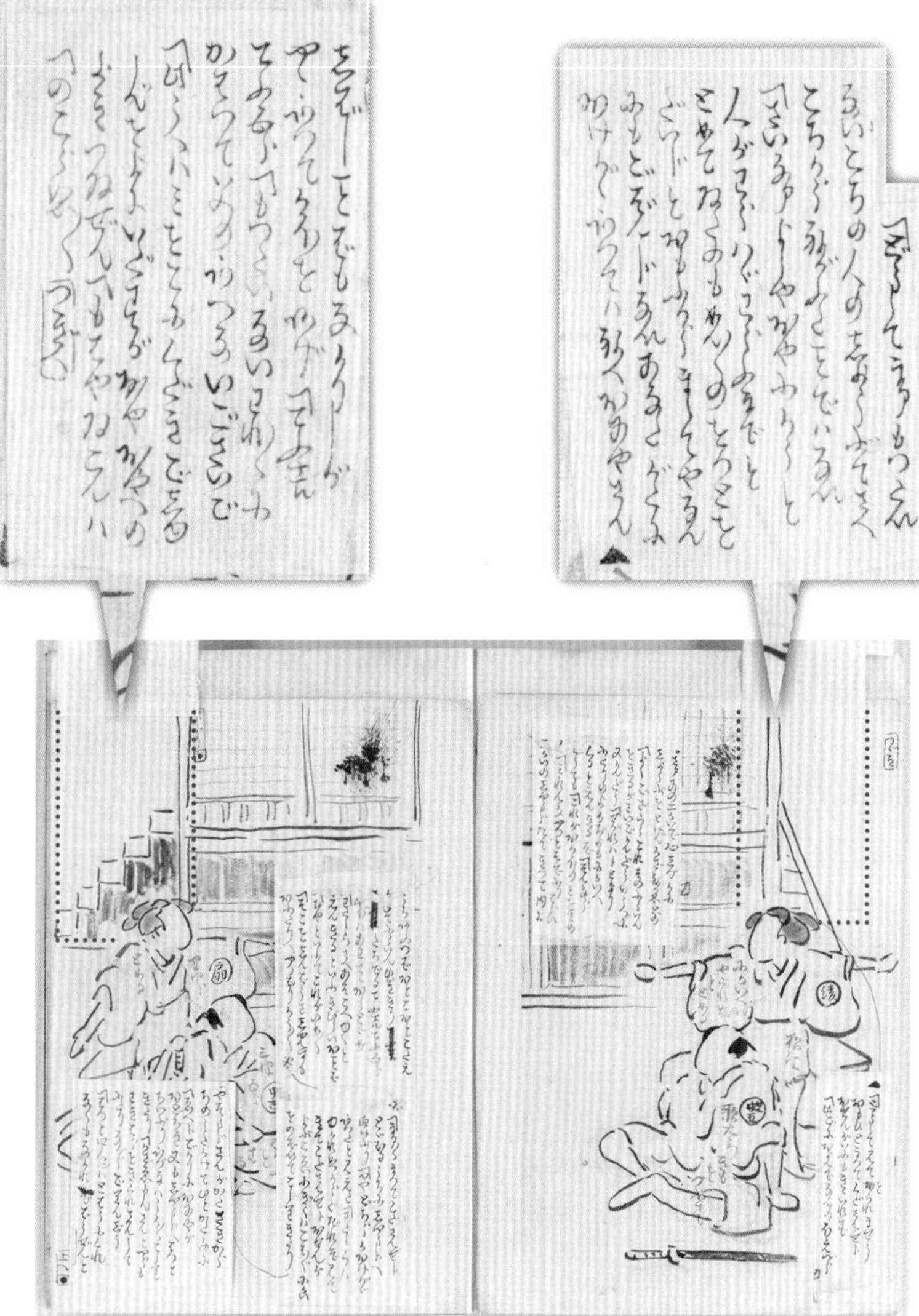

互いを敵と誤解する蝶吉と蝶五郎。文字の量が多いため、文章を表裏に書いた紙を絵の上から貼っている。

調べるのが大好き！　学究肌な一面

柳亭種彦は、『正本製』や『偐紫田舎源氏』などのヒット作を手がけた戯作者であると同時に、考証家としても知られていました。考証随筆としては、江戸初期の俳優、芸能、風俗などについて緻密に考証した『還魂紙料』(一八二六年)、近世初期の市井の生活習慣や言語を考証した『用捨箱』(一八四一年)などが有名です。

種彦の妻・勝子の祖父は、賀茂真淵に学んだ上方の国学者、加藤美樹で、その縁から種彦は加藤家の蔵書をよく読み、和漢の学問に通じていたようです。また、自身も俳書をはじめ多くの本を集めた蔵書家でもありました。稿本の筆からは、種彦に絵心があったことがうかがわれ、まさに博学で多才な人物であったといえますが、物事をよく調べる学究肌な性格が、旺盛な執筆活動を支える礎を作っていたのでしょう。

（岡崎）

傾城水滸伝（けいせいすいこでん） 稿本（こうほん）

未完におわった大作の原稿

自文政八至天保六年頃自筆稿本　一八・七×一三・六糎　四四冊

日本文学史上最大の長編小説『南総里見八犬伝』などで知られる曲亭馬琴（滝沢馬琴）の草稿です。本作『傾城水滸伝』は一〇年かけて一三編上まで刊行されますが、未完のまま馬琴が没したため、笠亭仙果が『女水滸伝』と題を改めて引き継ぎ、一五編で完結しました。版本の挿絵は歌川豊国、歌川国安、歌川貞秀が描きました。東洋文庫は、第三編以外の草稿、全四四冊を所蔵しています。本文、挿絵を含めすべて馬琴が筆をとった草稿は、略筆ながらも細かく書き込まれており、馬琴が文章だけでなく挿絵の内容やレイアウトにいたるまで細かく指定していたことが想像されます。

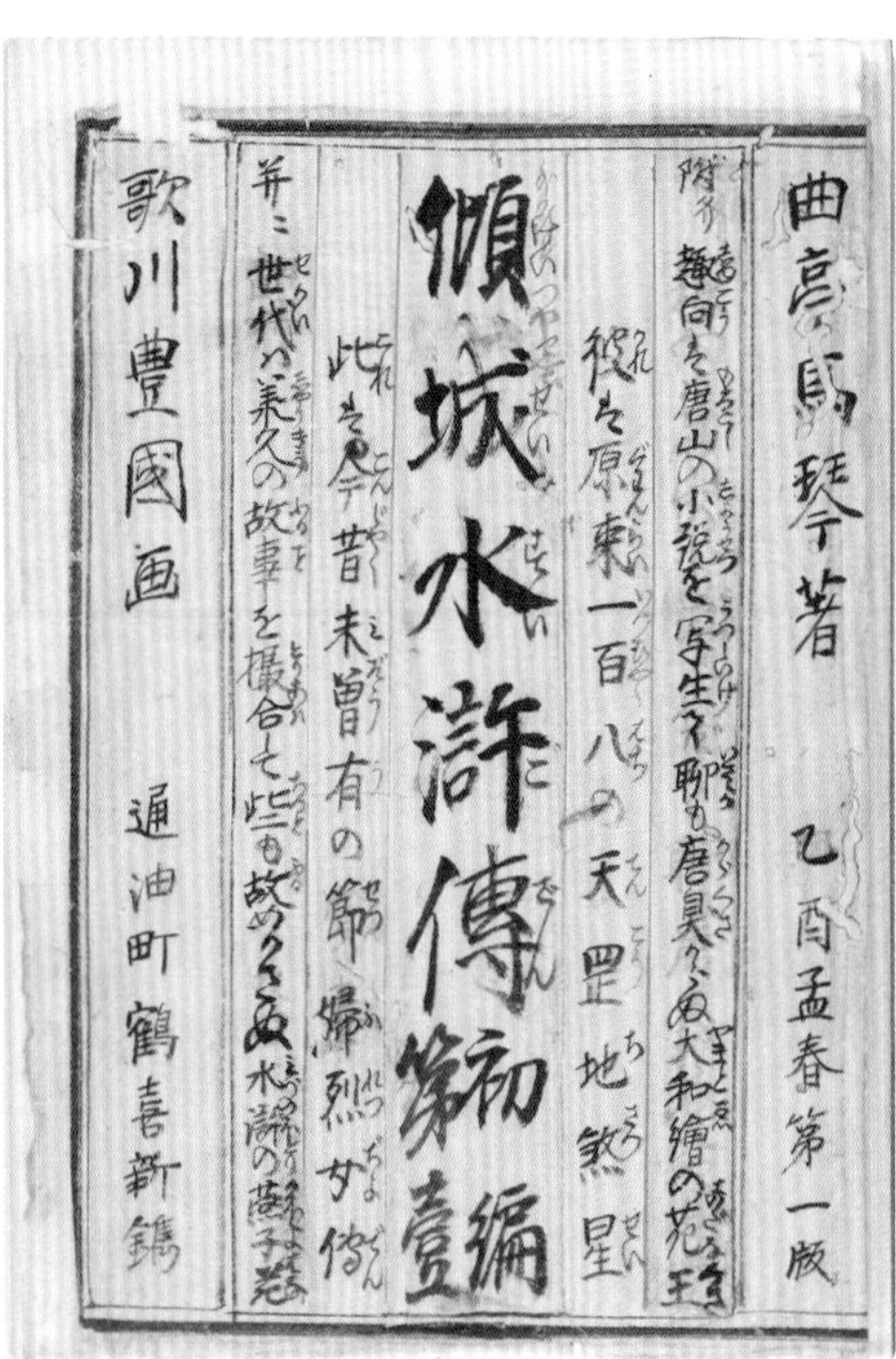

初編巻一の内題

馬琴は中国の小説を翻案した作品を複数執筆していますが、本作もその一つで長編歴史小説『水滸伝』の舞台と登場人物を日本に置き換えています。『水滸伝』は梁山泊に集結した一〇八人の英雄豪傑が国を救うために戦う物語ですが、本作では鎌倉時代を舞台として、なんと登場人物全員の性別を逆転させており、豪傑たちも女性に変えられています。馬琴は自身の代表作である『椿説弓張月』や『南総里見八犬伝』にも『水滸伝』の要素を取り入れています。

本作は直接的な翻案、つまりパロディであるとはいえ、かなり大胆なアレンジといえるでしょう。しかしながら、英雄・豪傑にかわって個性豊かな女性たちが活躍する物語は当時の人々の心をつかんだようで、版木が摩耗してしまい、新たに彫りなおすほど大ヒットしました。

規制あってこそ冴えわたるアイデア

本作のあらすじを少しおさえておきましょう。舞台は後鳥羽院（一一八〇〜一二三九）時代の日本。後鳥羽院から寵愛をうける美しい白拍子亀菊の横暴で好き勝手なふるまいに対して烈婦たちが立ち上がり、賤ケ岳の「江鎮泊」を拠点として亀菊と執権の北条義時を相手に戦うというお話です。

当時、徳川幕府に関わる内容を書くことは固く禁じられ、それを比喩していると思われる表現も規制されていました。そのため、江戸時代から離れた中世の日本を舞台とした物語が多く作られ、本作もそれにのっとった設定です。

物語は、各地で流行する疫病をおさめる祈禱を依頼するため、後鳥羽天皇の皇后美福門院の使いとして立木の局が熊野へ赴くところから始まります。目的を果たした立木の局が霊場をめぐっている際に、「傾城塚」と刻まれた石の封が開かれてしまいます。この「傾城塚」は、かつて世を乱した名だたる美女たちの魂を封じ込めたもので、これが開かれ魂が放たれると、世の中に災いがもたらされると伝えられる塚でした。本文には、「塚を倒してその下の蓋が開かれると幾筋もの光が四方に放たれ、これが後の亀菊による世の乱れと烈女たちの出現の兆しであった」（意訳）とあり、挿絵には土中から勢いよく閃光が飛び出す様が描かれています。本家『水滸伝』でも、冒頭に魔王を封じた伏魔殿が暴かれて魔王が世に放たれるくだりがあり、物語の始まりを告げる印象的なシーンとして知られています。

強いこだわり故に絵師とも衝突？

曲亭馬琴は多くの絵師と仕事をしていますが、中でも『椿説弓張月』や『新編水滸画伝』など、数々の読本の傑作をともに生み出した葛飾北斎とは深い信頼関係を結んでいました。馬琴の家に一時北斎が居候をするほど仲の良かった二人ですが、仕事においてはたびたび衝突したようです。作家が挿絵のおおまかな下絵を作成し、絵師に指示を出しても、北斎はその指示に従わず自分の思うように描くことがありました。『傾城水滸伝』の草稿を見てわかるように、馬琴は挿絵に強いこだわりを持っていたと思われます。指示に従わない北斎に対し、馬琴が怒ることは、珍しくなかったのではないでしょうか。度重なる衝突のすえに、ある時馬琴が北斎に激怒して絶交したという説があります。この説は、今では疑問視されているものの、作家と絵師それぞれのプライドがぶつかり合う創作の場を彷彿とさせるエピソードです。

（岡崎）

初編冒頭の主要人物紹介。右端が白拍子の亀菊。

封印が解かれた傾城塚。

南総里見八犬伝

愛され続ける馬琴の代表作

自文化十一至天保一三年刊　一〇六冊

曲亭(滝沢)馬琴(一七六七〜一八四八)が、一八一四(文化十一)年から四二(天保十三)年まで、版元や絵師の交替、身内の死、自身の病苦や失明など、さまざまな困難を経ながら、足かけ約二八年の長期にわたって執筆し刊行した読本です。

全九八巻一〇六冊に及ぶ長編伝奇小説であり、挿絵は葛飾北斎の高弟で一時期は婿養子でもあった柳川重信(一七八七〜一八三二)、二代重信(生没年未詳)が中心となって描き、渓斎英泉(一七九一〜一八四八)なども補助をしています。

刊行以来現代に至るまで、さまざまな形で愛されている江戸文学の金字塔です。

柳川重信画『南総里見八犬伝』。犬をモチーフにした表紙が目に楽しい。

弱きを助け強きを挫く八人のヒーローたち。

物語は、中国・明代の小説『水滸伝』の構想を借りて、戦国時代に安房国(現在の千葉県南部)の地を活躍の拠点にした房総里見氏の歴史などもとり混ぜて創作されています。安房国を治めていた里見家の姫が持つ数珠から飛び散った「仁・義・礼・智・忠・信・孝・悌」の文字が刻まれた八つの霊玉を手にした、名に「犬」の字、体には

自害する伏姫の腹から八つの玉が飛び出し、空の彼方へと消える場面。墨の濃淡も効果的に用いて、幻想的なシーンを巧みに表現している。

牡丹の形の痣を持つ八人の若者が、さまざまな局面で活躍し、里見家の危機を救います。儒教と仏教にもとづき、勧善懲悪・因果応報を軸としたロマンあふれる壮大なストーリーです。

とはいえ、長編であることや、文章の格調高さ、故事などを用いた説明的な部分の多さなどから、一般庶民が読破するには難しい面もありました。記録的なヒットの裏には、ダイジェスト版ともいうべき本の存在があったことが欠かせません。東洋文庫にも所蔵のある『仮名読八犬伝』(二代目為永春水・曲亭琴童・仮名垣魯文作、歌川國芳・落合芳幾画)もそうしたものの一つで、題にあるとおり、基本的に平易な仮名で記されているのが特徴です。二代目為永春水の後に作者として筆を執った曲亭(鳳簫庵)琴童とは、失明した馬琴の代筆を務めた「お路」のことであり、夭折した息子を想ってつけたペンネームとなっています。挿絵は、原典の影響を受けつつも、武者絵で鳴らした歌川國芳が力を発揮し(のちに國芳門下の落合芳幾が引き継ぎます)、娯楽性が高いものになっています。

『仮名読八犬伝』。東洋文庫所蔵の本書は合綴されているが、もともとは表紙と裏表紙の絵柄が繋がって一枚の絵として成り立つ趣向であった。

多彩な展開はとどまるところを知らず

『八犬伝』は、刊行中に早くも歌舞伎として舞台化されてその人気ぶりに拍車がかかり、浮世絵にも盛んに描かれました。歌舞伎に取材した内容の絵のみならず、実際の上演がなくとも、八犬士それぞれの役に相応しい役者の似顔を当てはめて描く場合もありました。犬塚信乃と犬飼現八の芳流閣での戦いや、犬山道節が火遁の術を使う円塚山、女田楽に扮した艶やかな犬坂毛野……本の挿絵から生まれた名シーンは、一枚物の絵となってくり返し描かれ、人々の記憶に刻まれることになります。

ほかにも、本編を離れて、『八犬伝』の趣向を借りた人情本や後日談を描く合巻なども出版されます。幕末明治以降も文芸、演劇、絵画などさまざまなジャンルに影響を与え続け、現代でもなお人形劇や映画、漫画の題材にとられ、その広がりはとどまりません。今で言うメディアミックスに通じる展開をみせていたという点においても、稀有な文学作品です。

（丹藤）

書物袋絵外題集

世にも稀なるブックカバーのコレクション

自江戸中後期至明治初頭　木版墨摺　多色摺　全三一一図

『東国奇談月夜桜』(1836年)の袋絵。

江戸時代の書物は多くの場合、店頭で並ぶ際に「袋」というものが付けられていました。これは書物を保護するための覆い紙で、本体(書物)を巻くような筒状をしています。現代の本屋で見かける多くの本に付いているブックカバーに近いものといえるでしょう。江戸時代の書物にも、一作品ずつ内容に合わせた絵柄の袋が作られていました。このような袋の表面に描かれた絵をはじめ、表紙や題箋を集めて綴じたのが『書物袋絵外題集』です。

たかが「袋」と言うなかれ

『書物袋絵外題集』には、見開きに二図ずつ貼り込んだ画帖の形式で仕立てられているものが全部で六帖、あわせて三一一図が収められています。貼り込まれた図の寸法が大体縦一六・〇~一八・五cm、横一〇・〇~一二・〇cmであることから、包む書物の型は中本(縦約一九・〇×横約一三・〇cm)サイズで、いずれも絵本であったと考えられます。これらの中には、墨摺りや単色摺りのものも含まれますが、ほとんどが多色摺りで色合い美しく、図様も機知に富んだものが多く見られます。そして、本体となる書物の題、作者、絵師(書物の挿絵と袋絵を担当した絵師それぞれの名前を記載する例もあり)、版元、刊行年などの書誌情報が絵とともに摺られている例も少なくありません。何より、購入者が店頭で本体より先に目にしていたことを考えると、袋は当時の大衆の好みや販売戦略がうかがえる資料ともいえるでしょう。

鑑賞の対象として楽しめるだけでなく、多くの情報を有する袋ですが、本来は書物を保護する目的で制作された、あくまで付属的な存在であったためか、袋をまとまった形で所蔵している例はあまり見受けられません。そのような意味でも、一〇〇年近くの間に出版されたさまざまな絵本の袋を集めたこのアルバムは、絵本流通の実態を伝える貴重な情報を有する珍しくも貴重なコレクションなのです。

どんな絵があるのかな?

さらにこの画帖の中身を見てみましょう。袋が貼られている順番は時系列ではなく、いろいろな年代のものが前後して入り混じっています。しかし、記載が追える範囲で書物の出版年を概観すると、十八世紀後半から幕末までの出版物の袋を中心に集められていることが分かります。また、数としては山東京伝、式亭三馬、曲亭馬琴、十返舎一九といった江戸後期を代表する作家による、黄表紙、読本、合巻の袋が多いようです。では、袋絵と本体の挿絵を描いた絵師はどれほど一致するのでしょうか。袋の記載を見ると、本編を担当した絵師の名前は記しても袋を描いた絵師の名前は記載されていない例がほとんどです。とはいえ、これらの袋と本編の絵師が必ずしも一致するとはいえない点が難しいところです。一方で、それぞれの絵師の名を記載している例も見られます。たとえば、一八六五(元治二)年に出版された『風俗浅間嶽』一四編の袋には上部に題、作者と並んで挿絵を担当した歌川国貞の名が記載されるのとは別に、右側に落款が入っています。落款には「惺々狂斎」と書いてあるため、この袋絵は国貞の弟弟子である歌川国芳の弟子だったことのある、河鍋暁斎によるものであることがわかります。暁斎は本作の五年程前から「狂斎」の名で錦絵などを本格的に描いています。

このような例を見るに、本編と袋を揃いで当世の人気絵師が手掛けることも一つの魅力ですが、一冊の書物で二人の絵師の腕と感性を楽しめることは、読者サービスであると同時に、若手絵師にとってはその名を売る機会でもあったのかもしれません。

（岡崎）

『敵討身代利名号』（1808年）の袋絵。

『八重霞かくしの仇討』（1808年）の袋絵。

『風俗浅間嶽』（1865年）の袋絵。

色彩に溢れた文化

佐藤 悟　実践女子大学文学部教授

近世文化を支えたものに印刷の発展がある。古活字版のような権力と結びついた出版も重要であるが、商業印刷業の発展という視点が必要である。それを支えたのは江戸や大坂のような新興都市の発展に伴う印刷需要の拡大と、彫り、摺などの印刷技術の発展、印刷用の色材の低廉化、印刷に適した紙の大量生産であった。浮世絵は十八世紀後半になると「見当」の利用による精緻な重ね摺や、空摺などの高度な技術に支えられた鈴木春信の浮世絵が誕生する。その後の鳥居清長や喜多川歌麿らの極彩色の錦絵は色彩が溢れている。鮮やかな紅や爽やかなベロ藍などの色材は生産量や輸入量の増大に伴い価格は下がっていった。使われた紙を顕微鏡で観察すると楮や三叉を原料とし、繊維の間を充填剤として米粉が大量にすき込まれている（中島今吉『最新和紙手数漉法』〈丸善出版、一九四六年〉には和紙に米粉を入れることが指摘されている）。米粉は和紙の表面を平滑に、かつ印刷に際しては適度な湿度を保ち、墨や染料を吸収する役割を果たした。また重ね摺に耐える強度もある。この紙が繊細に彫刻された主板の板木の表現の印刷を可能にし、かつ多色摺を支えたのである。

しかし当時の世界の印刷の状況はどうであろうか。日本の多色摺の成立に大きな影響を与えたものに中国の詩箋などが考えられ、当初は中国の影響の下に発展したことは明白である。中国では明代末にすばらしい彩色摺の文化が栄えるが、日本のような発展を遂げることはなかった。その理由の一つが紙の問題であろう。ヨーロッパを見れば、版画はモノトーンを基調として、浮世絵を見た目からはひどく暗いものに見える。明治になって印象派に浮世絵が影響を与えたことが喧伝されているが、画家たちにとって色彩の溢れる浮世絵は驚きであったのに違いない。

この多色摺は浮世絵のみならず、絵本としても発展を遂げる。江戸では十八世紀後半から多色摺の絵本が多く制作される。蔦屋重三郎から刊行された『虫撰』のような豪華な狂歌絵本により、その高度な技術を今に見ることができる。

享和期（一八〇一～〇四年）になると色摺に対する要求はさらに高まり、多くの彩色絵本が刊行される。よく知られているように、寛政十一（一七九九）年に蔦屋重三郎から刊行された葛飾北斎画の墨摺狂歌絵本『東遊』は享和二（一八〇二）年に『画本東都遊』と改題、狂歌部分を削除して再編集され、江戸の名所絵本として彩色摺で刊行されている。『東遊』では蔦屋単独板であったが、『画本東都遊』の刊記には須原屋伊八、須原屋茂兵衛、西村源六の名が加わっている。入銀墨摺本として刊行された『東遊』が彩色摺江戸名所絵本として、江戸市中を対象に広く売り出されたことを意味している。享和期の江戸は

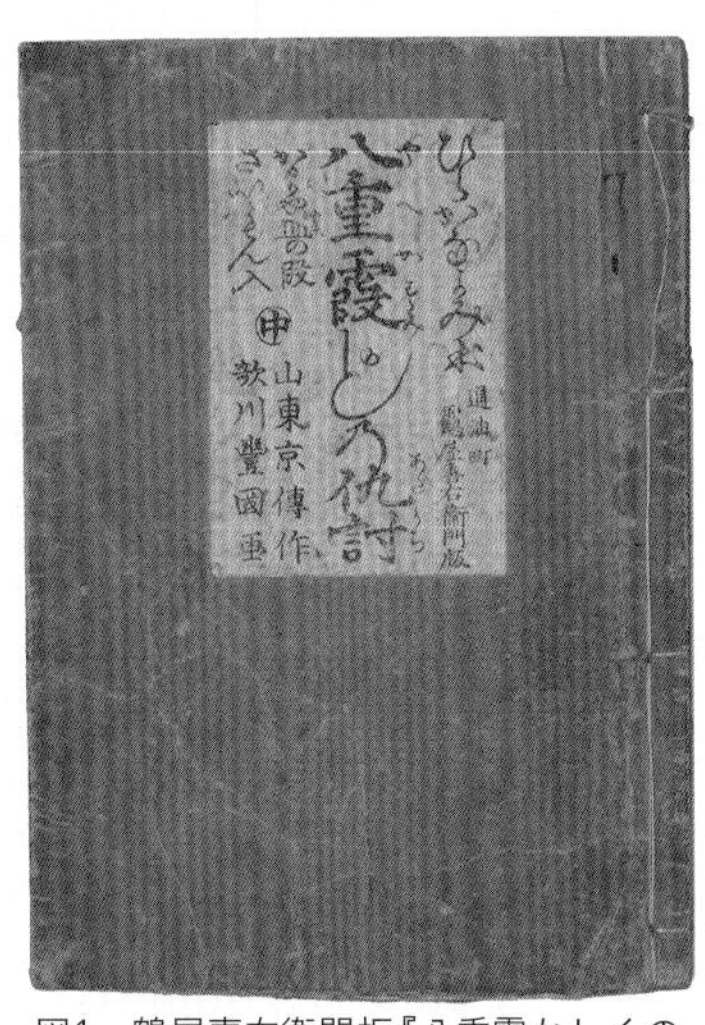

図1　鶴屋喜右衛門板『八重霞かしくの仇討』表紙(筆者蔵)

図2　『八重霞かしくの仇討』の袋絵(東洋文庫蔵『書物袋絵外題集』より)

役者絵本その他の彩色絵本も多く刊行され、多色摺絵本文化のピークを迎えたということができる。

ところが、この多色摺絵本が文化元(一八〇四)年五月十七日に江戸では禁止となる。その原因となったのは『絵本太閤記』の絶板であった。『半日閑話』巻之八には「絵本太閤記絶板」として次のような記事がある(『大田南畝全集』第十一巻、岩波書店、一九八八年)。

文化元子年五月十六日、絵本太閤記絶板被仰付候趣、大坂板元に被仰渡、江戸にて右太閤記の中より抜出し錦画に出候分も不残御取上、右錦画書候喜多川歌麿、豊国など手鎖、板元を十五貫文科料のよし。絵草紙屋への申渡書付有之。

その後京都、大坂でも『絵本太閤記』の絶板が命ぜられ、全国的な規模の絶板事件であったことが知られる。その翌日の五月十七日には色摺の禁令が江戸のみで出される。『市中取締類集』所収「書物錦絵之部第五十四件別紙」には次のように記される。

絵双紙問屋行事共年番名主共江申渡

絵双紙類之儀ニ付度々町触回申渡之趣有之候処今以如何成品商売いたし不埒之至ニ付、今般吟味之上夫々咎申付候以来左之通リ可相心得候、

一　一枚絵双紙類、天正之頃以来之武者等之名前を顕し画候儀は勿論、紋所・合印・名前等紛敷認候義も、決而致間敷候、

一　壱枚絵ニ和歌之類幷景色之地名又は角力取・歌舞伎役者・遊女之名前等は格別、其外之詞書一切認間敷候

一　彩色摺いたし候絵本草紙等、近来多々相見不埒ニ候以来絵本双紙等は墨斗ニ而板行い

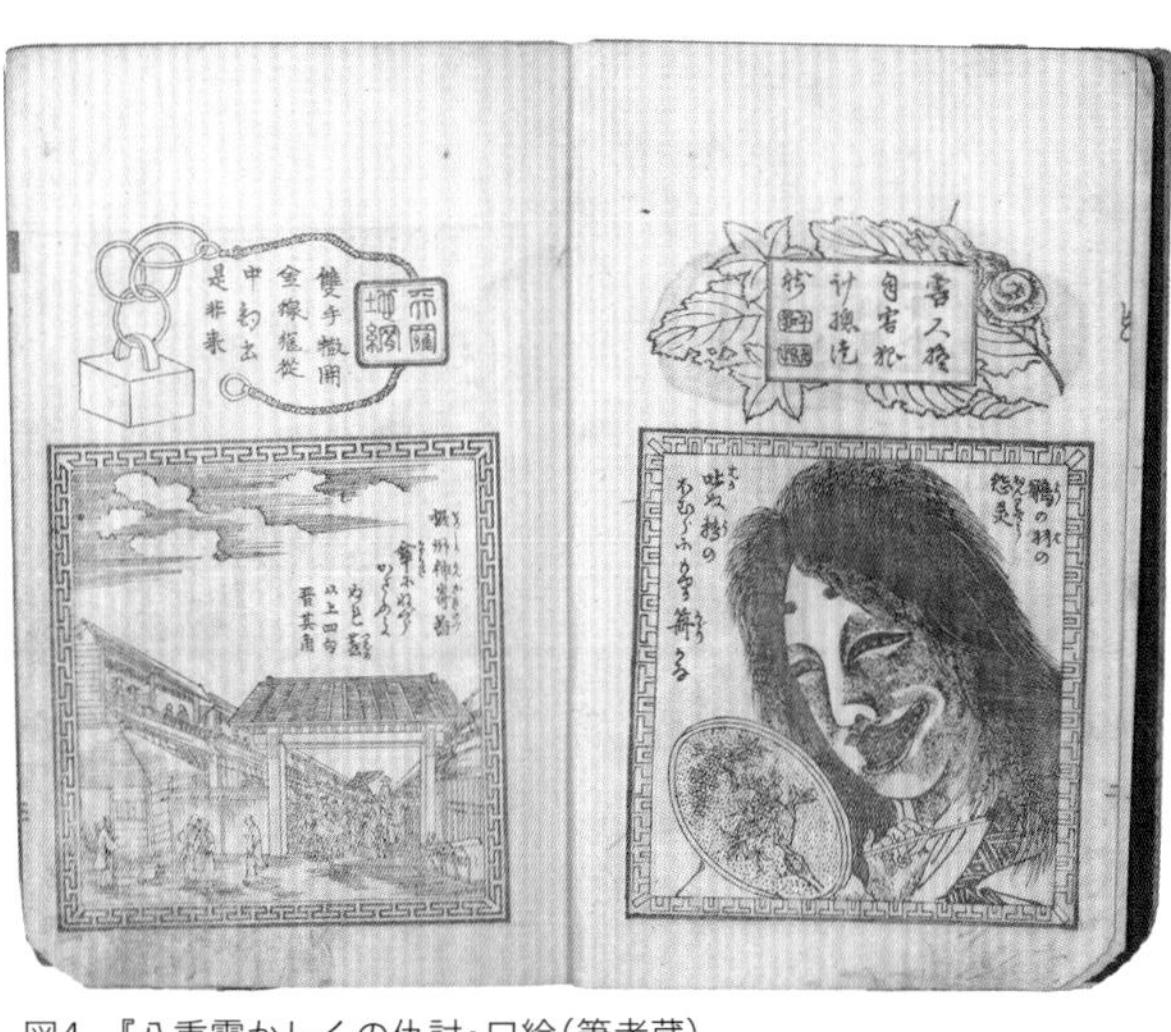

図4　『八重霞かしくの仇討』口絵（筆者蔵）

図3　『八重霞かしくの仇討』上巻見返し（筆者蔵）

たし彩色を加候儀無用ニ候
右之通相心得、其外前々触・申渡之趣堅相守商売いたし　行事共入念可相改候、此度絶板申付候外ニも、右申渡ニ違候分は、行事共相糺早々絶板いたし以来等閑之儀無之様可致候、若於相背は絵草紙取上絶板申付其品ニ寄厳敷咎可申付候

一見すると『絵本太閤記』の絶板とは無関係のように見えるが、「天正之頃以来之武者等之名前を顕し画候儀」とあるのは『絵本太閤記』の内容を示しているので、色摺部分を含む『絵本太閤記』を念頭においてこの御触書が出されたことは明らかである。そしてこの命令が江戸のみを対象としていたことに留意する必要がある。江戸期の出版法は基本的に地方法であり、この禁令は京都、大坂には適用されていない（『市中取締類集』十八、東京大学出版会、一九八八年）。

この禁令の結果、多色摺で刊行されていた十返舎一九作、喜多川歌麿画『青楼絵本年中行事』（上総屋忠助板）は墨摺本として刊行せざるを得なくなった。これ以外にも『福鼠尻尾太棹』（山田屋三四郎板）のような絵本も墨摺本（森屋治兵衛板）として刊行されている。彩色絵本の需要があるのに、それを出すことが不可能になったのである。山東京山は天保元（一八三〇）年九月十九日付鈴木牧之宛書簡の中で「彩色本国禁なれども薄墨は制外なり」（『鈴木牧之全集』中央公論社、一九八三年所収）と述べているように、この禁令は天保以降も効力を持っていたのである。このため江戸の絵本文化は一変し、墨摺、淡色摺を基調とすることとなった。

この頃、転換期を迎えていたのが草双紙で、黄表紙から合巻へと移行がおこなわれていた。草双紙の内容が長編化するということで、それまで中本で五丁を一冊とする体裁が合冊されるという現象が起きる。そして色摺の袋や絵題簽を貼付けた美麗な草双紙が合巻として読者の支持を集めるようになる。さらに上質な合巻として半紙本上紙摺と呼ばれる特製本が製作される。上紙摺は文字通り、上等な紙に摺られた草双紙である。この紙は以前は奉書系などと表現されていたが、奉書ではなく、米粉を充塡剤とした厚めの前述の上質紙である。

その一例として文化五年に刊行された山東京伝作、歌川豊国画『八重霞かしくの仇討』（鶴屋喜右衛門板）（図1）を見てみたい。この作品の書誌については林美一『江戸戯作文庫【八重霞かしく仇討】』（戯作文庫『八重霞かしく仇討』河出書房新社、一九八四年）に既に紹介があるが、いくらか追加すると次のようなことがいえる。

上紙摺は通常半紙本として刊行されるが、この作品の上紙摺は半紙本と中本の間の大きさである。丹表紙に「ひらかなよみ本」「かるかや山の段　さいもん入」と題簽にあり、浄瑠璃本めかした意匠である。義太夫節の「八重霞浪速浜荻」を原拠(林美一)としているので、「ひらかなよみ本」とは絵入読本ではなく読本浄瑠璃を指すのであろう。東洋文庫所蔵『書物袋絵外題集』には同書の極彩色の袋(図2)が貼込まれて、上紙摺の袋であったと判断される。上巻見返し(図3)は地墨、艶墨、薄墨の三度摺となっている。口絵(図4)は袋に対応するかのような中国風のデザインの中に銅版画めかした繊細な彫りの人物と摂州神崎図(実は吉原大門図)が描かれる。米粉入りの上質な紙が使われているので、この繊細な彫りに対応できたのであろう。

林美一が底本とした合巻体裁本の表紙(図5)は八角型の凝った大型の絵題簽を有する。この後、合巻の絵題簽はさらに大きくなり、やがて摺付表紙となっていく。この過渡期の形態をこの表紙は示している。上巻見返しは上紙摺と同じである。簡単な袋が付いていたのであろうが現存しない。

図5 『小曾野録三郎八重霞かしくの仇討』(立命館大学ARC所蔵(hayBK03-0218))

岩崎文庫『青本絵外題集』には黄表紙体裁本の絵題簽(図6)が一枚残されている。黄表紙体裁に摺られたもの(国立国会図書館蔵本)の口絵は、粗末な紙をしようしているため、繊細な彫りに対応することができていない。

上紙摺や合巻といった体裁で出された草双紙は表紙や袋、口絵を見ると、意匠に富み、あたかも多色摺の絵本と代替するように、草双紙は絵本化していったことが知られる。合巻の特徴の一つが美麗な摺付表紙である。天保期の資料であるが、「文化文政以来江戸草双値」(佐藤悟「文政末・天保期の合巻流通と価格」『日本文学』二〇〇八年十月)に見える合巻の価格のほとんどは摺付表紙が占めている。上紙摺の袋や摺付表紙は多色摺の禁令に触れるように見えるが、改めが行われたのは本文のみで、それらは規制の対象外であったのであろう。摺付表紙は文化十四年の「合巻絵草紙一件」(水野稔「馬琴雑記　一曲亭書簡補遺——合巻絵草紙一件」『江戸小説論叢』中央公論社、一九七四年)や天保改革時に色数の規制を受けるが、それをも乗り越えて明治に至るまで華麗な摺付表紙の製作を続けている。合巻や浮世絵により十九世紀の江戸は色彩に溢れていたのである。

図6　東洋文庫蔵『青本絵外題集』所収の黄表紙体裁本絵題簽

鯉ぞつもりて

大谷 俊太　東洋文庫研究員・京都女子大学文学部教授

岩崎文庫には、所謂嵯峨本の徒然草など和田維四郎(雲邨)旧蔵の古活字版の極美品がいくつも伝わりますが、同じ「雲邨文庫」の朱印を持つ一本に『扇の草紙』があります。和歌とその歌意を表した扇絵の組合わせ、計80組が収まる整版本です。中には、歌から絵をあるいは絵から歌をあてて遊ぶ判じ絵的なものが含まれると言われています。

さて、その64首目「我こひはよどの河瀬のつなぎごい身をも心にまかせざりけり」と扇絵を取り上げます(図1)。『夫木和歌抄』にも載る九条知家の歌ですが、そこでは「世の中は淀の生け簀のつなぎごひ身を心にも任せやはする」と少し異同があります。抑、和歌に鯉が詠まれることは稀です。鯉は食用になるので、和歌の素材にはふさわしくありません。それを作者があえて詠んでいるのは、鯉＝恋という言葉遊びの要素を面白がったからでしょう。初句の「世の中」には男女の仲の意味があります。淀川の生け簀の中の鯉のように私の恋は思うままにならない、の意です。しかし、「世の中」を単に世間の意味でとれば、鯉は恋との掛詞である必要はありません。『夫木抄』の形、「世の中は」は「鯉＝恋」という言葉遊びの要素を目立たなくしています。「鯉」という俗語に近い語との掛詞があるために和歌全体が俗になるのを押し留めているのです。それに対して、『扇の草紙』の「我が恋は」の形では「鯉＝恋」であることを明言して言葉遊びの要素を強調する形になっています。それを受けて、絵では大きく鯉が描かれています。生け簀は描かれていません。『夫木抄』の第二句「生け簀の」が「河瀬の」に変わっていることに対応しているのです。

それが、寛文頃刊の『あふぎのうたづくし』(岩崎文庫)では、河岸の杭にくくり付けられた紐で鯉が繋がれています(図2)。『庭訓往来抄』(寛永八年刊)に「簀を連ねて河に立てて鯉を放つ也。淀のつなぎ鯉、是也」とあるので、実際に紐で繋がれていたわけではないのに、「つなぎ鯉」という言葉に直結させた絵になっています。より具体的・即物的に描くことで、判じ物の答えが出やすくなっているといえるでしょう。

果たしてそれが更にエスカレートしたのが『たなばた歌合』(貞享五年刊)の「たなばたの恋やつもりて天の川まれなる中のふちとなるらん」の歌絵です(図3)。百人一首の陽成院の歌「こひぞつもりて淵となりぬる」を踏まえていますが、絵には文字どおり何匹もの鯉が積もっています。淵のごとく深く沈澱する恋の想いという和歌の持つ情趣、すなわち余情の世界を茶化して、恋が積もってできた淵は見たことないが、鯉の積もった(群れた)淵ならこれだ、と理屈に興じています。理屈を付けて即物的に表現する、これが「近世」という時代の一面なのです。

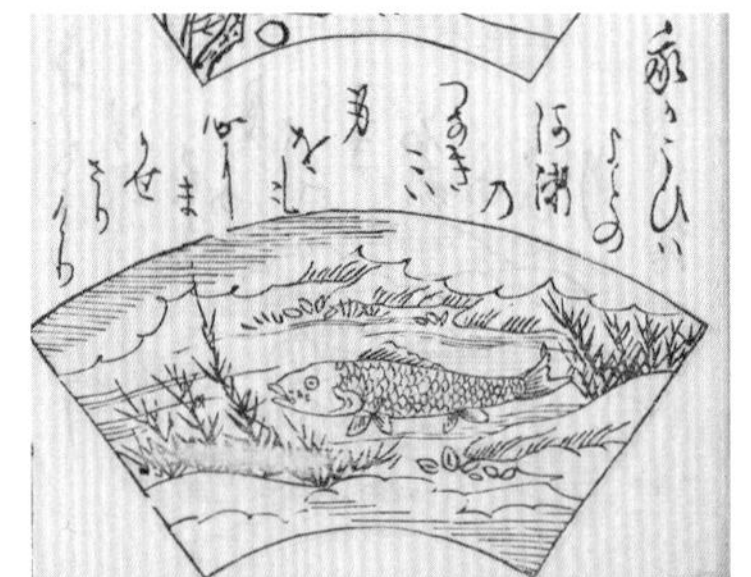
図1 『扇の草紙』16丁ウラ

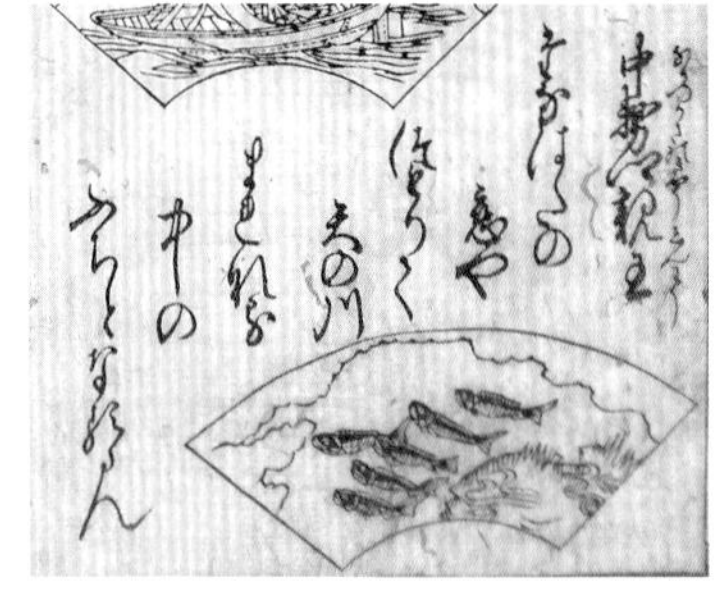
図3 『たなばた歌合』12丁ウラ

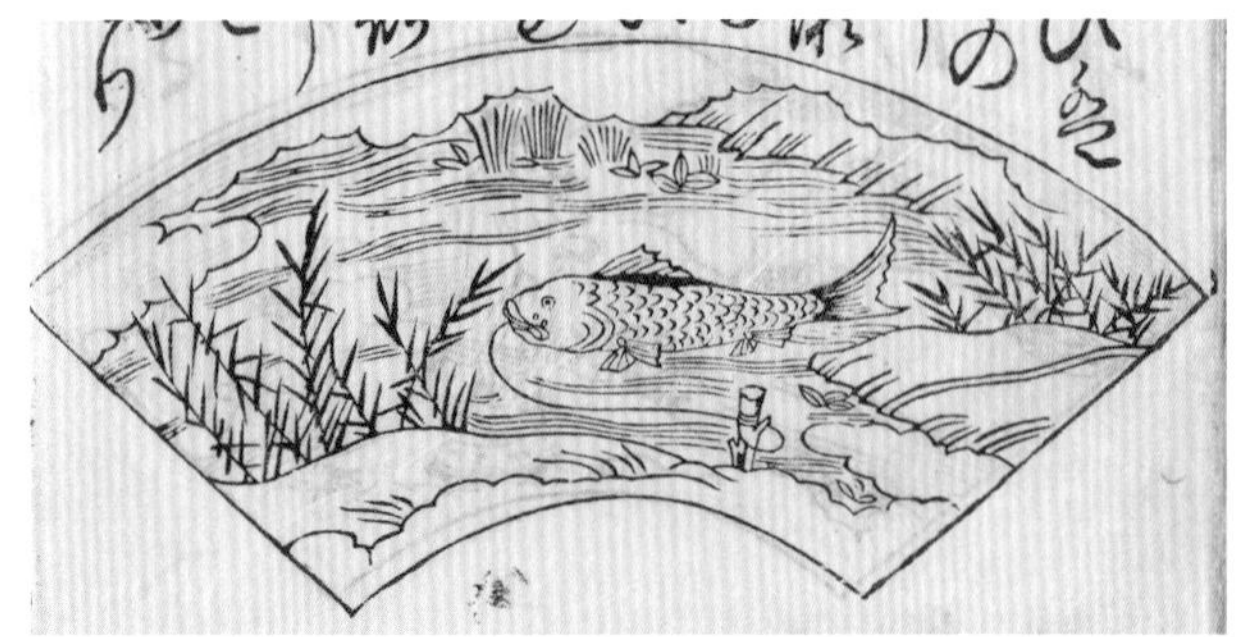
図2 『あふぎのうたづくし』11丁ウラ

第5章

浮世絵の名品

浮世續絵尽

世界に一冊しかない師宣絵本の初版

天和二年鱗形屋三左衛門刊　後補薄茶表紙　二七・〇×一八・七糎　一冊

江戸初期を代表する絵師・菱川師宣が、遊女や若衆(男色の対象となる少年)などの当世の風俗を描き集めた絵本です。師宣の手がけた絵本の中でも代表的作品として名高く、加えて、東洋文庫所蔵のものは現存する唯一の初版本です。

浮世絵のパイオニア　師宣

菱川師宣(?〜一六九四)は、江戸に近い安房国(現在の千葉県南部)保田に、布地に模様加工を施す仕事をする縫箔師の家の長男として生まれました。幼少の頃から染織の下絵を描くなどし、独学で狩野、土佐、長谷川、岩佐といった諸派の画風を学んだと考えられています。その後江戸に出た師宣は、興隆し始めていた出版文化の波に乗り、絵入り版本の挿絵画家として活躍しながら独自の画風を形成していきました。そうした中、延宝期(一六七三〜八一年)後半以降には、「〜絵づくし」という名のついた風俗絵本が版元の鱗形屋三左衛門のもとで計一〇点ほど出版されています。

本書や『団扇絵づくし』(本書一七二頁参照)のほかには、『大和絵つくし』『古今武士道絵づくし』『美人絵づくし』『花鳥絵づくし』などがあり、流行の風俗や武者、美人、動植物といったテーマごとに絵を集めたスタイルをとっています。

「絵づくし」とは、絵の手本を集めたもの、という意味があり、絵を学ぶための手本としての役割を持って作られたことがわかります。古い時代から、宮廷や幕府に仕える絵師たちは蓄積された絵手本をもとに絵を描いていましたが、それらは肉筆によるもので、所持しているところも限定的でした。印刷され、出版された師宣の絵本は広く参照され、後世にも影響を与えることになります。

また、特筆されるのは、ページの大部分を絵が占めており、文章は全体の五分の一ほどの割合に縮小されていることです。このような形式の絵本は、それまでの文章が主体であった挿絵本から、版画の絵画表現を飛躍的に拡大させました。絵の画面が大きくなったことで、人物そのものに焦点を絞って、より細かな表情やしぐさを施すことが可能になったのです。この流れは浮世絵にも繋がっていきます。

手本としての実用性とともに、読むものから見るものとしての楽しみをもたらした師宣の絵本。木版という複製手段によって大量に、安価に提供されたぶん、その影響は大きいものとなりました。

当世の風俗を活き活きと描き出す

『浮世續絵尽』は、題簽と内題ともに残っていませんが、最終丁の柱刻の下方に「宝(当?)風」と入っており、また、再版本の原題簽が「当風品絵づくし」とあることから、初版本の題名も「当風品絵づくし」であった可能性があります。依然不明な部分のある一冊です。

一八項目・二〇図で構成され、裕福な町人の邸内の様子、遊女と遊客の座敷の様子、男が女郎の道中見物をする様子、若衆が香を嗜む様子など、町屋や武家屋敷、往来、遊里を舞台にさまざまな人物が描かれています。背景を入れずに人物だけを切り取った絵もいくつかあり、師宣の人物描写の美しさが際立つとともに、『見返り美人図』に代表される彼の肉筆画への連環も感じさせます。

(丹藤)

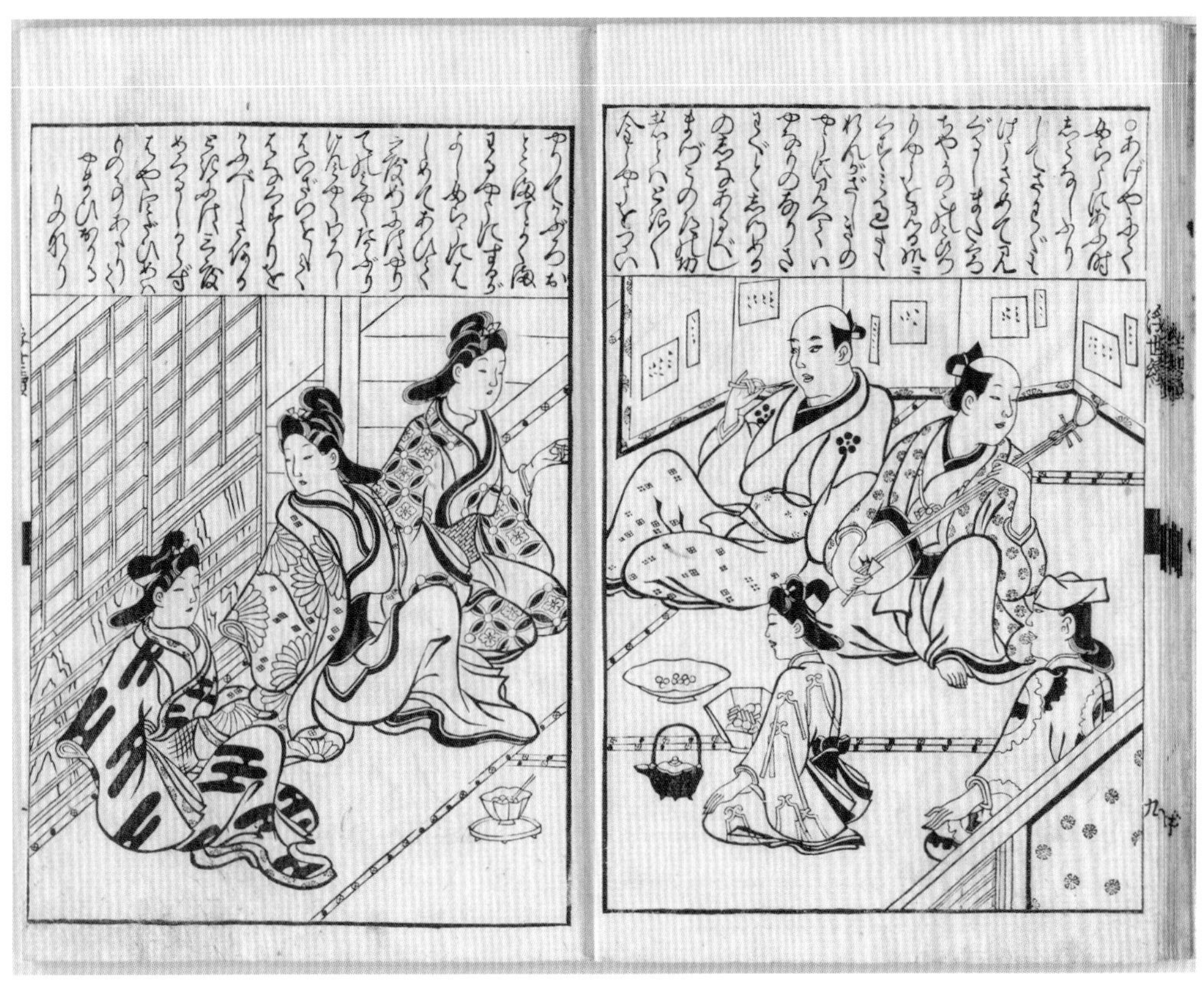

遊里の座敷の様子。

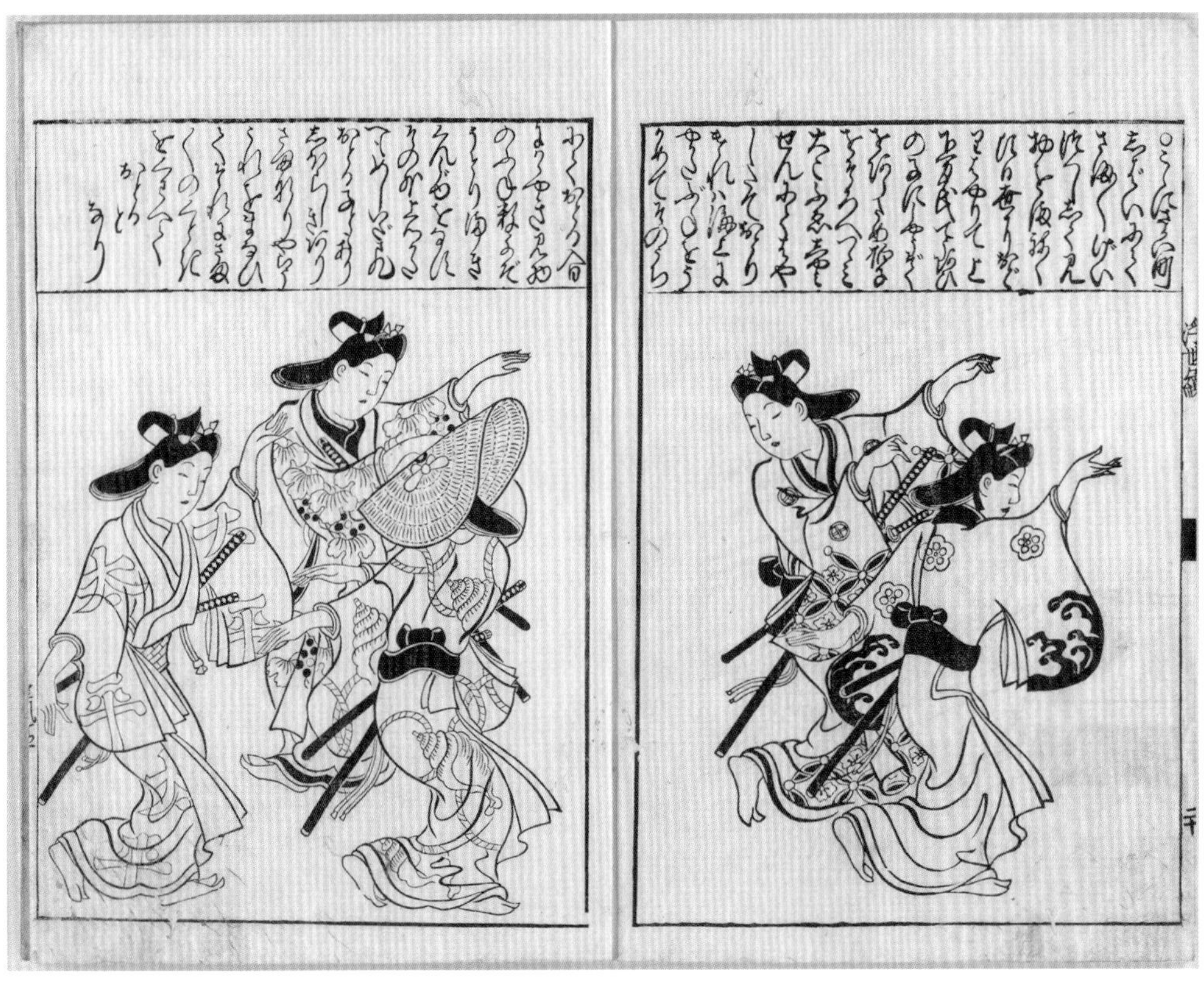

華やかな若衆たちの群舞。

団扇絵(うちわえ)づくし

本の中の扇を愛でる

天和四年鱗形屋三左衛門刊　後捕薄茶金粉散草花文様型押表紙
二六・三×一八・六糎　一冊

菱川師宣の手による墨摺り(すみずり)の絵本で、見開きの団扇と扇のフレームにさまざまな図様を描き入れ、上部に和歌を交えた文章を添えています。初版は一六八二（天和(てんな)二）年版で、天和四年にも別版が作られており、岩崎文庫所蔵のものは後者にあたります。

涼しいアイテムのビジュアルな楽しみ

手軽に涼をとることができる団扇や扇は、古くから人々の暮らしとともにありました。室町時代の頃になると、生活の道具としての実用性を超えて、鑑賞の対象、美術品としての役割が大きくなっていきます。時には手に持てるその小ささを利用し、大きな屏風にいくつも扇面を貼り交ぜて、一度に複数の画面を楽しむこともありました。

本書の序文には、「あふきうちはの地紙を押たる屏風あり。此団扇の内を見るに、長谷川、土佐、筆をつくしたる絵あり。興ありて誰人も褒美しければ、是にもとついて菱川の工夫にたより、絵書て出しぬ。」とあり、屏風に貼られた長谷川派や土佐派の絵師による絵を元に師宣がアレンジを加えて描いたという、本の成立の経緯が語られています。

絵は見開きで二〇図あり、画題は武者、美人、風俗、古典、動植物など多岐にわた

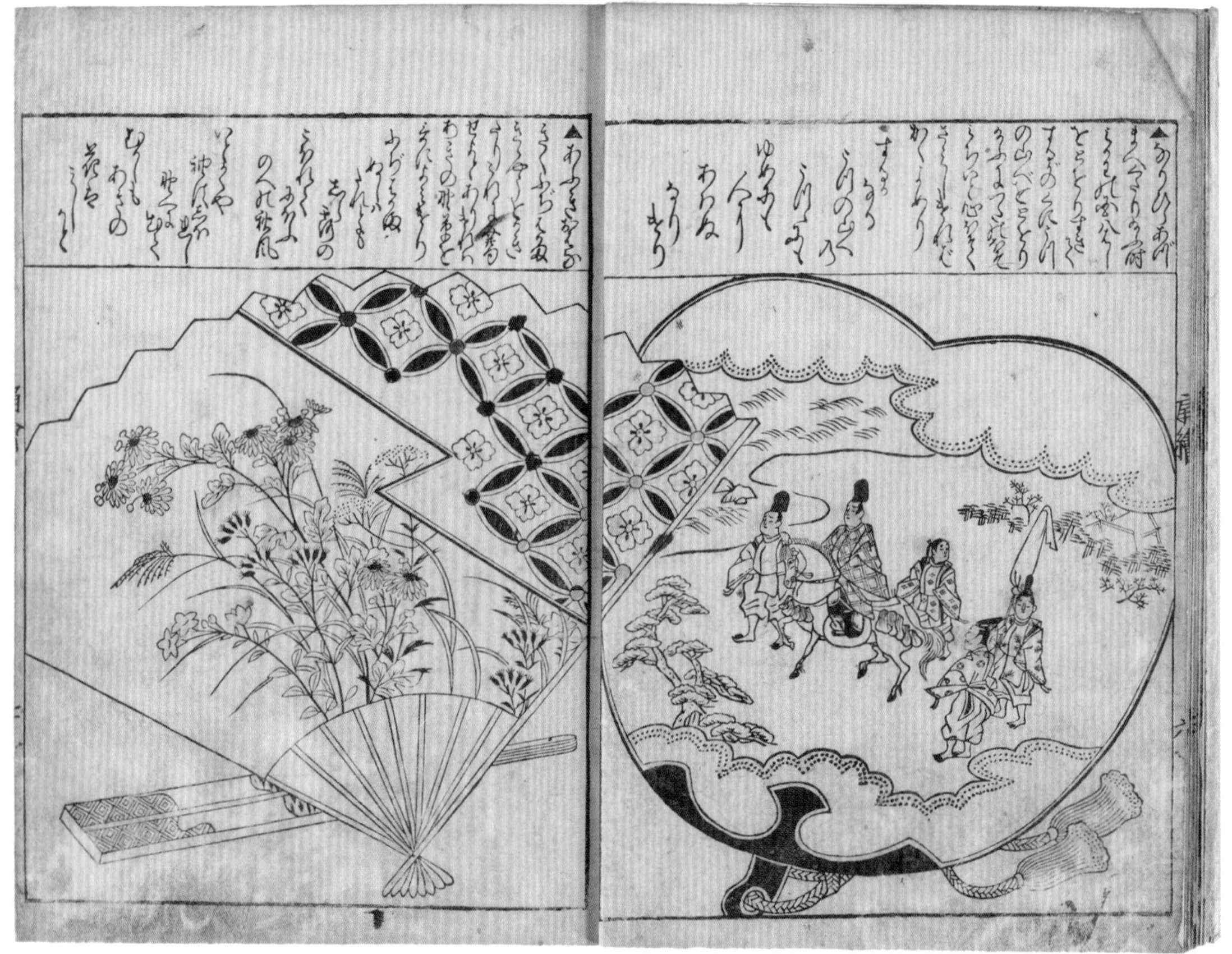

右側の団扇形には『伊勢物語』の東下りの場面を、左側の扇には秋草を描く。

右側の団扇形には『平家物語』にも登場する武将、熊谷直実を、左側の扇には、すごろくをする若衆と女を描く。

って、師宣の幅広い表現力が発揮されています。見開き二図を見比べてその趣の違いを味わうおもしろさもあります。また、ページの上段の文章は絵の解説というわけではなく、ショートストーリーのようになっています。いずれの文にも和歌が引かれており、その出典は『古今和歌集』から二首、『新古今和歌集』から三五首（うち五首は一部改変）、『平家物語』から一首で、そのほかに出典未詳の歌が二首あります。絵と文が独立して楽しめ、一見すると絵手本・図案集としての色が濃い作品と思われますが、絵に描かれたささやかな事物が本文と響きあうところも見受けられます。二つをともに味わい、事物が暗示するものや引用された古典を読み解いていく知的な楽しみがあり、文学と美術が交差した豊かな物語世界を形作っています。こうしたエスプリは、のちの奥村政信（一六八六～一七六四）や鈴木春信（一七二五～七〇）に代表される「見立絵」という浮世絵の作品群にも通じています。

失われた初版本

ところで師宣の絵本の中には、同様の内容で刊行年が異なるものが十数点あり、本書や『浮世續絵尽』（本書一七〇頁参照）も含まれます。これは同じ版木を用いた後摺りによるものではなく、新しい版木で再刻されたものであることが近年の研究で明らかにされています。天和二～三（一六八二～八三）年にかけて三度ほど、天和の江戸大火と呼ばれる大きな火災が起きており、それによって多くの版元が罹災、初版の版木が失われてしまったためと考えられます。本書は再刻版である天和四年版（一六八四年刊）で、初版本はフランス国立図書館に所蔵が確認できます。

（丹藤）

酒呑童子

菱川師宣と並ぶ、初期浮世絵の功労者

貞享元禄頃刊　横大々判墨摺　三一・〇×五六・七糎　一鋪

江戸時代初期に多数の作品を残した浮世絵師、杉村治兵衛(生没年不詳)による墨摺りの木版画です。平安時代中期の武将である源頼光(九四八〜一〇二一)による鬼退治の一幕を描いています。丹波の大江山を根城とする鬼たちの頭領「酒呑童子」の物語は、中世から近世にかけて絵巻、お伽草子、能など、さまざまな形で題材となって伝えられ、江戸時代においても浄瑠璃、歌舞伎などの演劇や、文学作品の題材となりました。本作は、浄瑠璃の演目に拠った墨摺絵と考えられます。

浮世絵版画に用いられる用紙のサイズ・形状を「判型」といいます。印刷に用いる紙は、漉いた和紙を裁断することにより用途にあったサイズになり、用いる紙の種類によって若干の違いがあります。本図の「横大々判」というのは、美濃で作られた大判サイズの和紙をさらに貼り継いで拡大した、非常に大きな判型です。

浮世絵版画は、その初期においては墨一色、あるいはそこに筆で着色したものが主流でした。浮世絵のパイオニアとして知られる菱川師宣や本図を描いた杉村治兵衛が活躍したのは、一枚の絵を版下とし、大量に印刷することによってより多くの人が手にできるようになる、つまり浮世絵が大衆の文化として普及していった時代でした。

しかし、出版文化が成熟する江戸時代後半に比べると、江戸時代前半の印刷物は全体的に現存数が少なく、師宣と肩を並べる制作量であったと考えられる杉村治兵衛の実態については、いまだに明らかとなっていないことが多い状況です。本作は、杉村治兵衛の作例としてだけでなく、浮世絵版画が流通し始めた初期に、大衆がどのような絵を手にしていたのかを知る上でも貴重な一点といえるでしょう。

杉村治兵衛とは何者なのか

これまでの研究により、杉村治兵衛は江戸の通油町(現在の大伝馬町)に暮らした絵師で、元禄時代末(十八世紀初頭)頃まで活躍したことがわかっています。作品は手書きの一枚絵のほか絵本、浄瑠璃本、浮世草子、春画、そして本作のような大型の墨摺り版画など多岐にわたり、当時は名の知られた絵師であったと思われます。同時代に活躍した菱川師宣の存在感が後世においてあまりにも大きく、対する治兵衛は忘れ去られた感がありますが、その理由の一つとしては、落款(サイン)のない作品がほとんどであるという点があげられるでしょう。

杉村治兵衛の作風には師宣と類似するところがあり、そのために落款のない作品が師宣作品とされることもありましたが、両者の人物図を比較すると治兵衛の方が丸みを帯びた柔らかな表現である点が特徴とされています。また、師宣が「組物」と呼ばれる複数枚からなる浮世絵を多く手がけたのに対し、治兵衛は一枚完結の作品を残していることから、一枚摺りで一枚完結という形式の浮世絵は、治兵衛に始まり普及していったのではないかとする説もあります。

すみずみまでお楽しみください

さて、改めて作品の方に目を向けてみましょ

『酒呑童子』

う。右端に枠で囲んで「しゅてんどうじ」という題が記され、上部には以下のように物語のあらすじが書かれています。

「こゝにたんばの国大江山といひしは　谷ふかうしてみね高く人のかよふべきところにあらず　ゆきゝのたび人見えさる事をかなしみける　みかど聞し召及給はせ　源のらいくはう（源頼光）に　ことのしさいを見てまいれとて　かすのちんふつ下し給ひけり　それより四天王と名を誉しすへたけ　さたみつ　ほうしやう　つな　きんとき（頼光に従った卜部季武、碓井貞光、渡辺綱、坂田金時の四天王と平井保昌）　かれらを御ともにて谷へさがりみねにのぼりわけ入給へは　石のいわや有　これをたつね聞しに　とうしの住しいわやなりとそおしへける」

図は頼光と五人の武者が酒呑童子の住む岩屋にたどり着き、まさにこれから鬼たちとの戦いが始まる緊迫の場面です。画面左には山伏に変装した頼光と五人の部下、右側には酒呑童子と部下の鬼たち、そしてとらわれた女性たちが描かれます。よく見ると、鬼におびえて悲嘆にくれているはずの女性が、鬼の頭領である恐ろしい酒呑童子よりも大きく堂々とした風情で描かれているのが面白く、鬼たちの表情もどこか愛敬を感じさせます。そして、画面左上に目を向けると、頼光たち六人の後ろに不思議な男性がいることに気がつきます。彼も山伏の姿をしていますが、物売りのように肩から桶と魚を下げ、とぼけた表情をしています。物語の筋とは関係のないこの男性が何者なのかは不明ですが、おそらく治兵衛が遊び心で描き加えたのでしょう。

（岡崎）

芝居狂言舞台顔見世大浮絵

新たな表現に果敢に挑んだアイデアマン

延享二年　横大々判黒摺筆彩　四〇・八×六一・〇糎　一鋪

本作は浮世絵版画の中でもっとも大きい判型で作られています。描いているのは一七四五年十一月におこなわれた歌舞伎の顔見世興行の一場面です。顔見世とは、それぞれの芝居小屋で向こう一年の間に出演する役者をお披露目するイベントのことで、毎年十一月におこなわれていました。本作では、二代目市川海老蔵（一六八八〜一七五八）が歌舞伎の代表的な演目『矢の根』の主人公である曾我五郎を演じる姿を描いています。

全体を見ると、ぎこちなく誇張的な印象ではあるものの、舞台を中心に奥から手前へと、透視遠近法を取り入れた奥行きのある空間表現になっていることがわかります。透視遠近法は西洋絵画から取り入れた技法で、奥村政信（一六八六〜一七六四）が浮世絵に用いたことで、立体的な画面構成を意識した「浮絵」というジャンルが浮世絵に生まれました。本作は政信による大型の浮絵シリーズの一つにあたります。これと前後して、政信が描いた浮絵は少なくとも七図は確認されることから、新しい視覚表現に対する大衆の需要は決して小さなものではなかったことが推測できます。政信以降、浮絵は歌川豊春、葛飾北斎など後進の絵師たちにより飛躍的に発展し、洗練されていきました。

50年以上にわたり活躍！浮世絵の発達を牽引したバイタリティ

作者の奥村政信は、先達の浮世絵師たちの作品によって独学し、宝永・正徳年間（十八世紀初め）にはすでに浮世絵師として地位を確立し、その後もあらゆる画題、表現方法の作品を残しました。また、絵師であると同時に、版元として自ら出版をおこなっていたことが知られています。

政信が制作に携わったおよそ五〇年間に、浮世絵は墨一色摺りにはじまり、墨摺りに丹色・緑色・黄色などを筆で彩色する「丹絵」、丹の代わりに紅を用いた「紅絵」、紅を中心とした数色を手彩色ではなく木版で着彩した「紅摺絵」など、材料、技法、そして表現方法が変化していきました。奥村政信は、このような十八世紀前半の目覚しい発展を牽引した絵師といえるでしょう。浮絵はその代表例です。また、浮絵だけなく、家の柱に貼るのを想定した極端に細長い画面の「柱絵」も、政信の発案だとされています。フルカラーの浮世絵版画「錦絵」の誕生は一七六五（明和四）年頃のことだとされています。しかし、それまでに活躍した政信や彼と同時代の絵師、職人たちの挑戦が錦絵の生まれる土台を築いたことはいうまでもありません。

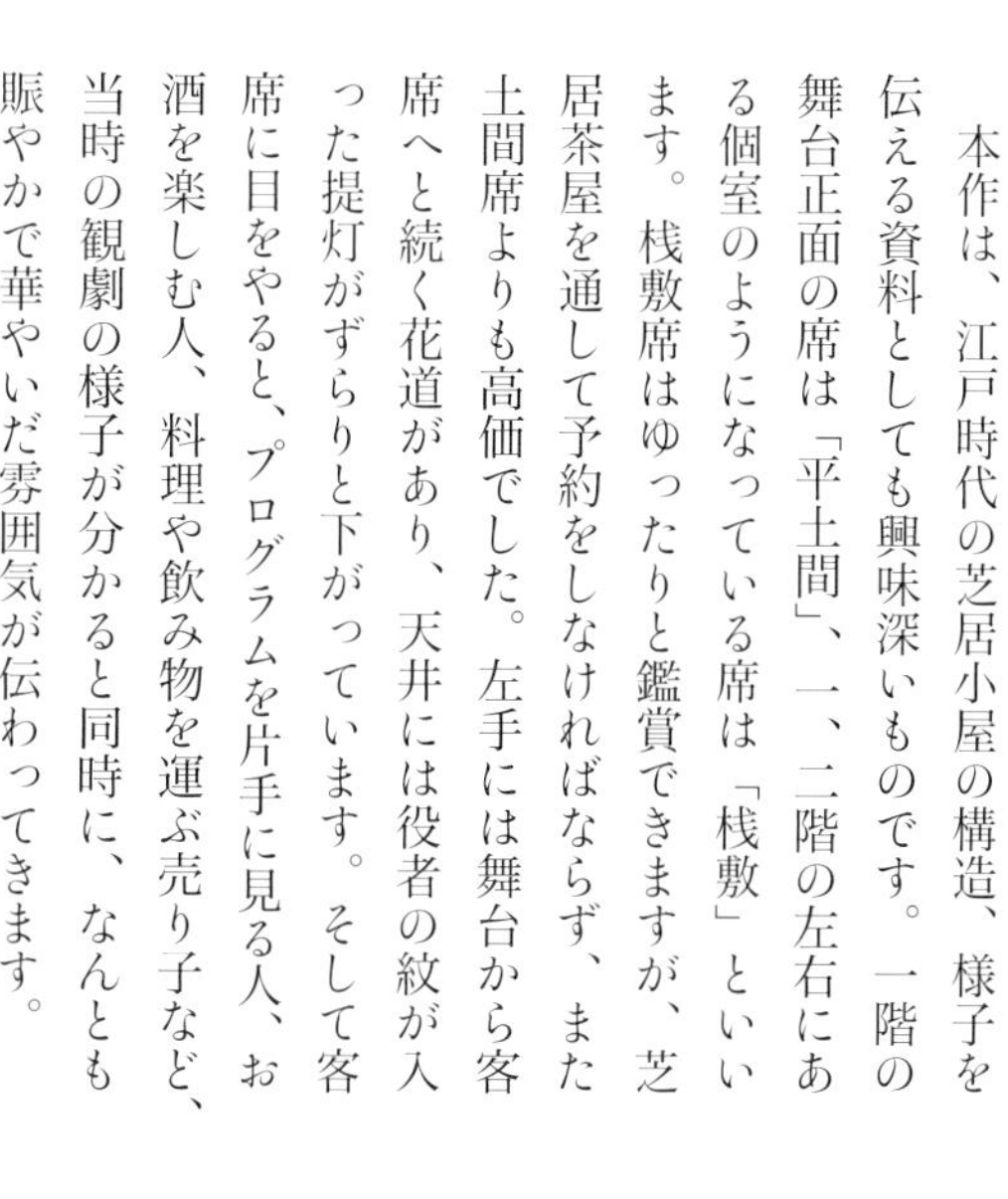

花道の傍らの柱には「木戸(見物料)十六文」の札が見える。江戸時代中後期の蕎麦1杯の平均価格が16文ほどであったことを考えると、歌舞伎が庶民にとって気軽に楽しめる娯楽であったことがわかる。

江戸の芝居小屋をバーチャル体験

本作は、江戸時代の芝居小屋の構造、様子を伝える資料としても興味深いものです。一階の舞台正面の席は「平土間」、一、二階の左右にある個室のようになっている席は「桟敷」といいます。桟敷席はゆったりと鑑賞できますが、芝居茶屋を通して予約をしなければならず、また土間席よりも高価でした。左手には舞台から客席へと続く花道があり、天井には役者の紋が入った提灯がずらりと下がっています。そして客席に目をやると、プログラムを片手に見る人、お酒を楽しむ人、料理や飲み物を運ぶ売り子など、当時の観劇の様子が分かると同時に、なんとも賑やかで華やいだ雰囲気が伝わってきます。

（岡崎）

やつし費長房
浮世絵はフルカラー印刷の時代へ

明和年間　柱絵判錦絵　六七・八×一一・七糎　一鋪

　文を手にした女性が鶴の背にのって空を舞う、不思議で幻想的な本作。描いた絵師、鈴木春信(一七二五頃〜七〇)は多色摺り版画「錦絵」の完成に大きく貢献し、その後の浮世絵の発展に影響を与えた人物として知られています。本作は春信晩年の作品と考えられます。これに先行して春信は同じテーマで異なる構図の作品を残していますが、「柱絵」とよばれる縦に細長い判型の本作は、今のところほかに現存が確認されていません。

　錦絵の誕生から鈴木春信が亡くなるまで、一〇年もありません。しかし、短い期間に多色摺りの版画や版本の挿絵など、一〇〇〇点以上の作品を残していること、そして彼の作風を取り入れたいわゆる「春信風」の作品が他の絵師に確認できることからも、その影響力と人気の高さがうかがえます。代表的な浮世絵師のひとりではありますが、制作をはじめる三〇代より前のことは、あまりよく分かっていません。交友関係としては、同時代の学者で作家でもあった平賀源内と親しかったことが知られ、春信が大家をしていた神田の長屋の店子が源内であったともいわれています。

　春信作品の魅力は、なんといっても男女ともに華奢で儚げな可憐さを有しているところにあるといえるでしょう。これには、春信が学んだ京都の人気絵師、西川祐信(一六七一〜一七五〇)の画風が少なからず影響を与えていると考えられます。本作は少女のような可愛らしさとは少し趣が異なりますが、細い首となだらかな肩、そして顔貌の表現などに春信の特徴が見いだされる優美な一図です。

錦絵の誕生と鈴木春信

　錦絵誕生のきっかけは、明和年間(一七六四〜七二年)の初めに、江戸の裕福な趣味人の間でブームとなった絵暦(カレンダー)の交換会です。この絵暦制作の中心的な絵師が春信でした。注文者たちは、絵画のなかに巧みに暦を織り交ぜた、美しく凝ったものを競うように求め、これが木版における多色印刷の技術を大いに向上させました。美しい多色印刷を可能にした工夫は、「見当」とよばれる印です。これは版木の右下の隅と中心よりやや左下に彫った印で、ここに紙の端がくるよう合わせて摺ることで、多数の版木を使って摺り重ねても色がずれないようになりました。現代の印刷においても、色を重ねる際や製本の位置合わせなどのために「見当」あるいは「トンボ」と呼ばれる印が用いられます。

　絵暦によって高まった印刷技術により、一七六五(明和二)年頃に鈴木春信が多色摺りの浮世絵版画を発表し、以後「錦絵」の名で普及していくこととなります。「錦絵」とは絹織物の錦のように色鮮やかで美しいという意味で、やがて江戸の町を代表する印刷物、人気の江戸土産ということから「東絵」「江戸絵」などとも呼ばれるようになりました。

浮世絵の知的な楽しみ

　ところで、本作のタイトルに入る「やつし」とはどのような意味なのでしょうか。「やつし」は浮世絵でしばしば用いられる表現方法で、歴史上の出来事や古典の題材などを別のものになぞらえて表現することを意味します。古の著名な人物のイメージを当世の人物にあてはめて描くことが多く、描かれている人物が何に見立てられているのかを読み解いて楽しむという趣向です。

　本作では、費長房という古代中国の仙人のイ

鶴に乗った仙人としては王子喬も有名だが、本図よりも先に奥村政信が描いた、手紙を持つ乗鶴美人図には「費長房」の書き込みがあり、同種の画題と考えられる。

『机による遊女（やつし関羽）』春信の画風を引き継いだ磯田湖龍斎によるやつし絵。三国時代の中国の武将関羽がヒゲをなでる仕草を、遊女が髪をなでる姿に見立てている。

メージを、江戸の遊女の姿におきかえて描いています。費長房は、神仙になるべく壺公という薬売りの弟子となって修行をしますが、天界へ昇ることは叶わず、地上で仙人になったと伝えられ、鶴の背に乗って空を舞う姿で表わされることが多い人物です。この故事を踏まえて本作を見ると、遊女が中国の仙人として表現されていることに気が付き、時代、国、立場、性別の違う両者の姿をそこに同時に見出すことができるのです。視覚的な美しさだけではない、浮世絵の楽しみの幅広さを示す作品といえるでしょう。

（岡崎）

四代目松本幸四郎の信濃の浅間左衛門と四代目岩井半四郎の女占方お松実は富士娘梅がへ

役者絵はよりリアルに

天明元年　間判錦絵　三三・二×二二・〇糎　一鋪

　江戸時代の浮世絵は、時代の諸相を映すメディアとしての役割を担っていました。そのため、描かれる題材はさまざまで、一般に「〇〇画」という名で画題別にジャンル分けされます。中でも歌舞伎役者や舞台の一場面、劇場の様子などを描いた「役者絵」と、女性の風俗や美しさに着目した「美人画」は、浮世絵の歴史をとおして二大人気ジャンルでした。

　作者の勝川春章は、勝川派を創始した江戸時代中期を代表する絵師です。春章は、本作のような似顔絵風の半身像を役者絵に取り入れた人物として知られ、勝川派も師風にならって、描く対象に接近した構図を始めとする役者絵全般を多く手がけました。浮世絵師のなかで特に世界的に名が知られている葛飾北斎も春章の弟子のひとりで、勝川派の絵師としてキャリアのスタートをきっています。春章は、役者絵や相撲絵といったジャンルの浮世絵版画のほか、絵本も制作しており、さらに五十代から没頭した肉筆の美人画にも名品を多く残しています。

　本作は、四代目松本幸四郎(一七三七～一八〇二)と四代目岩井半四郎(一七四七～一八〇〇)が一七八一(天明元)年十一月に市村座でおこなわれた顔見世に出演した際の演目「むかし男雪雛形」に取材したものです。

浮世絵界にふきこんだ新風

　勝川春章は、十八世紀前半に活躍した肉筆美人画の名手、宮川長春の弟子である宮川春水のもとで学んだあと、一七六〇年代の前半より役者絵を手がけ始めました。初期の役者絵は、演目と役柄が分かるように表すことを重視したため様式化・類型化し、役者自身の容姿の違いや絵師の個性が見いだされにくいものでした。やがて、役者絵の名門である鳥居派の絵師たちによって徐々に役者それぞれに似せて描く試みが見られ始めますが、役者の似顔であることを重視した作風を明確に示したのは、勝川春章と一筆斎文調という二人の絵師でした。一七七〇(明和七)年、春章は文調と合作で『絵本舞台扇』を発表します。これは縦向きにした扇形の枠に役者の半身像を描いた多色摺りの豪華な絵本で、一筆斎文調が五三図、勝川春章が四九図を手がけています。本作は、役者を写実的に描くという、役者絵における大きな節目をつげる記念碑

本作は、天明元年の顔見世で中村座と市村座に出演した人気役者を、二人一組で描いたシリーズのうちの1枚。本図を含め、同時に6図は制作されたと考えられている。

的な存在として知られています。また、容姿を似せるという点だけでなく、役者の顔をアップにして描くいわゆる「大首絵」の手法は、その後の役者絵と美人画に大きな影響を与えました。

ちゃんと似せて描いたんだなぁ…

あらためて本作を見てみましょう。左には雪輪形と呼ばれる形の枠内に四代目岩井半四郎が描かれています。物語では、半四郎が演じる梅がへ(梅ケ枝)が父の敵を討つために名と身分を偽って敵のもとへ向かいます。そこで仮の夫婦となるのが浅間左衛門で、この役を演じたのが右側の短冊形の枠に描かれた四代目松本幸四郎でした。四代目岩井半四郎は江戸歌舞伎の女形として地位を築いた人物で、「お多福半四郎」と呼ばれる丸みを帯びた愛嬌のある風貌で知られていました。本作の半四郎を見ると、やや下ぶくれた、ふっくらした輪郭で描かれています。一方、四代目松本幸四郎を描いたものとしては、別の役を演じる姿を東洲斎写楽(生没年不詳)が描いた、本作より十年以上後の作品が知られています。そちらと見比べると、細面に小さな目、それに対して大ぶりの鼻といった容貌の共通点が見られることから、春章がそれぞれの顔の特徴をとらえて描いていたことが分かります。

浮世絵における大首絵の歴史、そして役者絵の変遷を見る上で重要な作品であると同時に、東洋文庫以外に現存が確認されず保存状態が非常に良好なことから、作品自体の稀少性という点でも注目すべき作品です。

（岡崎）

伊勢物語　芥川

古典文学・演劇・当世風俗の美しい融合

天明年間　大判錦絵　三九・一×二六・二糎　一鋪

健康的な長身の美人図で十八世紀末に人気を博した鳥居清長の作品です。鳥居派は十七世紀末に始まる役者絵の名門で、清長はその当主として一門を率いましたが、役者絵だけでなく美人画でも大成功をおさめて鳥居派を盛り立てました。

本作の画面右上の色紙のような枠内に描かれているのは、『伊勢物語』の第六段「芥川」の一場面です。在原業平をモデルにしたとされる男が、想いを寄せる女を連れ去って逃げる道中、大雨を避けるために荒れ果てた蔵に女をかくまい、自分は外で番をしますが、鬼が女性を襲い食べてしまいます。女が叫ぶ声は雷にかき消されて外の男には届かず、夜が明けて蔵の中を見るとそこに女の姿はなかった、という怪奇性のあるお話です。左上には「しら玉か　なにぞと人のとひしとき　露とこたへて　消なましものを」という、「芥川」の段の和歌が記されています。

色紙の下にメインで描かれている男女は、浄瑠璃の演目『桂川連理柵』などで知られる、お半と長右衛門を描いています。これは京都で帯屋を営む長右衛門とお半という少女の心中騒動をもとにしたお話で、本作はお半を背負って桂川に入る長右衛門の姿と、「芥川」で女を背負って逃げる男の姿に類似性を見出して、両者を一図に収めたと考えられます。

「絵兄弟」とは何ぞや

本作の表現方法は、先に紹介した『やつし費長房』(本書一七八頁参照)で用いられた「やつし」の手法と共通しますが、厳密には本作は「絵兄弟」の手法で描かれたというのが適切でしょう。「やつし」がある対象を別のものにおきかえて描くことであるのに対し、異なる事項・人物を図様・姿形の類似性で結びつけて両者を対比的に描いた絵合わせ遊びのような手法を「絵兄弟」といいます。

戯作者で浮世絵師でもある山東京伝が、一七九四(寛政六)年に『新梓戯作絵兄弟』という滑稽本を刊行しています。本書は一見すると無関係な題材を結びつけて一対(兄弟)とし、その二図を見比べて楽しむという趣向のもので、浮世絵師の喜多川歌麿がこれを浮世絵版画に取り入れて、『絵兄弟』の大判錦絵シリーズを一七九〇年代の終わりに刊行したことが知られています。本作は京伝や歌麿に先行した「絵兄弟」の例と考えられ、鳥居清長の発想の豊かさを垣間見ることのできる作品といえるでしょう。

制作当初の姿をとどめる完璧な保存状態

本作で注目していただきたいのは、その保存状態です。漆黒の闇のなかに浮かび上がるような黄・紅・草色・紫といった色の数々、そして着物の細かな柄も綺麗に出ています。何より、長右衛門が足をつける川の水を表す淡い青(水藍)の色が良く残っているのは特筆すべき点です。この青は露草の花から作った絵具の色です。露草の青は光で容易に褪色するため、二〇〇年以上前にも関わらずこのように綺麗な状態で残る例はそう多くはありません。

十九世紀前半には、ヨーロッパからの舶来品である青色顔料プルシアン・ブルー(ベロ藍)が浮世絵版画に用いられるようになります。プルシアン・ブルーは、それまで青色を出すために使用された露草や藍といった植物由来の絵具よりも、発色が鮮やかで褪色しにくく、その普及は浮世絵の色彩感に変革をもたらしました。葛飾北斎や歌川広重をはじめ、江戸後期・幕末に活躍した絵師の代表作ではプルシアン・ブルーが頻繁に使用されています。本作では、プルシアン・ブルーが普及する以前の、優しくも儚い色合いを楽しむことができます。

また、本作は現時点で東洋文庫以外に所蔵が確認できないという点でも貴重です。（岡崎）

『伊勢物語』と題した清長の浮世絵作品としては、ほかにボストン美術館所蔵の『伊勢物語　業平東下り』があり、本作と同じ趣向で描かれていることから、シリーズものであった可能性が高い。

高島おひさ

世界的に知られた美人画の名手による逸品

寛政五年　大判錦絵　三六・八×二四・七糎　一鋪

「美人画」という浮世絵屈指の人気ジャンルにおいて、江戸時代後期に不動の地位を築いたのが喜多川歌麿(生年不詳〜一八〇六)です。歌麿が活躍した寛政年間(一七八九〜一八〇一)は、人気絵師がそれぞれの個性を競い、豊かな発想により新たな表現方法を生み出していった時代でした。そのなかで歌麿は、市井の女性たちを上半身クローズアップする形で描く「大首絵」など、その内面にまで踏み込んだ表現で美人画の第一人者としての地位を築きました。

本作は、歌麿が手掛けた美人大首絵の一つで、当時の江戸で評判の町娘「高島おひさ」を描いています。おひさは、江戸両国薬研堀米沢町の煎餅屋高島長兵衛の娘で、実家が経営する両国の水茶屋で働いていたとされ、本作が描かれた当時は一七歳でした。

二〇〇年以上の時をこえた、お江戸のアイドル・おひさちゃん

本作『高島おひさ』は、人物の背景を「雲母」という鉱物の粉末を用いて白銀色に摺った豪華な一図です。光り輝く背景が、おひさの若々しい美しさをさらに際立たせているかのようです。左側の短冊には以下の狂歌がしたためられています。

「愛敬も茶もこぼれつつさめぬなり　よいはつ夢のたかしまやとて」

客に給仕する彼女の愛敬も出されたお茶もこぼれても冷めない、というこの狂歌は、江戸の庶民に愛された看板娘、おひさの溌溂とした可愛らしさを称えています。当時評判の美人であったおひさを描いた錦絵は数十種も残されており、その人気のほどがうかがわれますが、本作はその中でも有名な一点です。東洋文庫の所蔵作品は雲母をはじめ、絵具の褪色や変色がほとんど見られません。歌麿の美人大首絵を、当時の色調で楽しむことのできる貴重な一例といえるでしょう。

歌麿が美人画で切り拓いた新境地

喜多川歌麿の出生についてはいまだ不明な点が多いですが、狩野派の町絵師に学び、一七八一(明和元)年頃から「歌麿」の名で黄表紙の挿絵や錦絵を手がけていたとされています。それから程なくして人気絵師となりますが、その要因はどのような点にあったのでしょうか。歌麿の美人画で取り上げられる代表的なテーマの一つが遊郭の女性です。美人画において遊郭が描かれることは多いですが、歌麿は遊廓で働く女性たちの喜怒哀楽という、美しく華やかなだけではない複雑な内面に踏み込んで表現の域を広げました。これにより、時代の流行、好みを反映することが求められる美人画に、女性それぞれの感情をともなった個性という要素を取り入れたのです。

また、町中にいる身近な女性、それも実在する特定の女性に着目して描いた点も、歌麿の大きな功績の一つといえるでしょう。これにより、役者絵に続いて美人画にも似顔絵の要素が取り入れられました。本作で描かれた高島おひさと同時代に歌麿が描いた町の評判娘に、「難波屋おきた」と「富本豊雛」がいます。おきたは水茶屋の看板娘、豊雛は吉原の芸者です。歌麿はこの三人が一つの画面にそろった作品も描いており、三者三様に顔のパーツを描き分けた点にこだわりが見えます。一般に美人画は、理想の美人を表現しようとするあまり、類型的になりがちですが、歌麿はそこからの脱却を積極的に試みているのです。

歌麿の活躍期は、寛政の改革により出版にさまざまな規制が設けられた時期にあたります。このような状況下で、彼は版元の蔦屋重三郎と強力なタッグを組むことで、逆境をはねのけるように新しいアイデアに挑戦しました。その挑戦は木版印刷の技術開発にも向けられています。

たとえば、人物の周囲に雲母を引いて背景を煌めかせる手法をはじめ、着物の模様を緻密にする一方で使用する色数を減らしたり、輪郭線を描かない「無線摺(むせんずり)」を取り入れるなど、さまざまな工夫を講じることによって、規制の下にあっても美しく目新しい表現の美人画を発表し続けました。

しかし、一八〇四(文化元)年に発表した『絵本太閤記』関連の錦絵が出版規制にふれて処罰され、歌麿は投獄の後に手鎖五十日の刑に処せられたとされます。歌麿が没したのは、それから二年後のことでした。

(岡崎)

左上の短冊には「愛敬も茶もこぼれつつさめぬなり　よいはつ夢のたかしまやとて(おひさの愛敬も、彼女が給仕する茶も、こぼれても冷めない)」との狂歌がしたためられ、江戸の庶民に愛された看板娘おひさの潑剌とした可愛らしさを称えている。

三代目坂東彦三郎の鷺坂左内

謎多き絵師写楽の代表的なシリーズ

寛政六年　大判錦絵　一舗　三七・三×二四・七糎

東洲斎写楽(生没年不詳)は、寛政六(一七九四)年五月に役者大首絵を発表してからわずか十カ月の間に一四〇点以上もの作品を残し、その後忽然と姿を消しました。活動期間が非常に短いこと、絵師になる前の来歴とその後の消息が不明なことから、謎多き天才絵師としてのその存在は、特徴ある作品とともによく知られています。

本作は、写楽のデビュー期にあたる寛政六年五月に発表された役者大首絵二八枚のうちの一枚で、同年五月に河原崎座で上演された『恋女房染分手綱』という、丹波の大名である由留木家のお家騒動を背景に、家臣の伊達の与作と腰元の重の井の恋愛とそれにまつわる悲劇を描いた演目に取材しています。物語の中で、伊達の与作は若殿から預かった金子を奪われた罪で追放となります。そこへ恋仲である重の井がかけ寄り二人の不義が露顕しそうになりますが、家老の鷺坂左内がかばって与作を逃がします。本作は、三代目坂東彦三郎が演じる家老の鷺坂左内が二人を見つけた場面を描いていると考えられます。本作と同時に発表されたのが、写楽作品の中でもっとも有名といえる『大谷鬼次の奴江戸兵衛図』で、東京国立博物館所蔵のものが重要文化財に指定されています。こちらも『恋女房染分手綱』に取材した一図で、江戸兵衛は悪人鷲塚八平次の家来です。『三代目坂東彦三郎の鷺坂左内』と『大谷鬼次の奴江戸兵衛図』は、捌き役と悪役それぞれの異なる緊張感を表現しており、写楽が役柄や場面の特徴を見事に抽出して描き分けていたことが分かります。

謎の絵師 写楽

東洲斎写楽という絵師の出自については、さまざまな説が唱えられてきました。中でも有名なのが、一八四八年に刊行された『増補浮世絵類考』の記載をもとにした、写楽が阿波徳島藩主お抱えの能役者・斎藤十郎兵衛であるとする説(中野三敏などによる)です。斎藤十郎兵衛の実在を確認できる資料が見つかっていることから、近年は写楽＝斎藤十郎兵衛説が有力になってきてはいますが、定説化には至っていません。

約十カ月間に発表した写楽作品は、すべて版元蔦屋重三郎の独占販売でした。当時、蔦屋は出版統制による財産没収からの起死回生をはかるべく、歌麿の美人大首絵を大ヒットさせています。写楽の華々しいデビューの背景には、役者絵でも美人画と同じくらいの成功をおさめたいという版元の狙いがあったことでしょう。とはいえ、なぜ写楽はデビューと同時に二八図もの錦絵を発表できたのでしょうか。このような疑問から発展して、当時の人気絵師が写楽という名をかたって制作していたのではないか、とする説もとなえられています。いずれにしても、その正体をめぐって長く活発な議論が交わされるほどの強い魅力が、写楽の作品にあるということでしょう。

短命の原因は行き過ぎた個性か

見る者に大きなインパクトを与える写楽の役者絵は、役柄や場面の印象だけでなく、役者個人の容貌の特徴をとらえ、ときに極端に誇張するように表現しています。役者の個性を際立たせた生々しく迫力のある絵は、人々の目を大いに楽しませたはずですが、写楽の誇張表現をマイナスに評価する人もいました。また、美化をせず、ときに容貌の欠点を強調するかのような写楽の表現が、役者のファンには受け入れられにくかったようです。現代の私達にとって写楽作品の大きな特徴であり魅力でもある要素は、当時においては写楽が浮世絵界に長く留まれなかった原因の一つになっていたのかもしれません。

明治以降、大量の浮世絵が海外で流通しました。ヨーロッパ、欧米の研究者、芸術家、愛好家によって高く評価された代表的な絵師の一人が写楽で、日本では二十世紀初頭に海外から逆輸入する形で再び評価されるようになりました。

（岡崎）

黒雲母摺と呼ばれる雲母で塗りつぶされた背景に、闇に浮かび上がるように描かれた左内は、目を見開き、口許をきゅっと結んだ凛々しい表情で、大向こうの掛け声が聞こえるかのようである。

夏宵遊興図

歌麿のライバルが示した、美人画の品格

寛政七、八年　大判錦絵　右三九・六×二五・七糎中三九・六×二五・六糎
左三九・六×二六・一糎　三枚続

鳥文斎栄之(一七五六〜一八二九)は、十八世紀末から十九世紀前半にかけて活躍した浮世絵師で、寛政期(一七八九〜一八〇一年)には美人画において、細身長身の優美な女性像に代表されるスタイルを確立し、当時の超人気絵師である歌麿とはライバル関係にありました。

本作は、夏の宵に大名・旗本身分の武士と思われる男性が、馴染みの芸者をよんで酒宴を楽しむ様子を大判の錦絵三枚にわたって描いています。画面右の主人の向かいには三味線をもった芸者が座り、主人の目線の先にある衝立の向こうでは男芸者がこれから芸を披露しようとスタンバイしています。美味しいお酒とご馳走、そして美しい女性にさまざまな芸と、何とも豪華で賑やかな宴の一場面を切り取ったかのようです。

色とりどりの着物や調度品の文様など、東洋文庫所蔵の本作は細部に至るまで退色なく残る、極めて保存状態の良い一組といえるでしょう。

ワイド画面の浮世絵版画

本作は三枚で一つの作品となります。江戸時代後期の錦絵には、「大判」と呼ばれる縦三九・〇×横二六・五センチ前後の判型を用いることが一般的でした。本作の判型も大判にあたります。また、一枚で一図が完結するタイプの作例が多く見られる浮世絵ですが、天明期(一七八一〜八九年)頃から鳥居清長などにより、同じ大きさの紙を二枚あるいは三枚並べて横長の大画面にした作品が見られるようになり、やがて多くの絵師が「続絵」と呼ばれるこの手法を取り入れました。続絵にはさまざまな形式があり、本作のような大判三枚続が多いですが、五枚続、六枚続の作品や、縦方向に複数枚をつなげて鑑賞するタイプもあります。多くの続絵は一枚でも鑑賞できるように構成され、販売時もばら売りされていたようです。幕末に活躍した歌川国芳は、続絵の特性を活用して見る人を驚かせるような斬新で迫力のある作品を多数生み出したことで知られています。

異色の旗本絵師　栄之

鳥文斎栄之は家禄五〇〇石の直参旗本、細田家の当主でした。数え年十七歳で家督を継ぎ、小納戸役(江戸城で将軍身辺の日常の細務に従事する職)として徳川家治に仕えますが、一七八九(寛政元)年に養女(実妹)の婿に家督を譲り隠居します。浮世絵師としては異色の経歴と言えるでしょう。狩野典信に絵の手ほどきを受けた後に鳥居派の絵師に浮世絵を学んだとされ、小納戸役の在職期間にかかる天明期の後半からすでに黄表紙の挿絵などで浮世絵師としての活動を始めています。本作に見られる、長身で洗練された優雅な女性像という栄之ならではの画風を確立するのは寛政期のことで、同時代に活躍した歌

人物と調度品の背景は黄色一色に塗られている。これは「黄潰し」と呼ばれる技法で、同時期の歌麿の美人画でも多用された。背景を黄一色にする目的の一つは、人物を際立たせ、女性の肌を美しく見せるための効果であったと考えられる。

麿の艶（つや）やかな美とは趣の異なる美人画で人気を得ました。栄之の作品は、ライバル関係であった歌麿と対比されることが多く、たとえば歌麿が女性の上半身にクローズアップした構図の大首絵で人気を博したのに対し、栄之は全身像を多く描いています。また、古典など文学に取材した画題が多く、華やかな色よりも落ち着いた色彩を多用したことから、静かで品格のある美人表現こそが自身の画風であると栄之自身が認識すると同時に、歌麿との違いを意識していたと考えられます。

本作『夏宵遊興図』は、横長の画面に九名の人物をいずれも全身像で、動作の異なる立ち姿と座り姿を交えて描いています。端正な顔立ちにしなやかで優美な動き、優しい色調、そして細部にいたる繊細な描写など、栄之が同時代絵師との切磋琢磨のなかで確立した美人画の世界を存分に楽しむことのできる作品といえるでしょう。

（岡崎）

諸国瀧廻り

圧巻！　千変万化の名瀑布

天保三、四年頃永寿堂西村屋与八刊　大判錦絵　八枚揃

江戸時代後期に活躍した浮世絵師・葛飾北斎（一七六〇～一八四九）による、諸国の瀧のある風景を描いた全八図のシリーズです。『冨嶽三十六景』とほぼ同時期に同版元から出されたもので、北斎の風景画の代表作として並び称されています。

超絶風景画―飽くなき探求の先

今や世界的にもその名が知られる浮世絵師、葛飾北斎。一九歳頃にデビューを果たしてから九〇歳で亡くなるまでのおよそ七〇年間、ひたすら絵を描くことに情熱を注ぎ続けました。作品の題材は役者、美人、花鳥、動植物とあらゆるものにおよび、版画や絵本、肉筆画などに膨大かつ多様な作品を残しました。

なかでも、一八二〇（文化三）年から一八三三（天保四）年にかけて、「為一」という号を用いて活動していた時期には、一八三一（天保二）年からの数年で集中的に『冨嶽三十六景』や『諸国瀧廻り』といった錦絵の名品を生み出しています。ちなみに、同じ時期には歌川広重（一七九七～一八五八）も『東海道五十三次』を刊行しています。そうした背景には、伊勢参りや富士詣、花見や名所めぐりといった当時の行楽・旅行ブームがありました。北斎と広重は、それまで美人画や風俗画の背景として副次的な位置にあった風景をメインに取り上げ、「風景画」として浮世絵の一大ジャンルに押し上げたのです。実景描写に忠実な広重と、構図の趣向に主眼を置く北斎、それぞれのスタイルに違いはあれど、両雄の風景版画はいまなお不動の人気を誇っています。

「下野黒髪山きりふりの滝」

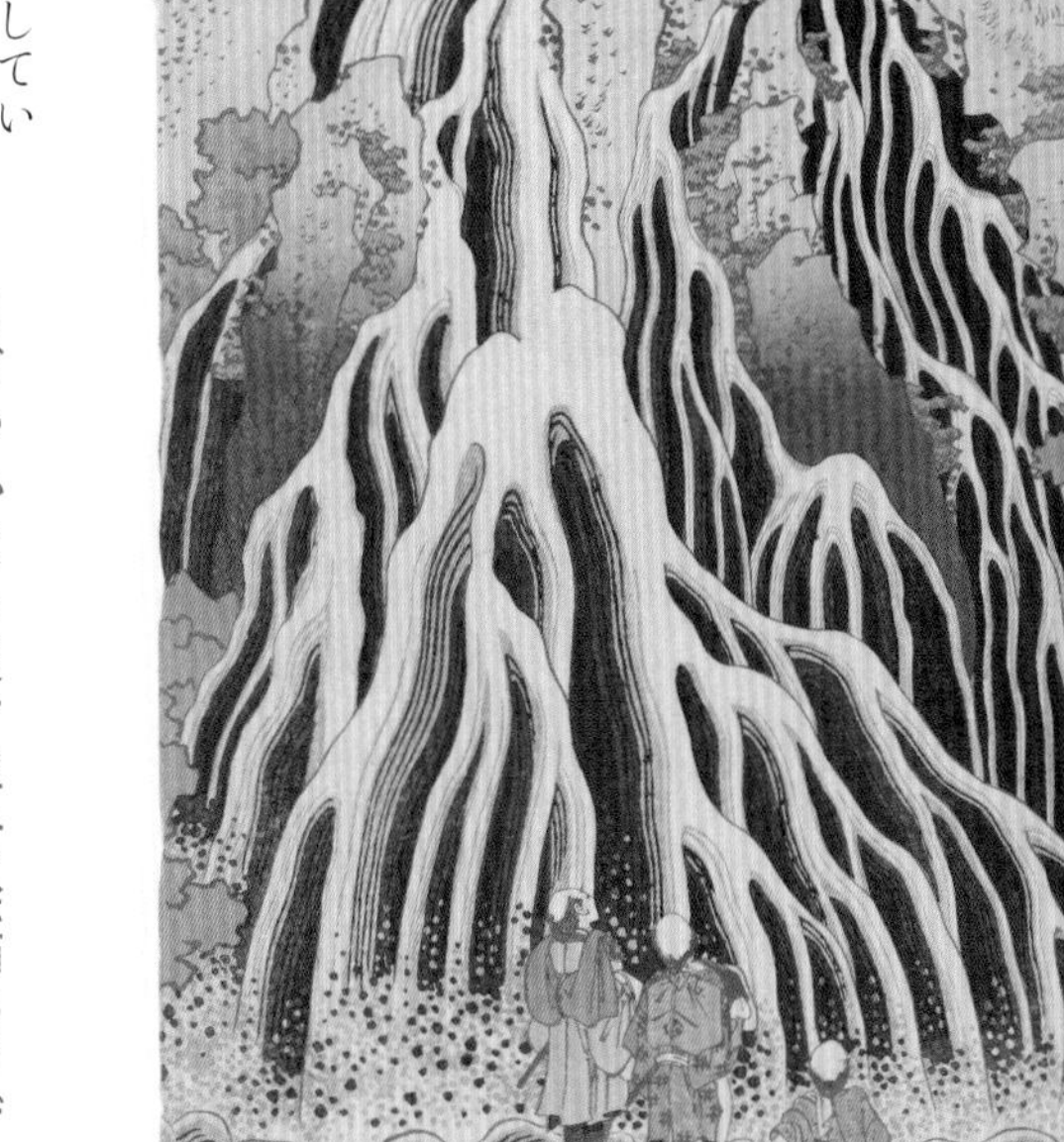

あざやかなる天才浮世絵師のワザ

『諸国瀧廻り』は版元が『冨嶽三十六景』の売れ行きや市場の動向を見ながら、まず先行して「東都葵が岡の滝」「下野黒髪山きりふりの滝」「東海道坂之下清滝くわんおん」「美濃の国養老の滝」を、次いで「相州大山ろうべんの滝」「和州吉野義経馬洗滝」「木曾海道小野ノ瀑布」「木曾路ノ奥阿弥陀ヶ滝」を刊行したとみられています。

山岳信仰や、修験者の聖地、阿弥陀や観音が祀られる滝、庶民になじみの滝などが取り上げ

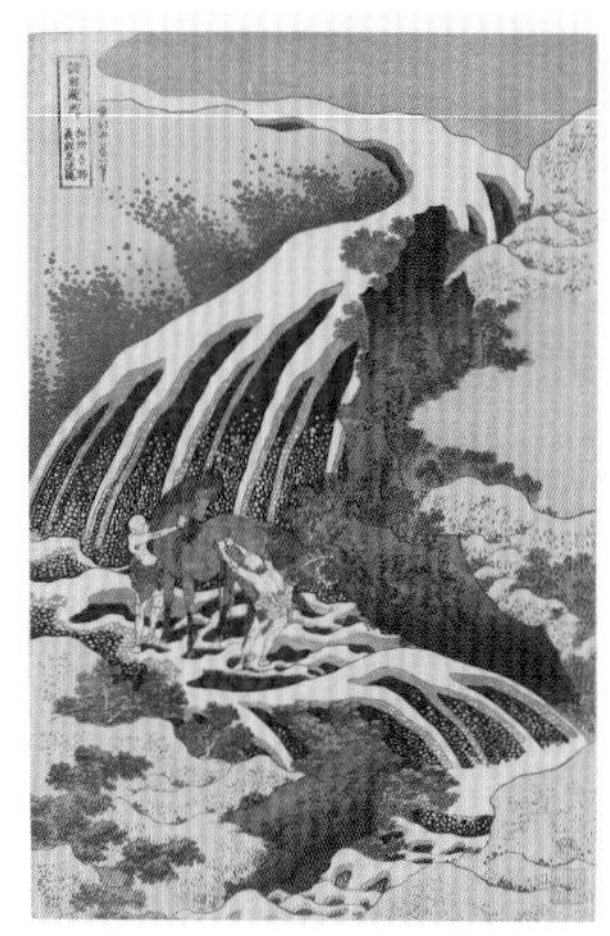
「和州吉野義経馬洗滝」

「美濃の国養老の滝」

「東都葵が岡の滝」

「木曾海道小野ノ瀑布」

「相州大山ろうべんの滝」

「東海道坂之下清滝くわんおん」

「木曾路ノ奥阿弥陀ヶ滝」

られていますが、何よりも目を引くのはその変幻自在な水の描きようです。細く枝分かれするもの、一気に落ちるもの、流れる向きを変えるもの……と、まるで命を得たかのように動きのあるその造形美に、細部の描き込み、立体感が一体となって幻想的な風景を作り上げています。そして、水の鮮やかな藍色には、当時その発色と伸びの良さから流行していた「プルシアン・ブルー（ベロ藍）」という西洋の顔料が使われています。

東洋文庫は北斎の作品を五〇点ほど所蔵しています。その半数近くが墨一色で印刷された絵本ですが、北斎のキャリアの最初期から晩年まで幅広い時期の作品が揃っており、現存数が少ないものも含まれています。そうした中でも、本作はとりわけ保存状態が良いことで知られ、刷られた当時そのままに鮮やかな色彩を放っています。

（丹藤）

名所江戸百景(めいしょえどひゃっけい)

海を越えて愛された、広重の代表作にして集大成

自安政三至五年刊　大判錦絵貼込帖　五目綴　三六・四×二六・八糎　一冊

『名所江戸百景』は、江戸時代の終盤に活躍し、とくに「名所絵」とよばれる風景主体の浮世絵に多くの作品を残した絵師である歌川広重(初代広重、一七九七〜一八五八)の、晩年の代表作です。江戸市中と郊外を描いた一一九枚に目録一枚を加えた一二〇枚で一揃いとなります。本シリーズの出版は一八五六(安政三)年二月に始まり、当初は一〇〇枚で完結する予定でしたが、大ヒットを受けて引き続き制作されました。しかし、一八五八年、広重は流行病のコレラによって本シリーズの刊行途中で亡くなります。そのため、広重の弟子で二代目広重を襲名した重宣が一図を描き、浮世絵師の梅素亭玄魚がデザインを考案した目録を加えて完結となりました。江戸の名所を描いた浮世絵の代表例として今なお有名な本作ですが、ゴッホが油彩で模写をするなど、海外でも高く評価されました。

東洋文庫が所蔵する『名所江戸百景』は、一二〇枚を目録の順に一冊に綴じており、表裏の表紙の見返しには二代目広重が描いたと考えられる淡彩の図が添えられています。ベストセラーであった本作の刊行部数は一般的な浮世絵版画よりも多く、複数回にわたり重版されたようです。浮世絵を重版する際には、出版までのスピードを重視して色数を減らしたり、凝った装飾を省くなど作業を簡略化することがあります。現存する『名所江戸百景』の仕上がりの品質は作品によってばらつきがありますが、東洋文庫所蔵の本作はほぼ全図が初摺り(初版)とされる、保存状態、彫り・摺りの技術ともに良いものとして知られています。

広重と『名所江戸百景』

歌川広重は幕府の下級役人の家に生まれながらも絵師の道を志し、一五歳で歌川豊広に入門し、翌年に役者絵でデビューしました。浮世絵で描かれる幅広いテーマの中で、従来は美人画と役者絵が主流で、風景は背景として扱われることが多い傍流のテーマでした。十九世紀前半になると、東海道の宿場を描いた図など旅行気分を楽しむような浮世絵が描かれるようになり、やがて広重は風景画を制作の中心におくようになります。

広重を超人気の浮世絵師としたのが東海道五十三次をテーマとした風景画です。一八三三年から翌年にかけて刊行された『東海道五十三次(保永堂版)』をはじめ、三〇種以上を制作しました。江戸時代の交通の要所であった東海道はポピュラーな題材ではありましたが、広重作品の人気はとりわけ高く、葛飾北斎と並んで風景画を主流なテーマにしました。

東海道に限らず、江戸、そして全国各地の名勝をさまざまな趣向で描いた広重が、最晩年に着手した大シリーズが『名所江戸百景』でした。本作と前後して、広重の浮世絵風景画は横型から竪型の構図が多くなり、人が実際にその場に立って見たときの視覚を再現したような遠近表現や、細部に凝った装飾を施すなどの工夫がなされるようになります。『名所江戸百景』は、広重が晩年に到達した表現方法を、当時最高の彫り・摺りの技術によって実現した作品であり、東洋文庫所蔵の本作はそれらを余すことなく味わえる逸品といえるでしょう。

世相を映し、人の心に寄り添う浮世絵

『名所江戸百景』が刊行される少し前、一八五五(安政二)年の旧暦十月に起きたのが安政江戸地震です。これにより当時の江戸の人口の約一パーセントが亡くなり、ほとんどの建物が被害

を受けました。このような時勢を受け、『名所江戸百景』は幕府の検閲にかからぬように慎重に検討して、江戸城周辺の中心地を離れた場所から刊行を始め、震災の被害を受ける前の姿を描いたのではないかという説があります。一方で、江戸の町が復興していく様子を伝え、人々を元気づける意図もあったのだろうという見方があり、近年では震災とメディアの関わりという観点からも考察が進められています。

（岡崎）

「亀戸梅屋敷」

「大はしあたけの夕立」
「亀戸梅屋敷」とともに、ゴッホが模写をしたことで知られる。

「浅草金龍山」
大地震で九輪が曲がった浅草寺の五重塔。修理の落成に合わせて本図が刊行されたとの説もある。

観物画譜

江戸時代の大衆娯楽を描く

江戸後期明治初期間　木版墨摺　多色摺貼込帖　三八・八×二六・八糎　四帖

見世物は、江戸時代以降に娯楽の一つとして庶民に親しまれました。本資料は、見世物の研究で知られる浅倉無声（一八七七～一九二七）が収集した見世物絵の画帖です。大判錦絵を中心に、細判錦絵、墨摺の引き札（広告チラシのようなもの）など、三二九枚が収められています。年代がわかる範囲では、宝暦期（一七五一～六四年）から明治初期までに刊行された図が集められており、歌川国芳をはじめ歌川派の絵師の作品が多く見られます。見世物興行の様子を描いた図は多数残されていますが、これらを集めた画帖としては最大規模のもので、江戸時代の庶民風俗を伝える資料としても貴重です。

江戸時代の見世物文化

珍しい物や芸を娯楽として楽しむ見世物の文化は、日本では江戸時代に発展し、江戸では両国や浅草寺、大坂では難波新地、京都では四条河原など、各都市の盛り場や寺社では仮設の小屋で頻繁に興行が催されました。見物料（木戸銭）は後払いのことが多く、また値段も手頃であったことから、見世物小屋は気軽な娯楽を求める庶民で賑わいました。『観物画譜』に収録されている図が描かれた江戸時代後期には、技巧を駆使した細工や人形を見せる細工見世物、手品や常人離れした技を見せる軽業や曲芸、海外から渡来したとされる珍しい生き物を見せる動物見世物などが人気だったようです。

バラエティ豊かな見世物の世界

それでは、図版に挙げた見世物の内容を詳しく見てみましょう。一つ目の図は、一八五八年三月に深川の永代寺の境内で催された生人形（生きた人間のようにみえる等身大の人形）の見世物を描いています。右から中国・日本・インドの三美人が並び、それぞれに楽器を演奏しています。幕末に近づくにつれて、細工見世物はリアルでときに不気味さを感じさせるものが増えていき、一八五三年、両国で披露された人形『見立女六歌仙』が評判になって以降、さまざまな人物、物語、シチュエーションを表した生人形は人気の興行となりました。

人形之内 唐天朝三美人（生人形の図）

二つ目の図は一八六一(弘化元)年に両国の広小路でおこなわれた曲独楽(独楽を使った曲芸)の興行です。派手な演出や仕掛けを取り入れて人気を博した曲芸師の竹沢藤次が芸を披露しています。これと同じ年の興行が三つ目の図で、オランダ船で連れてこられた生きた虎を両国で披露した際の様子を描いています。日本人が生きた虎を目にしたのは、このときが初めてだったようです。これに先駆けて、一八二一(文政四)年に長崎に雌雄のラクダが輸入され、翌年から全国で見世物として披露されました。「一目みると厄除けのご利益がある」とされたラクダの見世物興行は大評判となり、その姿を描いた図も当時の流行病をふせぐお守りのような存在として人気があったそうです。

見世物絵は、浮世絵全体において主流の画題とはいえませんが、当時の代表的な大衆娯楽であったことを反映するように、人気絵師たちがたくさんの作品を残しています。これらの見世物絵は、浮世絵が庶民の生活に密着した絵画であり、あらゆるメディアの役割を担って世相を映し続けてきたことを示す一例として位置づけることができるでしょう。

(岡崎)

「一流曲独楽/竹沢藤次」(曲独楽の図)

「十月十日/西両国於/広小路御覧入候」(虎の見世物)

岩崎文庫に見る浮世絵の名品

浅野 秀剛
東洋文庫研究員・公益財団法人大和文華館館長・あべのハルカス美術館館長

浮世絵には、肉筆画と版画がありますが、岩崎文庫に所蔵されているものはすべて版画です。版画は、一枚物と版本(絵入版本)に分けることができます。岩崎文庫にも一枚物の版画が数十枚ありますが、量的に最も多いのは、絵本や、絵入小説などの版本です。それに、一枚物を貼り合わせて画帖に仕立てたものも相当数に上ります。あまり知られていませんが、春画の名品が多いのも特筆してよいと思います。明治期に伝存していた良品を一括して収集したと推定され、退色の少ない保存良好なものが多いのが特徴といえるでしょう。個人的には珍品が多いという印象を持っています。

一枚物では、鳥居清長「伊勢物語　芥川」と喜多川歌麿「錦織歌麿形新模様　うちかけ」などは思い出深い作品です。「伊勢物語　芥川」は、山東京伝の滑稽本『絵兄弟』の趣向を先取りした作品で、平野千恵子の「清長の版画総目録」に若狭屋与市版の後摺のみ掲載されていたものの初摺品です。「錦織歌麿形新模様　うちかけ」は逆に、初摺の色版をすべて新しくした再摺品ですが、保存完好の良品で、同じものは他にありません。初摺と再摺の絵具を分析すると面白い結果が得られるのではないかと期待しています。

一枚物を貼り合わせたものでは、歌川広重「名所江戸百景」が特筆されます。広重晩年の代表作である「名所江戸百景」の全118図と、目録、二代広重の1図の計120図を2枚ずつ裏を糊付けし、二代広重の淡彩画を加えて綴じ合わせたものですが、2003年の「東洋文庫名品展」で初めて一般に披露されました。私は、その図録の浮世絵の解説を担当しましたが、二代広重が直接関与した特注品がそのままの状態で残っていることに驚嘆した記憶があります。

絵入版本は、数が多く、重要なものも少なくないのですが、思い出深いのは、菱川師宣の『浮世続』と『大和絵のこんげん』、そして絵入狂歌本『春の曙』です。『浮世続』は師宣絵本の代表作であり、しかも岩崎文庫本は唯一の初版本です。『大和絵のこんげん』は井原西鶴の浮世草子の代表作『好色一代男』を絵本化したものですが、伝本は稀で、岩崎文庫本と個人蔵のもの以外知られていません。寛政8(1796)年刊『春の曙』には、喜多川歌麿と葛飾北斎の彩色画が一図ずつ入っています。盛期の歌麿と、新進の北斎の豪華な組み合わせですが、20年前までは世に知られていなかった作品です。

岩崎文庫は、浮世絵・絵入版本研究者にとっても宝庫であることは間違いありません。

喜多川歌麿「うちかけ」

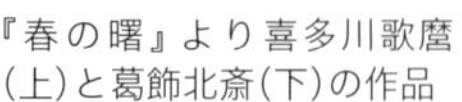

『春の曙』より喜多川歌麿(上)と葛飾北斎(下)の作品

主要参考文献

青木歳幸『江戸時代の医学　名医たちの三〇〇年』（吉川弘文館、二〇一二年）

浅田徹「『古今集』を読む―定家本に残るある写本の痕跡」（国文学研究資料館編『古典籍研究ガイダンス　王朝文学をよむために』、笠間書院、二〇一二年）

浅野秀剛『東洋文庫にしかない絵本と浮世絵二十選』（『東洋文庫書報』第35号所収）（財団法人東洋文庫、二〇〇三年）

石川透『奈良絵本・絵巻の生成』（三弥井書店、二〇〇三年）

石川透『奈良絵本・絵巻の展開』（三弥井書店、二〇〇九年）

印刷博物館『印刷博物館開館特別企画展図録　江戸時代の印刷文化―家康は活字人間だった!!』（印刷博物館、二〇〇〇年）

内ヶ崎有里子『江戸期昔話絵本の研究と資料』（三弥井書店、一九九九年）

岡田希雄「岩崎文庫所蔵古鈔字鏡解説」（『字鏡』、貴重図書影本刊行会、一九三三年）

小川剛生『兼好法師―徒然草に記されなかった真実』（中公新書、二〇一七年）

小川靖彦『萬葉写本学入門　上代文学研究法セミナー』（笠間書院、二〇一六年）

川瀬一馬『古活字版之研究』増補版（日本古書籍商協会、一九六七年）

川瀬一馬『古辞書の研究』（講談社、一九五五年）

木村三四吾「『松の葉』考」（『木村三四吾著作集Ⅲ　書物散策―近世版本考』、八木書店、一九九八年）

木村八重子「浮世栄花枕」（『日本古典文学大辞典　第一巻』、岩波書店、一九八三年）

木村八重子「富川吟雪」（『国書人名辞典　第三巻』、岩波書店、一九九六年）

小池正胤・叢の会『江戸の絵本―初期草双紙集成Ⅰ』（国書刊行会、一九八七年）

小坂典子「『四生の歌合』と長嘯子『虫歌合』」（『仏教文学』一五、一九九一年三月）

五島美術館学芸部・大東急記念文庫学芸部『光悦―桃山の古典』（特別展「光悦―桃山の古典」図録、五島美術館、二〇一三年）

小林健二『中世劇文学の研究　能と幸若舞曲』（三弥生書店、二〇〇一年）

小林忠監修『浮世絵師列伝（別冊太陽　スペシャル）』（平凡社、二〇〇五年、十二月）

小林芳規『平安鎌倉時代に於ける漢文訓読の国語史的研究』（東京大学出版会、一九六七年）

齋藤慎一郎「清原家における経学の伝統とその広がり」（『書物学』第一四巻、二〇一八年）

佐藤道生・佐々木孝浩・堀川貴司「清原家の官・学・遊」（『書物学』第六巻、二〇一五年）

佐藤道生「清原家の学問体系と蔵書」（『書物学』第十三巻、勉誠出版、二〇一八年）

沢井耐三「『猿蟹合戦』の異伝と流布―『猿ヶ嶋敵討』考」（『近世文藝』九三号、日本近世文学会、二〇一一年）

鈴木重三・木村八重子『近世子どもの絵本集　江戸篇』（岩波書店、一九八五年）

鈴木淳「菱川師宣絵づくし考」（『国文学研究資料館紀要　文学研究篇四一号』、国文学研究資料館、二〇一五年）

反町茂雄『蒐集家　業界　業界人』（八木書店、一九八四年）

高木好次・宮尾しげを『校註黄表紙代表作選　第一期第一回浮世栄花枕』（江戸文化研究会、一九三二年）

高楠順次郎「悉曇撰書目録」（『高楠順次郎全集　第九巻』、教育新潮社、一九七八年）

高田良信等「Ｖ　付章　1．法隆寺の子院に就いて」（『法隆寺発掘調査概報Ⅰ』、一九八二年）

武内義雄『論語之研究』（岩波書店、一九三九年）

田渕句美子『新古今集　後鳥羽院と定家の時代』（角川学芸出版、二〇一〇年）

築島裕「字鏡（世尊寺本）解題」（『古辞書音義集成　第六巻』、汲古書院、二〇〇一年）

築島裕『歴史的仮名遣い　その成立と特徴』（吉川弘文館、二〇一四年）

月本雅幸「漢文訓読に使った言葉が今に生きているんです。」（『超漢字マガジン　インタビュー』Vol.3　二〇一三年二月二六日　http://www.chokanji.com/magazine/interview/03/　最終閲覧：二〇二〇年八月三〇日）

暉峻康隆「解説」（『新編日本古典文学全集　六八　井原西鶴集三』、小学館、一九九六年）

天理図書館『西鶴』（天理図書館、一九六五年）

中田祝夫『改訂版　古点本の国語学的研究　総論篇』（勉誠社、一九七九年）

奈良国立博物館『慈光寺所蔵「大般若経（安倍小水麻呂願経）」の調査と研究』（奈良国立博物館、二〇一七年）

野沢佳美『印刷漢文大蔵経の歴史―中国・高麗篇』（立正大学情報メディアセンター、二〇一五年）

平澤五郎『金葉和歌集の研究』（笠間書院、一九七六年）

廣末保『西鶴の小説』（『廣末保著作集　第七巻』影書房、一九九九年）

藤本孝一「東洋文庫蔵『本朝文粋』巻二断簡」（『中世史料学叢論』、思文閣出版、二〇〇九年）

藤谷厚生「聖徳太子信仰と「太陽の道」―二上山を巡る竹内街道の思想と信仰」（『四天王寺大学紀要』六八号、二〇一九年）

舟見一哉「清輔本『拾遺和歌集』の残痕―定家本の生成に及ぶ」（『和歌文学研究』、二〇一五年）

町泉寿郎「『十四経発揮』をめぐる諸問題―日本における受容を中心に」（『経絡治療』一七四、経絡治療学会、二〇〇八年）

町泉寿郎「曲直瀬養安院家と朝鮮本医書」（『日本思想文化研究』第二巻第一号、二〇〇九年）

松田修校注『好色一代男』（新潮日本古典集成）（新潮社、一九八二年）

松野陽一『千載集前後』（笠間書院、二〇一二年）

宮川葉子『三条西実隆と古典学〔改訂新版〕』（風間書房、一九九九年）

宮本徹・大西克也『アジアと漢字文化』（放送大学教育振興会、二〇〇九年）

桃裕行『暦法の研究』（下）（『桃裕行著作集』第八巻、思文閣出版、一九九〇年）

安野博之「慶長勅版の刊行について―慶長四年刊本を中心に」（『三田国文』三二、二〇〇〇年九月）

山口弘江「五部大乗経の起源に関する一考察」（『駒沢大学仏教文学研究』二一号、二〇一八年）

山本まり子「十二世紀書写とされる『和漢朗詠集』諸伝本について―葦手本を中心として」（書学書道史学会編集局編『書学書道史研究』二〇〇六巻一六号、二〇〇六年）

吉岡真之「中原氏」（『国史大辞典』、吉川弘文館、一九八八年）

和田維四郎『訪書餘録』複製版（臨川書店、一九七八年）

渡邉裕美子「『千載和歌集』の成立と伝流」（『立正大学文学部研究紀要』三〇号、二〇一四年）

財団法人東洋文庫・日本古典文学会『岩崎文庫貴重本叢刊　近世編』（貴重本刊行会、一九七四年）

公益財団法人東洋文庫日本研究班『岩崎文庫貴重書誌解題』一～九巻（公益財団法人東洋文庫、一九九〇～二〇一九年）

公益財団法人東洋文庫『東洋文庫善本叢書』一～十二巻（勉誠出版、二〇一四～一五年）

東洋文庫について

東洋文庫は、東洋学（広大なアジア全域を対象とする学問）の専門図書館です。三菱第三代社長の岩崎久彌（1865〜1955）によって1924年に設立されました。東洋学分野の専門図書館として、日本では最古・最大、世界でも五指に数えられます。

稀に見る愛書家であった岩崎久彌は、明治時代の末年頃から和漢の貴重書、とくに日本に関する文献の収集に力を注ぎました。また、日本の東洋学の発展における欧文資料の重要性を見出し、1917年にオーストラリア出身のジャーナリスト、ジョージ・アーネスト・モリソン収集の資料約2万4千点を購入しました。さらに、その後の7年間で和書・漢籍・洋書・アジア諸言語の区別をまたいで約5万4千冊もの文献が買い足されました。

これらを継続的に公開し、広く社会に貢献するための拠点を設けるべく、当代一流の有識者たちと協議を重ねて設立したのが東洋文庫です。久彌は、設立にあたって土地と建物、これまでに収集した書籍、運営していくための基本資金を寄付しました。自身は財団の運営には関わらず、役員等に就くこともありませんでしたが、その後も蔵書の拡充を全面的に支援しました。

終戦後は財閥解体に伴い、経済的に非常に厳しい運営が続きました。しかし、図書部分は1948年に国立国会図書館支部となり、研究部分は文部省、民間企業等からの補助金・寄付金を受けて、その後も着実に研究図書館としての発展を目指してまいりました。20

約2万4千冊の本が並ぶ「モリソン書庫」

創立時の東洋文庫外観

09年に国立国会図書館との支部契約を終了し、2011年には三菱グループ各社の寄付により全面建替をした新施設が竣工しました。

東洋文庫の蔵書は、現在約100万冊にのぼります。この中には、国宝5点、重要文化財7点が含まれます。蔵書の内訳は、漢籍40%、洋書30%、和書20%、他アジア言語10%(韓国語・ベトナム語・タイ語・サンスクリット語・ペルシア語・トルコ語・アラビア語など)です。これほど広くまとまった数での収集は、世界的にもあまり例がありません。図書の貸出は行っていませんが、一般に無料で閲覧に供しているほか、蔵書目録の作成と刊行、インターネット上での書誌・画像データの公開にも力を入れています。

また、東洋文庫では、伝統的な手法によるアジア諸地域研究(歴史・文化および資料研究)の充実を図ると共に、現代的視点に立った超域アジア研究を展開しています。研究員は約280名おり、現在は6部門13研究班体制のもとで、それぞれのテーマごとに共同研究を進めています。研究成果は和文・欧文の刊行物で定期的に発表し、一般向けの講座も開催しています。また、国内だけでなくフランス国立極東学院、台湾中央研究院、ハーヴァード燕京研究所など、世界の東洋学研究機関と連携し、研究者の交流、活発な情報交換に取り組んでいます。

より多くの方々にアジアの歴史や文化に関心を持っていただくことを目指し、2011年10月に新たにミュージアムを開設し、定期的に大規模な展示替えを行って、東洋文庫が所蔵する貴重な史料を様々なテーマのもとで公開しています。歴史や古典に関する知識の有無にかかわらず、誰もが気軽に楽しめるミュージアムを目指しています。

東洋文庫利用案内

閲覧室

閲覧料:無料
休館日:日曜・祝日、火曜日、年末年始
※閉架式、図書の貸し出し不可
貴重書の閲覧は要事前予約

ミュージアム

入場料:大人900円、中高生600円、他
休館日:火曜日(祝日の場合は翌平日)、
年末年始、展示替え期間
(2021年1月現在)

アクセス

駒込駅(JR山手線、東京メトロ南北線2番出口) 徒歩8分
千石駅(都営地下鉄三田線A4番出口) 徒歩7分
巣鴨駅(JR山手線・都営地下鉄三田線) 徒歩15分

公益財団法人 東洋文庫
〒113-0021 東京都文京区本駒込2-28-21
03-3942-0122 (図書部)、03-3942-0204 (研究部)、
03-3942-0280 (ミュージアム)、03-3942-0121 (総務部)
URL: http://www.toyo-bunko.or.jp/

＊臨時に開館時間・休館日を変更する可能性がございます。
ご利用の際はあらかじめお問合せください

現在の東洋文庫外観

■ 解説執筆者
石塚晴通（北海道大学名誉教授、東洋文庫研究員）
髙橋　智（慶應義塾大学文学部教授）
豊島正之（上智大学文学部教授）
佐藤　悟（実践女子大学文学部教授）

■ コラム執筆者
斯波義信（東洋文庫文庫長）
大谷節子（成城大学文芸学部教授）
齋藤真麻理（国文学研究資料館教授、東洋文庫研究員）
大谷俊太（京都女子大学文学部教授、東洋文庫研究員）
浅野秀剛（公益財団法人大和文華館・
あべのハルカス美術館館長、東洋文庫研究員）

■ 項目執筆者
會谷佳光（東洋文庫研究員）
幾浦裕之（国文学研究資料館機関研究員）
岡崎礼奈（東洋文庫研究員・学芸員）
加藤良輔（東洋文庫非常勤職員）
川合奈美（東京大学史料編纂所学術支援研究員）
木下優友（東京大学大学院人文社会系研究科修士課程）
清水信子（二松学舎大学文学部非常勤講師）
丹藤真子（東洋文庫学芸員）
三村一貴（東京大学大学院人文社会系研究科博士課程）

■ 編集
東洋文庫 日本研究班
瀧下彩子（東洋文庫研究員）

三菱創業一五〇周年記念
岩崎文庫の名品
叡智と美の輝き

2021年2月10日　1版1刷　印刷
2021年2月20日　1版1刷　発行

編　者　公益財団法人 東洋文庫
発行者　野澤武史
発行所　株式会社 山川出版社
〒101-0047　東京都千代田区内神田1-13-13
電話　03-3293-8131（営業）　03-3293-8134（編集）
http://www.yamakawa.co.jp/
振替　00120-9-43993
印刷所　岡村印刷工業株式会社
製本所　株式会社ブロケード
装丁・本文組版　黒岩二三［Fomalhaut］

Printed in Japan　ISBN 978-4-634-64092-4